国家"十二五"重点图书

马克思主义研究资料

第35卷

主　编　杨金海
副主编　冯　雷(常务)　薛晓源

国外马克思主义研究 Ⅰ

本卷主编　林进平

中央编译出版社
Central Compilation & Translation Press

总　序

　　呈献给读者的这套《马克思主义研究资料》丛书，旨在服务于我国正在实施的马克思主义理论研究和建设工程，积极吸收和借鉴国外马克思主义研究成果，对改革开放以来中央编译局编译的有关国外学者研究马克思主义的成果，以及少量相关的国内学者的研究成果整理出版，为我国马克思主义研究提供基础性的参考资料。本丛书计划出版 37 卷，三年内陆续完成编辑和出版工作。

　　编译国外学者关于马克思主义的研究成果，并对相关问题展开深入探讨，是马克思主义经典著作编译研究的基础性工作。中央编译局作为马克思主义经典著作编译研究的专门机构，历来十分重视这项工作。20世纪 50 年代以来，特别是改革开放以来，中央编译局的同志们编译了大量国外学者关于马克思主义的研究文献，也发表了不少自己的相关研究成果。这些成果曾经在中央编译局编辑的《马列著作编译资料》、《马列主义研究资料》、《马克思主义与现实》等刊物公开发表，或在内部刊物《马克思恩格斯研究》、《列宁研究》等刊载。这些成果对于推进马克思主义经典著作的编译和研究工作发挥了重要作用，时至今日，一些学者仍然把它们当做研究马克思主义的珍贵资料。

然而，随着近年来中央实施马克思主义理论研究和建设工程的深入推进以及马克思主义学科建设的快速发展，这些研究资料的留存情况已经远远不能适应形势发展的需要了。《马列著作编译资料》和《马列主义研究资料》早已停止出版，很多人难以找到原有资料；《马克思恩格斯研究》等内部刊物刊载的文章没有公开面世，也难以为人们广泛使用；而新编译的文献资料又很零散。因而，希望中央编译局提供马克思主义研究资料的呼声越来越高。

为了继承前辈的事业，适应学界的需要，尽可能全面系统地收集整理中央编译局近几十年来编译的国外学者关于马克思主义的研究成果以及相关的国内学者的研究成果，中央编译局专门成立了《马克思主义研究资料》丛书课题组，并对该项工作提供了基金资助。课题组不仅在局内组织力量进行工作，而且争取到社会力量的支持。经过课题组同仁两年多努力，已经形成一批编辑成果，还将继续补充、完善并陆续推出。这套《马克思主义研究资料》丛书就是这些成果的集中体现。

本丛书力求体现如下四个特点，这也是丛书编辑工作所力求遵循的四条原则：第一，保证文献性。本丛书主要收集改革开放以来中央编译局刊物发表的有关马克思主义理论编译和研究方面的成果，这些刊物包括公开出版的《马列著作编译资料》、《马列主义研究资料》、《马克思主义与现实》、《当代世界与社会主义》、《经济社会体制比较》、《国外理论动态》等，也包括内部刊物《马克思恩格斯研究》、《列宁研究》、《斯大林研究》、《马克思恩格斯列宁斯大林研究》等；少量收集其他杂志发表的中央编译局学者编译或撰写的有关文章；个别收集与中央编译局长期合作的其他学者的相关文章；对所收商榷性文章涉及的其他学者的成果，也作为附文收入，以示对相关学者的尊重，也便于读者在阅读正文时参考。收集整理这些学术成果的目的主要是为学界研究马克思主义提供参考资料，同时帮助人们了解马克思主义研究的历史进程和思想脉络。因此，本丛书所收文献力求保持其历史原貌，包括其中的人名、地名、术语、引文等，都不作改动，以便读者进行文献考证之用，只对个别错漏文字等进行校正，对于文中可能产生歧义的地方，以"本丛书编者注"的方式加以说明。其中读者特别应当留意的是译名、术语的不统一问题，例如关于《马克思恩格斯全集》历史考证版，就有多种表达方式：原文版、国际版和 MEGA 版，其中，往往又以"老"、"新"、"MEGA^1"、"MEGA^2"、"MEGA1"、"MEGA2"等来区分历史考证版第 1 版和第 2 版。第二，突出编译性。本丛书所收文献中，以国外学者的成果为主，包括国外学者关于马克思主义经典作家的著作、思想、生平事业，乃至书信往来、工作生活等方面的研究文献，凡比较有资料价值的，均在收集之列。如上所述，国内学者的相关考证性成果，包括经典著作翻译、版本、传播、重要术语考据等文献，凡具有资料价值的，也一并收入，但这部分内容所占比例较小。第三，力求系统性。上述几十年来形成的这些编译研究资料繁茂芜杂，十分零散，使用起来很不方便，编辑整理就更为困难。为把这些宝贵文献整理面世，使之更好地发挥作用，编辑人员下了很大功夫。在收集整理中，我们力图分门别类，尽可能将同类资料按照一定逻辑顺序编排，使之呈现一定的系统性，以便读者全面掌握有关资料。第四，力争权威性。本丛书力争选编国内外在相关研究领域具有一定权威性的专家学者的具有代表性和影响力的文献。为保证文献的权威性和准确性，我们对文献的引文进行了校订，特别是对有关马克思主义经典著作的引文进行了原版原文核对，并对注释尽可能地作了规范化处理，以便读者更准确地了解引文及其出处。

　　基于上述考虑，本丛书的编排体系大体分四个部分。第一部分是经典著作研究，包括关于《共产党宣言》、《资本论》等手稿、创作、版本、传播诸方面的研究文献；第二部分是基本理论研究，包括哲学、政治经济学、科学社会主义以及政治学、法学等方面的研究文献；第三部分是版本和传播、编译以及生平事业研究；第四部分是国外马克思主义研究。每一部分包括若干卷。每一卷都有本卷编辑说明，对本卷编辑的思路、内容和有关技术问题作简要交代。各卷内容按照逻辑顺序进行编排，在此基础上再按照时间顺序编排。各卷内容一般要作分类，并加分类标题，以便读者阅读研究。

　　需要说明的是，由于本丛书是整理编辑已有的文献，而且主要限于整理编辑中央编译局学者编译和研究的部分成果，这就决定了本丛书不可避免地存在一些缺憾。一是这些文献中有的观点不一定正确。选编这些文献并不意味着编者赞同其中的观点，我们的目的仅仅在于为人们研究马克思主义提供参考资料，其中正确的思想成果可以作为我们研究借鉴的思想资源，而错误的观点可以作为我们研究批评的对象。例如，对有关马恩对立论的观点，我们是不赞成的，但为了让研究者了解、研究和批评这种观点，也收入了相关文章。所以，谨请读者在使用这些文献时注意辨别是非。二是这些文献存在质量参差不齐的情况。由于这些文章的作者、译者水平不同，写作时间、背景、针对的问题、产生的影响以及发表的刊物等不同，其质量也就有一定差别。例如，有的概念和译文在今天看来不一定科学、准确，有的文献曾经很有价值而在今天看来最多只有学术史的价值。在选编过程中，我们尽量收入那些分量较重、影响较大的文献，但为了比较全面地反映学术史的原貌并提供尽可能详细的研究参考资料，也收入了一些篇幅较短、影响不大但有一定资料或史料价值的文献。另外，有少量比较重要的文献，由于作者或译者不同意收入，也不得不忍痛割爱。三是这些文献的系统性、规范性不太强。尽管我们努力按照上述编辑原则工作，对这些文献进行了分类整理，力求全面系统地提供给读者相关方面的文献资料，但由于这些资料十分繁杂，彼此之间的关联性不强，有的方面资料较多，有的较少，且发表的刊物、时间等不同，体例也很不统一，整理起来难度极大，加之各位编者的研究角度不同，水平各异，所以，每一卷书的结构、篇章、内容、观点等都不尽相同，其规范程度也不尽一致。对本丛书存在的以上不足或缺憾，谨请读者鉴谅；对其中可能存在的疏漏和错误之处，谨请读者批评指正。

本丛书在编写和出版过程中，得到了各个方面的大力支持。中央编译局对此项工作高度重视，始终给予鼎力支持。国家出版基金将本丛书列入 2013 年度资助项目。中央编译出版社为本丛书申报国家出版基金项目并最终立项，以及为丛书出版做了大量工作。本丛书所收文献的译者、作者和出版者，凡已联系上的，均给予我们大力支持，同意使用这些文献；对尚未联系上的，我们将尽力联系，也请相关同仁主动联系我们。丛书顾问委员会的专家对丛书的编写工作给予热情指导，编委会成员和课题组同仁为丛书的编写付出了辛勤劳动。在此一并致以衷心的谢意！

《马克思主义研究资料》

编辑委员会

2013 年 12 月 10 日

编辑说明

本卷共收录国外学者对马克思思想、马克思主义基本理论及其发展的研究文章 37 篇，由三部分组成。

第一部分收录了论述马克思、马克思主义基本理论的文章 13 篇，内容涉及对马克思思想、历史唯物主义、辩证法、实践哲学、国家理论等的探讨；第二部分收录了有关国外马克思主义研究的一些新思潮和趋势的文章 14 篇，内容涉及对后马克思主义、生态理论、危机理论、科技发展、资本主义发展趋势等的研究；第三部分收录了国外学者对马克思主义本身发展的反思文章 10 篇，内容涉及对发展理论、人道主义、马克思主义的评判标准的思考等。

为了保存文献性，本丛书的注释基本保持原貌，不作改动；但对原注释有错误或有遗漏的，我们尽可能查阅了有关文献，作了必要的规范和完善；对有些查找不到的，保留原来的内容和格式。

目 录

卡尔·马克思（摘译）[*]

〔法〕 M.吕贝尔

（一） 马克思研究的现状

自从第二国际衰落、布尔什维克革命只限于俄国、从而使苏维埃国家陷于孤立以来，自从现有的社会主义工党被纳入西欧国家的议会民主制度以来，对马克思生平和著作的研究一直很不令人满意。虽然整个社会主义运动都以马克思的理论为基础或得益于他的学说，虽然马克思主义已成为全世界三分之一国家的官方学理论，但对马克思的研究仍然处在初创阶段。唯一高质量的工作是对几个专门主题的某些单独的严肃论著；烦琐的犹太教法典式的解释和思辨的心理学式的评注不应当跟科学的分析混为一谈。马克思逝世近 90 年，十月革命胜利 50 多年以后，仍然没有任何完备的马克思著作的历史考证版本。由莫斯科马克思恩格斯研究院及其创办人达·波·梁赞诺夫于 1927 年开始出版的《马克思恩

---

[*] 本文选自《马列主义研究资料》1984 年第 4 辑。

原题注：作者是法国著名的资产阶级马克思学家，关于他的详细情况，可参看《马列主义研究资料》1982 年第 5 辑《一个反马克思主义的马克思学家——M.吕贝尔》一文。

格斯全集》（国际版），仅仅出了1848年以前的著作。自从梁赞诺夫消失以来，对马克思著作遗产的系统研究和评价，进展甚微。

迄今尚未发表的手稿的出版，不断揭示出马克思著作的一些新的方面。马克思的早期著述（其中有一些连恩格斯也不知道）公之于世以后，对马克思的传统看法首次发生了根本的修正。于1932年首次发表的所谓"巴黎手稿"（《1844年经济学哲学手稿》），展示了马克思全部著作的一个崭新的方面，并彻底改变了对其政治学说和单一使命概念的来源的普遍流行观点。如果人们把《资本论》看成是马克思的主要著作（这是无可非议的），那么就更加需要从这部著作的内在连贯性的观点出发来批判地对它进行详尽的考察。马克思毕竟未能完成《资本论》——计划要写的关于"政治经济学"的六部论著的第一部；手稿的大量章节是在他去世后发表的，并且当时不是以原本的形式，而是以恩格斯编辑整理的形式出版的。最近发表了被恩格斯有意忽略的关于"政治经济学"的材料，即写于1857—1858年的标题为《政治经济学批判大纲》的草稿，这使人们认识到，把马克思看作经济学理论家的传统解释必须大大加以改变。

对马克思的著述只有一些片断不全的零星研究论著，由此看来，可以理解何以没有一本马克思的详尽传记。发表于1918年的弗兰茨·梅林撰写的马克思的标准传记，不符合现代研究的要求。关于马克思的政治和思想方面的发展，梅林的一般性概述可由下面三部传记补充：奥托·吕勒撰写的《卡尔·马克思的生平和著作》（1928）；鲍里斯·尼古拉耶夫斯基和奥托·门兴－赫尔芬合写的《卡尔·马克思：人和战士》（1936）；M.吕贝尔撰写的《卡尔·马克思思想传略》。奥古斯特·科尔纽从严格唯物主义角度写的一部巨型的马克思恩格斯传记（1954—1968），到目前为止还只写到1846年。阿尔诺德·昆茨里最近尝试写作了一本关于马克思的"心理传记"(《心理传记》1966 年维也纳—美因河畔法兰克福—苏黎世版);像别的这类传记一样,这种做法表现出这位精神病学家在心理分析方面的局限更甚于他在写作传记方面的知识幼稚。维尔纳·布鲁门贝格在其撰写的马克思略传的前言中指出,必须写作一部关于马克思的权威性的论著,但在从事这样一部论著的写作之前还必须做一些重要的细致工作。

马克思未发表的某些著作在阿姆斯特丹,某些在莫斯科马克思恩格斯研究院,这一情况阻碍着研究工作的进展。一些专门研究的论著尽管有其不足之处,迄今还是对马克思和他的政治思想提出了许多有价值的见解;虽然如此,整个研究工作到现在为止往往仍是制造混乱,而不是有助于阐明本身就十分复杂的马克思的思想。

随着新材料的发现和评价,对马克思的思想和对促使马克思思想形成的思想运动的分析已进入了一个新的阶段。越来越明显,不应把马克思关于世界的观念跟那些援引马克思学说并以马克思主义自命的政治意识形态等同起来。虽然很难把创造马克思主义看成是某一个人的工作,但还是能够有把握地说,主要责任落在恩格斯身上,因此可以认为他是马克思主义的非自愿的始祖。

今天对马克思的研究所处的奇异状况可以描述如下:由于马克思主义以各种不同表现形式的发展先于对马克思思想的科学研究,发端于马克思的运动势必仍然不了解马克思的某些基本思想。这种奇特的反常现象,说明了关于马克思的无休止的争论何以带有神话般的性质,也说明了他的学说在世界上三分之一地区所谓取得胜利的缘由。

（二）马克思的生平和著作（略）

（三）马克思的思想发展

充分意识到自己革命天职的马克思，首次进行的战斗是同青年黑格尔派一起反对普鲁士大学的神学精神。在他同他后来称之为"体系"的东西的最初冲突中，马克思经受了一种威胁感，他曾故意夸大其词地嘲讽了这种感觉。他的博士论文显示了他反抗黑格尔观念的蛊惑的迹象，虽然黑格尔的辩证法对马克思的思想具有决定性的和持久的影响。他之摈弃思辨和意识形态，是由于他愈来愈不相信唯心主义所假定的思想与现实的一致。这种一致也包括"自由党"的思想，因为"自由党"要把行为和规范统一起来，从而实现哲学的许诺，确立社会的和谐一致。马克思用实际行动反对思辨精神，他认为哲学正是要通过使其本身得到实现而被扬弃。针对黑格尔关于国家是伦理观念的体现的这种国家概念，马克思提出了反驳，指出国家显然不能容忍人们表达真理，所以它是把自己的权力建立在宗教教义的基础上。于是他开始用黑格尔体系本身的论证方法来驳斥黑格尔体系：如果真的一切现实的东西都是合理的，那么这位哲学家关于民主、人民和革命的讽刺性评论的意义又是什么呢？马克思按照费尔巴哈的指引进行了这种论证，费尔巴哈已经指明了批判黑格尔体系的方式，这就是击毁它的根基，用一种以总体存在的人为根据的人本学来取代黑格尔的神学。现在马克思把争论从宗教领域转移到政治领域，遵循从格劳修斯①和莱布尼茨传下来的传统思路，拿社会的事业去反对国家的权力，反对官僚政治及其首脑——君主，而黑格尔却认为君主是人民意志和主权的化身。

马克思的读书笔记显示出他以何等的创造能力，通过对哲学和社会学的全面综合研究而加强了这场辩论。除了亚里士多德、斯宾诺莎、莱布尼茨、休谟和康德的著作以外，他还从文化史和宗教史的著作中做了笔记，研究了诸如希腊人、罗马人和印度人的偶像崇拜、艺术中所表现的神话，研读了许多关于古也门文明和放荡神秘的习俗方面的书籍，以及现代史特别是关于英国、法国和美国革命的著作。他特别重视的著作是卢梭的《社会契约论》（1762）、孟德斯鸠的《论法的精神》（1748）、马基雅弗利的《君主论》（1532）、托马斯·汉密尔顿的《美国人和美国风俗习惯》（1833）和阿列克西斯·托克维尔的《论美国的民主》（1835）。正是马克思对哲学和历史的研究而不是对经济学的研究，促使他自发地抗议占支配地位的社会制度，决定献身于圣西门所谓的"人口最多和最悲惨的阶级"的事业，即现代无产阶级的事业，他认为无产阶级要完成一个历史使命：消灭国家和废除货币，因为这是资产阶级社会的两大罪恶。

为了使自己的观点具有科学基础，马克思后来集中研究了政治经济学。这使他得出了他称之为"新唯物主义"的总方针。对"**人是人的最高本质**"这个费尔巴哈从斯宾诺莎那里借用来的命题，马克思不是从狭隘的无神论意义上去理解，而是从社会政治的角度把它说成是一种"绝对命令"。据此得出的结论是：必须推翻"那些使人成为受屈辱、

---

① 胡果·格劳修斯（1583—1645）是荷兰学者，法律家，资产阶级天赋人权论的创始人之一。——译者注

被奴役、被遗弃和被蔑视的东西的**一切关系**”①。恩格斯的《政治经济学批判大纲》发表在《德法年鉴》上以后，马克思受到恩格斯的鼓励，得出结论说，理解社会弊病和知识陋习的关键在于政治经济学，于是他以政治经济学为准绳来批判文明和文化。跟黑格尔相反，马克思强调道德、法律、政治和哲学只不过是同一种物质生产关系的不同表现形式。人们的所思所想都是其所作所为；正是工业化过程首次揭示了人和自然之间的结合。因而改变生产关系即劳动状况，也就等于影响人同自然以及同他自身的和谐。

黑格尔实际上先于马克思提出了类似的看法，但由于他陷入了抽象的唯灵论，终于顺从地认可了人类的苦难和压迫。但即使在黑格尔的时代以前，就确有一批富于人道思想和才智的思想家如圣西门和蒲鲁东、法国百科全书派和英国唯物主义者，他们已认识到，个人和其周围的环境是处于相互依赖的状况之中。然后，劳动辩证法的发现给马克思揭开了历史创造的秘密，这就是卓万尼·维科②在 18 世纪所教导的：人创造自己的历史。在费尔巴哈批判了宗教异化从而使旧唯物主义臻于完善的地步以后，马克思力求通过突出黑格尔关于劳动具有创造性的概念，把以前的种种思想流派综合起来。“全部社会生活在本质上是**实践的**。凡是把理论引到神秘主义方面去的神秘东西，都能在人的实践以及对这个实践的理解中得到合理的解决。”③ 于是马克思根据这一论断，对他从前的朋友新黑格尔派和蒲鲁东都进行了抨击。他谴责了各种形式的黑格

---

① 《马克思恩格斯选集》第 1 版第 1 卷第 10 页。

② 卓万尼·巴蒂斯塔·维科（1668—1744）是意大利杰出的资产阶级社会学家，他企图确立社会发展的客观规律。——译者注

③ 《马克思恩格斯全集》第 1 版第 3 卷第 8 页。

尔思想赝品，并根据黑格尔的方法原则对之加以驳斥，同时概述了他自己对于未来的见解——但并非没有意识到某种含糊不清。马克思从来未能完全克服给他青年时期留下深刻印记的那种内在分裂，而且他知道，在有产阶级和无产阶级都"同是人的自我异化"的这样一种异化社会中，个人不可能解决他自己的冲突。

马克思对非人性文明的罪恶的痛恨，使他在把这种理论加以必要的连贯时过分轻率地把可能的东西和必然的东西混淆了起来。这种深沉的感情也说明了那鼓舞后代人的《共产党宣言》何以有预言式的语气、昂扬的激情和威力。这部著作是耗时十年的研究成果，涉及的学科广泛多样，文笔凝炼如格言，其所蕴含的见解博大精深，夺人眼目；书中包含着他对资本主义发展的某些趋势的结论，他深信资本主义的末日即将来临。

当1848年的事件埋葬了一切革命希望的时候，马克思意识到他必须寻求一种根据更充分、以经验为基础的方式。因此他息影政治舞台，远离溃败的革命者的骚乱活动，以便能够对历史形势重新进行一番思考。但几乎十年来他在其友人和信徒所期待的政治经济学著作的写作方面进展甚微，其部分原因是他要不断地跟贫困、疾病和维持资产阶级生活方式的问题作斗争。写于1857—1858年但一个世纪以后才出版的《政治经济学批判大纲》，表明马克思何等敏锐地理解和分析了他那个时代的政治经济问题。本来这部论著的目的是要根据劳动概念分析社会形态的结构，并描述现存的社会形式，说明作为一种特定生产方式的结果的现存社会的衰落。因此他认为《资本论》——这种研究的成果——只是一部预定要论及现代世界全部社会现象的更全面的著作的第一部分。在《政治经济学批判》序言（1859）中，马克思仅仅对他的社会学说作了一个格言式的说明。其中提出的论点（一共大约30个）

构成了 1844 年到 1858 年间所进行的一系列研究论著的精髓，直到今天仍然是解释大相径庭、争议十分热烈的对象。

虽然《政治经济学批判》没有得到人们很好的理解，马克思于 1861 年又重新写作他于 1857 年所开始的著作。在费时近五年的修改过程中，他写出了一系列手稿，然后从中选出了作为《资本论》第一卷的材料。马克思辞世以后，恩格斯和考茨基发现这些手稿包含了剩余四卷的题材。不过，《资本论》——本身只是计划要写的政治经济学著作的一个部分——不应被看作是完整的作品。写了几百个笔记本的马克思本人，对他写作的这部著作的篇幅感到惊讶。他的意图决不是要详细制定一个新的政治经济学体系，而是要使他的社会理论为革命事业服务。他希望促成资本主义的崩溃并建立一个以"各个人自由发展为一切人自由发展的条件"的社会。

迄今从未充分实现的马克思的宏伟设想，表明了他的思想具有深刻的矛盾。按照他的革命理论，由有阶级觉悟的无产阶级来消灭异化，这是一个真正的过程，而不是一个仅仅由知识分子精英人物所发动的过程。因此他在那本计划要写的关于社会理论的综合性著作中说明这一过程的前提和条件时，发现自己经常面临着一个双重问题：一方面要作为另一阶级的成员来表达无产阶级的革命意识，另一方面又要客观地分析已在进行的过程。

要把马克思的理论和实践后面的伦理动因与科学论据区分清楚决非易事。这两种因素的形成既是马克思早期受圣西门、傅立叶、欧文、蒲鲁东，特别是罗伦兹·冯·施泰因①，更不用说黑格尔、费尔巴哈的影

---

① 罗伦兹·冯·施泰因（1815—1890）是德国法学家、国家法专家、历史学家和庸俗经济学家。——译者注

响所致，也是后期受李嘉图、亚当·弗格森①、托马斯·霍吉斯金②和贝尔纳德·孟德维尔③的影响的结果。在这方面甚至有人指责他缺少独创性；然而马克思非常有见识，他并没有始终依靠那些曾培育过他的人们。他正确地强调了他的思想成就的新颖独到处，1858 年 11 月 12 日他在写给拉萨尔的信中指出，他的政治经济学"第一次科学地表述了对社会关系具有重大意义的观点"④。的确，马克思思想的独到之处恰恰在于他把自己在广泛研究过程中所获得的多种启迪加以深刻领会和融会贯通。

马克思显然认为在伦理的方法和力求达到的科学客观性之间没有冲突。他使严格的科学论证服务于一种事业，因为在他看来，人类的解放依赖于这个事业的成功；对于他来说，严格的科学论证就意味着理解和谴责，应该像理论分析和道德评价的自然统一那样并行不悖。马克思博大精深的教养和广泛丰富的知识未能掩盖他基本态度方面易于激动和感情用事的天性，即使有一些批评家把他的著作错误地解释为是纯知识性辛勤劳作的成果。像他的同时代人基尔凯郭尔和尼采一样，马克思使自己充当了他那个时代的一名刚正廉明的法官，大声疾呼地号召对社会进行彻底的改造。这三位具有共同心胸但以不同方法进行活动的思想家都一致谴责一个随心所欲地用自己的道德去适应那维系其寄生生活的奴役

---

① 亚当·弗格森（1723—1816）是苏格兰资产阶级历史学家、哲学家和社会学家。——译者注

② 托马斯·霍吉斯金（1787—1869）是英国经济学家和政论家，李嘉图社会主义者。——译者注

③ 贝尔纳德·孟德维尔（1670—1733）是英国民主主义的伦理学作家和经济学家。——译者注

④ 《马克思恩格斯全集》第 1 版第 29 卷第 546 页。

制度的社会。基尔凯郭尔定会毫无疑义地赞同马克思的下述言论："随着人类愈益控制自然，个人却似乎愈益成为别人的奴隶或自身的卑劣行为的奴隶。"①

（四） 马克思著作和教导的影响

跟对尼采和基尔凯郭尔一样，对马克思也必须从他思想的激进性质方面去理解他；他的成就既不能归结为他作为一名政治经济学家所产生的影响，也不能归结为他作为一名政治家所从事的活动——把他的作用说成是国际无产阶级无可争辩的领袖，这是马克思主义圣徒传的一大发明。跟马克思主义理论（包括列宁主义）相抵触的现代社会学以及自诩为马克思主义的工人运动，都只是抓住了马克思思想的个别方面，企图孤立地加以实现，从而使这些方面同他的整个观念离异了。

1. 马克思的个人观点

马克思生平事业所产生的经久不衰的影响首先和主要应归功于他不屈不挠地和无私地献身于他的目标——人类的社会解放。他 17 岁时在中学毕业考试的试卷中天真直率地表明了他以后工作的基本道德原则，指出"人类的天性本来就是这样的：人们只有为同时代人的完美、为他们的幸福而工作，才能使自己也达到完美"②。1867 年他承认他为了工作"牺牲了健康、幸福和家庭"。移居伦敦以后他除了受到物质上、身

---

① 《马克思恩格斯全集》第 1 版第 12 卷第 4 页。
② 《马克思恩格斯全集》第 1 版第 40 卷第 7 页。

体上和精神上的困难以外，还遭到无数的谩骂、中伤和攻击。但是，这一切未能使他停止以辛辣的批判和刻薄的讽刺来痛斥他的敌手。

马克思个人厌恶出头露面，宁愿不求闻达——例如，他曾拒绝对《迈耶尔会话辞典》的编者提供任何有关传记方面的情况——，他坚持恩格斯和他自己"我们谁也不在乎名望"。他说他"厌恶任何的个人崇拜"，在参加共产主义同盟之初就宣告他反对"有助于鼓励对权威的迷信"的任何做法。但另一方面，马克思从不反对别人称赞或赏识他对科学所作的贡献。因此，对于他死后集合于"马克思主义"旗帜下的社会主义运动能够自命为他的遗愿的唯一执行者这一事实，他无意中要承担部分责任。恩格斯在《反杜林论》中把"科学社会主义"等同于"马克思主义"（即使他没有实际使用"马克思主义"这个术语），这是使得人们把马克思的著作与从他那里得到启示而形成的各种"马克思主义"等同起来的一个决定性因素。

2. 马克思和"马克思主义者"

恩格斯很难预见他在其挚友葬礼上的演说会产生多么严重的后果。他虽然清楚地了解马克思跟那些在马克思生前最后几年和他死后期望以其著作为指针的马克思信徒之间的区别，还是助长了那种把马克思跟以马克思学说为基础的"理论上自觉的"工人运动史混为一谈的陈词滥调。这样一来，马克思对历史的影响就难以令人接受地被缩小和贬低为一句片面的套话。当恩格斯说在马克思身上"科学巨匠""远不是主要的"时，他不只是追求由党派考虑所决定的政治目的，而且也是反击他同时代人刚露端倪的论战，这些人把马克思捧为超凡出世的理论家，或者是研究资本主义制度的专家，他们并且用适应当时潮流的实证主义精神对马克思进行重新解释。与此相反，恩格斯强调指出马克思"首先"是一个革命家，同时他根据这一论断，批判了一种人道主义形式的社会主义。他这样描述了他挚友的天职："以某种方式参加推翻资本主义社会及其所建立的国家制度的事业，参加赖有**他**才第一次意识到本身地位和要求，意识到本身解放条件的现代无产阶级的解放事业，——这实际上就是他毕生的使命。"①

马克思是一个革命家，但他的革命意图不限于通过已出现的社会主义劳工组织来部分地实现无产阶级解放的目标，虽然他认为这些组织的活动将在整个无产阶级的解放过程中起决定性的作用。在他看来，在无产阶级对世界历史使命的科学认识和实际完成之间的辩证关系并不需要一个由少数强有力人物领导的高度集中的工人政党来充当中介，这样的政党只会要求无产阶级遵循另一套固定不变的意识形态纲领。

马克思的影响在许多方面与他的学术著作无关，他的学术著作大部分不为他的同时代人所知，或者，即使他的著作有直接的作用，那也是被重新作了解释的，这部分地是出于策略上的考虑，部分地是由于他的著作受到了错误的理解。这种情况也可以说明，恩格斯关于其挚友马克思是无产阶级意识的源泉的看法何以后来在由马克思信徒所领导的各国工人运动中会造成不幸的后果。恩格斯逝世以后，考茨基要求充当这种中介角色，列宁在 1917 年以后对此提出了异议，指责他从前的导师是一个"叛徒"。不过应当指出，无论是东方形式的马克思主义还是西方形式的马克思主义，都仅限于（只有极少例外）使一个先锋队具有掌握辩证既定必然性的超人特权。马克思主义的每一种形式，不管是名曰"真"的还是"假"的，都是根据一种思想体系或是根据一种马克思主

---

① 《马克思恩格斯选集》第 1 版第 3 卷第 575 页。

义哲学来论证其合法性，都势必要全部伪造马克思的基本意图。尽管马克思作为一名政治家有过错误，但在他的思想（不管是作为资本主义生产方式的社会学理论，还是作为"揭示现代社会运动的经济规律"的试图）中没有任何东西可以为占统治地位的精英人物的要求作辩解，似乎他们有权把马克思的社会学论点改造成日常政治行动的准则。

考茨基在制定他那种正统马克思主义（这种正统马克思主义对马克思经济概念庸俗化应负很大责任）时，利用马克思的体系主要是为了保留革命辞藻，但这些革命辞藻不再被用来煽动政治行动，而是被用来结成一个包容不同利益集团的群众性政党。正统马克思主义者和修正主义者之间的表面对抗掩盖了这样的事实：这两种运动基本上都是致力于在现存资本主义制度的范围内实现社会改革和民主改革。马克思认为在有阶级觉悟的无产阶级的行动和资本主义的内在衰败之间有一种相互关系，也就是说，把这二者看作是两个同时起作用的因素；但正统马克思主义却用自动过程的概念（即认为无产阶级无需作出巨大努力，这种过程就必然会使资本主义结构衰败）来取代马克思原来的思想与行动相统一的观点。作为这种思想的基础的进化宿命论遭到了左翼德国社会民主党人特别是卢森堡和李卜克内西的正确反对，他们重申了马克思关于工人阶级要有自我解放行动的基本原理。这个党的右翼伯恩施坦利用马克思关于经济发展的图式，以类似的方式攻击资本主义制度必然崩溃的概念，特别是攻击绝对贫困化和相对贫困化的理论以及资本积累的理论，他不是持宿命论的观点，而是主张开展旨在扩大民主范围的目的性明确的政治工作，这样就提供了一个能真正代替正统马克思主义者消极被动状态的可行方案。

3. 马克思对德国社会民主党的影响

马克思的辩证批判的社会理论的本质要素，在他的早期著作于 19 世纪 30 年代初发表以前一直未被人们所普遍了解。这一理论的基本性质非常适合于充当 19 世纪 60 年代以来日益蓬勃发展的社会民主运动的实际党纲。尽管马克思和恩格斯对早期主要的德国社会民主党人特别是倍倍尔和李卜克内西发生了强大的影响，但这两人（像他们之前的拉萨尔一样）却力求使马克思的观点适应于当时已形成的实际状况。马克思和恩格斯都未能成功地使德国社会民主党人遵循他们的原则。将马克思对哥达纲领草案的批判加以保密的这种做法就清楚地说明了这一点。

马克思并不认为他自己是当时兴起的社会主义工人运动的政治舵手。不过，他对这一运动的发展产生过决定性的影响，因为他普及推广了独立政党的思想，从而阻止了坚持要使工人的利益与激进民主团体一并加强的做法。不应对《共产党宣言》的作用估计过高；即使对马克思的早期经济著作，工人运动也只是部分地采用，而且后来只是表面上接受。但从一开始，关于有阶级觉悟的无产阶级同资本主义必然发生革命冲突、要实行国际团结的思想，就与 1848 年革命以来的独特民主传统融合在一起。虽然拉萨尔派在政治上遭到了失败，但在对德国工人的思想方式的影响方面，拉萨尔的"铁的工资规律"的理论在程度上大大超过了马克思对资本主义制度的基本分析。一直到 19 世纪 80 年代末期，马克思的思想才得到普及，并终于成为社会主义者的纲领和意识形态的要旨，虽然是和改良主义观念鱼龙混杂地交织在一起。在形成通俗的马克思主义方面起促进作用的不是马克思的《资本论》，而是考茨基的《卡尔·马克思的经济学说》（1887）这本书、考茨基的《新时代》

杂志以及恩格斯关于历史唯物主义的著述。

　　把马克思所理解的批判社会理论改造成无产阶级的世界观（其中又吸收了许多实证主义成分和当时流行的轻信科学的信念），这主要是由恩格斯本人倡导的。至于在这样做的过程中，恩格斯并非完全自觉地背离他的挚友马克思到了何种程度这一问题，是需要加以深入研究的课题。恩格斯把革命的历史学说变成了由经济形态和阶级斗争所决定的多少有些自动的过程，把工人运动从充满活力的革命因素改变成了导致资本主义崩溃的发展过程的潜在受益者。他未能使已意识到自己革命使命的无产阶级的革命行动跟洞察历史过程的社会经济制约性的观点保持辩证的统一，而是代之以一套革命辞藻，为保证工人中的思想统一这个单一目的服务。马克思的后继者们把他的哲学和经济学理论变成了一种无产阶级的划一的意识形态，这种意识形态使他们看不见那些由于工业革命的进展而在经济和社会结构中发生的、绝不总是符合马克思预言的实际变化。

　　这种意识形态固定化的结果，极左翼和右翼团体就只好设法回到马克思原来的立场上去。不管伯恩施坦离开马克思的经济思想多远，他至少还力图把他的经济学和社会学方法应用于已经发生变化的结构——虽然他缺乏马克思的敏锐并且无批判地过高估计了非革命性的民主发展的可能性。而且他还试图从考茨基的庸俗化所造成的僵化威胁中挽救社会主义的理论。

4. "马克思主义"的官方化

　　马克思对直到麦克斯·维贝尔的时代为止的资产阶级社会经济学产生了深远的影响，在社会主义工人运动方面却没有留下痕迹（像卡尔·

格林贝格这样个别的社会主义者除外）。只有中欧社会民主党人的左翼，一方面是卢森堡，另一方面是个别奥地利马克思主义者（虽然他们采取了反对的立场），能够正当地声称较好地理解了马克思的学说，并且重新发现了马克思理论中的能动主义因素。但是毫无疑义，是列宁首先出来驱散庸俗马克思主义的迷雾，恢复马克思革命理论原来的辩证性质，但他也确实在其中加上了革命精英人物要起领导作用的主张。这后一种观念是同马克思格格不入的，但符合俄国的革命传统。

布尔什维克胜利以后形成了马克思列宁主义的官方化，随之而来的是重新塑造马克思的形象，把这位工人运动的理论家和倡导人变成了工人运动的领袖、工人运动统一的化身。对他在共产主义同盟中的作用、他在第一国际中的地位和他关于工人运动的主张都进行了重新解释，以适应列宁主义实践的需要。由马克思列宁主义所阐述的历史唯物主义和辩证唯物主义，用列宁的认识论词句，部分地还借助了黑格尔主义的语汇，重新改变了说法。值得注意的是（直到今天仍然如此），在这一过程中所形成的这种自成一套的意识形态体系，其权威根据主要是恩格斯的历史著作和理论著作，而且也汲取了 19 世纪前 70 年传入社会主义思潮中的那些进步自由派的意识形态成分，但这些东西跟马克思异化理论的道德标准是不能融合在一起的。

自从马克思的早期著作发表和许多迄今未被人所知的手稿公诸世以来，对马克思形象的修正已成为一件紧迫的事情，这个问题在马克思列宁主义意识形态统治的范围内看来进展甚微，而在西方的探讨中却起着越来越大的作用。西方把马克思看作是一种内容庞杂的人道主义的先驱，他的遗产把科学分析和以道德为基础的社会批判全面综合在一起。所以探讨又一次集中于他的经济和政治主题上。马克思学说的存在主义性质更加明显，因为他所提出的关于现代工业社会条件下人的异化问题，今天比以往更加紧迫，虽然部分地是由于马克思所未曾预见到的一些情况。基督教徒和马克思主义者力求以他们相互对立的思想体系之间的科学对抗为基础来进行对话；在现代社会学中人们也试图富有成效地启发式地运用马克思的方法（这种情况在今天的社会科学理论研究中可以见到）；上述两种做法都表明，目前就来估量马克思思想在西方国家中的影响尚为时过早。

5. 共产主义意识形态中对马克思的描述

德意志民主共和国社会主义统一党中央马列主义研究院出版的《德国工人运动史》在谈到"全德工人联合会中的拉萨尔崇拜"时声称："从一开始，马克思和恩格斯就毫不容情地反对一切形式的个人崇拜和工人运动中的独裁专制，认为这类做法是与工人阶级不相称的和有害于工人阶级的。"但从马列主义政党的理论和实践中，从第二次世界大战以后所建立的人民民主共和国的政府政策中，人们必定会得出结论说，马克思和恩格斯所作出的这些努力完全没有产生成效。个人崇拜和独裁专制恰恰正是布尔什维克模式的社会主义国家的突出特征。对马克思的崇拜本身不过是一句空话，因为即使在预定为广大公众阅读的官方出版物中对马克思的描述也无法掩盖这样的印象：共产党宁可步拉萨尔宗派主义的后尘，而不愿遵循马克思所提出的、有社会学和伦理学根据的原则，因为按照这些原则，工人**阶级**必须优先于工人**政党**。列宁颠倒了马克思社会学和政治学的这个基本原则，从而使执政的共产党能够歪曲马克思所一再说明的无产阶级多数专政的理论；它们实际上成了马克思和恩格斯所反对的、主张政党少数专政的布朗基观点的拥护者。

17

在对权力的关系上，共产党统治者和意识形态学家也证实他们是布朗基和黑格尔的门徒，虽然他们对所接受过来的这些理论往往不自觉地在这一过程中将其弄得面目全非、毫无生气了。最能说明这一点的莫过于列宁在援引其导师们的话时所玩弄的手法。一个典型例子是他的《国家与革命》这本书，他在书中引用了恩格斯在马克思《法兰西内战》（1891 年版）一书的导言中所提出的全部论点，唯独没有引用那段驳斥布朗基主义、暗含有谴责布尔什维克主义的意味的话：

"他们［布朗基主义者］是按密谋学派的精神培养出来的，是由这个学派所要求的严格纪律团结在一起的，他们认为少数坚决和组织严密的分子在顺利的条件下不仅能够夺得政权，而且能够用极果断坚决的措施来保持政权，直到把人民群众吸引到革命方面，并使他们聚集在少数领袖的周围。这首先要求把全部权力最严格地专制地集中在新的革命政府手中。大多数正是由这些布朗基主义者构成的公社，在实际上做了些什么呢？它在向法国各省人民发表的一切宣言中，号召他们把法国的所有公社同巴黎联合起来，组成一个自由的联邦，一个第一次真正由国民自己建立的全国性组织。正是军队、政治警察、官僚这种旧的集权政府的压迫权力，即由拿破仑在 1798 年建立，以后一直被每届新政府当做合意的工具接收并利用来反对自己的敌人的权力，应该在全国各地覆没，正如它已在巴黎覆没一样。"①

早在几年以前，在 1885 年 4 月 23 日，恩格斯曾给俄国马克思主义者维拉·查苏利奇写信指出：

"……如果说布朗基的幻想（通过小小的密谋活动震撼整个社会）曾经有某种理由的话，那这肯定是在彼得堡……那些自夸**制造出**革命的

---

① 《马克思恩格斯选集》第 1 版第 2 卷第 334 页。

人，在革命的第二天总是看到，他们不知道他们做的是什么，**制造出的革命根本不象他们原来打算的那个样子**。"①

　　除了马克思的政治学说遭到肢解以外，他的基本的认识论和方法论理论也受到忽视，这些理论以格言形式包含在他的早期著述和成熟著作中，并没有系统的说明。马克思十分了解这一缺陷，当他重新开始研究黑格尔时，他在 1858 年许下了如下的誓愿："如果以后再有功夫做这类工作的话，我很愿意用两三个印张把黑格尔所发现、但同时又加以神秘化的方法中所存在的**合理的东西**阐述一番，使一般人都能够理解。"②但他未能履行这个誓言，因此不能防止后人以烦琐的态度对待他的辩证方法。关于这个方法，他只是描画了一个轮廓，并把它称之为"新唯物主义"。恩格斯曾试图根据他自己的材料，把他挚友未完成的工作扩展成一种摆脱一切教条的发展理论，这种理论应能科学地说明知识、社会和自然的规律；但是这项工程进展不大，不过只是开了个头罢了。于是恩格斯无意中成了"辩证唯物主义"的开创者，后来党和政府的意识形态学家又把这种"辩证唯物主义"确立为"马克思主义哲学"。即使他曾谦虚地把"我们的历史观"描述为"进行研究工作的指南，并不是按照黑格尔学派的方式构造体系的方法"③，但这并未能阻止那些以党的精神焕发出热情的不大谦虚的追随者们自以为是地把"马克思主义哲学的主题"规定为："它包括人与世界的相互关系，因此还包括物质与概念的相互关系，自然界、社会和思维的一般规律与本质特征，以及

---

①　《马克思恩格斯选集》第 1 版第 4 卷第 451 页。

②　《马克思恩格斯全集》第 1 版第 29 卷第 250 页。

③　《马克思恩格斯选集》第 1 版第 4 卷第 475 页。

现代的一般基本问题。"① 这样一来，马克思关于人的自我解放的批判理论就被歪曲成了人对人的全面统治的极权主义意识形态。

（五） 马克思和工人运动

西方历史学家和共产主义历史学家之间在工人运动问题上的主要争论问题之一是：马克思本人在工人组织的发展中具有何种地位，起过何种作用；社会主义工人运动内部各个集团的形式和目标在何种程度上可以归因于他的政治理论的影响。马克思自觉地投身到新兴的工人运动中去，但他同时也意识到他承担的任务所加给他的孤寂；这个任务他从来未能完成，他的著作也势必完成不了。1843 年他停止了对世界的哲学探讨和对事物的思辨解释；他同现代无产阶级的运动结合在一起，他认为现代无产阶级承担了一项历史使命。但他并没有想要针对异化的社会制定出一个空想的或科学的体系；马克思首先和主要地是要参加争取解放的斗争，人类的命运将要取决于这场斗争的结局。如他自己后来所说明的那样，当他和恩格斯加入共产主义同盟时，这就意味着他们"自觉地参加我们眼前发生的革命地改造社会的历史过程"②。

这个同盟并不是一个真正的政党。马克思明确地说明了这一点，而且早在《共产党宣言》中就已宣称："共产党人不是同其他工人阶级政党相对立的特殊政党。"③ 马克思并不认为他自己要发明一个新的社会制度或者发现一种新的社会科学，以取代现有的社会主义理论和共产主

---

① 科津主编：《马克思主义哲学教科书》1976 年版第 27 页。

② 《马克思恩格斯全集》第 1 版第 14 卷第 465 页。

③ 《马克思恩格斯选集》第 1 版第 1 卷第 264 页。

义理论，从而保证其成功。他的愿望倒是要参加工人阶级特有的政治运动，参与表现无产阶级的"历史自发性"。马克思个人所关心的是参加实际的工人阶级运动，而不是根据一个学理公式来指挥这个运动的进程。

马克思经常强调知识分子的教育作用，强调工人运动的自我教育，这是他对空想社会主义者和宗派主义运动进行批判的根本要旨。"一步实际运动比一打纲领更重要。"① 马克思所理解的对资产阶级社会经济结构的科学认识，首先是从理论上和批判地全面了解特定历史时期中的社会现实和阶级冲突；在他看来，这种现实从属于一种需要加以科学表述的发展规律。因此，他的社会理论的当前目标是要对现存制度及其基本意识形态进行彻底的批判。当马克思开始作为社会主义理论家从事著述时，他拟定了一个全面批判的系统纲领："批判法、道德、政治等等……国民经济学同国家、法、道德、市民生活等等的关系……最后……对这一切材料的思辨加工进行批判。"② 他从未有机会去实现这个纲领，但他的各种著述包含了他将如何完成此项工作的重要线索。

虽然马克思关于各个批判项目的总设想从未超出计划阶段，但他未发表的材料和已发表的著作却显示了一种较适宜于批判思考而不适合政治行动的思想方式。也许这样说更为正确：马克思认为纯粹的政治观点靠不住——这在他的一篇反对卢格的论战式的早期政论文章中已表现出来。在这篇赞颂 1844 年西里西亚纺织工人起义的牺牲者的文章中，马克思宣称："社会革命采取了整体观点，因为社会革命……乃是人对非人生活的抗议"，而"具有政治精神的革命"只是靠着牺牲社会本身的

---

① 《马克思恩格斯全集》第 1 版第 34 卷第 130 页。

② 参看《马克思恩格斯全集》第 1 版第 42 卷第 45 页。

利益，在社会上组织出一个统治阶层。① 他把这场纺织工人的叛乱解释为是对国家和每一种压迫形式（他认为这两者密不可分）的根本谴责。25 年多以后，这种观点在赞颂巴黎公社的壮丽事业的文章中表现得更加鲜明，这些文章把公社的社会精神的失败归因于政治力量和军事力量，即凡尔赛宫和俾斯麦所采取的联合行动。

无可否认，马克思未能完全摆脱他作为德国共产党精神领袖所受到的日常政治活动的影响。正是由于这种政治遗产的本来就有的多种含义，由于马克思的思想遭到了辩证的曲解，马克思主义作为党的意识形态就有了充分的根据。按照马克思的观点本来该由无产阶级自身来完成的工作，被重新解释为是政治精英人物的特权。马克思给共产党人规定的教育职能，就与一种论证性的任务结合起来，这就是不惜任何代价从理论和实践两个方面向工人群众论证人类解放的总目标，以便防止政治行动变成目的本身。这并不是说，共产党人在政治上有权指导这一运动并决定其命运。通过颠倒阶级与党之间的关系，马克思主义政党立即建立起它们对其他把有阶级觉悟的无产阶级组织起来的工人政党的垄断，由于它们自己的利益在许多方面不同于整个无产阶级的利益，所以它们就力图按照自己的模式来塑造无产阶级。

自十月革命以来，马克思列宁主义凭借其对马克思思想的这种歪曲滥用而获得了其全部使人信服的威力；它具有了国家理论的形式，日益失去了马克思所主张的反国家和反政治的色彩。跟 1917 年前由德国社会民主党人向马克思主义的俄国门徒所大力传播的马克思主义传统相比，列宁的政治纲领（根据马克思和恩格斯的观点）代表了连续性中的一个明显断裂。虽然马克思颂扬工人的"自发性"，甚至认为俄国村

---

① 参看《马克思恩格斯全集》第 1 版第 1 卷第 487—488 页。

社农民的革命性超过西方的工人，但他基本上坚持了这样的原则，即一个社会"既不能跳过也不能用法令取消自然的发展阶段"①。不过他没有排除历史机遇的可能性，这在他对待巴黎公社的态度中可以明显地看出。正因为如此，列宁在 1917 年 4 月认定俄国的苏维埃是新历史形式的潜在工人政府时以马克思的观点来作为权威根据，这样做是不无道理的。这也标志着 1920 年在德国兴起的委员会运动和 1871 年在没有任何政党煽动下而自发成立的巴黎公社之间的联系。

另一方面，马克思和恩格斯对他们当时的军事冲突的态度，可以由他们对历史过程的纯粹唯物主义观点来解释。"马克思党"要求工人运动的认真负责的领导人在这样的情势下要按照他的理论的维护者所制定的政治规范来采取行动。

恩格斯对马克思的政治遗产遭到如此"整理"负有部分责任。他实际上促进了马克思主义政党的形成。恩格斯生前能够通过他那有远见卓识的批评，在一定程度上控制和反对了把理论日益严重地教条化的倾向。他还一再告诫法国、英国、美国和俄国的首批追随者不要按照一种特定的模式来指导整个工人运动；但有组织有纪律的工人政党的成功使它们不可能离开它们已经走上的道路，或寻找一条解放工人阶级的不同途径。伯恩施坦的修正主义在他政治导师们的遗产中有其根源，因为他谴责工人的非理论化，认为工人的"自发行动"具有更多的改良主义性质。马克思理论的正统派代表的规劝不能改变这场运动的改良主义实践，这一运动的组织反映了资产阶级社会的等级结构，它不能对两次世界大战及其极权主义恶果进行有效的抵抗。

---

① 《马克思恩格斯全集》第 1 版第 23 卷第 11 页。

俄国的追随者（不论孟什维克还是布尔什维克）的正统观念对俄国革命的进程只有很小的影响，俄国革命的兴起和发展绝不能归之于意识形态的原因。马克思主义意识形态的两种极端形式（改良主义运动和革命运动）都越来越远离作为马克思理论基石的无产阶级自我解放的基本原理。在经济较发达的社会和仍然是半封建的国家中，马克思主义意识形态在改良主义工人运动中和在革命时期都只起一种控制工具的作用，以保持与马克思所发展的政治社会学的一致。当列宁跟他的老师考茨基分道扬镳时，他号召人们注意先进工业国家中的工人运动的软弱无力，在这些国家中，无产阶级被自己队伍中产生出来的贵族"叛卖"了，因而不能执行它的革命使命。另一方面，沙皇俄国这个经济落后和以农业为主的国家，在列宁眼中看来却具有实现革命所必需的物质前提和政治前提。他认为在那里可以发动甚至完成社会主义革命，因为群众的悲惨不幸足以挽救这场运动，使其免遭野心勃勃的政治精英人物的"叛卖"。为了从理论上论证这一点，于是求助于马克思的思想宝库中有关社会精英人物的作用和天职的经典观念，以证实列宁和托洛茨基随便同"发展不平衡规律"联系在一起的"不断革命"论。这是理解以马克思的花饰装点起来的这种新意识形态的关键所在，即使在斯大林主义时代以后，这种装饰也仍然自命为是马克思列宁主义的不可动摇的教条。

在受执政精英人物的命令支配的共产主义王国里，由于刻板套用马列主义理论的典据，到处发生政治动乱。马克思关于某个社会中占统治地位的意识形态的论述，现在完全适用于说明这些新阶级制度中的马克思主义意识形态的作用："统治阶级的思想在每一时代都是占统治地位的思想。这就是说，一个阶级是社会上占统治地位的**物质**力量，同时也是社会上占统治地位的**精神力量**。"① 尽管过去 50 年来不断发生政治动乱和社会动乱，与马克思名字连在一起的唯物主义社会学却几乎毫未丧失它的合法性；它暴露了所谓社会主义国家经济结构所特有的支配与奴役之间相互关系的本性。

关于马克思的资本主义生产方式理论的有效性的争论在西方由盛而衰。但无论是过去的记录还是当今的景象，看来都不能证明马克思对于社会发展的悲观看法是荒谬的。"野蛮现象将再度出现，但它是在文明本身的怀抱中产生的，并且归属于文明；因此便是染有麻风症的野蛮现象，作为文明的麻风症的野蛮现象。"② 马克思曾经期待"最众多和最不幸的阶级"在意识中发生深刻的变化，尽管这个革命的希望至今尚未实现，但他所不断反对的那个制度的衰退中所固有的选择却具有了日益重大的意义，这种选择就是：人们必须要么信奉社会主义，要么陷入野蛮状态。马克思用今天听来比以往更具有空想色彩的词句所设想的新社会，不管它是历史的必然还是道德的假定，看来是一个处于灾难边沿的世界所难以达到的：

"**共产主义**是**私有财产即人的自我异化的积极的扬弃**，因而是通过人并且为了人而对**人的本质**的真正**占有**；因此，它是人向自身、向**社会的**（即人的）人的复归，这种复归是完全的、自觉的而且保存了以往发展的全部财富的。这种共产主义，作为完成了的自然主义，等于人道主义，而作为完成了的人道主义，等于自然主义，它是人和自然界之间、人和人之间的矛盾的**真正解决**，是存在和本质、对象化和自我确证、自由和必然、个体和类之间的斗争的真正解决。它是历史之谜的解

---

① 《马克思恩格斯选集》第 1 版第 1 卷第 52 页。

② 参看《马克思恩格斯全集》第 1 版第 6 卷第 656 页。

答，而且知道自己就是这种解答。"①

作为这种浪漫主义未来观的基础的，是被马克思改造为唯物主义范畴的黑格尔的历史发展辩证法。马克思充分意识到他正处于社会存在的一个历史转折关头，充分意识到他生活在人类面临信奉社会主义还是回到野蛮状态这两种选择的过渡时期。他的毕生事业都包含在这种两难的困境之中。

（原文载《马克思主义、共产主义和西方社会。比较百科全书》
第 5 卷）
（易克信 译）

---

① 《马克思恩格斯全集》第 1 版第 42 卷第 120 页。

柯亨评艾伦·伍德的《卡尔·马克思》*

〔英〕G. A. 柯亨

G. A. 柯亨(G. A. Cohen)是一位在政治哲学、伦理学和马克思哲学等领域都具有世界性影响的哲学家，分析的马克思主义的主要创立者和代表人物，原英国牛津大学万灵学院社会和政治理论教授，主要著作有《卡尔·马克思的历史理论：一个辩护》、《历史、劳工和自由》等。他在这篇书评中认同了伍德的历史唯物主义立场，但并不认可伍德所论称的马克思不认为资本主义是不正义的论断，他对辩证法的拒斥反映了分析的马克思主义的一个基本立场。

收入泰德·洪德里奇（Ted Honderich）编的令人印象深刻的"哲学家们的争论"系列中的这本书在当时是英语世界从哲学层面介绍马克思的最好作品。该书在谋篇布局和写作上均为上乘，更大的例外在于一本书评的大多数篇幅将专注于这一点——它是一部经过字斟句酌的作品。伍德（Allen E. Wood）恰当而尖刻地质疑了诸多关于马克思和关于马克思主义者所构造出来的那个世界的断言，但他同时也令人信服地热情推崇马克思主义中他认为有着长久价值的东西。

---

* 本文选自《国外理论动态》2013 年第 6 期。

该书分为五部分。第一部分讨论异化。伍德以对解放的考察开始，指出人们不应该期望从马克思那里指认出一种异化的理论，因为他论及该主题的思想碎片所展现出来的现象过于不同而无法从理论上将其加以统一。然而，伍德通过对自我实现这一未加分析的理念提供一种明智的解释，即不能完成自我实现的各种不同的失败相应地产生了各种异化，从而成功地使他自己的讨论自成一体。

第二部分讨论历史唯物主义。面对长达60年的时间一直以黑格尔式唯心主义和其他唯心主义的维度解释马克思的历史理论，伍德还是加入了那些试图对这一理论重新做固执的唯物主义解读的行列。他作出了许多相当到位的区分，比如使他得以将历史主体缺乏自我认识描述为社会的而不是心理的问题的那些区分，以及支持他在微妙地否定历史唯物主义是一种决定论时所作出的其他一些区分。他还提出了很多我并不同意的特别的论断，这些论断的确太多而无法在此论及，我只对其中一个非常具有普遍性的问题作出评论。

这个问题涉及马克思主义的两个分支——即其哲学人类学（或者人性的观念）与其历史理论——的关系的问题。它对应于该书的第一和第二部分。我认为伍德把二者联结得过于紧密。这很容易做到，因为二者的中心都是生产的概念，但这一概念却扮演着明显不同的角色。在哲学人类学中，人类在其本性上是有创造力的存在物，只有各方面的能力得到培养和运用，人类才能繁荣昌盛，并在由物质的丰富性所赋予的自由的条件下特别富有创造性——在这里也就是说，富有创造力。然而，在历史理论中，人类生产之所以不自由只是因为他们不得不如此，原因在于自然不会为他们提供所需。人（在严格的意义上，作为一个物种）的生产能力在历史中的进步是以牺牲作为上述进步的主体和受害者的那些人的创造力为代价的。他们被迫从事令人生厌的劳动，这种劳动不是表现而是否定他们的本性：它不是"（他们）自身的物质和精神力量的自由展现"。

伍德写道："历史的进步主要在于增强人们塑造和控制他们的世界的能力。这是他们发展和表达其作为人的本质的最基本的方式。通过这些确定的方法，他们可以适时地获得一定程度的自由和对其社会创造物的控制。"第一句是模棱两可的，因为"人的能力"既可以指内在于个体的能力，也可以指"作为类的人"（Man）的能力，并且只有在后一种解释下，这句话才是真实的。其次，第二句是错误的，因为人们在妨碍其本质的活动中并不发展和表达他们作为人的本质。如果将第三句话抽离其语境，它可能是正确的。因为一个妨碍本质的原因可能会产生与本质相适应的结果，但如果我们认为它意味着人类从事自我否定的劳动是为了适时地达到自我实现，那么它所说的则是过度的目的论。目的论的或者（正如我更喜欢把它们视为）功能的解释，在我看来，毫无疑问是历史唯物主义的基础。然而，并不能因此得出这样的结论，即从整体上看历史有一个人类所追求的总体目标。

在历史唯物主义之后是该书最具原创性的部分，所讨论的是马克思主义与道德。在这一部分，伍德一开始就小心翼翼，以相当高超的技巧捍卫着一个似乎不太可能的论题：马克思并不认为资本主义是不正义的社会。他在《马克思对正义的批判》这篇产生了重大影响的论文中首次提出了该论题。他辩称，那种关于马克思的确认为资本主义是不正义的常见的、自然的假定，反映出对马克思的社会哲学的误解。根据马克思的社会哲学，正义原则从来不被视为是自己代表自己的，而是经常被还原并理解为对实际权力关系的意识形态的升华。这些正义原则的功能就在于支持并进而巩固那些实际的权力关系。

对于伍德所解读的马克思来说，在一个特定的社会里，与那个社会的基础规划（ground plan）相一致就是正义的，并且没有什么正义的准则可被援用于批判该基础规划。伍德进一步推断：对马克思来说，资本家与工人之间的合同不仅不是不正义的，而且是正义的，至少在标准的情形中工人获得了他所售出的劳动力的市场价值。并没有非资本主义的正义准则可用于指责一个通过正当方式签订的劳动合同，正如没有正义准则可用于指责奴隶社会对奴隶的所有权，在奴隶社会中，它不仅不是不正义的，而且是正义的。

马克思谴责资本主义，不是因为它显露出不正义，或者其他道德上的恶，而是显露出伍德所认为的非道德的恶：它严重地损害了人的创造力，并培育出冷酷无情的社会关系。"尽管资本主义剥削使工人异化、非人化和受屈辱，但它并不侵犯他们的任何权利，这并没有什么是不正当的或者是不正义的。"因为在资本主义社会中，并不存在超出那些资本主义剥削所引以为荣的权利。

这是对马克思所做的一个显然是非常有趣的解释，伍德为其提供了有力的文本依据。但是，这一依据并非无懈可击。一些作者已经对他所用的很多文本作出了合理的重新解释，并引证了其他一些使他的观点陷入窘境的文本。齐雅德·胡萨米（Ziyad Husami）的《马克思论分配正义》和加里·扬（Gary Young）的《正义与资本主义生产》就是特别令人印象深刻的作品。此外，我还推荐扬的《研究马克思的正义》（"Doing Marx Justice"，它发表于《加拿大哲学杂志》第7卷增补卷（1981年出版），这个增补卷的标题为《马克思与道德》，该卷含有一个非常出色的参考书目。

我不可能在这里回顾大多数相关文本，但在《资本论》第 1 卷中有一段相关度非常高并且广为人知的文本，在对马克思的相关经济理论作些许介绍之后，我将转向这一文本。

《资本论》的主要目标是解释为何资本家能够把既定数额的金钱或者价值变得更大。马克思认为不能一般地做这样的解释，即资本家用他所拥有的东西换取更有价值的东西，因为那样的话，另一方会失去资本家所得到的东西，这里并没有任何净收益。需要解释的是，（对于马克思来说）明确无误的事实是：新的价值产生了。在一个人得到另一个人所失去的价值的情况下，并没有什么新东西产生。马克思断定，一般而言，资本家能增加其价值储备的唯一方法是购买一种商品（按照其价值购买），这种商品能被用于创造比它所拥有的价值更多的价值。接着他将工人的劳动力视为（产生剩余价值的——译者注）必要的商品。劳动力以日工资或周工资出售给资本家，资本家付给劳动力的金额则相当于把劳动力生产出来（换句话说，生产工人为了维持生存和能够工作而必须消费的商品）的小时数。由于根据劳动价值论，商品的价值恰好要依据生产该商品所需要的小时数，因而工人获得了他的劳动力价值，但是，资本家也仍然得到了（新创造出来的）价值，因为工人劳动力的价值少于它所创造出来的价值：一个工人在一天中工作的小时数可能多于他需要生产的时间，后者是指生产他必须消费（的产品）从而能够在一天中工作那么多小时所需要的（时间）。

在"等价物交换等价物"的活动中，工人得到他的劳动力的全部价值，但是"这种交易还是征服者的老把戏，用从征服者那里掠夺来的货币去购买被征服者的商品"，因为资本家用他们从出售工人所生产的产品中获得的钱来支付工资。因此，工人尽管被支付了他的劳动力的全部价值，但并没有得到他所生产的额外的或者剩余的价值。资本家的利润，故而资本主义，是"建立在盗窃他人的劳动时间的基础上"的。

当马克思在此（以及在别的地方：这并不是一个孤立的文本）谈到"抢劫"（或者"盗窃"）时，他不可能意指"与资本主义的规则相符的抢劫"，因为被他视为抢劫的交易遵守那些规则：即资本主义的错误在于对剩余价值的占有，这种占有根据资本主义的规则并不是抢劫，即不是这样一种抢劫：当工人得到他的劳动力的全部价值时，或者因为工人得到了他的劳动力的全部价值，他遭到了抢劫。因此，伍德在反对他的批判者胡萨米时，强调了《资本论》的段落中所谈及的等价物的交换，但他展示的是一种单一并且毫无特色的晦涩的观点，因为马克思的要旨是：等价交换使资本家得以掠夺工人。在伍德对等价交换观点的论述中，似乎马克思有意表明对资本主义进行道德谴责是不恰当的，而在当时，马克思的目的却在于强调，他将进一步对其进行谴责的那种交易并不违反市场交换的规则。

现在看来，正如伍德将会同意的，马克思并不认为根据资本主义的标准资本家实施了盗窃，那么既然他的确认为资本家实施了盗窃，他必然意指资本家在某种恰当的非相对主义的意义上实施了盗窃。此外，既然盗窃一般而言是错误地拿了在正常情况下属于别人的东西，那么盗窃就是实施了某种不正义，一种"建立在盗窃之上"的制度就是建立在不正义之上。

尽管如此，马克思是否缺乏关于资本主义是不正义的信念呢？因为他没有注意到抢劫构成了不正义。我认为抢劫和不正义之间的关系是如此紧密，因此任何认为资本主义是抢劫的人都必定被视为认为资本主义是不正义的人，即使他并没有认识到他认为它是不正义的。

也许马克思并没有总是认识到他认为资本主义是不正义的。因为有一些为伍德所熟练利用的文本表明，至少在马克思写这些文本的时候，他认为所有非相对主义的正义与不正义的观念都是废话。如果这些文本真的表明马克思那样想，那我将得出这样的结论，即至少在有些时候，马克思错误地认为他并不相信资本主义是不正义的，因为他被正义搞糊涂了。

在其书中的某个地方，伍德探讨了马克思论及资本主义与正义的论点，该论点与上述的论点相似，但他却从这个论点上退却了，其理由是："没有迹象表明马克思把资本主义视为任何道德上是错误的或者不正义的东西。"我认为将其称为"抢劫"就是这样的迹象，还有《资本论》中的"资本主义正义真令人吃惊！"这一说法，根据该评论的内容中所蕴含的意思，可视为另一个迹象。

因此我支持那种传统的观念，即马克思认为资本主义剥削是不正义的，并且我将主张，伍德否定剥削是不正义的，这使他错误地解释了剥削事实上以及在马克思那里究竟是什么。他说剥削者从受他们剥削的人那里得到东西，但没有付出什么作为回报，不过，并不是所有非互惠的交换都是剥削性的。我或多或少同意伍德的这一观点，尽管从更深层次上看，关于什么可视为缺少互惠性仍然是有问题的。即便如此，我和伍德在剥削的其他特征是什么这个问题上仍然有分歧。我提出了足够老套的论点，即只有当它是不公平的时候，非互惠性才是剥削性的，但是伍德不认为剥削是不公平的，他提出了对这个概念的不同解释：马克思的想法是，A以B的劳动成果为生，并且A能够这样做不是因为A对于社会生产做出了任何互惠性的贡献，而是因为A与B所处的社会关系使A处于强制B为A的利益而工作的地位，在上述情况下，A剥削了

B。然而，我将表明强制既不是剥削的必要条件，并且，即便附加上非互惠性这一条件，它们也不是剥削的充分条件。

为了理解强制并不是（剥削的）必要条件，请设想一个富有的资本家 A，无论出于什么原因，他自愿地为另一个资本家 B 工作，得到的工资处于这样的水平，即如果 A 是工人的话，他会将其视为剥削。在我看来，同样在马克思那里，尽管 A 没有被强迫为 B 或者其他人工作，他仍然遭到 B 的剥削。我们也许会问 A 为何让 B 剥削他，他也许会作出多种不同的回答："我不认为 B 在剥削我"，"我不介意被剥削"，"我和 C 打赌我会让 B 雇用我"，"我想体验一下当工人的感觉"，等等。作为一个富有的资本家，他不能够这样回答："我别无选择。"然而，在伍德看来，说一个被剥削的人被迫为剥削他的人工作是不言而喻的。

因此，我不同意伍德的说法，他认为"以福利为生的人并没有剥削纳税人"的原因是"纳税人受到的是来自政府而不是福利接受者的强制"，因为剥削者并不必然对被他们剥削的人实施强制。我所持的不同观点是：福利接受者不是剥削者的一个原因在于相关的转移支付并非是不正义的。基于同样的原因，他们也不是剥削的受益人。（一个非剥削者有可能是剥削的受益者，正如伍德无疑会同意资本家的孩子就是剥削的受益者，并且他或许会同意他和我也是。）由于其他的机构（国家）迫使纳税人（他们没有得到任何回报）去供养以福利为生的人，伍德会乐于指出以福利为生的人是剥削的受益者吗？他似乎认可这个不幸的主张。

我还将否认强制的非互惠性是剥削的充分条件。伍德试图通过强调这一观点，即"如一些右翼狂热分子所指出的，如果国家为无用之人所掌控，这些人利用税收权力掠夺努力劳作的市民，那么福利的接受者就会剥削纳税人"，来证明这一充分性命题。但是，通过将设想出来的强迫别人的福利接受者描述为无用之人，伍德遮蔽了这样一个问题：使他们成为剥削者是因为他们（对别人）的强迫还是因为他们不应该得到（那些福利）。为了更好地考察充分性命题，可以设想那些人并非无用之人，而是并非出于自己选择的成年失业者，他们为了喂养很多孩子，强迫那些挣了钱的人适度地给他们一点钱。他们或者通过威胁在街头使用暴力，或者以更有想象力的方式，通过宪法将有关福利事务的立法权力赋予失业者而达到这个目的。"右翼狂热分子"会把那些人称为剥削者。伍德怎么能反对呢？

右翼狂热分子——甚至非狂热分子——会指出：在伍德对剥削的定义中，资本家不是剥削者，因为他们为工人提供了生产资料，因此做出了"对社会生产的互惠性贡献"。我的回应是，上述"贡献"并不证明不存在剥削，因为资本主义的生产资料所有权就是偷盗之物，因此资本家所"提供的"只是在道德上不属于他的东西。但是，伍德如何才能完全绕开道德判断，来反对这样一种主张，即资本与劳动关系的互惠性否定了对剥削的指控？

《卡尔·马克思》一书中最后的和最让人提不起兴趣的部分是对哲学唯物主义和辩证方法的讨论。伍德对这些问题的讨论远远好于其他大多数人，但这并不是一个很高的褒奖，因为正如很多人所同意的，这些领域已成为马克思主义研究中的不毛之地。讨论哲学唯物主义的部分是对一个枯燥无味的主题所做的崭新的处理，然而，伍德对辩证法的讨论给我留下的印象更弱。他过于依赖一个未得到详细说明的概念——"有机整体"，我不能同意他的观点，即"发展的内在趋势"（他将其与辩证法联系起来）和"因果律"从本质上代表着用于解释现象的不同的根源，因为第一个概念似乎依赖于第二个概念。我还认为，伍德在他的"《资本论》中的辩证法"这一章，对于劳动价值论过于宽宏大量，但在此已没有篇幅可以证明这一点。

我在许多重要的问题上不同意《卡尔·马克思》一书的观点，但我将再次申明，这是一本写得非常出色的了不起的著作，确实是英语世界里从一般哲学层面讨论马克思的最好的著作。

[原文发表于英国刊物《心智：新系列》（*Mind, New Series*）

1983年1月号（总第92卷第367期）]

（林育川 译）

布坎南评艾伦·伍德的《卡尔·马克思》*

〔美〕艾伦·布坎南

艾伦·布坎南（Allen E. Buchanan）现为美国杜克大学特聘哲学教授，著有《人权、合法性与暴力的使用》（2009）、《正义、合法性与自决——国际法的道德基础》（2003）、《伦理学、效率与市场》（1983）、《马克思与正义——对自由主义的激进批判》（1982）等深具影响的学术著作，是一位在政治哲学、伦理学、国际法、市场理论和马克思哲学等领域都富有建树的哲学家。他在这篇书评中继续阐述了他在《马克思与正义》一书中所阐释的思想，透过这篇书评，我们能够看到布坎南对伍德在捍卫马克思的历史唯物主义立场、阐释马克思对法权概念的批判以及阐释马克思的辩证法方面的赞赏，但布坎南又不满意于伍德为彰显马克思的历史唯物主义而不为正义留下地盘的做法，因为他在"马克思与正义"问题上的理论倾向是：既要捍卫历史唯物主义，又要拯救正义。

---

* 本文选自《国外理论动态》2013 年第 6 期。

一

艾伦·伍德（Allen W. Wood）的《卡尔·马克思》一书分为五个部分：异化、历史唯物主义、马克思主义与道德、哲学唯物主义以及辩证的方法。书名的简单明了以及各部分标题所涉及的范围，使得读者期望获得一种有关马克思思想的全面的批判性考察。但在序言中，作者打破了读者的这种预期，宣布了三个主要的限定：第一，本书没有系统地探讨"作为整体的马克思思想的核心焦点……《资本论》中的经济理论"。第二，伍德说："在我思考的马克思对资本主义的所有批判理论中，我都会论及马克思所了解的资本主义图景，而不论及他的经济理论和社会批判对于当今社会的适用性。""［马克思］对资本主义的论述和对未来的预言"给出的将"只是最简单的探讨"。第三，他将不会探究"马克思的经济学相对于正统经济学理论的哲学优势"。那么这本书的目的是什么呢？它只是充当"对《资本论》中的经济理论进行研究的一种哲学前言"。我将论述，试图从马克思的经验性预言中分离出他对资本主义批判的哲学维度不仅是无效的，而且会导致伍德对马克思关于正义的理解的分析严重不完整。

尽管有伍德自己的这些限定，但是伍德的这部著作还是针对马克思著作的很多重要论题阐述了不少重要的东西。我的论述将主要集中在两大重要内容上：伍德对马克思的历史唯物主义解释的阐释，以及他对马克思正义观的重构。

二

伍德对历史唯物主义的阐释依赖于两个命题。第一个命题是：对马克思来说，对生产力（生产方式和劳动能力）而不是经济结构（生产力赖以运用的支配关系的总和）的解释才是首要的。第二个命题是：马克思采用的解释类型是目的论的，或如伍德有时提到的，是功能性的。根据这种解释类型，就经济结构和上层建筑所具有的特性来说，对生产力的解释是首要的，因为它们具有的特性有助于生产力的发展或有利于巩固过去的发展。那些熟悉 G. A. 柯亨（G. A. Cohen）最近一部富有影响力的著作《卡尔·马克思的历史理论：一个辩护》的人将会理解这种功能主义的阐释。柯亨的整部著作都在致力于对其进行解释并为其辩护。

这种功能主义阐释的绝妙之处在于，它使我们看到马克思是如何一贯地坚信对生产力的解释是首要的，而又同时承认经济结构和上层建筑方面的因素也因果性地作用于生产力。的确，功能主义不仅允许经济结构或上层建筑对生产力有因果性的影响，而且认为生产力需要这种影响。

令人惊讶的是，在指出这种功能主义的阐释只允许"来自上面"的因果性影响与需要从功能主义的阐释推导出主要结论这两者之间，伍德摇摆不定。这种模棱两可与他关于生产力的发展是历史的基本趋势的论断一起，导致了对这种功能主义阐释的一种令人遗憾的误解。

当伍德说，历史的基本趋势是生产力发展的趋势时，他显然是指，对这种趋势的解释是首要的。当这种观点与那种断言经济结构上的因素可能（但不必）会因果性地作用于生产力的观点相联系时，他试图得出如下结论，即生产力似乎有它们自己的生命。理查德·米勒（Richard Miller）在一篇评论柯亨著作的冗长文章中将之归结为柯亨对马克思的解读。米勒批评柯亨就如同伍德非难柯亨一样，认为柯亨持有的观点是：对马克思来说，生产力具有一种自主发展的趋势。

现在，如果"自主的"（autonomous）在这里意味着任何东西，那么它也就意味着"摆脱因果影响"——当然，这正是功能主义的阐释所否认的。米勒出现明显误解的原因何在？又是什么导致了伍德（也许甚至是柯亨）的这种误解呢？

我认为问题的症结在于伍德和柯亨对生产力发展的描述是不完善的。作者也没有充分弄清楚，对马克思来说，尽管对生产力的解释是首要的，但生产力为什么会发展还是能够得到解释的。这只是表面上的一个悖论，因为当发展导致的过程开始时，对生产力为什么会发展的解释本身就需要参照有效的生产力。

在马克思看来，生产力的发展源于特定的个体，生产力中的每一个个体都有意识地追求自身的狭隘利益，但他们以这样的方式相互作用的结果（包括生产力的发展）却不是任何人有意识的目的。在16世纪，英格兰的地主发现养羊比让他的佃户种植农作物更为有利可图，就把他的佃户从土地上赶走，用羊取而代之，并把他的田地圈起来，虽然他的目的不是为了提高社会生产力。但当足够多的地主（地主阶级的成员）都这样做时，其结果就是先前的农业工人被取代，一个由无所依靠的个体（他们作为城镇制造业的工人将有助于迅猛地提高社会生产力）所组成的阶级诞生了。

这种功能主义的解释除非用诺齐克（Robert Nozick）关于"看不见的手"的解释作为补充，否则将是不完善的。"看不见的手"的解释是这样一种解释：它表明了无意图的社会变化是如何从个体有目的的行为的相互作用中产生的。这一解释否定了对生产力的解释是首要的这一论点，因而可能会遭到反对。假如事情就到此为止，那么反对就不是致命的。然而，事情并非如此。

马克思之所以把他的有关"看不见的手"的解释与他的资产阶级同行们的解释区分开来，正在于马克思认为资产阶级的解释是不完善的，除非有两点得到了解释：个体的动机，以及使得大量有着相似动机的个体有效发挥作用的环境。为了解释为什么有那么多个体愿意从事对经济来说非常重要的活动，我们就必须参照有效的生产力水平和类型，因为它们塑造了将它们自身呈现给个体的机会。因而，这种解释不仅需要参照生产力的水平和类型，而且需要参照有效地支配着生产力的个体的关系，换句话说，即他们的阶级地位。

马克思并没有将地主通过用羊取代佃户来增加自己的财富看作是他的一种无法解释的既定欲求。他也不认为这种欲求——正如他的资产阶级先驱们所认为的——仅仅是人性的普遍规律的一个实例，即个体以牺牲他人的利益为代价来追求自身的利益。同样，马克思也不满足于无法解释这样一个事实，即大量的个体基本上同时形成了这一特定的欲求，并且能够按照这个欲求有效地进行活动。对个体有目的的行为所进行的两种解释都要求参照生产力的现状。在这种意义上，对马克思来说，即使生产力发展的趋势既不是"自主的"也不是"首先需要解释的"，对生产力的解释仍然是首要的。马克思与古典经济学家的争论不在于古典经济学家们用"看不见的手"作为解释，而在于他们将个体有目的的行为悬置起来不作解释，而且把只存在于某种生产力水平的社会中的不变的人性特征误认为人的具体的动机模式。

伍德（以及在某种程度上柯亨）由于没有弄清楚一种合理的有目的的解释（"看不见的手"的解释）在马克思的唯物主义中的作用，因而助长了一种有关马克思的功能主义的"活力论的"（vitalist）阐释。除非对生产力如何发展以及为什么会发展作出更多的解释，否则断言生产力的发展是历史的基本趋势可能会被认为是生物学上活力论的进化论解释在社会领域的翻版。生物学上活力论的进化论解释把一种对于生存来说无法解释的推动力归因于个体生物，然后将结构的或行为的变化解释为那种推动力的表现。尽管伍德辩称"这种目的论或功能［倾向的认知……没有］规定个体应将它们具体化为实体或任何神秘的中介"，但他通过说明在生物学中以及在马克思那里，目的论（或功能论）的解释阐明了组织系统（一种是个体的有机组织，另一种是社会制度）的基本趋势，从而支持了活力论的解释。如果说在历史唯物主义的解释中首先要解释的仅仅是社会制度的发展趋势，那就遮蔽了有目的的个体行为的作用，忽略了马克思关于发展的"看不见的手"的解释的独特贡献：他认为对个体有目的的行为的探讨必须结合当时的生产力去理解。

虽然伍德正确地认识到作为社会科学家的马克思对于任何此类方案都不感兴趣，但他确实一度表明，功能性解释可能会由神经生理学上的因果性解释来补充，甚或归结为神经生理学的因果性解释。伍德忽略了这样一个事实：马克思用亚当·斯密之后的社会科学家所熟悉的解释类型来补充他的功能主义解释，同时又试图弥补它的不足。

三

书中标题为"马克思主义与道德"的这个部分包括两章："马克思论权利与正义"和"作为意识形态的道德"。前一章主要是伍德在 1972 年发表的《马克思对正义的批判》那篇优秀论文的一个重述。后一章则越过正义，转而从总体上探讨道德的社会作用。

由于伍德认为对于马克思来说，正义概念通常是道德概念的范例，因而在这些章节里，伍德分析的核心在于他对马克思所理解的正义的阐释。

当马克思说正义的交易就是与占支配地位的生产方式相适应的交易时，我认为，他的意思是指，正义的交易是与其相应的生产方式相协调，并发挥了相对于该生产方式的功能。相反，不正义的交易是指与现行的生产方式相冲突，或无法发挥与该生产方式相应的功能。①

随后，伍德通过参照某种特定的生产方式举例说明了他所理解的马克思的正义观：在古代社会，如果奴隶制与当时占主导地位的生产相适应，那么奴隶制在那样的社会中就是一种正义的实践。

这个阐释的含义令人吃惊。因为工人与资本家之间的交换"适应于"或有利于资本主义生产方式的运作，交易就是正义的。更进一步说，伍德把这样的一种观点归于马克思：既定的正义观只能被理性地应用于它赖以产生并使其得以运作的生产方式。虽然雇佣劳动是剥削的、强制的，是奴隶制的一种变相形式，但它不是不正义的。伍德的结论是，马克思并非因为资本主义是不正义的而批判资本主义社会。

伍德的阐释的难点在于，它没有区分开关于正义的两个层面的论述。当马克思说一种交易只要与生产方式相适应就是正义的时候，他是在考察，在通常以"正义"为标签的那种社会中，人们实际上共有的行为类型是什么。他不是在为"正义"这个词在那个社会中所具有的含义提供一个分析。只有当这个词在那个社会中的含义完全不同于人们

---

① Allen W. Wood, *Karl Marx*, London, Boston, Henley: Routledge & Kegan Paul, 1981, p. 131.

应用这个词时所共有的行为时，这个词才能发挥马克思所赋予的意识形态功能。

当奴隶主通过说奴隶制是正义的来捍卫自己的行为时，他不是在宣称他和他的奴隶之间的交易有助于蓄奴生产方式的运作。相反，奴隶主是试图通过诉诸正义观的规范内容来使他对奴隶采取的行为正当化。由于奴隶缺乏某些天然的品性（包括理性），是不完全的人，是天生下等的，因而，像奴隶主那样对待奴隶是被认可的。伍德的分析排除了被称为马克思的内在法权批判（internal juridical criticism）的可能性：从阶级社会的法权观念（即权利观和正义观）出发的批判。马克思在他关于美国奴隶制的零散评论中强有力地提出了这种批判：奴隶制的捍卫者们将在堕落的奴隶制中产生的人类特征误解为黑人的天然特性。注意，对奴隶制的这种批判完全不需要使用一种新的正义观。相反，马克思的批判仅仅表明：由于有关事实（在这个例子中就是谁拥有某些天然特性和谁不拥有某些天然特性的事实）的观点被扭曲了，在该社会中盛行的正义观的规范内容被系统地误用了。如果那些被称为奴隶的人事实上并非比自由人天生低等，那么这种认为奴隶是天生低等的正义观（奴役奴隶本身被认为是正义的）就为那种认为那些个体受到了不公正对待的判断提供了基础。这不仅仅与马克思认为"正义"这个词通常被用在那些促进奴隶劳动制度的运作的交易上这一观点相一致。由于正义概念本身具有规范的内容，因而当它被应用于对有关事实的扭曲看法时，就能使某些交易合法化，并因此有助于生产方式的平稳运作。

马克思的另一种内在法权批判可能很容易从马克思对洛克的"原始积累的神话"的严厉批判中得到重建。

这种原始积累在政治经济学中所起的作用，同原罪在神学中所起的作用几乎是一样的。亚当吃了苹果，人类就有罪了。人们在解释这种原始积累的起源的时候，就像在谈过去的奇闻逸事。在很久很久以前有两种人，一种是勤劳的，聪明的，而且首先是节俭的精英，另一种是懒惰的，耗尽了自己的一切，甚至耗费过了头的无赖汉。①

同样，在这里，马克思对一个既定社会中所谓"正义"事件的交易或状态的共同之处是什么的分析，与那种断言（对马克思来说）被称为"正义"的东西就是在该社会中盛行的正义观念的具体条件，两者不能混淆。资产阶级的正义观起着多种意识形态的作用，其中一种就是使财富上的巨大不平等合法化。如果正义观的规范内容被应用于一种关于历史事实的虚假观点，那么它就只能做到这一点了。一旦认识到现行的财富分配不是产生于富人先辈的勤劳和节俭，而是产生于掠夺和暴力，那么现行的分配正义就恰好可以经由这种正义观（只要关于历史的扭曲观点被无批判地接受，这种正义观就有助于支持现行的分配正义）而被判定为不正义的。该正义观认为掠夺和暴力是不正义的积累方式。如果没有这种假设，那么就不必用原始积累的神话来歪曲历史，而且对原始积累神话的描述也不会充当使现行不平等分配合法化的意识形态作用。

如果伍德只是说，马克思对资本主义最基本的批判不在于资本主义是不正义的，而在于资本主义那种浪费的和破坏性的不合理生产方式，那他就是非常正确的。但是相反，伍德说，马克思一点也不会因为资本主义是不正义的而批判资本主义，因为对于马克思来说，资本主义必然满足那种能理性地适用于自身的唯一的正义观的要求。然而，如果我们注意到马克思对于正义观的意识形态功能的看法，我们就能看到，情况比伍德设想的要复杂。虽然我所说的马克思的内在法权批判不是马克思

---

① 马克思：《资本论》第 1 卷，人民出版社 2004 年版，第 820 页。

最根本的批判。但内在法权批判通过破坏资产阶级正义观对现存社会秩序的支持，为马克思最根本的批判扫清了道路。它们是通过将资产阶级正义观转变为对抗替代资本主义辩护的那个制度而做到的。从这些批判不需要诉诸非资本主义的正义标准以及它们一点也不与伍德的正确论断（即马克思没有提出社会主义或共产主义的正义标准）相矛盾的意义上说，它们是内在的批判。进一步说，对内在法权批判的承认与伍德同样正确的命题——即对马克思来说，既定的正义观只能被合理地应用于它赖以产生的生产方式，并发挥使生产方式合法化的作用——是一致的。

四

如果不是正义概念或权利概念，那么又是什么概念为马克思对资本主义的最基本批判提供了支点呢？伍德的回答是："马克思批判资本主义是建立在它破坏了很多重要的'非道德的善'——自我实现、安全、身体健康、舒适、共同体、自由——的论断之上。"关于"道德的善"，伍德列举了"如美德、权利、正义、义务的履行以及拥有道德上有价值的品性之类的东西"。依据伍德所说，马克思的"非道德的善"是没有争议的善，不需要哲学理论、道德或其他理论来说明它们的可欲性，也不需要解释为什么一个不能使所有人都获得它们（指"非道德的善"的社会是不好的社会。因此，即使正如马克思的批评者有时所指责的那样，他没有道德理论或价值理论，但缺乏这些理论也没有削弱他对资本主义的批判。

伍德正确地强调指出，马克思不仅指明了资本主义没能保证这些无可争议的善（或导致了相应的无可争议的恶），而且指明了这些缺陷是可以避免的。虽然只要资本主义继续存在，这些缺陷就是不可避免的，但如果资本主义被一种新的民主的社会组织制度所取代，那它们就是可以避免的。马克思对资本主义非理性的谴责要多于对其不道德的谴责。

伍德清楚地指出，他发现马克思的立场是相当合理的，只是在一个主要的观点上缺乏批判性。虽然伍德意识到马克思对资本主义的批判内在地依赖于一个预言，即在资本主义社会中被破坏的"非道德的善"在共产主义中无论如何将会实现，但是他过度地满足于这个预言本身的认知状态。

虽然马克思关于共产主义的论述非常少，他甚至嘲讽那些试图为未来社会提供蓝图的社会主义者，但他的确强调共产主义将是一种民主的社会组织形式。因此，即使马克思对资本主义的批判不需要一种关于善的哲学理论或道德理论，但其批判却预设了对那个预言——一个大规模的、工业化的社会可以利用民主的进程来实现巨大的生产力，并实现马克思所认为的共产主义也具有的利益的高度协调——的支持。要实现马克思的这种新的社会组织形式，有几个必须满足的限制性条件：（1）生产方式必须是真正民主的。这大概是在如下的意义上说的：至少随着时间的推移，每个个体对用于生产的社会资源的使用必须有大致相等的控制权。（2）巨大的生产力必须在没有从劳动分工（马克思认为资本主义生产力比以前的生产方式有巨大的进步）中获益的情况下得到实现。（3）在没有运用国家权力也明显没有任何强制的组织形式来行使正义或权利原则的情况下，必须推进高效的社会协作。只要马克思对资本主义——作为一个可以避免的恶的制度——的批判是建立在与共产主义相比较的基础之上，那么马克思就必须为我们提供一种关于民主的社会协作理论，以便证明上述的每一种限制条件都能得到满足。

伍德认为，马克思"对社会决策程序——通过它，自由、理性的个体将在他们联合起来的劳动中实现理性的集体约束——保持了沉默……"；但他没有受此困扰。令人惋惜的是，伍德看来已受制于马克思最深层的错误之一，即他毫无批判地接受了民主的社会协作问题的所谓"阻滞理论"（impediment theory）。根据这种观点，任何严重到需要诉诸社会协作理论的民主的社会协作问题都是阶级制度的假象。一旦阶级制度的障碍被剔除，民主的社会协作将展示出马克思所赋予共产主义的所有特征。

在根本上……［马克思］一点也没有将问题视为过程性的。对于马克思来说，个体自由和社会统一体共同的首要障碍是社会分化为统治阶级和被统治阶级。当然，只要我们的社会还是一个阶级社会，那么自由和共同体的目标就似乎是完全不能实现的，并且是直接冲突的。在一个某个个体拥有自由并不必然导致其他人受奴役，以及人们没有动机利用共同体作为借口以牺牲他人为代价来谋取利益的社会中，社会决策问题将不会以理论悖谬或无法解决的技术问题的形式出现。①

过分强调这种回应是多么令人不满意是困难的。在基于民主决策的常见问题不会出现在一个无阶级的社会中这一未加证明的假设上，伍德轻描淡写地把所有民主决策中常见的问题撇在一边。不仅这个假定是未加证明和远非不言而喻的，而且从表面看，它是难以令人置信的。对民主决策理论的需要似乎只是把冲突作为预定的优先选择——而且即使无阶级社会的成员由衷地寻求共同利益，但在怎样规定共同利益或怎样最好地实现共同利益方面也有可能存在严重的分歧。

伍德所一再明确肯定的观点，即所有严重到足以需要法权制度或强制性权利的利益冲突都不过是利己主义者之间或马克思所认为的产生于

---

① Allen W. Wood, *Karl Marx*, London, Boston, Henley: Routledge & Kegan Paul, 1981, p. 158.

利己主义的阶级利益之间的冲突，同样是站不住脚的。我在其他地方已经论述过，马克思对正义和权利表示蔑视和批评的论述，不仅预设了一种他其实并没有提供的民主的社会协作理论，而且是建立在一种认为权利法则可以在解决冲突和调节个人行为方面发挥作用的狭隘观点之上。在这里，我只能简要地总结那个详细的讨论。我认为权利原则至少可以充当四种既不以利己主义为前提也不以阶级冲突为前提的功能：(1)对民主程序的规约（例如为了保护少数人），或对参与民主程序的保证；(2)对专制的规约，换言之，出于某个人的利益，对我们可能干涉个人自由的时间和方式的限制；(3)为了使社会福利或公共利益的某一特别规定最大化，而对能做什么（以及可以怎么做）的限制；以及(4)作为规定我们对后代义务的范围和限度的方式。充当这些功能的权利原则是否会要求强制性的约束（或者是一个独立的制度上的机构来实行这种强制的约束力）将视具体情况而定。对于共产主义社会，如果缺乏一种成熟的非强制性的民主的社会协作理论，而假定这些功能在没有强制性的情况下能成功地实现，那是站不住脚的。

<h1 style="text-align:center">五</h1>

虽然伍德令人耳目一新地对马克思有异化理论这一假定表示怀疑，但他令人信服地指出，马克思对于异化的本质和根源有着丰富而微妙的观点。伍德的意思是，对于马克思来说"异化是……要么感到生命无价值、要么觉得自己没有意义、再或者如果他们没有被假象所欺骗他们就会这样做的那些人的处境"，在探讨与假象相关的概念时，伍德重构了马克思著作中的"意识形态"的三种含义，对其他解释者经常混淆的不同概念进行了天才般的区分。其中一种含义被伍德称为"作为历史唯

49

心主义的意识形态"：黑格尔认为世界由理念统治着，最终的实体是观念或精神。伍德对马克思的历史唯物主义所进行的冷静的、批判性的考察，对于揭示马克思之后的马克思主义的两大流行教条做出了巨大贡献，这两大教条，一是相信马克思对作为一种本体论观点的历史唯心主义的拒斥需要他接受一种作为本体论观点的唯物主义，二是推断马克思的历史唯物主义需要或预设了本体论意义上的唯物主义。

伍德对经常被谈论但很少被理解的黑格尔辩证法与马克思在《资本论》中使用的方法之间的关系的说明，使马克思与黑格尔之间的关系得到了进一步的廓清。伍德以学者的表现简洁明了、游刃有余地解释了德国唯心主义的演进背后的哲学动力，这一演进从18世纪中期斯宾诺莎主义的复兴开始，历经康德和费希特，最后在黑格尔哲学中达到了顶点。伍德对18世纪和19世纪德国哲学的主要事件的熟悉增加了他对马克思理解的丰富性，在有关马克思的大多数英美著作中都令人遗憾地缺少这种丰富性。

六

尽管伍德对马克思的历史唯物主义解释的阐述有些不完整和不清晰，并且虽然他对有关社会冲突根源的假设、对隐藏在马克思对资本主义的非法权批判之下的和谐，缺乏足够的批判，但他创作了一本非常有价值的著作。他关于马克思对黑格尔辩证法的转化所做的清晰分析，他对马克思的哲学唯物主义所进行的既批判又赞赏的探讨，以及他对马克思有关异化和意识形态的看法所提出的可行性重构，都是将学术准确性与创造性的眼光罕有地结合在一起的明证。艾伦·伍德的《卡尔·马克思》比柯亨的《卡尔·马克思的历史理论》涉及面更广，比阿维内里

（Shlomo Avineri）的《卡尔·马克思的社会和政治思想》的哲学深度更深，对于英语读者来说，它显然是现有的研究作为哲学家的马克思的最好作品之一。

[原文发表于美国刊物《哲学杂志》1983 年第 7 期（总第 80 卷）] .

（林进平 译）

马克思主义与哲学 *

〔法〕 M.梅洛－庞蒂

"所谓彻底，就是抓住事物的根本。但人的根本就是人本身。"——卡尔·马克思（《黑格尔法哲学批判》导言）

如果根据某些当代马克思主义者的著作来判断马克思主义，我们就会对马克思主义以及对马克思主义和哲学的关系得出一个奇怪的认识。显然，在某些马克思主义者看来，哲学完全是些既没有内容又没有意义的空谈；他们像早期的奥古斯特·孔德那样，企图用科学去代替哲学，并把人贬低到科学对象的地位。P.纳维尔写道，政治经济学应该采用自然科学的方法，应该像自然科学制订物质世界的规律那样，去建立"社会世界"的规律。在纳维尔不久前刚发表的、他同萨特进行的一次讨论中，他对人道主义大发雷霆，并勇敢地为自然主义辩解。R.加罗迪在

---

* 本文选自《马列主义研究资料》1982 第 5 辑。

原题注：梅洛庞蒂（Maurice Merleau-Ponty，1908—1961）是法国著名的存在主义哲学家，知觉现象学的创始人，与萨特和加缪等人齐名。他曾宣称要用马克思主义观点来分析社会和文化，有时俨然以马克思主义的捍卫者自居，因此有"存在主义马克思主义者"或"现象学马克思主义者"之称。本篇选自他在 1948 年发表的《意义与无意义》一书，供研究参考。——译者注

《法兰西文学报》上巧妙地耍了一番花招，他长篇大论地称赞笛卡儿，却只字不提"我思故我在"。G.科尼欧在巴黎大学也对笛卡儿备加赞扬，同时又狠狠地训斥了那些"哗众取宠的哲学家"居然敢把人作为物的对立面而说成是非存在，可惜他忘记了这些谬论首先要由笛卡儿负责。关于这一点，只要翻开《形而上学的沉思》，人们便可以深信不疑。① 根据自己的喜好接受某一种哲学，这诚然是每个人应有的权利，例如，唯科学主义和机械论就是长期以来激进党和社会党人士的哲学思想。但是，必须懂得和指出，这类意识形态与马克思主义毫无共同之处。

马克思主义的人类社会观，特别是经济社会观，不允许让社会去服从古典物理学定理那类的、固定不变的规律，因为马克思主义认为，社会正向着一个新的秩序运动，古典经济学的规律在这个秩序中将不再适用。马克思在《资本论》里恰恰竭力指出，这些著名的规律往往被说成是"社会世界"的固定不变的特征，其实，它们只是某种"社会结构"——即本身正在走向灭亡的资本主义——的属性（和面具）。P.纳维尔战战兢兢地不敢使用的结构概念和总体概念，正是马克思主义的基本范畴。马克思主义的政治经济学只是在一些具有不同质的、应该用历史语言加以描绘的结构内部，才谈得上规律。唯科学主义从一开始便以保守思想的形式出现，因为它要我们把暂时的东西当作永恒。在马克思主义的历史上，科学拜物教总是在革命意识衰退的时候出现，例如伯恩施坦曾恳请马克思主义者回到科学家的客观立场上去。卢卡奇指出，唯

---

① 笛卡儿说："我绝不是人体器官的组合，绝不是分布在各器官中的、既超脱一切又无处不在的灵气，绝不是风、气、蒸气或我能模仿和想象的一切。"（《形而上学的沉思》第 2 章）

科学主义是异化或客体化的一种特殊现象，它使人丧失其人的实在，并使人同物相混淆。

如果用固定不变的"自然"规律来解释人类社会的总体（横断面和纵断面），那便更是没有根据了，因为这些规律即使对于物质世界也不能全都解释清楚。现代物理学本身不但不能取消结构，而且只是在世界的某个历史状态的范围内才能认识结构的规律。既然我们没有根据说这个历史状态是最终的状态，这些规律便要受经验系数的影响，而经验系数又是既与的和不能推断的。这里，纳维尔会说，自然界也有其辩证法，在这个意义上，自然和社会是一致的。确实，恩格斯从黑格尔那里接受了关于自然辩证法的冒险主张。自然辩证法是黑格尔遗产中最经不起推敲的部分，这里姑且不谈；试问：自然辩证法怎么能躲得开唯心主义？自然界如果仅仅是自然界，如果它是我们本身以外的存在，人们在自然界里就找不到构成辩证法所必需的关系和品质。如果自然界是辩证的，那是因为它是被人所感知的、同人的活动不可分割的自然界。关于这后一种自然界，马克思在《关于费尔巴哈的提纲》和《德意志意识形态》中都曾经谈到过。他说这种活动、这种连续不断的感性劳动和创造、这种生产，"是整个现存感性世界的非常深刻的基础"①。

诚然，马克思的一些著作也带有实证主义的味道，他把某些意识形态斥责为荒谬，并似乎想利用科学的光明把它们清除。例如，他在《德

---

① 费尔巴哈的错误在于他没有"把感性世界理解为构成这一世界的个人的共同的、活生生的、感性的活动"。他向自然科学求助。"但是如果没有工业和商业，哪里有自然科学？甚至这个'纯粹的'自然科学也只是由于商业和工业，由于人们的感性活动才达到自己的目的和获得材料的"。（《马克思恩格斯选集》第1版第1卷第49页）自然科学是文化的部分，不应被当作实体而提出，因为它不了解自身是由人作为前提的。

意志意识形态》中说："通常这些德国人总是只关心把既有的一切无稽之谈变为某种别的胡说八道，就是说，他们以为，所有这些无稽之谈都具有某种需要揭示的特殊**意义**，其实全部问题只在于从现存的实际关系出发来说明这些理论词句"①。**有人**或许会说，马克思拒绝"理解"宗教，不愿承认宗教有任何意义，并在原则上否定宗教现象学的存在。这种说法把历史压缩成枯瘦的经济骨架，它离"干瘪的马克思主义"只有一步之差。还有人说，宗教实际上没有任何意义，它完全是虚妄之言，不过是装模作样的骗人把戏。然而，以上的看法不是马克思的，却是伏尔泰的；何况马克思曾说过恰恰相反的话："宗教是这个世界的总的理论，是它的包罗万象的纲领，它的通俗逻辑，它的唯灵论的荣誉问题，它的热情，它的道德上的核准，它的庄严补充，它借以安慰和辩护的普遍根据。宗教把人的本质变成了**幻想的现实性**，因为**人的本质**没有真实的现实性。……宗教……是无情世界的感情，正像它是没有精神的制度的精神一样"②。由此可见，问题不在于否认宗教的任何人的意义，而是应该把它看作是社会现实和人类现实的形象化表现。共产主义思想应该比宗教有更多的想象，而不是更少，因为宗教归根到底无非反映了人与人之间、人与自然界之间的具体关系。问题不是要用科学实验室去代替教会的教堂，不是要把圣心堂推倒，然后去建一个观测塔，重要的是应该懂得，宗教是人们幻想到另一个世界里去同其他人会合；因此，我们应该用现实世界中的真实交往去代替这种虚妄的交往。在黑格尔的青年时代，他曾认为人与人的交往是历史的基础，他当时还没有把世界的精神作为物的反面而单独抽出；他说，阅读报纸是"现实的晨祷"。

---

① 《马克思恩格斯选集》第 1 版第 1 卷第 45 页。
② 《马克思恩格斯选集》第 1 版第 1 卷第 1—2 页。

人们正开始从受自然支配转向征服自然，正在砸碎社会的既与结构，正在通过实践向"自由的王国"过渡，或用黑格尔的话来说，向"绝对历史"过渡：这就是宗教的人的核心，是海德格尔所说的马克思主义的"形而上学"内容。宗教不完全是一种空有其表的东西，它是建立在人与人关系基础上的一种现象。宗教只是在进入到人与人关系中去以后，才作为单独的宗教而消失。目前有一种冒牌马克思主义，它认为除开历史的终极阶段以外，其余一切全都是假的。这种思想同被马克思狠狠地批判过的"粗陋的平均主义"完全一脉相承。真正的马克思主义主张批判地继承过去的全部成果，也就是说，它承认在历史的总体系中，一切都有其真理性地位，一切都有其意义。这个从总体历史出发的意义不是由某个物理定理或数学定理，而是由异化这个中心现象赋予我们的。人对物的膜拜使人发生异化，使人失去自身的本质，但人随后又在历史运动中把自身和世界夺回。在动物世界，就没有经济生活，没有商品、商品拜物教，以及对拜物教的反抗。这些现象之所以可能，因为人不是物，甚至不是一般的动物，因为唯有人才能向外物求助，因为人不仅是客观存在，而且是主观存在。

所谓马克思主义等于实证主义这类神话之所以有人相信，这是因为马克思在两条战线上进行了战斗。一方面，他反对了各种形式的机械论思想。另一方面，他同唯心主义展开了大战。黑格尔的"世界精神"，这个不知不觉地指挥人的行动并使人实现其意图的精灵，以及观念的自发逻辑，这些在马克思看来，都无非是"把人的本质变成了幻想的现实性"。但是，这场反对唯心主义的斗争同实证主义所说的人的客体化毫无关系。马克思甚至不愿意像后来的涂尔干那样，把个人说成是集体意识的工具。他认为："首先应当避免重新把'社会'当作抽象的东西同个人对立起来"①。个人是"社会存在物","自为存在物","类存在物"。对于个人说来,社会不是人遇到的意外,而是人的存在的有机部分。人在社会中的存在不同于物在盒子中的存在,人在其灵魂深处承受着社会。所以,人们可以说:"人产生人——他自己和别人"②。"正象社会本身生产**作为人的人**一样,人也**生产**社会"③。

如果马克思认为,历史的承受者和辩证法的动力既不是独立的"社会世界",又不是"世界的精神",也不是观念的独特运动或集体意识,那又该是什么呢?那就是人,是以某种方式参与征服自然,并在此过程中以一定形式与他人发生交往的人,是具体的人在交往中保持的相互主观性,是正在根据一种典型方式实现着自己的各种存在的、具有连续性和共时性的共同体(在这个共同体中,每个存在既受典型方式的影响,又对这个方式进行改造,既被其他存在所创造,又创造着其他存在)。人们有时不无道理地问:怎么可能有辩证的唯物主义呢?严格地讲,物质怎么可能包括辩证原则所暗示的"产生""新生"这类概念呢?这是因为,在马克思主义中,"物质"和"意识"都从不是被单独去认识的,"物质"被纳入到人类共存的体系中去,在该体系中建立起当时的和历代的所有个人的共同环境,它保证个人的各种计划的普遍性,并使历史能够有一条发展的路线和有自己的意义。但环境的逻辑需要依赖人的生产才能发挥作用、向前发展和得到实现;没有人的生产,既与的自然条件便不能产生出经济,更谈不上产生出经济的历史。马克思说,家畜也参与人的生活,但它们只是人的生活的产物,而不是人的生活的组

---

① 《马克思恩格斯全集》第 1 版第 42 卷第 122 页。
② 《马克思恩格斯全集》第 1 版第 42 卷第 121 页。
③ 《马克思恩格斯全集》第 1 版第 42 卷第 121 页。

成部分。相反，人总是产生着新的劳动方式和生活方式。因而，从动物出发去解释人是解释不通的，更不用说从物质出发去解释了。人是没有起源的，"因为在社会主义的人看来，**整个所谓世界历史**不外乎是人通过人的劳动而诞生的过程，是自然界对人说来的生成过程，所以，关于他通过自身而**诞生**、关于他的**产生过程**，他有直观的、无可辩驳的证明"①。社会主义的人之所以能够预见"自由王国"将会来到，并把现时代看成是资本主义异化的一个阶段，这是因为他通过周围的环境得出这样的信念：人是生产力，人同自己以外的物相对而存在，人不是惰性的物。难道我们要把人确定为意识吗？不，这样做也还是把人的本质变成幻想的现实性，因为一旦把人确定为意识，人将会离开一切物，离开自己的躯体和真实存在。因此，必须确定人是工具和客体之间的联系，是一种不属于普通思维的联系，这种联系使人置身于世界之中时所面对的外部既是"客观的"，同时又是"主观的"。为此，就应该认为人是"受动的"或"感性的"存在，也就是说，是自然的和社会的存在物，同时又是开放的、能动的，即便处在附属地位上也能保持其独立性的存在物。"我们在这里看到，彻底的自然主义或人道主义，既不同于唯心主义，也不同于唯物主义，同时又是把这二者结合的真理。"② 这里必须懂得，联结人与世界的纽带同时是人获得自由的手段。还应该懂得，人通过同自然界的接触，在不破坏必然性而是相反地利用必然性的条件下，怎样在自己的周围创造出求得自己解放的工具，怎样建立起一个文化世界，在这个世界里，"人的**自然的**行为……成了**人的**行为，或者**人的本质**……对人说来成了**自然的本质**，他的**人的本性**……对他说来成了

---

① 《马克思恩格斯全集》第 1 版第 42 卷第 131 页。
② 《马克思恩格斯全集》第 1 版第 42 卷第 167 页。

自然界"①。这个环境不是先于人类历史的自然界，而是人在其中生活的自然界，人在这个环境中每天在改变自己的生活，这就是历史。"历史是人的真正的自然史"②。马克思主义不是主体的哲学，也不是客体的哲学，而是历史的哲学。

马克思常常把他的唯物主义称作"实践的唯物主义"。他想说明，物质作为实践的支撑点和形体在人的生命中起作用。他这里指的不是那种外在于人的、人的行为据此能得到解释的最普通的物质。马克思的唯物主义认为，一个既与社会的各种意识形态是某种实践类型的同义语或补充，即该社会与自然界建立根本性关系的各种方式的同义语或补充。它还认为，经济和意识形态在历史总体中内在地联系在一起，正如某个艺术品或被感知物的材料和形式内在地相结合一样。一幅画或一首诗的意义是不能同颜色和辞藻的物质性相脱离的；如果从观念出发，无论画或诗就被不能被创造，又不能被理解。人们只是在看到了被感知物以后，才能够懂得它，而任何分析和说明都不能代替这一观察。同样，一个社会的"精神"早已被该社会的生产方式所包含，因为生产方式是人们共同生活的一种方式，而科学、哲学和宗教的各种认识则或者是人们共同生活的简单发展，或者是这种生活在幻想中的发展。由此也就可以理解，对于现象学所继承和发展了的关于人的客体这个概念，马克思采取了有保留的态度。古典哲学家们把这个概念分割了开来；在他们看来，街道、工场、房屋是一些颜色的复合体，它们在各方面都能同自然界的物相比拟，不过被次生判断赋予了一层人的含义而已。马克思也曾谈到人的客体这个概念，但他是想说，由于人的含义已贴附在客体之

---

① 《马克思恩格斯全集》第 1 版第 42 卷第 119 页。

② 《马克思恩格斯全集》第 1 版第 42 卷第 169 页。

上，客体便能够在我们的经验中出现。马克思把黑格尔关于精神是一种现象的观点（这是一种由世界为媒介的、而并非从精神本身中抽出的客观精神）加以彻底的具体化。社会精神通过社会赋予自己的、并在其中生活的文化客体而得到实现和留传，并被人们所感知。随着社会精神的实践范围的积累，它们反过来又影响人的存在方式和思维方式。人们据此便可以理解，逻辑可以是"精神的货币"，或者"商品拜物教"可以促使产生出一整套适合资产阶级文明的"客观"思维方式。正如拉乌尔·列维所正确地指出的，只要意识形态依然处于主观状态，只要经济被认为是一个客观过程，只要人们不把二者灌输到总体的历史存在和反映这一存在的人的客体中去，意识形态和经济的联系尽管经常受到人们的赞颂，却依然是神秘的、不合逻辑的和不可思议的。J. 杜马希把黑格尔所开创的这一文化世界现象学（黑格尔认为 18 世纪是文化世界的黄金时代）算在马克思的账上，这是完全有道理的。不过，纳维尔在这里反驳说，在马克思看来，"实在（尤其是'观念的实在'）的表现和现象学恰恰有待于人们去解释"。表现只不过是外表，而真正的实在是经济。照这么说来，似乎现象学不会区分"无根据的"现象和"有根据的"现象，似乎在马克思主义中，意识形态同经济的关系是外表同实在的关系。资产阶级的意识形态像瘟疫一样传染了包括无产阶级在内的整个资产阶级社会，这种意识形态不是虚有其表的东西：它蒙蔽资产阶级社会，并且以一个坚实的世界出现在资产阶级社会的面前。它具有和资本主义的经济结构同等的"实在性"，并同这些结构组成一个单一的体系。这些意识形态和这种经济同它们共同孕育的社会主义经济和社会主义生活相比，诚然是外表的东西，但直到社会主义实现以前，资产阶级的生产方式和生活方式始终保留着它们的重要性、有效性和现实性。列宁清楚地懂得这一点，他说阶级斗争在革命后多年内继续存在。如果要对马克思主义的"唯物主义"下一个严格的定义，并要打退机械论的反扑，那就必须认为，马克思是在同唯心主义和机械唯物论保持同等距离的条件下，阐述了他的关于社会存在是历史的具体场合这一实践的理论。

那么，根据马克思主义的观点，哲学的地位究竟是什么呢？哲学是一种意识形态，换句话说，是整个历史生活的抽象方面；由于它企图成为"独立的体系"，它也还是"幻想中的人的实现"，并在资产阶级世界的骗局中扮演自己的角色。但是，"我们所研究的领域愈是远离经济领域，愈是接近于纯粹抽象的思想领域，我们在它的发展中所看到的偶然性就愈多，它的曲线就愈是曲折"①。仅仅用经济条件来笼统地解释哲学，这在任何情况下都是不够的，还必须了解哲学的内容和进行实质的探讨。"并不是只有经济状况才是**原因**，**才是积极的**，而其余一切都不过是消极的结果。"② 必须看到，单靠因果思维是不够的，因为一般地把原因和结果看作绝对对立的两极，那是一种抽象的认识。哲学同艺术、诗歌一样，是时代的反映，但这毫不影响哲学透过这个时代去抓住一些具有永久价值的真理，就像希腊的艺术找到了"永久的魅力"（马克思语）的秘密一样。每个时代的经济都促使一种意识形态的产生，因为它是人们力图赖以实现自己的过程中所亲身经历的环境；在某种意义上说，这种经济限制着人们的视野，但在另一种意义上讲，它是人们与存在物的接触面，是人们的经验。人们有可能像马克思那样，不仅仅受环境的限制，而是去理解它，并进一步在生活中超过它。哲学只是当它停留于抽象状态、局限于概念之中、只为有识之士所理解并掩盖真实的

① 《马克思恩格斯全集》第 1 版第 39 卷第 200 页。
② 《马克思恩格斯全集》第 1 版第 39 卷第 200 页。

非人关系时，才是错误的哲学。即使在这种情况下，哲学在掩盖现实的同时，也反映着现实；马克思主义并不要离开哲学，而是要揭开它的奥秘，要解释哲学并在现实中实现哲学。"德国的**实践派**要求**否定哲学**是正当的。该派的错误……在于仅限于提出这个要求，没有认真实现它，而且也不可能实现它。该派以为，只要扭过头去，背朝着它，嘟囔几句陈腐的气话，哲学的否定就实现了……一句话，**你们不在现实中实现哲学，就不能消灭哲学**。"① "我思故我在"不是一个错误的命题，除非它被分割开，从而破坏我们同世界的不可分割性。只有在现实中实现这个命题，即只有指出它完全包含在人与人的关系之中，人们才能消灭这个命题。黑格尔的思想也不是错误的，它从头至尾是正确的，不过是抽象他所叙述的自在意识和自为意识之间的神话般的战斗，只需要赋予它们历史的名称就够了。正如人们所指出的，黑格尔的逻辑是"革命的代数学"。商品拜物教是黑格尔用谜语形式描绘的异化的历史实现，《资本论》则是具体的《精神现象学》。作为哲学家，晚年的黑格尔应受责备的地方，是他自以为能够单枪匹马地依靠思维去获取所有其他存在的真理，能把它们归纳起来，加以扬弃，并凭着他的智慧去揭示别人只能受其支配的历史的秘密含义。哲学思考是一种存在方式，因此正如马克思所说的，人们不能在"纯哲学的存在""宗教哲学的存在""政治哲学的存在""法哲学的存在""艺术哲学的存在"或"真正的人的存在"中兜圈子而自鸣得意，但是，如果哲学家懂得了这个道理，如果他给自己规定的任务不是去代替别人生活，而是在别人的经验和存在的内在逻辑中去领会这些经验和存在，如果他把观察已完成的历史总体的幻想抛弃掉，并像其他人一样看到自己是历史总体的一部分，还有未来在等待

① 《马克思恩格斯选集》第1版第1卷第7页。

62

着他，那么，哲学便在作为孤立的哲学被消灭的同时，实现了自己在现实中的存在。马克思把这个具体的思想称作批判，以区别于思辨哲学；其他人则建议赋予它"存在的哲学"这个名称。

正如其名称所指出的，"存在的哲学"所要研究的题目不仅是认识或意识（即独立地确认对象的内在性和可塑性的活动），而且是存在，即在一种自然的和历史的环境中出现、既不能摆脱环境又不能屈从于环境的活动。认识从此回到了人类实践的总体中去，并且不断被实践所补充。"主体"不再是认识的主体，而且是人的主体；它在持续的辩证运动的作用下，根据自己的环境进行思维，通过自己的经验制订出范畴，并用他在环境和经验中所找到的意义去改造环境和经验。尤其，这个主体不再是孤立的，不再是一般意识或纯粹的自为之物；它处在其他意识（这些意识也各有特定环境）之中；作为一种为它之物，这个主体便客体化了，变成了类主体。黑格尔有史以来第一次指出，战斗的哲学的任务不是去思考主体本位（subjectivite），而应该去思考主体间本位（intersubjectivite）。胡塞尔说，先验的主体本位是主体间本位。人不再作为环境的产物或以绝对立法者的身份出现，而作为既是生产者又是被生产者的身份出现，作为必然可以滑向具体自由的场所出现。

F. 阿尔基埃在这个问题上责备了海德格尔，说他的观念含糊不清，阿尔基埃所采用的分析方法恰好把海德格尔想结合在一起的东西给拆开了：一方面是认识的原料，另一方面是精神。经过他这样一分析，海德格尔似乎成了个非理性主义者。最后，他对海德格尔居然想把反思、科学和真理的价值汇成一体表示惊讶不已。这是因为海德格尔想对从未被思考过的问题进行思考，因为他有意识地要去研究那个历来被反思假设其存在的世俗物，因为他像黑格尔一样把精神作为一个有待未来去解决的问题提了出来，总之，因为他希望能看到精神从经验中出现，而不是满足于假定精神的存在。同样，G. 穆南在谈论萨特时说过，他在萨特的哲学里找到了一种"羞羞答答的唯物主义"和"羞羞答答的唯心主义"。这也就等于说，萨特的哲学是一种唯心主义和唯物主义兼而有之的哲学。不论这种说法有无道理，人们都可以说，辩证唯物主义才是一种"羞羞答答的唯物主义"和"羞羞答答的辩证法"。任何辩证哲学都始终为说出自己的名称而犹豫不决。柏拉图认为，辩证法不牺牲任何一个方面，它始终要求有"两方面"。结果，哲学为克服抽象化所作的努力总是或者由于偏向物质或者由于偏向精神而半途停顿下来，每一方都抱住自己的成见不放。

P. 埃尔韦也想介入到这场论战中来，但他只记得胡塞尔最早的公式：本质的哲学、作为严格科学的哲学、作为先验活动的意识。确实，胡塞尔直到晚年始终坚持这些公式。但他或他的合作者 E. 芬克还提出了一些其他公式：出发点作为"辩证的环境"，哲学作为"无限的沉思或对话"。他的事业的全部意义在于，他不再怀疑关于绝对理性的要求，不再怀疑使他一举成名的"现象学还原"这个论点的可能性。他越来越看清楚，任何反思哲学都要留下一条尾巴，因为我们的存在先于反思，这是个根本性的事实。因此，为了把我们的环境完全弄清楚，他最后确定，现象学家的首要任务是要描绘经验世界，而在这个世界里，笛卡儿对物质和精神所作的区分尚未完成。正因为他一开始便想把问题搞得一清二楚，他终于确定，哲学的任务是要描绘被投入到自然世界和历史世界（这是他全部思想的研究领域）中去的主体。他从"停滞的现象学"出发，到达了"生长的现象学"，到达了"意向的历史"，即历史的逻辑。他描绘了在人的客体环境中和在语言传统中得到体现的意识，他在这方面的贡献比任何人都大。因此，在他的早年事业中，他也许"抵制了黑格尔的重生"，他现在却促进了黑格尔的重生。哲学家的工作很费时间，这不能责怪他们。我们不妨看看马克思如何对待那些急于想"超过黑格尔"的年轻人。借口任务紧迫，要求一位哲学家一蹴而就，立即得出其研究结论，这正如马克思所说的，是忘记了意识形态的曲线要比政治史的曲线更加复杂得多。这是牺牲严谨的作风，而打着政治浪漫主义的招牌去哗众取宠，这也正是马克思所注意避免的。但是，有人或许会说，存在主义不仅是一种哲学，也是一种时髦。就算如此吧，我们也不难作出答复。其实，尽管现象学和存在主义最初走了相反的道路，但它们没有让学生们躺在先验意识中高枕无忧地安睡，而是唤醒了他们对历史问题的兴趣。据说，胡塞尔在晚年想去贝尔格莱德讲课（他在德国讲课遭到了禁止），盖世太保在他临行前审查了他的手稿。难道我们也要用警官的眼光来观察哲学吗？哲学家胡塞尔，我们宣布你是反黑格尔主义的嫌疑犯。为此，我们把你管制起来……P. 纳维尔和 P. 埃尔韦都因忙于他事而无暇去阅读尚未被译成法文的胡塞尔原著。既然如此，他们又何必去议论胡塞尔呢？

　　幸而，不论有无胡塞尔，喜爱哲学的人总会明白事理的。如果把现象学抛在一边，当埃尔韦阐述他自己的立场时，他讲的东西很少是唯科学主义，却有不少是现象学的观点。为感性世界或被感知世界恢复名誉；真理是要由我们去感知的或认识的；认识不是"我"对"感觉"在形式上的加工，而是形式包含在物质中和物质包含在形式中；把"科学的抽象世界"和"绝对逻辑的命定"重新放到"人的活动"中去，使"人的活动"在其自身活动过程中所发现的现实中去认识自己，而不能相信"造物主为阻止人的活动陷入可能的堕落而向它伸出的绳套"；当然，还有对一切"意识储存"论的批驳，这种"意识储存"论或者表现为"生理分泌"的粗俗形式，或者表现为"逻辑成分和社会成分"的精巧形式。以上的论点，埃尔韦是从黑格尔和马克思的途径所达到的，而其他人则是从现象学的途径达到的。在《行动手册》第一期上，G.穆南要求重新研究意识和头脑的关系问题，并断言意识"反映世界"。他以为这击中了存在主义的要害。其实，他把马克思主义和哲学传统一起都否定了。

（顾良 译）

重建当代历史唯物主义的新尝试

——交往理论和环境思想的视角*

〔日〕尾关周二

一、重建当代历史唯物主义的基本视角

本文将从 20 世纪后半期受到哲学—思想界巨大关注的交往理论和环境理论的视点出发，以历史唯物主义的基本范畴为中心，探讨重建当代历史唯物主义的可能性。首先，我先谈谈历史唯物主义的宗旨和意义，在此基础上我还要讨论历史唯物主义的基本范畴。

1. 交往理论的视角

20 世纪，以英美哲学为中心，非马克思主义哲学思想中的一大倾向是关注"语言""交往"。因为语言或交往对于人类以及对于社会的理解来说都是不可或缺的，所以尽管它一般带有语言主义的唯心论倾向，但是从其对以笛卡尔的"自我意识"为代表的近代孤立的意识所

---

* 本文选自《马克思主义与现实》2005 年第 6 期。

原题注：这篇文章为中日"马克思主义哲学的当代形态"理论研讨会交流论文，经作者授权发表。作者为日本东京农工大学教授。——译者注

进行的批判或者对把纯粹意识实体化所进行的批判的角度来评价，这种哲学倾向是具有积极意义的。被称为"语言学转换"和"交往理论转换"的近代批判可以说已经取得了一定的成果。尽管这种对"语言"和"交往"的关注，对于马克思主义以"劳动"为中心理解人和社会的观点来说，具有某种思想对抗的意味；但是另一方面，也是因为受到巴甫洛夫反射理论的巨大影响，马克思主义对语言和交往的哲学意义的探讨可以说相当滞后。

直到 20 世纪最后四分之一世纪，马克思主义通过批判地导入语言理论和交往理论，我认为才在一定程度上呈现出尝试重建马克思主义的趋势。我本人也非常关注这种尝试，尤其是哈贝马斯，可以说是从重建历史唯物论的视点出发进行真正的尝试性研究的代表。但是，正如我们从"为了重建历史唯物主义"到展开"交往行为理论"这个过程所看到的，其结果是最终放弃了重建历史唯物主义，转向了构建与之基本上无关的另一种社会理论。这意味着，从过去历史唯物主义把社会矛盾的主要表现看作基于"劳动"的阶级斗争，向以"交往"为焦点、对由"系统对生活世界的内在殖民化"这一用语象征的社会矛盾进行把握的方法的转换。但是，哈贝马斯对交往的强调可以说是以低估劳动的意义为代价的，所以如何运用与之不同的方法，从历史唯物主义的角度对交往的观点做出现代的回答？如何将交往的视点导入历史唯物主义中来？这些可以说，仍然是重大的课题。我们可以把"劳动与交往的辩证法"（内在的区别和关联）看作这个课题的理论前提，这一基本视点的重要性是迄今为止我一直强调的。① 不过在这里我就不进一步展开说明了。

---

① 尾关周二：《言语交往与劳动的辩证法》（增补修订版），日本大月书店 2002 年版。

当然，把交往理论嫁接到过去的历史唯物论上的方法是行不通的。我的看法和一些人一样：认为在《德意志意识形态》中已经包含了交往概念（Verkehr），因此重要的是活用并展开这个概念，使之与劳动概念共同充当新的历史唯物主义的基础范畴。关于"交往"概念，我将在下一章讨论。

2. 环境思想的视点

苏联、东欧解体以后，我们了解到这些国家遭受环境破坏的实际状况远比想象的更为严重。多少由于这方面的原因，生态主义者指责马克思主义甚至马克思的思想是与近代思想一样的破坏环境的哲学思想。特别是历史唯物主义的发展"生产力"的观点被当作一种增长主义，因而也被当作批判的对象。

不过，已经有一些社会主义的生态主义者指出，马克思已经深刻地意识到环境问题。值得玩味的是，写作《马克思的生态学》的约翰·贝拉米·福斯特在该书的前言中讲到：当初考虑的书名是《马克思与生态学》，但是他在深入研究马克思的文献之后，认识到"马克思的世界观是深刻的、成体系的生态学"①。福斯特尤其把马克思的"人与自然的物质代谢"概念视为超越人类中心主义与自然中心主义的对立的思想，并给予了高度评价。关于这个问题，自椎名重明在《农学的思想——马克思与李比希》（1976 年）中探讨过之后，在日本已经为人们

---

① J. B. Foster, "Marx' Ecology: Materialism and Nature", *Monthly Review Press*, 2000.

熟知。中国学者韩立新对这方面的成果进行了总括性整理。①

所以，我们在重建历史唯物主义的时候，必须把"人与自然的物质变换"确定为主干，并通过这样做来改变过去的"生产力"等概念的内涵。

二、对"交往"概念和"物质变换"概念的考察

尽管在《德意志意识形态》中，马克思常常在与"劳动（生产）"相关或对比的意义上谈到"交往"（Verkehr）的概念，但是过去的马克思主义对于"交往"与"劳动"的相互关系，以及"交往"的解放，在理论上可以说几乎没有关注过。这里的"交往"概念，在所谓的"马克思列宁主义"当中被当作后来的"生产关系"概念的尚未成熟的形态。但是事实上，马克思不只是在"物质的交往"的含义上，而且也在"精神的交往"的含义上使用"交往"的概念。由此来看，这个概念意指在一定社会形态下，个人与个人相互间的物质和精神的普遍交流。所以，它的内核当中不只是包含"生产关系"层面的社会关系问题，还包含更具体的个人和集团的交流即交往（communication）的应有的形式。具有深远意义的是，马克思明确指出，这里的"交往"的解放，是与劳动的解放相对应的。他在展望实现人类解放的未来社会时这样写道：

> 劳动转化为自主活动，同过去的被迫交往转化为所有个人作为真正个人参加的交往，也是相互适应的。②

---

① 韩立新：《马克思与生态学》，日本时潮社 2001 年版。
② 《马克思恩格斯全集》第 1 版第 3 卷第 77 页。

在这里，可以把"被迫交往"理解为意指作为个人、作为人本身的本性受着其他各种外部条件（货币、权力、身份、阶级、强权等）的压迫、强制和异化的交往方式。颇具意味的是，马克思针对异化的、被迫的交往所提出的"交往的解放"的用语，不仅是指"人的交往"的解放，更是指"个人作为真正个人参加的交往"。所谓"个人作为真正个人参加的交往"，可以说是意味着诸个人带着各自特点的相互交流，形成真正的共同性和联合①的交往。

其实，与这样的"交往"相关联的异化和物化的问题，早在青年马克思那里就与劳动异化同时提了出来，并且是在与近代的人的解放相联系的意义上提出来的。同时，青年马克思也早已提出了可以被称之为语言交往的异化问题。

> 我们彼此进行交谈时所用的唯一可以了解的语言，是我们的彼此发生关系的物品。我们不懂得人的语言了，而且它已经无效了。……我们彼此同人的本质相异化已经到了这种程度，以致这种本质的直接语言在我们看来成了对人类尊严的侮辱，相反，物的价值的异化语言倒成了完全符合于理所当然的、自信的和自我认可的人类尊严的东西。②

在这里，"物的价值"是指货币、商品，在物化的社会关系之下，拜物主义的货币在交往中扮演了人的语言的替代物。在这种场合，为了实现根本意义上的"个人作为真正个人参加的交往"，就要从今日这种看似出自人的本性的、对货币的拜物教中解放出来。正是由异化劳动派

---

① 交往理论从与马克思的"联合"概念的关系来看也具有重要意义，不过在这里只是指出这一点而已。请参考田毅：《马克思与联合》，日本新泉社1994年版。

② 《马克思恩格斯全集》第1版第42卷第36页。

生的对货币的拜物教，使得马克思所说的"对于人来说最大的财富是他人"变得难以看清了。

下面来看看"人与自然的物质变换"这个范畴。马克思在《资本论》的第一卷中写道：

> 劳动过程……是人和自然之间的物质变换的一般条件，是人类生活的永恒的自然条件。①

马克思还写道：

> 劳动首先是人和自然之间的过程，是人以自身的活动来引起、调整和控制人和自然之间的物质变换的过程。②

可以这样理解：通过在与劳动的关系当中的定位，马克思通过"人与自然的物质变换"概念概括了人与自然的关系，即通过受制于自然的各种条件以及人类给予这个过程的影响能力这两个方面概括出人与自然的关系，使之成为具有鲜明的生态学意义的范畴。在马克思那里，"人与自然的物质变换"概念在构想未来社会时同样具有重要的意义。《资本论》当中有这样一段众所周知的话：

> 社会的人，联合起来的生产者，将合理地调节他们和自然之间的物质变换，把它置于他们的共同控制之下，而不让它作为盲目的力量来通知自己；靠消耗最小的力量，在最无愧于和最适合于他们的人类本性的条件下来进行这种物质变换。但是不管怎样，这个领域始终是一个必然王国。在这个必然王国的彼岸，作为目的本身的人类能力的发展，真正的自由王国，就开始了。

---

① 《马克思恩格斯全集》第 1 版第 23 卷第 208。
② 《马克思恩格斯全集》第 1 版第 23 卷第 201—202 页。

但是，这个自由王国只有建立在必然王国的基础上，才能繁荣起来。工作日的缩短是根本条件。①

在这里，可以将"人与自然的物质变换"看作具有地域性和全球性两个层次。在马克思看来，资本主义的全球化自始至终就是理论的大前提。

在这个意义上可以说，有关人与自然的物质变换的讨论，其理论的意义也涵盖了人与地球生态系统的物质变换受到破坏这样的当今地球环境问题。为了把对人与地球生态系的物质变换的破坏恢复到能够被"共同控制"的范围内，有必要在与南北问题、跨国企业问题的关系中展开多方面的斗争。

此外，20 世纪最后的四分之一世纪，随着苏联、东欧的崩溃而增强的全球化潮流，凸显出哈贝马斯的上述理论中缺少了对解决全球化带来的问题的思考。正如地球环境问题以及南北问题的加重所象征的那样，重新提出了考察全球范围阶级斗争的意义以及"劳动"问题的需要。从这方面也可以看出当代重建历史唯物主义的迫切需要。从尽可能不造成或扩大对这种物质变换的破坏的生态学视角来说，也要求我们探索生产力的性质以及生产关系的应有方式。

以上我简单地谈了"人与自然的物质变换"概念的意义。这里值得一提的是，"物质变换"的德文是 Stoffivechsel，也翻译为"质料转换"。而 Wechsel（交换）和 Verkehr（交往）则具有一种强调流动和变化的意思。

与此相关的是（虽然在这里不能详细介绍），在日本，现在比较重

---

① 《马克思恩格斯全集》第 1 版第 25 卷第 926—827 页。

视马克思的"生活过程"的概念，对它与"经济基础—上层建筑"的关系进行着探讨。人们主张"生活过程"概念是比"经济基础—上层建筑"具有更大的概括性的概念，后者是前者的抽象的结构概念。① 总的来讲，我是支持这种观点的，"生活过程"也是像刚才的"物质变换"和"交往"的概念一样强调流动和变化的。因此我认为，把这些概念当作历史唯物主义的重要范畴来看待，是与摆脱过去的历史唯物主义的机械论形象、恢复辩证历史观和社会理论的本来宗旨相一致的。

可以说，本来以机械论自然观为核心的机械论世界观，是以伴随近代市场经济的全面扩展而出现的社会诸关系（人与自然的关系、人与人的关系）的物化为背景的。在这个意义上，在过去的历史唯物主义当中之所以几乎没有对物化的批判性的讨论，也是与其具有机械论的倾向不无关系的。如果说机械论的倾向压制了对包括人的生存在内的自然生态系的生命的关注，和对人与人之间的交流这一生动的生命—精神活动的关注的话，那么把上述诸概念作为历史唯物主义的重要核心来对待，就是在摆脱机械论，建构生态学的唯物主义历史观。

三、新体系基本范畴的构成

下面，为了重新构建把环境问题和交往理论整合统一的现代社会理论，我将力图阐述我对历史唯物主义诸范畴的关系的理解。

首先需要确认的是，以上我们的讨论强调了人类的历史是自然历史过程的一部分，这一人类史与自然史的制约和统一，突出地表现在历史唯物主义的第一命题——"人与自然的物质变换"当中。应该承认，

① 中野彻三：《生活过程论》，日本窗社1989年版。

以这个物质变换为基础，才有人的"生活过程"，特定的人类社会（"社会构成体"）才得以形成。而物质变换的特定方式则形成并规定了"物质生活的生产方式"。

马克思在谈到生活过程时认为物质生活的生产方式制约着"整个社会生活、政治生活和精神生活的过程"①。在这里，如果把"整个社会生活、政治生活和精神生活的过程"称作"非物质的生活过程"的话，物质生活的生产方式制约非物质的生活过程就是历史唯物主义的基本命题之一。

生活过程包括劳动（生产）和交往这两个主要的人类活动因素。无论物质的、精神的劳动，还是物质的、精神的交往，均可被看作物质的生活过程和精神的生活过程。但是构成物质生活过程的主要是物质的劳动和物质的交往，而在非物质的生活过程当中，主要是精神的劳动和精神的交往。

因此（虽然我们在这里不能详细展开来谈），如果谈到"经济基础—上层建筑"，那么可以说，"经济基础"和"上层建筑"各自构成了物质的生活过程和非物质的生活过程的结构。

作为特定的社会构成体的"经济基础—上层建筑"，对于保持特定的"物质生活的生产方式"具有重要意义，建立在经济基础之上的上层建筑具有制约作用（反作用）。这里需要特别注意的是，由非物质的生活过程构成的非物质的劳动和交往，虽然受到物质生活的生产方式的制约（即条件限制），但是也有不受"制约"的时候。我认为，对于这一点，应该注意不能陷入单纯地还原为阶级斗争和生产关系的还原主义。

---

① 《马克思恩格斯全集》第 1 版第 13 卷第 8 页。

　　我认为，"生产力"的概念是在生活过程总体中各个人、各个集团的劳动和交往所产生的社会力量的总称。在某些时候对生产力具有推动作用、在某些时候又具有桎梏作用的"生产关系"，可以理解为是对这种劳动和交往所展开的生活过程的结构或规范的总称。这样，如果与"经济基础—上层建筑"结合起来，那么由于生产关系与物质生活过程的关系更紧密一些，因此也可以像过去所理解的那样，把生产关系看做经济基础。

　　在对经济"生产力"应有的理解方式这个问题上，和过去一样，人们往往只追问它的量，特别是只关心经济增长和物质财富的扩大，其实我们更应该看到质的重要，即关注人与自然的物质变换的视点，以及通过劳动和交往实现自我确认和相互确认的重要性。也就是说，必须把发展能够维持人与自然的生态循环的力量、发展通过劳动和交往实现自我确认和相互确认的显在的或潜在的力量的观点纳入历史唯物主义的视野。

　　此外，重视构成生产力的"交往"的因素，也是与现代问题相关的重要课题。今日，以网络为代表的各种信息通信的发展，以及在全球范围展开的各种交往工具的发展，与马克思时代的初级电气通信和铁路的发展程度相比，真有天壤之别。这些在以往的马克思主义的理解当中，是纳入生产力的范围的；然而，这种"物质的交往"在马克思以后获得了巨大发展，并且今后发展潜力更大。如果考虑到这一点，那么也许可以设想一个区别于过去的生产力形象的"交往力"。也可以把这种"交往力"包括进"广义的生产力"当中，但是我认为强调与过去的狭义的生产力之区别的交往力的特性也是很重要的。例如，通信、交通、运输等物质的交往手段之所以值得玩味，在于它以独特的方式扮演着经济基础和上层建筑之间的媒介的角色。它确实是生产力的要素，但是马克思把它看做"社会生产过程的普遍条件",是作为直接关系到上层建筑的东西来把握的。例如针对当时刚出现的交通设施——铁路网,马克思这样写道:

> 铁路网在主要资本主义国家的出现,促使甚至迫使那些资本主义还只是社会的少数局部现象的国家在最短期间建立起它们的资本主义的上层建筑,并把这种上层建筑扩大到同主要生产仍以传统方式进行的社会机体的躯干完全不相称的地步。[①]

总之,对于克服过去那种对"经济基础—上层建筑"的简单理解,对于思考当今信息与交往全球化过程中所出现的高度信息化的意义,这个问题给我们提供了一个重要的视角。

(冯雷 译)

[①] 《马克思恩格斯全集》第 1 版第 34 卷第 347 页。

历史唯物主义、实践哲学和革命理想[*]

〔南斯拉夫〕 加·彼得罗维奇

从本文的标题来看，似乎这里将要探讨三个不同"概念"或"理论"以及它们的相互关系。的确要谈到这一点。但是，我们感兴趣的不只是这三种理论的某些内在联系。我们之所以对它们的相互关系感兴趣，主要是考虑到它们同它们所共同依据的思想——马克思的思想——的关系，以及考虑到它们同现实（将要谈一点现实），同当代世界的关系。对马克思思想的这三种解释中哪一种"最好"和最出色（假如存在着这样的解释的话）？它们中哪一种解释能最好地说明我们在其中生活的世界（假如它们中有某种解释能为我们提供一些有意义的东西的话）？

对于有无马克思思想的最好（最典型）的解释的问题，我们马上加以"如果有这样的解释的话"的限定，因为不应事先就排除有多种对马克思思想同样好的解释的可能性，或许可能甚至"最好的"（最出色的）解释这一概念本身就没有意义。对于哪一种解释能为我们最好地

---

　*　本文选自《马列主义研究资料》1989 年第 2 辑。

　原题注：作者是南斯拉夫"实践派"的第一号代表人物，本文是他在总结实践派的建树的基础上所写的一篇很有代表性的文章。——译者注

说明当代世界的问题，我们也做了同样的限定。因为不应当事先就抛弃马克思的一些批评者所提出的论断：当今马克思思想无论在其哪一种解释中都已过时了，它从本质上说不适用于我们生活于其中的世界。

我事先把什么是对马克思思想本身的最好解释的问题同什么是对当代的最好解释的问题区别开来，并非想说明这两个问题完全不同和毫不相关。这里谈的是同一个根本问题，即关于马克思思想的实质及历史说明的问题的两个不可分割的"方面"或"因素"。关于这一点我在20多年前就写过："如果关于'真正的'马克思的问题有一定意义的话，那么它既不可能是单纯的历史事实，也不可能是纯粹的主观价值问题。真正的马克思既不可能是历史'事实'的堆积，也不可能是某种自由想象的产物。他既不可能是那个'自在的'、完全'客观的'马克思，也不可能是为某人所喜欢的和对某人有用的纯'主观的'马克思。不论前者还是后者都不可能说明真正的马克思。'真正的'马克思，那是马克思奉献给历史的东西。'真正的'马克思哲学，那是马克思对哲学思想发展的贡献。"[①]

在不管以什么方式开始讨论对马克思思想的上述三种"解释"（我们暂且这样称呼它们，尽管这些叫法并不一定是没有争议的）之前，至少应简略地回答下述问题：为什么偏偏把上述几种解释拿到一起来探讨？对马克思还有各种不同的解释：不仅被解释为历史唯物论者、实践哲学家和革命思想家，而且也被解释为辩证唯物论者、政治经济学家、政治经济学批判家、政治思想家、科学社会学的创始人、共产主义思想家，等等。为什么只挑选出上述三种解释来探讨呢？

---

① 《青年马克思和老年马克思》，载《政治报》1960年1月1—3日；或见《哲学与马克思主义》1965年进步出版社版第380页。

原因——既不完全是"主观的"也不完全是"客观的"——或许在于所谈到的是这样的解释，似乎它们今天依旧能够带着下列意图而活动：（1）揭示马克思思想的本质与核心；（2）成功地表明马克思对了解当今世界的相关性。

其他一些对马克思的解释，尽管在当代关于马克思的讨论中还相当流行，但至少在我看来，它们不再能够充作满足上述要求的够格的候选者。例如，关于马克思是辩证唯物主义者的解释在某些国家和在某些共产党中（特别在执政的共产党中）还依旧是官方解释，因此，或许在世界范围内（不是在南斯拉夫！）这一解释在数量上还占优势。除了许多教条主义——官僚主义的假哲学家外，一些著名的创造性的马克思主义思想家，例如 E. 布洛赫，起码在名义上还持这种解释①。关于这一概念的各种缺陷，例如非批判的唯物主义形而上学、非历史的自然辩证法和机械的反映论，在南斯拉夫和其他地方五六十年代就有相当多的论述。那时我本人对此也写了许多。对于已写的现在没有更多要补充的（也没有要删节的）。从那以后再没出现这一概念的某种新的，更为新鲜的种类（或许除了阿尔都塞的结构主义模式以外，它在此期间也不太时髦了），因此从这方面说，没有必要重新批判分析辩证唯物主义。当然，如果目前恢复，甚至以旧有的众所周知的形式恢复这种原则上早已被扬弃的概念的趋势继续发展，那么或许有朝一日这种外部的原因会迫使我们重新同它们打交道。但是，目前还不必要。

另外一种解释认为马克思首先是"政治经济学家"，是资本主义（甚至社会主义）的科学的政治经济学的创始人。关于这种解释我现在

① 在我的文章《恩·布洛赫思想中的希望原则》（载《哲学研究》杂志 1980 年第 2 期）中有关于布洛赫和辩证唯物主义里详细的论述。

不想重新讨论，因为我早已指出过马克思不是政治经济学家，而是政治经济学批判家。当然，或许也有人会问，那样的话为什么不把马克思是政治经济学批判家的解释当做一个重要的解释呢？的确，我绝没想丢掉这一解释，相反，我力图把它表述得更清楚。批判某种政治经济学的理论可以从另一种政治经济学的理论出发，从一种在政治经济学范围内更高的立场出发。但批判政治经济学本身则不能从政治经济学自身的立场出发，而应从一种非政治经济学的立场出发。我们的问题就在于，马克思批判政治经济学的立场是什么：历史唯物主义，实践哲学，还是革命思想？或许这三种立场中哪种也不是？

我们首先从马克思主义是**历史唯物论者**这一解释开始探讨这一问题。对马克思思想的这一解释是最古老，同时也是最流行的（因而也是最重要的）解释之一。这一解释的声望和影响自然要归功于某种自身固有的质量，但无疑也要归功于它的作者——恩格斯的声望和影响，他在自己的一些著名著作中阐述了这一概念，这些著作在马克思在世时就发表了（《卡尔·马克思》一文，《反杜林论》和《社会主义从空想到科学的发展》），而在马克思墓前的著名讲话中又重复了这一概念。当然，根据恩格斯的观点，不能把马克思的思想只归结为历史唯物主义。他认为马克思有两大发现，"人类历史发展规律"的发现和"当代资本主义生产方式及资本主义社会运动的特殊规律"的发现（"剩余价值理论"），而除了这两项主要发现外，马克思在其他各个领域中（甚至在数学中）也有许多发现。然而，恩格斯在上述著作和其他著作中把历史唯物主义和剩余价值学说明确地确定为马克思的两大发现，而历史唯物主义又是第一和最重要的发现。①

---

① 参见《马克思恩格斯选集》第 1 版第 3 卷第 574 页。

　　恩格斯关于马克思首先是历史唯物论者和政治经济学家的解释没有多大改变地在第二国际理论家中占主导地位。他们只是在说马克思抛弃一切哲学好不好和是否需要为马克思"添补"哲学的问题上有分歧，但基本上一致认为真正的或成熟的马克思不是哲学家而是历史唯物论者和经济学家①。第二国际唯一认为马克思有自己的哲学（"辩证唯物主义"）的著名理论家是普列汉诺夫。而由于他的学生列宁，这一概念在第三国际成了占统治地位的对马克思的解释。然而，应当强调指出，第三国际对马克思的解释并未根本区别于第二国际的占统治地位的解释。第二国际的"历史唯物主义"和"政治经济学"被加上了"辩证唯物主义"作为其哲学基础。在第三国际被斯大林教条化了的马克思主义由于它的不人道的实践而丧失了声誉，而且有一系列的批判分析表明，辩证唯物主义在哲学上站不住脚并与马克思思想不符之后，西方马克思主义和西方马克思学中的主流是肯定传统的第二国际的观点，即认为马克思是历史唯物论者和政治经济学家，甚至那时的一些"辩证唯物主义者"也返回到了对马克思的这种看法（即理解框架）。从马克思首先是历史唯物主义者这一见解出发也产生了当代一些想要"重建"和革新马克思思想的企图，即试图使马克思思想现代化和适合时代精神。②

　　为了不致产生误解，应当记住，恩格斯不但是第二国际关于马克思是历史唯物论者和政治经济学家的解释的发明人，而且也是普列汉诺

---

　　①　关于这一点我多次详细写过。见我的《普列汉诺夫的哲学观点》1957年文化出版社版，尤其是《西方社会民主党》一章（第244—252页）。

　　②　这些尝试中最有影响的自然是哈贝马斯的《重建历史唯物主义》（1976年法兰克福版）。一些类似的有趣的尝试包含在下列论文集中：U.耶基和A.霍内斯编）：《历史唯物主义理论》1977年法兰克福版；A.霍内斯和U.耶基编：《劳动、行为、规范》《历史唯物主义理论》第2集1980年法兰克福版。

夫、列宁以及第三国际关于辩证唯物主义是马克思学说的哲学基础的观点的首倡者。因为恩格斯在把马克思赞颂为历史唯物主义和科学政治经济学的创始人，而把自己说成是第二小提琴手，甚至是把马克思的创作普及化的通俗演奏家的同时，在他同杜林的论战中大胆地卷入一般哲学争论（和颇为自负的一般哲学判断），而在一些死后才发表的手稿中，例如在《自然辩证法》中，开始建立自己的辩证的自然哲学。众所周知，这里说的并不是一些偶尔写下的批注，而是多年的劳动成果，恩格斯本人对这一工作也赋予很重要的意义。难以避免的结论是：恩格斯之所以开始这一工作，是因为在他看来，在这方面，马克思那里留有哲学空白，需要填补。因此可以说第二国际的理论家（普列汉诺夫和其他几人除外）在其对马克思的解释中抄袭了恩格斯的明确的评价，而普列汉诺夫、列宁和第三国际则采用了恩格斯通过他的理论尝试表达出来的蕴含的解释，并试图实现恩格斯未完成的哲学设想。

然而，这里首先使我们感兴趣的不是历史唯物主义的历史性历险，而是这一理论作为对马克思的解释和作为对历史本质问题的回答的价值。"狭义的""庸俗的"或"教条主义"类型的历史唯物主义是关于经济因素在历史中占绝对统治的理论（"经济决定论"）。对这一理论，首先是恩格斯，接着是马克思的其他解释者作了令人信服的批判。因此我们对它不必考虑。"广义"形式的历史唯物主义，也就是我们在恩格斯和其他著名马克思主义者那里看到的历史唯物主义，把历史看作各种因素的相互作用，其中经济因素在一定历史时期最为强大，因此只是在"归根结底"的意义上开辟道路。恩格斯在致约·布洛赫的著名信中指出，"根据唯物史观，历史过程中的决定性因素归根到底是现实生活的生产和再生产。无论马克思或我都从来没有肯定过比这更多的东西。……表现出这一切因素间（在这之前提到'基础'和

'上层建筑'的各个因素——作者注）的交互作用，而在这种交互作用中归根到底是经济运动作为必然的东西通过无穷无尽的偶然事件向前发展……"，等等。①

对于这一广义形式的历史唯物主义，或者确切一点说，对于它想要成为马克思的一般历史理论（同时也是到目前为止最好的一般历史理论）的奢望，我在以前的一些著作中已多次批判过②。在那些著作中，我本人试图指出历史唯物论不是马克思关于人和历史的一般理论，而是他对阶级社会自我异化的人（作为"经济动物"的人）的批判，也就是他关于自我异化的人类历史（更确切地说是"史前史"）的批判理论。根据马克思的理论，人作为人并不必定是"经济动物"，相反，那只是阶级社会自我异化的人（他正是因为停留在经济动物的水准上而成为自我异化的人）。人作为人在本质上并不必定在外部相互作用方面分裂为几个相互对立的领域，因此，甚至"经济领域"也并不必然"归根到底"是历史的决定因素。相反，只要人的历史（至少在最根本意义上）还由它的某一领域决定，那么我们还始终处于史前史阶段，处在作为人的自由的和创造性的活动的真正人类历史的门口。在马克思看来，人作为人是自由的创造性的实践存在物，而真正的人的历史只有在人开始自由地创造与实现自身与自己的属人世界时才能开始。

我提到自己早年更为详细论述和说明对马克思的这一解释的著作，决不是想把这一解释完全归功于自己。当时南斯拉夫（和非南斯拉夫）

---

① 参看《马克思恩格斯选集》第 1 版第 4 卷第 477 页。

② 特别见《作为经济动物的人和作为实践的人》一文，载《我们的论题》1962 年第 1 期（稍加删节载于《哲学和马克思主义》1965 年萨格勒布青年出版社版）。

的许多其他哲学家也得出了类似的结论，并发展和深化了马克思思想作为**实践哲学**的解释。在这一概念范围内，详细探讨了人的自由、创造性、异化、消除异化等问题。对这一切我不想在这里加以重复。直到今天，无论是在我们这里还是在世界上，对马克思的这一解释并没有获得新的理解，并没有突破不清楚和讨论不够的局面。一些解释者认为对于作为实践存在物的人的分析可以纳入历史唯物主义理论中作为它的丰富和补充。而另一些人则认为这种马克思的学说应当成为建立一个作为最终发现的、同时也是对马克思的合适的解释的实践哲学的基础。然而，在我看来，关于马克思实践思想的这两种解释（且不说那些试图抛弃和指责这一思想的"解释"）都是不能令人满意的。

我认为，历史唯物主义理论同实践哲学无论如何是可以"联结"起来的，但只能在实践哲学的基础上联结起来。换言之，历史唯物主义理论可以作为一个"成分"而"纳入"实践哲学，但实践哲学则不能"纳入"历史唯物主义之中。历史唯物主义或"唯物史观"，正像后一名称所特别强调的那样，试图理解历史，认为历史只能唯物主义地解释。正如历史唯物主义所理解的那样，"物质性"就在于一定的物质成分或因素，即经济因素在历史中归根到底起决定作用。把人划分为不同因素并在最终意义上发现历史发展的物质决定因素，这并不是历史唯物主义的偶然因素，而是它的本质。这样一来，除了形式上和名义上，我们不清楚在这一理论中如何纳入关于人是完整的存在物以及自由的创造性是人的本质规定的观点。事实上，在历史唯物主义观念的范围内谈论"实践"，原则上只是把它理解为（只能把它理解为）人的一定活动或一定活动的集合（比如说经济的和政治的活动）。同样，自由在这里只能被解释为对必然性的认识（即以被认识的必然性为基础的活动），而创造性只能理解为由多方面（物质需要，物质规律等等）决定的对给定因素的改造。在这里，实践哲学只剩下这一术语本身。在历史唯物主义观念的范围内，也无法把社会主义设想为人的存在的崭新的和完全的形式（人的自由的和人道的存在方式），而只能是新的"社会经济形态"。由此，通向社会主义的道路也不能被理解为自由人的活动，而只是社会经济机制和体制的事先决定的合乎规律的自我发展。

然而，如果说不能把实践哲学纳入历史唯物主义的狭窄范围内，那么实践哲学本身则含义非常广，足以把历史唯物主义作为自身的成分，作为自己的一个特殊理论而包含于自身之中。在实践哲学中，人被理解为自由的创造性的存在物，他通过自己的活动实现自身和自己的世界。然而，正因为是自由的存在物，人也可能自我异化，成为自我异化的不自由的存在物，成为经济动物。正因为人自我异化，历史唯物主义作为对自我异化的社会和人的解释及批判有其存在的理由和相对的价值。但是，从实践哲学的整体中分离出来的、孤立的历史唯物主义，只能描述阶级社会中经济决定作用和剥削的机制，甚至连这种社会和自我异化的人是非人道的这一根本命题也不能阐述。孤立的历史唯物主义不但不能作为关于社会和人的一般理论，甚至不能充作关于阶级社会和阶级的人的完整的见解，因为它对那个社会的状况只是按其现存的状况加以描述，而不能把握其历史制约性和局限性（因为它不能理解根本不同的，消除了异化的社会的可能性）。

一些人在接受实践哲学的根本因素的同时，赞成保留"历史唯物主义"这一传统名称来表达它的内容。这一术语在这种情况下制造了不必要的混乱，是不适用的。假如其核心概念是超越了物质和精神之间差别的实践概念，那还是什么历史唯物主义？可以理解，在历史唯物主义或唯物史观中**形而上学**的（或本体论的）物质概念不必成为核心概念，但是，在一种**唯物主义**的历史观中，某种"唯物主义的概念"，关于物质实体的概念或者物质活动的概念，势必要成为中心概念。然而，马克思所理解的实践概念不是同精神活动相对立的物质活动，而是人的一切自由活动的结构。

可是，如果说把马克思思想解释为实践哲学比解释为历史唯物主义更深刻，对于马克思思想和当代世界更适合、更贴切，那并非意味着实践哲学本身已经是对马克思可能有的最好解释。或者更确切地说：这或许是对马克思相对来说最好的解释（如果我们严格地理解"解释"一词），但是，正如马克思不只是他以前思想家的解释者，同样，今天愿意以马克思的精神及水准进行思维的人们也不能只是他的思想的解释者。比对马克思思想的任何解释都更好，更正确的思想，乃是那种没有仅仅停留在解释上的思想——革命的思想。

众所周知，把马克思思想解释为实践哲学已有相当长的历史（或者只是史前史?）：从意大利的马克思主义者 A. 拉布里奥拉和 A. 葛兰西，经过早期的卢卡奇和布洛赫到 H. 列菲伏尔和南斯拉夫"实践派"。看起来，正是在实践派这里，实践哲学得到最完全和最始终一贯的发展，但同时也最清楚地表现出它的某些困难和局限。

为了发展实践哲学，创办了《实践》杂志作为它的机关刊物。然而在这一杂志的第一期上——或许很多人至今尚未注意到这一点——实践哲学已被超越了。可以以《实践》第一期的发刊词为例，它表述了"实践派哲学家"的出发点。但是从这个简短的发刊词①可以看出，"实践派哲学家"已不只是"实践派哲学家"，他们同时又成了别的什么人物。

上述发刊词在说明创办这一新杂志的需要时，除了其他之外，这样

---

① 《实践的宗旨》，载于《实践》杂志 1964 年第 1 期第 3—9 页。

写道："尽管已有许多杂志，但在我们看来，还没有我们所需要的那种杂志：即不只是哲学杂志，而且是探讨南斯拉夫社会主义和当代世界与今天的人的迫切问题的哲学杂志。"接着说："按照这一理解，我们要求的不是那种意义上的杂志，即哲学只作为特殊研究领域和独立学科同其他一切学科及人的日常生活问题截然分离。我们要求的是这样的哲学杂志，在这里，哲学是革命的思想：对现存一切的无情批判，对真正的人的世界的人道主义预见和鼓舞革命行动的力量。"

显而易见，《实践》杂志的概念在这里没有定义为实践哲学，而是革命思想。"实践派哲学家"的关注中心不是实践而是革命。当然，紧接上述引文的另一段话则表达了不同的意思："之所以选择'实践'这一名称，是因为实践，这一马克思思想的核心概念最确切地表达了上面所说的哲学概念。"但是，原有立场在这里同那一新立场共存，显然缺少一贯性。

把实践哲学"改造"成革命思想，这是"前进"呢，还是"倒退"？革命思想是抛弃了实践哲学还是把它包含于自身？或者也许这是两个不同的但可以和平共存的概念？

如果说马克思的"哲学"真的是革命思想，而革命是这一哲学的中心概念，那并不意味着需要把实践概念从马克思思想中清除出去。关于马克思思想是实践哲学的观点并非简单地错了。因为它还停留在半路上，所以不够充分。在这一见解中，人被看做实践的存在物，而实践是自由的创造性的活动。自由的创造性的实践的最高形式（同时也是它的本质）在马克思看来是革命——彻底消除自我异化的社会和自我异化的人，实现真正的人道的人类共同体和自由的人。对实践并不是只能作这样的理解，还可以有许多不同的理解。正因为如此，"革命思想"这一名称本身就比"实践哲学"的称谓优越。当然，问题不只是在于名称。

无论我们如何称呼马克思思想，重要的是考虑马克思最感兴趣的东西：作为革命的实践的可能性。

然而，把马克思思想解释成实践哲学的缺点并不仅仅在于"实践"的名称，也不仅仅在于（这一点重要得多）它在根据马克思的精神把实践理解为革命上有所动摇。它的另一缺陷包含在"哲学"这一术语中。

众所周知，马克思谈到过哲学的"终结""克服""扬弃"和"实现"。第二国际理论家把这理解为要求简单抛弃或排除一切哲学。同这种对马克思主义的实证主义解释相反，普列汉诺夫和列宁坚持马克思主义的哲学性。然而，使哲学复归于马克思主义的同时，列宁把马克思主义本身分为三个主要"部分"（哲学、经济学和政治学）。并非所有马克思哲学的拥护者都这样在马克思主义的哲学、经济学和政治学等部分之间划出严格的界限。但是，一般说来，那些主张恢复马克思主义的哲学方面的大多数人，都坚持哲学对马克思主义的经济学、社会学及政治学的独立自主性。革命被看做社会现象，只是在马克思的政治和社会理论范围内探讨革命的问题。哲学则被用来探讨"最一般的"问题。

关于马克思哲学是革命思想的见解，意味着彻底抛弃了传统的观点，把哲学和革命置于不可分割的联系之中。在这一既是新的又是古老的见解中，哲学不再生活于抽象的一般性领域之中，它首先研究我们时代的基本的可能性（和现实），而这就是革命。从另一方面看，不能把革命只理解为政治的和社会的现象。真正的革命是对人和社会的根本改造，是新的更高的生活方式的实现。在这种意义上说，如果只停留在社会科学或者只停留在某种特殊的哲学学科，诸如政治哲学或社会哲学中，就不能理解革命。革命问题是中心的哲学学科——本体论和哲学人本学的中心问题。然而，即使这样说也不够精确。更确切地说：只有那种不划分为各个哲学学科，并且不同社会科学及社会实践相分离的哲学，才能完全理解革命现象。换言之，只有那种不再是传统意义上的哲学的哲学，成为革命思想的哲学，才能真正理解革命现象。这意味着上面提到的《实践》发刊词中的话需要加以修正。我们并不要求那种其本身就是**革命思想的哲学**，而是需要借助革命思想超越传统的哲学。

这后一种论断也可能重新被错误地理解为实证主义地消灭哲学的要求。然而，没有理由从上面所述得出这一结论。革命思想肯定哲学的存在，并使哲学具体化（成为哲学中本质的东西）。它远不是非哲学的东西，在许多方面比以往的任何哲学都更为哲学。正因如此，它就不能仅仅是哲学的东西。

但是，有人提出不同看法：即使我们承认革命思想是对马克思的最好解释，或者是他的革命思想的最好的继续，那并不一定意味着这一思想同我们生活于其中的世界相关。相反，似乎今天马克思意义上的革命已没有任何希望，由此，"革命思想"也就同当代现实没有联系。我们生活在普遍怀疑和听从命运的时代，一切伟大的革命设想都显得完全不现实（且不说是可笑的）。谁能控制住失控的技术呢？这技术摆脱了理性的控制，走上它自己破坏和摧毁人类生存前提的道路。谁能对付得了那些愚蠢地争吵（同时又是兄弟般团结）的政权以及它们的原子弹、火箭、警察、官僚机构和令人怀疑的国际外交使团呢？难道唯一的出路不是同这些必然的不自由妥协，屈从于它并试图顺应现存的东西吗？或者如果我们"本性上"是不可改变的"乐观主义者""理想主义者"和"能动主义者"，那么，在我们的"乐观主义"中加上一点"现实主义"的成分，而不是去梦想关于"世界本质"的彻底改变，立志进行反对最大的"不公正"和"不幸"的斗争，力图在可能范围内稍微"减轻"或"缩小"这些不公正和不幸，这不是好事吗？

　　前不久一个记者问我："人们越来越经常地用'疯狂'一词来表达我们所处时代的特征。这里有多少真理性？如果有，难道这不是人对由于物化所造成的屈从的最后反应和反抗吗？"说明我们时代特征的大量个人的疯狂在许多情况下的确是对那种叫作"物化"的东西的反抗的标志。这是精神病态的疯狂，它是一个说明人不能同普遍异化的疯狂共处的标志，因而也是对它的激烈"反应"。然而，这种个人疯狂将是唯一的反抗形式，还是人将战胜疯狂，在全球范围内和在人的本质深处把它克服，这一点在哪里都没有得到说明。革命思想试图揭示这种根本的疯狂以及它同人的可能性的不相称性。并不能预先保证这一任务的成功。更不能确保革命自身的成功。革命思想不只是革命的准备，而且也是革命本身的开始。至于革命向何处去，那已不单单是思想问题了。

　　　　　　　　　　（原文载于南斯拉夫《文汇》杂志 1983 年第 1—2 期）

　　　　　　　　　　　　　　　　（衣俊卿 译　吴仕康 校）

建立马克思主义哲学体系的新尝试

——日本哲学界评德意志民主共和国的"哲学体系争论"*

1966—1969 年，德意志民主共和国哲学界在 1961—1964 年开展"实践争论"的基础之上，开展了一场关于"马克思主义哲学体系的争论"（以下简称"体系争论"）。日本哲学家对这场"体系争论"十分重视，一些学者还专程访问了德意志民主共和国，进行了学术交流活动。在德意志民主共和国的"体系争论"的影响下，日本也开展了一场争论，对于德意志民主共和国的"体系争论"，一些哲学工作者发表了各自的看法。

日本哲学工作者认为，在这场"体系争论"中，以 A.柯辛为代表的德意志民主共和国哲学工作者提出了一个与传统的苏联型哲学体系不同的新体系，这个新体系从体系的构成原理到叙述方法都独具一格。日本哲学工作者称之为"实践的唯物主义体系"。而这个新体系的代表作就是以 A.柯辛为首的七名哲学家共同编写的《马克思主义哲学·教科书》，这本书体现了德意志民主共和国哲学界 20 世纪 60 年代的主要动向，集中了"体系争论"的成果。这部长达七百页的专著当时被誉为德意志民主共和国最权威的体系书。柯辛等哲学家用"辩证的、历史的

---

　　* 本文选自《马列主义研究资料》1982 年第 2 辑。

唯物主义"代替了传统的苏联型哲学体系所用的"辩证唯物主义和历史唯物主义"的表述方法，强调辩证唯物主义和历史唯物主义"不可分割的一体性"；强调从人的劳动出发，并以人的劳动为基础来规定马克思主义哲学的对象；从自然史的角度出发，阐明了物质、意识、实践三者之间的辩证关系，并且规定物质、意识、实践这三个范畴是马克思主义哲学体系的根本范畴。

对于上述德意志民主共和国哲学家的观点，在日本，少数哲学家表示反对，认为柯辛企图使唯物史观主义复活，他的观点是主体唯物主义的表现之一。多数哲学家虽然不完全赞同德意志民主共和国哲学家的观点，但却高度评价了这场"体系争论"，认为争论在理论上的巨大意义已经远远越过了德意志民主共和国的"国界"，同时认为现实已向马克思主义哲学提出了"建立一个既不陷于修正主义，又不陷于教条主义的，新的富有创造性的体系的要求，德意志民主共和国哲学家们为此进行了一次尝试"。现将德意志民主共和国关于马克思主义哲学体系的争论情况及日本一些哲学家对这场"体系争论"的评论，介绍如下。

争论为什么发生在德意志民主共和国

日本哲学工作者认为，现代已进入了一个新的历史时期，不论资本主义国家，还是苏联、东欧各国都正在进行以自动化为中心的"科学技术革命"，这种革命给生产力的结构带来了巨大的变化；资本主义各国阶级斗争更加激化；苏联、东欧各国围绕经济管理，提出了许多新的问题。于是，现实向马克思主义提出了必须解决的新课题，涉及哲学体系的全部内容和结构。那么，在这种情况下，马克思主义哲学的体系是如何发展的呢？

众所周知，在马克思主义哲学界，以斯大林的"辩证唯物主义和历史唯物主义"为代表的马克思主义的哲学体系，长期以来，被视为马克思主义哲学的唯一体系。1956年，批判斯大林以后，苏联也开展了对斯大林哲学的批判，例如，斯大林把辩证法的特征简单化，教条主义地理解辩证法；忽视"否定之否定"的规律；"理论"和"方法"的分离，等等。后来在苏联的马克思主义哲学书中，对上述几点都做了相应的订正。然而，苏联哲学家们关于马克思主义哲学的全部构想，仍然可以说基本上沿袭了斯大林的观点，即马克思主义哲学是由"辩证唯物主义"和"历史唯物主义"组成，后者是前者应用于社会领域。

现实的飞速发展，使得马克思主义哲学用原来的哲学体系已不能回答现实提出的问题。恩格斯指出，"随着自然科学领域中每一个划时代的发现，唯物主义也必然要改变自己的形式"。恩格斯所处的时代尚且如此，今天科学、技术革命正以迄今历史上从未有过的规模和速度发展着，如自动化的引入，电子计算机的使用，宇宙空间的开发，等等，唯物主义当然也就需要相应地改变自己的形式。如果说自然科学的革命要求唯物主义迅速发展，那么，现代的社会革命、政治革命就更加要求唯物主义迅速发展，这是毫无疑问的。

那么，争论为什么发生在德意志民主共和国呢？日本哲学工作者认为原因有三：一、德意志民主共和国直接受到资本主义国家，特别是德意志联邦共和国的政治、经济、思想的挑战，面对这种挑战，不得不作出回答，因而在政治和意识形态领域里，保持高度的警惕。二、德意志民主共和国是东欧各国中生产水平较高的国家，科学、技术革命对经济建设比较早地提出了新的问题。三、德国是具有哲学传统的国家，是康德、黑格尔等古典哲学家的故乡，哲学的基础比较雄厚。由于这三方面的原因，使得德意志民主共和国的哲学家越过马克思主义哲学的教条主义解释的限制，在哲学领域开展了自主的活泼的讨论。从 1965 年起，哲学领域内表现出的独立思考的态度也波及社会主义学说和经济学领域，表现出一定的独立性。这里值得注意的是，以 A. 柯辛为代表的德意志民主共和国哲学家的观点不是他们个人的见解，而是得到德国统一社会党中央委员会的支持的。这一点表明了在政治领域内追随苏联路线的德国统一社会党，在哲学领域中，却奉行自主的方针，实在耐人寻味。

争论是怎样展开的

1964 年 7 月，A. 柯辛在《德意志哲学杂志》上相继发表了两篇文章，题目是《马克思主义哲学的对象、结构、叙述方法》和《马克思主义哲学的各种职能》，对斯大林的哲学体系提出了质疑，主张建立一个新的哲学体系，希望出版论述新体系的书。1966 年 10 月，H. 赛迪尔在同一杂志上发表了一篇《人对现实的实践和理论的关系》的文章，对斯大林式的苏联哲学体系提出了更加尖锐的批判。这篇文章虽有积极的一面，但也存在一些缺陷，1967 年受到海尔茨贝尔等人的批判。针对这些批判，赛迪尔进行了反驳。在这期间，A. 柯辛没有直接参加这次争论，他受德国统一社会党中央委员会下设的一个组织的委托，主编《马克思主义哲学·教科书》（以下简称《教科书》）。1967 年，作为对德国统一社会党第七次代表大会的献礼，A. 柯辛主编的《教科书》问世。在该书中，提出了一个与斯大林型——苏联型体系迥然不同的构想，同时，这本书也具体体现了 20 世纪 60 年代德意志民主共和国哲学界的新动向和研究的新成果。但是，A. 柯辛自己认为《教科书》是"折衷的产物"，没有完全体现他自己的构想，于是，在 1969 年，他发表了一篇《马克思、列宁主义的世界观和哲学的根本问题》的文章，进一步阐明了他对马克思主义哲学体系的构想。无论从时间上看，还是从内容上看，这篇文章实际上成了这场"体系争论"的总结性文章。

A.柯辛主编的《教科书》和他撰写的论文，直到1970年年初还被公认为德意志民主共和国最有权威性的书和文章，可是，到了年中，由于苏联的干预，德国统一社会党政治局一反常态，做出了否定的结论，A.柯辛主编的《教科书》从此销声匿迹。德意志民主共和国便暂时启用古洛普的著作作为教科书。1971年德意志民主共和国又发行了莱托洛夫编著的《辩证唯物主义和历史唯物主义入门》一书，这部著作是专门为高等院校的学生而编写的。这里值得注意的是，该书的总体结构同苏联阿列科·康士坦丁诺夫的《马克思列宁主义哲原理》一书几乎没有区别。在1971年10月召开的柏林社会科学工作者会议上，这部著作的"正统性"得到官方的承认。于是，德意志民主共和国的马克思主义哲学又回到了苏联型的轨道上。

争论的焦点何在

如前所述，1961—1964年，在《德意志哲学杂志》上开展了有关"实践"概念的争论。争论的主题是何谓实践？可以说是对传统的实践概念本身进行了再探讨。1966—1969年的"体系争论"，其中心课题则是在马克思主义哲学体系中，实践应处于什么样的地位问题。换句话说，把实践规定为人的、感性的物质活动，在这基础上，在同实践范畴的联系上，探讨了围绕马克思主义哲学的对象、构造、叙述、体系等一系列的问题。在这个意义上说，"体系争论"是建立在"实践争论"的基础之上，并且在理论上又前进了一步。

日本哲学家介绍了"体系争论"中的论战双方的不同观点，重点介绍了柯辛和赛迪尔的新观点，具体内容如下：

1964 年，柯辛发表了《马克思主义哲学的对象、结构、叙述方法》和《马克思主义哲学的各种职能》两篇文章。在第一篇文章中，他首先援引了马克思的话："真正的哲学一定是该时代精神的精髓。"遵照这个精神，柯辛重新考虑马克思主义哲学。他说现代是急风暴雨的社会变革和科学技术革命的时代，也就是说，一切根本问题都必须在新的光芒照耀下，重新探讨的时代。因此，面对新的课题，马克思主义哲学必须紧紧地依据马克思、恩格斯、列宁所展示的原理，批判性地探讨自身的地位，比较概括地、比较详细地规定哲学的对象、哲学的课题。他在这两篇文章中强调了以下两个问题：一是"科学技术革命"的哲学意义。在他看来，在科学技术革命的条件下，科学转化为"直接的生产力"，因此，物质的东西和观念的东西相互作用正在发生本质的变化。不能说马克思主义哲学已经充分消化了迄今为止的科学技术革命的问题，不能说已把这些问题纳入世界观之中。柯辛强调的另一问题是，应该把在世界规模上进行的从资本主义向社会主义过渡的现代革命进程以及德意志民主共和国社会主义建设的问题，作为哲学的问题进行深入研究，纳入哲学体系之中。基于这种考虑，柯辛批判了以斯大林为代表的传统的马克思主义哲学的体系和叙述方法。他认为，唯物主义是理论，辩证法是方法，历史唯物主义是把辩证法应用于社会的这种广为流传的观点，使得马克思主义哲学的结构简单化、庸俗化，阻碍了马克思主义哲学的创造性的发展，掩盖了马克思主义哲学的真正的丰富性。在柯辛看来，马克思主义哲学体系是处于不断变化过程之中的自我完成的体系，马克思主义哲学的体系和叙述方法不可能一成不变，它必须随着时代的发展而不断地发展。

在柯辛提出问题的基础上，比柯辛更为激烈地抨击了传统的马克思主义哲学体系的，就是赛迪尔的文章《人对于现实的实践和理论的关系》（1966年10月）。在这篇文章中，赛迪尔首先批评"历史唯物主义落后"，指出这种落后的原因在于"马克思主义哲学整个体系具有的不明确性"。他认为，传统的马克思主义哲学体系，特别是一般哲学教科书中叙述的体系有重大的缺陷，这种缺陷主要表现在以下四点：

一、在传统的体系叙述中，没有充分地反映人作用于外界的实践活动，也就是说，没有阐明"人的行动的意义"的根据，轻视了马克思主义哲学对"行动的指导"作用。

二、正如在"把辩证唯物主义扩展到人类社会和人类历史这一公式"中表现出来的那样，这种缺陷表现在"从辩证唯物主义导出历史唯物主义"这一点上。在这里，辩证唯物主义和历史唯物主义两者的整体性遭到了破坏。因为"把辩证唯物主义叙述在扩展到人类社会之前"，所以，辩证唯物主义被限制在自然的范围之内，给人以"自然哲学"的"印象"。

三、只要看一下认识论在体系中所处的地位如何，就可以清楚地看出传统的体系在叙述方法上的缺陷。一般来说，认识论是"属于"辩证唯物主义的，其理由尚说不清楚。毫无疑问，实践是认识论的基础，可是实际上，实践不过是"历史唯物主义最初分析的对象"。反之，历史唯物主义分析实践时，丝毫也没有考虑到实践的"理论的重要性"，于是，"历史唯物主义和认识论之间的活生生的联系"被忽视了。

四、"历史唯物主义同辩证唯物主义的分离"以及历史唯物主义沿用了辩证唯物主义的"考察方法"，这本身给"叙述"历史唯物主义也带来了"定性的影响"。这种影响表现在"片面的、纯客观的、几乎不反映主体性的考察方法"之中。

　　赛迪尔认为，不可否认，今日的马克思主义哲学受到"斯宾诺莎主义的影响"，斯宾诺莎主义把"同人脱离，并且被形而上学地改作了的自然"作为体系的出发点。其实，马克思主义哲学的"体系出发点""既不是实体，也不是自我意识，而是人的感性的对象的活动、劳动、社会实践"，也就是说，实践这一范畴不仅是"处于历史唯物主义的中心地位"，而且还是"整个马克思主义哲学的中心范畴"。

　　虽然赛迪尔在一些点上正确指出了传统的苏联型哲学体系的缺点，但是他把"实践"看成"体系的出发点""中心范畴"，因而表现有轻视、否定唯物主义的出发点——物质的倾向。他的文章受到一些人的批判，批判者的观点大同小异，其基本论点如下：

　　一、马克思主义哲学的中心问题是物质和意识、自然和精神谁是本原这一哲学根本问题，马克思主义哲学的出发点就是作为客观实在的物质。如果没有自然、物质的基础，就不可能进行劳动和实践。赛迪尔认为实践才是马克思主义哲学体系的"出发点"，因而就否定了从自然、物质出发的唯物主义的根本原理，因为实践这一范畴，既可作唯物主义的理解，也可作唯心主义的理解。强调实践，仅仅通过实践并不能导出马克思主义的整个体系。实践不是马克思主义哲学的中心范畴。

　　二、由于把实践从唯物主义那里分离出来，并且过分强调的结果，必然会得出赛迪尔的这种主张，即对于人来说，同人脱离的自然"不过是单纯的抽象物"，因此，赛迪尔把马克思主义哲学中的自然完全降低成为一种自在之物。

　　三、如果说同人脱离的自然不过是"单纯的抽象物"的话，那么，不依赖于人的意识、实践独立起作用的自然的**客观**的规律性，尤其是辩证的规律性，就会变得暧昧不清，事实上，这就否定了自然辩证法。

　　四、从这种对自然的理解出发，必然导致这样的结论：自然只有同人联系在一起时，才具有现实意义。总之，不得不在主体—客体关系上把握自然。其结果，主体—客体辩证法取代了自然辩证法，马克思主义哲学被修正成卢卡奇的"主体—客体的哲学"。

综上所述，人们批评赛迪尔的文章有"唯物史观主义"的倾向，如轻视唯物主义、否定自然辩证法、把马克思主义哲学修正为"主体—客体哲学"等。针对上述意见，赛迪尔于 1967 年 12 月发表了《实践和马克思主义哲学》一文，作了反驳。他针对有人批评他否定哲学的根本问题，申明这纯属误解。他说为避免误解起见，我决不是否定、回避哲学的根本问题，相反，是给哲学的根本问题以具体的基础，这才是问题的核心。对于哲学问题的马克思主义的解答决不是信仰自白，而是哲学和自然科学长期发展的结果，这种发展，不是靠纯粹思维的力量，主要是靠生产、社会实践的总体来推动。科学解决哲学根本问题的起跳点在于，从概念上把握人的感性的、对象的活动对于意识、人这一主体性的生成和发展所起的重要作用，在于从概念上把握这种活动的社会本性。我们决不应忘记："'不仅是自然'，劳动才能第一次构成思维和存在的关系，并能不断地维持这种关系。"接着他进一步指出："**在以唯物论为基础的前提下**，劳动、社会实践才构成'思维和存在'的总体关系"。赛迪尔这一主张是他建立马克思主义哲学新体系的极为重要的论点。在文章最后，赛迪尔指出，社会实践不仅能构成唯物主义，而且能构成哲学及全部认识。

然而，赛迪尔的反驳，特别是对于批判他否定自然辩证法，把马克思主义哲学修正为主体—客体的哲学的反驳，不够有力，他的反驳也不能说是对所有批判者的全面的回答。

在这期间，A. 柯辛没有参加争论，致力于《教科书》的编著工作。1969 年，柯辛发表了《马克思、列宁主义的世界观和哲学的根本问题》

一文，进一步阐明了他的观点。这篇文章最清楚地表明了在批判斯大林型—苏联型哲学体系上，他同赛迪尔方向一致，但看法不尽相同。在这篇文章中，柯辛相当严厉地批判了赛迪尔的观点。柯辛认为，赛迪尔的错误在于：把实践规定为马克思、列宁主义哲学的"中心范畴"，过低评价物质、意识这一根本范畴，并且降低了哲学根本问题的价值。马克思、列宁主义主张，社会实践是"产生、解决哲学问题的基础"，然而，并不能由此得出这样的结论：应该把实践这一范畴置于物质、意识范畴之上。对于柯辛的这篇总结性文章，应特别注意的是下列三点：

一、采用"辩证的、历史的唯物主义"一词代替了传统的苏联型体系所用的"辩证唯物主义和历史唯物主义"的表述方法。

二、他强调理解哲学根本问题的重要性，强调正确理解实践同哲学根本问题的关系，并且，从自然史的角度上阐明了物质、意识、实践之间的辩证的相互关系。

柯辛认为，各种修正主义的理论的根源从根本上说在于"对哲学根本问题的简单化的理解"。如果哲学的根本问题的全部命题仅仅是物质第一性、意识第二性的话，那么，就不能理解恩格斯为什么把它称为"全部哲学的最高问题"。在这个意义上，对于马克思、列宁主义的哲学来说，对哲学根本问题的理解具有"决定性的重要意义"。

接着，柯辛谈到哲学的根本问题同实践的关系，他认为，比起近代的唯物主义来说，马克思主义哲学的"优越性"离不开"对人类社会及社会实践所作的唯物主义的解释"，因而，我们必须弄清哲学的根本问题和物质、意识、实践三个范畴的相互关系。我们必须反对用实践的范畴来取代物质这一范畴，必须反对过分降低甚至抹杀哲学的根本问题，降低甚至抹杀哲学的根本问题就是形形色色修正主义哲学表现出来的全部特征。

　　值得注意的是，柯辛在叙述了物质和意识相互关系的唯物主义一般命题之后，规定实践"不过是物质最高运动形态——人类社会的物质的存在方式"。由此可以说，柯辛从自然史的角度上，阐明了物质、意识、实践三者之间的辩证的相互联系，即物质是不依赖于人的意识的、运动着的原始的"自我原因"，实践不过是"物质的最高运动形态——人类社会的物质的存在方式"，意识只有在这种实践（劳动）的媒介下才能发生、发展。

　　三、在上述第二点的基础上，柯辛认为，物质、意识、实践这三个范畴是马克思主义哲学的、根本性的、规定体系的范畴。把其中任何一个范畴看成是"中心范畴"都是错误的，把其中任何一个范畴提到基本的、决定体系的中心范畴的高度都是不可能的。

两种体系的对比

　　如前所述，A. 柯辛主编的《教科书》中提出了一个新的哲学体系，从体系的构成到叙述方法都同传统的苏联型哲学体系有很大不同。日本哲学家对照苏联1958年出版的《马克思主义哲学原理》（苏联科学院哲学研究所集体创作），进一步探讨柯辛主编的《教科书》的新特征。两本书的目录对照如下：

《原理》	《教科书》
前言	第一部　现代的哲学
第一章　哲学的对象	第一章　社会主义的世界观
第二章　马克思主义产生以前哲学史上唯物主义和唯心主义	第二章　马克思主义哲学的产生和发展的斗争

（续表）

《原理》	《教科书》
第三章　马克思主义哲学的产生和发展	第二部　世界的统一性在于物质性
第一篇　辩证唯物主义	第三章　哲学的基本问题和基本流派
第四章　物质及其存在形式	第四章　物质和世界的统一性
第五章　物质和意识	第三部　世界的合乎规律的体系
第六章　现实中各种现象的合乎规律的联系	第五章　客观实在的体系的性质
第七章　辩证法的基本规律。量变到质变的转化规律	第六章　辩证的决定论
第八章　对立面的统一和斗争规律	第七章　自觉运用规律和社会规律
第九章　否定的否定规律	第四部　世界是发展的
第十章　认识过程的辩证法	第八章　质变的发展规律
第二篇　历史唯物主义	第九章　否定之否定的发展规律
第十一章　历史唯物主义是关于社会发展规律的科学	第十章　辩证的矛盾是运动及发展的源泉
第十二章　物质生产是社会生活的基础	第五部　人对客观世界的认识
第十三章　生产力和生产关系的辩证法	第十一章　认识过程的社会基础
第十四章　社会的基础和上层建筑	第十二章　认识的本质和结构
第十五章　阶级，阶级斗争，国家	第六部　现代的社会形态和精神生活的变革
第十六章　社会革命是社会经济形态更替的规律	第十三章　工人阶级创造新的世界

（续表）

《原理》	《教科书》
第十七章　社会意识及其在社会生活中的作用	第十四章　现代的精神生活的变革
第十八章　人民群众和个人在历史上的作用	
第十九章　现代资产阶级哲学和社会学的主要流派	
结论	

从以上目录中，可以清楚地看出：在传统的马克思主义哲学的体系构成中，辩证唯物主义和历史唯物主义是各自作为独立的哲学部分加以叙述的，也就是说，在苏联的《马克思主义哲学原理》一书中，是按照"第一篇辩证唯物主义""第二篇历史唯物主义"这样一个顺序来构成体系的。在德意志民主共和国的《教科书》中，不仅强调了辩证唯物主义与历史唯物主义的不可分割的一体性，并且主张把它们作为一个"结构原理"来加以把握和运用，这一观点成了《教科书》体系叙述的基础，也是贯穿整个教科书的最根本的特征。

毫无疑问，这里重要的是两者的"一体性"，特别是两者被作为一个"结构原理"来加以把握，《教科书》的序言中说："下述观点是本书的叙述体系的基础，即不仅强调辩证唯物主义和历史唯物主义不可分割的一体性，而且两者被看成一个结构原理加以运用，同样，这种观点也适用于唯物主义和辩证法的相互渗透，在本书中，马克思、列宁主义哲学的各种原理、规律、范畴、概念都在内在的联系上得到了说明，人的社会实践和从概念上把握实践成了体系的出发点。"《教科书》中还说："本来，马克思和恩格斯的新的世界观、马克思主义的唯物主义是把人类和人类活动、社会生活过程作为出发点和中心点的。……因此，辩证唯物主义如果撇开这个内容是根本不可能的。"人类和人类社会实践才是马克思主义哲学的最中心的内容，正因为"这一理由，恩格斯经常把新的世界观称作历史唯物主义"。《教科书》又进一步说："实际上，抛开历史唯物主义是不存在辩证唯物主义的。两者在马克思主义世界观里融为一体。"

在这种思想指导下，《教科书》把历史唯物主义的主要范畴——生产力和生产关系——放在第四章"物质和世界的统一性"中叙述的，"社会的基础和上层建筑"也失去了作为历史唯物主义的"结构原理"的地位，在传统的体系叙述上常同阶级斗争联系在一起的国家则被放入第三部"世界的合乎规律的体系"之中叙述，阶级斗争和社会革命被放在第四部"世界是发展的"当中叙述的。总之，在《教科书》中，辩证唯物主义与历史唯物主义不是作为各自独立的体系来叙述的，《教科书》的基本立场始终是把"人类的社会生活及其历史"放在"客观实在的一个领域"，即放在"世界的物质统一性"中来理解的。人类社会不外乎是自然、物质运动的各种形式中的一种形式，这个观点始终贯穿在《教科书》的体系的叙述中。

这里值得注意的是，《教科书》的这种立场不是否定历史唯物主义，也不是否定历史唯物主义作为关于社会的唯物主义学说能够以独立的形式来展开，而是把马克思主义哲学作为统一的世界观从体系上加以叙述。

《教科书》中另一个新特征是，与马克思主义哲学对象有关的问题。

关于马克思主义哲学对象的规定，苏联的《马克思主义哲学原理》和德意志民主共和国的《教科书》之间存在着明显的差异。苏联的

《马克思主义哲学原理》中说："马克思主义哲学的对象是研究一切运动和发展的最一般的规律"，在苏联的《教科书》中，虽不能说轻视人及人的社会实践是马克思主义哲学的对象，但是，人及人的社会实践被认为是唯物主义的对象，从体系的构成方面来说，好容易在"第二篇"中才叙述到。而德意志民主共和国的《教科书》中说，哲学的一切问题，它的合理解决都存在于"社会实践和从概念上把握社会实践"中，这是个基本立场。由此我们可以得出一个结论：从马克思主义立场出发，理解人类的本质是十分重要的。因此，马克思主义哲学的对象，首先必须从这里出发加以规定。《教科书》说，"笛卡尔以来的近代哲学主要关心的事情是阐明人的活动的本质，特别是社会实践的本质；阐明人的活动同客观世界的关系。"马克思和恩格斯第一次揭示了"人的劳动和社会实践的本质、任务"，成功地把哲学对象同人的活动联系起来。于是，《教科书》对马克思主义哲学的对象作了如下规定："人对世界的关系是通过人的能动的活动的各种形式来实现的。处于对世界的这种关系中的人才是马克思主义哲学的主要对象。马克思主义哲学最重要的是研究人在革命实践中如何变革自己的周围世界和他们自身"。在这种情况下，所谓人是现实的、社会的人，就是说，他们不是脱离客观现实的、唯心主义哲学所主张的抽象的人，而是通过自己的劳动、革命的实践来变革物质世界，同时又变革自己本身的人。因此，把人放在哲学的中心地位，同把人的社会实践以及社会实践的对象——客观世界当作哲学的对象是不可分割的。在这种意义上说，马克思主义哲学的对象除了处于对客观世界的关系（特别是实践的关系）之中的人以外，别无其他。

《教科书》又进一步说："马克思和恩格斯通过具体地、历史地分析现实的人的社会存在，揭开了'人的本质'之谜。在他们看来，理解人的关键是，当时历史所规定的、人对世界的关系。因为这种关系把人的一切活动方式、人的活动成果、包括人活动的客体在内都联系在一起，使它们变成一个整体。"

毫无疑问，人对世界的关系是受"当时历史规定的"，它的最根本关系是"实践＝对象的关系"。也就是说，这种关系是在劳动（这种劳动是决定、规定人的活动的形式）这一形式中展开的，并由此产生"其他一切活动方式"的、人对世界的"根本关系"。"在意识活动中实现的，人对世界的理论的和认识的关系"只有以这种"实践的、对象的关系为基础才能发生"。"因为人的劳动一开始就把意识的要素包含在其中"，所以，这种人对世界的理论的和认识的关系"必然从实践的关系中产生"。这种关系除了科学之外，还包含法律的、道德的、宗教的、"人类从精神上占有世界的各种形式"。

这样，《教科书》又回到了前面所说的公式：同世界发生各种关系的人才是马克思主义哲学的最高对象。

现在，"人处于马克思主义哲学思维的中心，只要从人这一关系点出发，就能够正确地理解哲学的一切方面"，"只有实践的活动才给我们介绍一切科学的各种对象，才给我们介绍哲学的对象"。因此，马克思主义哲学研究的对象，就是"一切领域同人及人的活动的联系，同时，也是研究以这一切领域为特征的各种普遍规律性和本质特征"。

总而言之，《教科书》对于马克思主义哲学对象的规定，其特色在于：从人的劳动出发，并以人的劳动为基础来规定马克思主义哲学的对象。

关于《教科书》的叙述方法，日本哲学家概括为下列四点：

一、在涉及哲学的整个领域内把握马克思主义哲学的对象。

二、把马克思主义哲学作为统一的世界观，作为辩证唯物主义的自然理论和社会理论的统一加以展开，不是把马克思主义哲学看成个别侧面（例如唯物主义和辩证法）和各个部门（例如历史唯物主义、认识论、逻辑学）的单纯的总和。

三、自始至终坚持唯物主义和辩证法两者统一并相互渗透的观点。

四、不把认识论同历史唯物主义相割裂，而是以历史唯物主义为基础，展开认识论。

日本哲学家的评论

前文所述，在德意志民主共和国"体系争论"的波及下，日本也开展了一场争论，不少哲学家发表了自己的见解，对于德意志民主共和国哲学家的观点，少数人如森信诚表示反对，多数哲学家虽然不完全赞同德意志民主共和国哲学家的观点，但高度评价了这场争论，具体来说，以古在由重为首的，中原雄一郎、芝田进午、濑户明等哲学家一开始就支持柯辛的观点，并且对德意志民主共和国的"体系争论"持肯定态度，广松涉赞成赛迪尔的观点，森宏一则持慎重的态度。

日本的多数哲学家们把以柯辛为代表的德意志民主共和国哲学家提出的新体系称为"实践的唯物主义"，指出新体系对于传统的苏联型体系具有的优越性，认为它拥护并发展了马克思主义实践的唯物主义的性质。认为它第一次自觉地把人的实践作为哲学（世界观）的出发点和生成的基础，从理论上恢复了哲学的世界观的本质，并且把处于对世界关系中的人第一次作为马克思主义哲学的中心对象。然而，日本哲学家认为，新体系在理论上仍有许多不足之处，主要有以下几点：

一、赛迪尔、柯辛都指出，哲学的根本问题本身受社会的、历史的制约而产生，日本哲学家高度评价这一点。日本哲学家认为，哲学是人类历史一定发展阶段出现的历史现象，因此，阐明马克思主义哲学时，必须从历史上、逻辑上来叙述哲学的发生、发展、扬弃的过程，应该指明哲学和各种科学、大工业和阶级斗争的发展本身正在为扬弃哲学以及为扬弃哲学的根本问题准备条件，否则这个体系既不是辩证的，也不是唯物主义的。

二、日本哲学家赞成柯辛的这种观点，即不把马克思主义哲学看成是"辩证唯物主义和历史唯物主义"，而规定为"辩证的、历史的唯物主义"。问题在于内容，对于"历史的"理解是否把自然也包括在历史范围之内，也就是说，是否把自然、社会、思维作为自然史的过程，作为**辩证地、历史地**把握唯物主义来理解？日本哲学家认为，德意志民主共和国的哲学家显然不是这样理解的。赛迪尔的论文中的观点背离了自然史的世界观，陷入了"唯物史观主义"。海尔茨贝尔等人在这点上对他的批判是正确的。然而，海尔茨贝尔等人把自然、物质看成马克思哲学体系的始基、出发点，好像只有社会才有历史，结果陷入了同赛迪尔同样的立场。日本哲学家认为，柯辛是在同物质、意识的自然史的联系上把握实践的，但是，对于把自然、社会、思维作为自然史过程来理解的世界观，没有充分说明根据。也就是说，如果承认"天体史——生物史——社会（人类）史"是物质发展的几个阶段，如果把具有自我意识的有机体尚不存在的"天体史——生物史"阶段作为研究对象的话，那么，柯辛把"意识""实践"的范畴作为根本范畴来理解，就会变得毫无意义。造成这种状况的原因是柯辛的自然史世界观不彻底，并且把三个范畴并列地看成"根本范畴"的缘故。日本哲学家认为，马克思主义哲学应是把自然、社会、思维作为自然史过程加以把握的自然史的世界观。换句话说，应把自然、社会、思维看成辩证的、历史的过程的唯物主义。在这种意义上，规定为"辩证的、历史的唯物主义"。构成"辩证的、历史的唯物主义"的始基是自然、物质，而不是实践。然而在历史发展的一定阶段，有机的自然通过劳动、实践成为人的自然。作为劳动、实践的一个因素产生了精神、意识，不能排除劳动、实践的范畴来谈论意识，也不能排除劳动、实践的范畴来谈论物质和意识的关系。在这个意义上，实践是马克思主义哲学的中心范畴之一，也只有在这个意义上，"辩证的、历史的唯物主义"可以说是以自然、物质的范畴为始基的"实践的唯物主义"。

三、日本哲学家认为，反映自然史的普遍的发展过程中的形式转化的规律性是"唯物主义辩证法"或"自然辩证法"；反映人的自然、社会史（自然史的特殊阶段）的形式转化，或者说，反映这个特殊阶段上的劳动、实践的形式转化的规律性是"社会辩证法"；反映作为个别阶段，即作为人的自然的一个阶段的认识过程、思维过程的形式转化的规律性是"思维辩证法"或称认识论、逻辑学。在"辩证的、历史的唯物主义"的体系中，这里所说的自然辩证法、社会辩证法、思维辩证法不是简单的并列关系。三者构成普遍、特殊、个别这一立体的关系。这种体系本身应该反映自然史，并且应该辩证地、历史地、唯物地来展开。

四、日本哲学家认为，为促进马克思主义哲学的发展，贯彻列宁的"辩证法、认识论、逻辑学三者同一"的观点是不可缺少的。德意志民主共和国哲学家对于辩证法、认识论、逻辑学在体系内应占有的地位，以及它们的相互关系，没有充分阐明。关于逻辑学几乎没有言及。日本哲学家认为，辩证法、认识论、逻辑学三者的关系不仅是逻辑的横的相互关系，而且也是辩证法（古代哲学）—认识论（洛克、康德）—逻辑学（黑格尔）这种纵的哲学史的发展关系。

日本哲学家认为，以上几点不足也存在于《教科书》中，除上述几点外，对《教科书》还指出下述几点具体意见：

一、《教科书》没有做到实践的唯物主义和自然史的唯物主义充分的统一，也就是说，《教科书》的实践唯物主义从物质、自然出发，把实践置于体系之前未必是成功的。

二、《教科书》突然从"哲学的根本问题和根本流派"说起，在体系的叙述上，显得逻辑的展开和历史不够统一。

三、《教科书》目的是要阐明实践的唯物主义，但把实践规定在认识论的范围之内，把实践的定义放在第五部认识论中加以阐明，显得不够谐调。

四、《教科书》强调必须把握社会辩证法的特殊性，但在第五部认识论中才谈到历史唯物主义固有的"主体—客体"的范畴以及它的辩证关系，看来不能有效地批判卢卡奇所代表的"主体—客体"的修正主义哲学的理论。

在对德意志民主共和国"体系争论"持肯定态度的哲学家中，中野彻三同其他人的观点不完全相同。他认为，如果把辩证的唯物主义理解为马克思主义哲学的总体，那么，历史唯物主义应是辩证的唯物主义的不可分割的组成部分。他认为，马克思、恩格斯从哲学上把握了作为自然存在的人和劳动、实践，并以此为基轴，才使全面地、唯物地认识社会现象成为可能，因此，**在**产生历史唯物主义的**同时**，唯物主义的辩证唯物论的生成才最终完结。他认为，柯辛的"可分割的一体性"的结构原理和结构本身使得历史唯物主义不能成为独立的对象和体系，并把历史唯物主义消融、分散在"马克思主义哲学"的全体中。他对柯辛主编的《教科书》肯定了五点，同时指出四点不足。肯定的五点是：

一、第一次把人的实践自觉地作为哲学（世界观）的出发点，作为哲学的生成的基础。从理论上恢复了哲学的世界观的本质和职能，有意识地导入了作为广义的社会实践概念的"社会生活过程"这一范畴。

二、试图克服辩证唯物主义和历史唯物主义的分离，进行了大胆的尝试。

三、在马克思主义哲学史上第一次自觉地把哲学的中心对象规定为人——在对世界关系中的人，而不是社会发展的一般规律。

四、该书总结、发展了20世纪60年代德意志民主共和国哲学工作者关于"实践"争论的成果。

五、为对社会主义建设的实践作出贡献，把控制论和系统分析的方法积极地导入以认识过程为首的各个领域。

中野彻三指出的四点不足是：

一、由于柯辛把人的实践、社会的生活过程作为哲学的出发点，他成功地做到了把哲学的世界观的、社会意识的职能理论化。但是，他却陷入与传统的体系相反的片面性之中，把整个意识"社会意识"化，把认识论和意识形态论等同起来。

二、《教科书》说，在社会主义社会，"生产关系失去了它独立的形态，生产关系日益成为生产力的直接的社会发展形式。"《教科书》仅把生产关系看成物质的关系，把生产关系以外的所有的社会关系一律看作意识形态的关系，因而，必然削弱了把人与人之间的现实的、社会的关系作为具有独立的质的对象加以把握的观点。

三、《教科书》全书结构论的倾向明显，把重点置于从体制论、结构论上把握社会，因而，第三部"世界的合乎规律的体系"竟达一百四十八页，占六部中最大的篇幅。

四、柯辛从马克思那里引出了社会的生活过程的概念，但在它的具体化和应用面前，却踏步不前。虽然马克思在《政治经济学批判》的序言中已经说过："物质生活的生产方式制约着整个社会生活、政治生活和精神生活的过程"，可是，在《教科书》中，看不到精神的生活过程的范畴和对它的表述。《教科书》虽然也注意到，精神生活的一部分——艺术的生活过程包含实践的、变革对象的活动，但是没有从理论上给它以应有的地位。结果，仅在生产关系和物质的生产方面承认物质的性质，其余均被看成意识形态的关系。于是，事实上再次把实践概念引回到物质的生产上，对于物质的生产活动以外的社会的、政治的、精神的生活过程来说，封锁了阐明其物质的特征的道路。

最后，中野彻三提出了日本马克思主义的研究者今后应解决的六个课题：

一、在对哲学对象作历史研究的基础上，阐明马克思主义哲学的对象。

二、从思想研究史方面，批判性地研究马克思主义哲学史，从而说明马克思主义哲学的体系和体系化的原理。

三、从基本的方面重新研究马克思主义哲学的范畴和它的体系。

四、日本马克思主义研究者应通过自己的努力，对实践的概念、社会的生活过程，进行独立的解释和表述。

五、对控制论、系统论进行认真的、马克思主义的解释，并加以活用。

六、哲学工作者和自然、社会科学工作者建立新的战斗的同盟，共同完成上述课题的研究。

（尚晶晶 编译）

论"哲学的基本问题"的性质（摘译）[*]

〔日〕牧野广义

前　言

最近，在马克思主义研究者中间，围绕哲学的基本问题，开展了各种讨论活动，发表了各种意见。以往的马克思主义哲学教科书（尤其是在 1970 年民主德国的《马克思主义哲学教科书》出版以前），对于恩格斯、列宁所说的"哲学的基本问题"，多数在论述时未能充分说明它究竟是什么以及为什么是基本问题。

如何理解"哲学的基本问题"，这与如何认识马克思主义哲学的基本性质以及理论的构成状况有着密切的关系。多数研究工作者考虑的共同问题是，如何表述日益发展的哲学理论，以便取代斯大林型的哲学体系。同时他们还考虑，哲学作为与现实有着活生生的联系而且又能回答现实思想课题的理论，如何才能发展的问题。

---

[*]　本文选自《马列主义研究资料》1986 年第 1—2 辑合刊。
　　原题注：作者在日本大阪经济法科大学哲学系任教。——译者注

　　本文整理了最近在我国探讨"哲学的基本问题"的种种意见，并且，就如何认识"哲学的基本问题"的性质问题，发表一些个人意见。

一、恩格斯的表述以及对这一表述的各种不同理解

　　恩格斯在《路德维希·费尔巴哈和德国古典哲学的终结》第二章中，对"哲学的基本问题"表述如下：

　　"全部哲学，特别是近代哲学的重大的基本问题，是思维和存在的关系问题……

　　思维对存在、精神对自然界的关系问题，全部哲学的最高问题，象一切宗教一样，其根源在于蒙昧时代的愚昧无知的观念。但是，这个问题，只是在欧洲人从基督教中世纪的长期冬眠中觉醒以后，才被十分清楚地提了出来，才获得了它的完全的意义。思维对存在的地位问题，这个在中世纪的经院哲学中也起过巨大作用的问题：什么是本原的，是精神，还是自然界？——这个问题以尖锐的形式针对着教会提了出来：世界是神创造的呢？还是从来就有的？

　　哲学家依照他们如何回答这个问题而分成了两大阵营。凡是断定精神对自然界来说是本原的，从而归根到底承认某种创世说的人……组成唯心主义阵营。凡是认为自然界是本原的，则属于唯物主义的各种学派。

　　除此之外，唯心主义和唯物主义这两个用语本来没有任何别的意思……

　　但是，思维和存在的关系问题还有另一个方面：我们关于我们周围世界的思想对这个世界本身的关系是怎样的？我们的思维能不能认识现实世界？我们能不能在我们关于现实世界的表象和概念中正确地

反映现实？用哲学的语言来说，这个问题叫作思维和存在的同一性问题……"①

如何理解"哲学的基本问题"的性质，围绕这一问题，有各种不同的见解，现归纳整理如下：

第一，认为哲学的基本问题是人的意识在对外界的理论关系中产生的问题，因而，这一问题显然是**认识论性质**的问题（岩崎允胤、宫原将平、岩佐茂和科普宁等人的观点）。

第二，认为哲学的基本问题主要是论述自然界是本原的问题，因而，当我们谈论哲学的基本问题中的物质和意识的关系时，阐明其发生的关系，才是至关重要的，忽视这一点，就不可能论述两者的关系。这种观点认为，第一种理解过于偏重于认识论方面，应该从本体论角度去理解这一问题（福田静夫、芝田进午的观点）。

第三，在认识论（唯物主义）和历史唯物主义方面，分别提出基本问题，不能把一方还原成另一方，两者应当并存（G. 施蒂勒）。

第四，认为哲学是意识形态之一，所以，哲学的基本问题也应理解为历史发生的产物。这种观点认为，只有阐明这一问题的历史发生的基础，才能建立哲学基本问题的根据（芝田进午、佐藤和夫的观点）。

显而易见，上述四种观点，第一和第二种观点根本不同，第三种观点是妥协的，有点暧昧不清，第四种观点与第二种观点有联系，在第二种观点的基础之上又增加了一些独特的看法。首先让我们来看一下第一种观点同第二种观点的基本分歧。

在第一种观点中，向井俊彦主张如下：传统的看法是，把恩格斯的表述中有关"本原"的第一方面，看作阐明世界观性质的方面，把有

① 《马克思恩格斯选集》第 1 版第 4 卷第 220 页。

关"认识的可能性"的第二方面，看作认识论性质的方面，"然而，哲学的基本问题的两个方面是一个整体……对于这一点，近代欧洲哲学家们已自觉地意识到了，因此，恩格斯说：'这个问题……才被十分清楚地提了出来，才获得了它的完全的意义'。但是，在思维和存在、精神和自然界的关系中，与其说恩格斯把重点置于后者，不如说他更侧重于前者，所以他才说：'全部哲学，特别是近代哲学的重大的基本问题，是思维和存在的关系问题。'无论是笛卡儿、贝克莱，还是休谟和康德……他们都把认识的确实性问题置于中心地位来谈论哲学的基本问题。我认为，这就是欧洲近代哲学的基本性质。"①

"问题是在哲学的基本问题中，在知觉、思维这一关系内部，是否承认客观存在的第一性问题。我们说自然界历史在先，这是一种极端的结论性的表述，其目的在于说明唯心主义理论不够条理，并不是说明问题性质本身。问题是，在知觉、思维的关系内部，是否存在既未被感知又未被思维的认识，因为人们一定会提出，什么东西在感知、什么东西在思维这样的问题。只有把这一问题的要点弄清楚之后，才能就意识的发生科学地提出问题。仅仅承认历史事实，并不能理解作为理论问题的哲学的基本问题。"②

岩佐茂说："有必要正确地、严密地规定哲学的基本问题所具有的意义。在我们看来，它是从人的意识和外界之间的认识关系（理论关系）中产生的认识论性质的问题。关于自然界的本原性问题，在作为科学世界观的辩证唯物主义看来，它不是先验地产生的问题，从哲学史上

---

① 向井俊彦：《"实践唯物主义"是唯物主义的马克思主义形式吗?》，载于《唯物论研究》总第 2 期第 149 页。

② 向井俊彦：《唯物主义和黑格尔研究》1979 年文理阁版第 87 页。

看，它继承了唯物主义的传统，同时，它又把科学认识的成果普遍化。我们主张自然界是本原的，只要这一主张是在把科学认识的成果加以普遍化这一意义上说的，那么，首先就要解决自然界同认识它的意识之间的关系。探讨这一关系的，不外乎就是哲学的基本问题。"①

"两者（恩格斯提出的哲学基本问题中的两个方面）仅仅应该区别为原先是**统一问题**中的两个侧面……当我们统一地把握哲学基本问题的两个方面时，提出的问题不外乎是在认识方面的思维同存在的关系问题……

"然而，另一方面，恩格斯把思维同存在的关系问题也理解为'精神同自然界的关系问题'，在他的表述中谈到了灵魂不死、宗教的产生和自然界的本原性等问题。在这一限度之内，对于当时被认为是哲学问题的事物，恩格斯在这里提出了各种唯物主义的原则，似乎并没有把哲学的基本问题仅仅限定在认识论方面。但是，今天，围绕哲学的基本问题有种种理解，有时这些观点还相互矛盾和对立，因而，严格地规定哲学基本问题的范围，把对哲学基本问题的解答同唯物主义的一般原则加以区别，这是十分必要的。看来那种认为恩格斯通过'精神同自然界的关系'来理解哲学基本问题——思维同存在的关系，认为他作为对哲学基本问题的唯物主义的解答，谈到了自然界的本原性问题，这种看法似乎不太充分。

"列宁在恩格斯提出问题的基础上进行了考察。他在《唯物主义和经验批判主义》中，作为对哲学基本问题的唯物主义的解答，提出了同物质的一定具体结构相区别的物质的哲学概念。'物质是标志客观实在

---

① 岩佐茂：《哲学的基本问题和历史把握》，收入岩崎允胤编：《科学的方法和社会认识》1979 年汐文社版第 22 页。

的哲学范畴，这种客观实在是人通过感觉感知的，它不依赖于我们的感觉而存在，为我们的感觉所复写、摄影、反映.' 在这里，他对物质概念规定了三点：(1) 通过感觉感知；(2) 不依赖于我们的感觉而存在；(3) 为感觉所复写、摄影、反映。这就是列宁对恩格斯提出的哲学基本问题两个方面所做的唯物主义的统一解答。"①

与此相反，对"哲学的基本问题"持第二种见解的福田静夫主张如下：

"看来这种屡见不鲜的观点是错误的，即具体地理解自然界的本原性（以'自然界的总体联系'的思想为基础），把社会的历史发展过程置于自然界和精神之间，来理解马克思、恩格斯对哲学基本问题的唯物主义立场，在这一范围之内，把列宁对物质的定义，看成是哲学基本问题的第一原则。但是，无论是从文献上还是从理论上看，列宁的物质定义，同恩格斯所说的哲学基本问题的第二个方面，即思维与存在的同一性问题相联系，这是显而易见的。"②

"我认为，关于'哲学的基本问题'，列宁把恩格斯说的第一方面作为基础，给了第二方面以应有的地位，促进了第二个方面的发展，通过这一点，明确了在'认识论'范围内的唯物主义和唯心主义的对立，与此相关，作为科学认识产生的基本问题，规定了'物质'的哲学概念……

"在'自然界的本原性'这一点上，我的理解是，在《唯物主义和经验批判主义》的第一章中，以自然界对人的先行性，人脑是意识的物

---

① 岩佐茂：《哲学的基本问题和历史把握》，收入岩崎允胤编：《科学的方法和社会认识》书 1979 年汐文社版第 23—24 页。

② 福田静夫：《自然和文化的理论》1982 年青木书店版第 73 页。

质基础等形式，提出了这一问题，第二章的'认识论'问题是在第一章的前提之下论述的。"①

"列宁提出的'物质'概念的哲学定义"，"受到'认识论'方面的固有的限制。"② 也就是说，它的无条件的前提是，"一方面把意识、思维（在这种情况下是'感觉'），另一方面把存在、自然界（在这种情况下是'客观实在'）作为一开始就相互对立而存在的东西来看待。"③

由此我们可以清楚地看出第一种见解和第二种见解的分歧点。当我们考察"哲学的基本问题"是什么性质的问题时，必须明确以下几点：

（1）思维和存在、精神和自然界的关系问题为什么成为"哲学的基本问题"？其现实的、思想的背景是什么？

（2）恩格斯表述中的"精神对自然界来说是本原的"，"自然界是本原的"，究竟意味着什么？

（3）唯物主义主张存在着不依赖于意识的客观实在，以及主张自然界的历史先行性，自然界是精神的物质基础，这两种主张的关系如何？在"哲学的基本问题"中，认识论问题和世界观问题（乃至本体论的问题）是什么样的关系？

（4）在恩格斯的表述中，有关"本原性"问题的第一方面和有关"认识可能性"问题的第二方面是怎样的关系？

（5）应如何理解恩格斯的表述和列宁在《唯物主义和经验批判主义》中的"物质"的哲学概念之间的联系？对列宁的"物质"概念本身应如何理解和评价？

---

① 福田静夫：《自然和文化的理论》1982年青木书店版第135页。
② 福田静夫：《自然和文化的理论》1982年青木书店版第140—141页。
③ 福田静夫：《自然和文化的理论》1982年青木书店版第142页。

正如向井俊彦强调指出的那样，在考虑这些问题时，我认为有必要注意恩格斯所说的"特别是近代哲学"的基本问题以及这个问题到了近代，"才被十分清楚地提了出来，才获得了它的完全的意义"这句话。而且，我们还应该注意到，黑格尔《哲学史讲演录》的绪论中有一段对近代哲学的理解与恩格斯对基本问题的表述颇为近似。让我们先来看一下黑格尔对近代哲学的课题的理解，和在近代哲学中，这一问题为什么会成为"基本问题"。

二、近代哲学的基本课题及其表述

黑格尔说："近代哲学从古代哲学到达了的原理、从现实自我意识的原理出发……近代哲学把中世纪的立场，也就是把思维的物和存在的宇宙之间的差异，造成对立，并专心致志于这一对立的解决。"① 因而，"近代哲学的原理不是把难以捉摸的思维，而是把思维同存在之间的对立置于自己的面前。"② "应该依靠思维来克服精神和自然界、思维和存在的对立，应该把握它们之间的统一"。而且，正是这种"统一的把握"才是"哲学意识普遍的立场"。然而，"思考、把握并促进它的统一道路有两条"，即"经验是第一方向；从思维出发，也就是从内在的东西出发是第二方向。因而，哲学分离成为解决这一对立的两种主要形式，就是实在论哲学和唯心论哲学"。③ 在这里，主张客观世界的实在性，主张通过经验来认识的"实在论"，同主张精神是本原的"唯心

---

① 黑格尔：《哲学史讲演录》祖尔坎普出版社德文版第 20 卷第 63 页。
② 黑格尔：《哲学史讲演录》祖尔坎普出版社德文版第 20 卷第 65 页。
③ 黑格尔：《哲学史讲演录》祖尔坎普出版社德文版第 20 卷第 65 页以后。

论"相对立。黑格尔也认为，把"经验论"的原则贯彻到底，会走向"唯物论"，这种"经验论"乃至"实在论"同"唯心论"的对立，从根本上来说，形成了"唯物论"和"唯心论"之间的对立。

那么，意识到思维同存在、精神同自然界的对立，探讨它们的关系，把握它们的统一，为什么成为近代哲学的"原理"，成为"基本问题"了呢？正如黑格尔所说，其思想根源就在于在近代欧洲"人类发现了自然界和自己本身"。也就是说，一方面，通过文艺复兴和宗教改革，人类自身依靠理性和感性重新认识世界和人类，不是依靠屈从于教会的权威和外部世界的权威，而是依靠内在的信仰、良心和道德，自觉探求自己的生存方式，17 世纪以后的"市民革命"也促进了人是建立政治制度的主体这一自觉性的形成。另一方面，新大陆和新航线的发现，告诉欧洲人"新世界"的存在，并给了他们新的活动舞台，从哥白尼、伽利略到牛顿的"科学革命"，揭示了自然界的世界，这一世界有着无限广阔的宇宙和具有自身运动规律的巨大机制。在这种"人和自然界的发现"中，人提高了自身精神的主体自觉性，同时，向着客观地认识世界，并在这基础上合理支配自然界的方向前进（18 世纪以后的"产业革命"和资本主义社会的形成和发展，不仅包含自然界同人的关系，而且还包含着从根本上思考社会同自然界的关系这一因素在内）。于是，从根本上思考精神同自然界、人同世界的关系，以及如何把握它们的对立和统一，就成为近代欧洲思想的基本课题。

于是，探讨精神和自然界、思维和存在的关系便成为"特别是近代哲学"的"基本问题"。

那么，近代哲学又是怎样提出和怎样表述这一问题的呢？在这里，让我们粗略地看一下从笛卡儿到费尔巴哈的近代哲学的各种流派的观点。

笛卡儿对于陈腐的学问（特别是经院哲学）持批判态度，怀疑一切事物，从这种怀疑中发现了"我思故我在"这一哲学的第一原理。并且，把"思维的自我"（精神）作为根据，证明神的存在，进而，把感觉的被动性和神的诚实性作为根据，证明物质事物的存在。于是，笛卡儿通过主张精神和物质的二元论，提出了人精神的独立性和物质世界的客观规律性，提出了近代哲学的基本范围和问题。

洛克正如他在《人类理智论》一书的"致读者书札"中所述的那样，在他同朋友的讨论中，遇到了有关道德和宗教的难题，感到以往的途径错了，为了回答世界观和人生观的问题，必须首先通过悟性本身进行认识论的研究。由此，洛克否定了"天赋原理"，从经验论角度分析了"观念"，主张立足于经验论立场上的实在论。

对此，贝克莱继承了洛克分析"观念"的手法，抓住洛克的实在论所具有的认识论上的难点（知觉因果说、"第一性"和"第二性"的区别等），同时提出了明确的唯心主义的观点。他由于搬掉了坚持物质不依赖于精神存在这一"唯物主义"的基石，从而使科学同宗教相调合，切断了无神论的根，这样就成为拥护宗教的世界观。

休谟在对"人的本性"的分析中，使洛克、贝克莱的经验论更加彻底，他在对物质存在的怀疑、对精神实体的否定以及对因果性的分析中，阐发了彻底的怀疑论和现象主义的观点。

康德被休谟从"独断论的迷梦"中唤醒，承认数学、自然科学是具有普遍性和必然性的真实的学问，在这一基础之上，探讨它的根据，提出"先验的综合判断如何才能成为可能"的问题。并且，推导出这样的结论：人们能够通过结合认识客观"现象"，但不能认识"自在之物"。他把这一"现象"和"自在之物"的二元论，表述为有关自然界的必然性的理论认识和有关人的道德自由的实践认识这种二元论。

黑格尔克服了康德的二元论，到达了试图统一自然界和精神、必然和自由、理论和实践的德国唯心主义运动的顶峰，他把近代哲学思想概括为"思想对客观的三种态度"，同时，通过对它们的批判，提出了自己的"绝对唯心主义"。而且，阐述了由逻辑学—自然哲学—精神哲学三部分构成的庞大的哲学体系。

对此，费尔巴哈认为，黑格尔所说的存在不过是它自身思维的存在，真正现实的存在是作为感性的对象的存在，他批判了黑格尔，提出了人本主义的唯物主义。他从这一唯物主义的立场出发，明确地阐明了宗教造成的人的自我异化。

三、"哲学的基本问题"的性质

以上，我们粗略地论述了近代哲学的各种流派，这就足以使我们很好地理解思维和存在、精神和自然界的关系问题为什么成为"哲学的基本问题"，以及这一问题是什么样性质的问题。

如前所述，在近代世界，如何理解人的精神的主体自觉性（作为支配自然界的主体、建立社会制度的主体和道德主体的人）和客观世界及其规律性，如何理解人对于这个世界的理论的、实践的关系，这些都已成为重大的问题。然而，为了探讨和解决这些世界观上、人生观上和实践上的问题，首先就会提出下述这些问题：如何理解人的精神和物质世界的关系？在明确认识人的精神的自主性同时，如何理解不依赖人的精神而存在的物质世界？我们究竟是否承认它？而且，这一问题的提出，与对人类知识的确实性的反省和批判联系在一起，因而人们就必然会提出，人如何才能获得关于这个世界的确实的认识，究竟能否获得它？

各个哲学家对这一问题的解答方法，同他的哲学立场密切相关。也就是说，各哲学家就下述与**世界观**有关的问题，提出了自己的看法：从对以往哲学的批判、对知识确实性和自己研究方法的探讨，到如何理解精神和物质、思维和存在，或者如何理解精神—观念—物质的关系这一**认识论**问题，围绕对这些问题的解答，应该在何处发现世界自身的根本？人对这个世界应采取什么样的态度？理论和实践应该结合呢，还是应该分离？何谓人的自由，等等。这些哲学观点归根结底表现出这样一种对立：是采取唯心主义立场还是采取唯物主义立场？或者始终停留在内部包含矛盾的二元论的立场上？

在这个基础上，让我们来考察一下恩格斯表述的"哲学基本问题"的含义。

首先，唯心主义主张"对于自然界来说，精神是本原的"，唯物主义则主张"自然界是本原的"，两者的分歧点可以说就在于，是否承认物质自然的世界不依赖于精神而存在。作为对这一问题的回答，存在着两种对立的观点：唯心主义认为，物质自然的世界，归根结底是观念的世界（贝克莱），人能认识的自然的世界是由主观的形式——超越空间、时间以及范畴而构成的（康德），或者认为，在自然界的根基中，存在着一种支撑其存在的普遍精神（黑格尔）。相反，唯物主义则主张，物质自然的世界不依赖于精神而存在，精神所具有的观念是物质世界的复写或反映，精神本身可以在身体（尤其是人脑）的生理过程中找到根据。这种对立的本身，是以从认识论的角度对精神和自然界的关系进行考察为基础的。进一步说，这种对立还同与精神、自然界的历史性相联系的对立结合在一起，也就是说，唯心主义"归根到底承认某种创世说"。这里，有必要提醒大家注意恩格斯所说的"归根到底"这四个字。尽管是唯心主义，作为哲学议论，不可能突然主张神创造世界，即使从"精神是本原的"推导出神创造世界，它也是"归根到底"而已。与此相反，主张"自然界是本原"的唯物主义，建立在承认物质自然的客观实在性的基础上，同时也建立在对物质世界进行科学研究的成果（尤其是大脑生理学和生物进化论）的基础上，主张人诞生在精神的物质基础和自然界的历史之中，并且形成了精神。因而，我们说"自然界是本原的"，可以说它包含了承认自然界的客观实在性、精神的物质根据和自然界的历史先行性等意思。

因而，"精神是本原的"和"自然界是本原的"这一对立，可以看成是以认识论问题上的对立为轴心，同时又是世界观问题上的对立。

其次，恩格斯表述中的第一方面和第二方面是什么关系呢？对于这一点，也需要回顾一下近代哲学的各种观点，才能进一步弄清楚。的确，基本问题的第一方面是决定唯心主义还是唯物主义的方面，然而，在回答第一个有关"本原性"的问题时，对认识的确实性进行探讨和批判是不可缺少的，因而，同"认识世界的可能性"问题常常联系起来。实际上，贝克莱说没有脱离"观念"而存在的物质时，他的这种观点同他认为除了"观念"之外，人们什么也不可能感觉到这一观点联系在一起。康德主张超越论的唯心主义，主张对象合成说，这种观点同对自在之物的不可知论联系在一起，而且，这种不可知论在无法克服二律背反的矛盾中找到了根据。相反，黑格尔主张在有限精神和自然界的根基中存在只有通过理性才能把握的理念，这时他有一种自负感，认为把握这一理念的逻辑范畴正在积极地解决康德的二律背反，他充分把握了现实的逻辑本性，换句话说，黑格尔所说的"思维和存在"的同一性有着两个方面，即作为认识可能性的"同一性"和本体论的"同一性"。与此相对应，唯物主义主张物质自然的客观实在性时，与主张精神在观念中反映物质自然界密不可分，为了要把唯物主义的世界观贯彻到底，在下述各个问题上，如空间论、时间论、因果性、自然界的客观规律性、社会和历史的规律性等问题上，唯物主义常常必须同不可知论进行斗争。

相反，当我们对第二个方面——"认识可能性"的问题给予肯定或否定的回答时，同我们如何回答"本原性"的问题也有密切的关系。因而，恩格斯认为"思维和存在、精神和自然界的关系问题"有密切相关的两个方面。

从以上各点来看，我支持向井俊彦和岩佐茂的观点，即第一方面和第二方面是"一体的"，或者说是"原先是统一的问题中的两个方面"。

也许有人会提出反对意见，认为，上述重视认识论的观点始终限定在"特别是近代哲学"这一范围内说的，未必适合于"全部哲学"。然而，即使在古希腊，也有唯物主义立场同唯心主义的对立，从泰勒斯到德谟克利特等唯物主义者，根据统一的原理，探讨如何才能合理地把握感觉所认识的现实世界，从巴门尼德到柏拉图等唯心主义者认为感觉所认识的世界是臆断的世界，试图探讨在其背后只有理性才能把握的真实在。唯物主义和唯心主义代表性理论就是原子论和理念论，它们的世界观也是针锋相对的。同时，承认感觉的世界，是从合理的、统一的原理出发去把握它呢？还是探求只有理性才能把握得起感觉的世界呢？这一认识论的对立，作为重要的论点，也被包含在上述唯物主义和唯心主义的对立之中。

即使是现代的哲学，例如，无论是最近正在成为分析哲学的主流的波普尔哲学也好，还是存在主义衰落后日益兴起的胡塞尔等人的现象学也好，都继承近代哲学的基本论点。同时，在新的形式下，围绕意识和物质的关系这一认识论的问题，依然作为基本问题被提了出来。

关于"哲学的基本问题"的性质，我的观点可以概括如下：我认为它是以认识论的问题为中心，与世界观的问题相联系的问题，这一性质既贯穿在第一"本原性"的方面，又贯穿在第二"认识可能性"的方面。因此，我认为，这一问题尤其是在近代哲学中"被十分清楚地提了出来才获得了它的完全的意义"，在这个基础上，恩格斯把它用"思维对存在、精神对自然界的关系问题"加以公式化。列宁后来作为"意识和物质的关系"，规定了什么是"第一性的"，这就更加明确地提出了以认识论问题为轴心这一点，我认为，决不能认为恩格斯和列宁在理解"哲学的基本问题"的方法上有所不同（即一方是世界观的，另一方是认识论的）。

岩佐茂明确指出，"哲学的基本问题"是认识论性质的问题，我支持这一观点。然而，他认为"有必要正确地、严密地规定"这一问题具有的意义，从而把这一问题的范围完全"限定在认识论性质的问题之内"。作为对"哲学的基本问题"的理解方法，我认为未免过于狭窄。在"哲学的基本问题"中，认识论问题是焦点，但是它同时具有世界观的意义，正因为同世界观问题直接连接在一起，才成为基本问题。

四、列宁的《唯物主义和经验批判主义》和"哲学的基本问题"

让我们来看一下与列宁的《唯物主义和经验批判主义》有关的论点。首先，正如岩佐茂和福田静夫所叙述的那样，列宁的"物质"的哲学概念显然是从认识论角度规定的，那么，这同恩格斯所说的"自然界是本原的"又是怎样的关系呢？

福田静夫认为，列宁以恩格斯所说的"自然界是本原的"为基础，在认识论的范围内，规定了"物质"的哲学概念：在《唯物主义和经验批判主义》的第一章，首先提出了在人类出现以前自然界就已经存在、人脑是意识的物质基础等问题之后，以此为前提，在第二章论述了认识论的"物质"概念。

然而，《唯物主义和经验批判主义》的第一章本身的标题是《经验批判主义的认识论和辩证唯物主义的认识论》，第二章也是同样的标题，第一章整个要点可以说都是论述认识论问题。因而，列宁在论述第一章第四节《在人类出现以前自然界是否存在?》、第五节《人是否用头脑思想?》之前，在第一节至第三节，论述了认识论特有的问题。也就是说，在第一节《感觉和感觉的复合》中，对马赫主义的感觉论，针锋相对地提出了唯物主义的感觉论，他说："感觉的确是意识和外部世界的直接联系，是外部刺激力向意识事实的转化。"① 在第二节《世界要素的发现》中，列宁又说："自然科学也正是这样认为的。它用人的眼网膜之外的、在人之外和不以人为转移的光波的不同长度来说明颜色的感觉。这也就是唯物主义。"② 进而在第三节《原则同格和"素朴实在论"》中，列宁说："我们的感觉、我们的意识只是外部世界的映象；不言而喻，没有被反映者，就不能有反映，被反映者是不依赖于反映者而存在的。"③ 于是，在第一章第一节到第三节中，列宁已经把构成"物质"的哲学概念的三个规定全部提出来了，这三个规定就是："通过感觉感知""不依赖于感觉""为感觉所复写"。第二章中"物质"的定义，可以说是将上述论点加以整理后，再次明确地提了出来。"在人类出现以前自然界是否存在?"，"人是否用头脑思想?"这一问题上，在是否承认客观实在不依赖于意识而存在这一认识论问题的基础之上，

---

① 《列宁选集》第 1 版第 2 卷第 46 页。

② 《列宁选集》第 1 版第 2 卷第 50 页。

③ 《列宁选集》第 1 版第 2 卷第 65 页。

作为意识和物质的历史关系问题，提了出来，它阐明和批判了马赫主义者们在这个问题上，陷入了何种的矛盾和困难的境地。我认为，恩格斯说"自然界是本原的"，是以认识论问题为轴心，阐明了唯物主义的世界观立场。正因为列宁也拥护唯物主义世界观，才重视认识论问题，明确地规定了认识论的"物质"概念。

我认为，列宁的"物质"概念，作为对"哲学的基本问题"的唯物主义的解答，是极为重要的。在这一意义上，也可以认为是"第一原则"。然而，正如岩佐茂所说，应把对"哲学的基本问题"的解答同其他的唯物主义的一般原则区别开来，对前者的解答，不能满足于"物质"概念而不再前进了。因为只要"哲学的基本问题"是物质同意识的关系问题，不仅物质不依赖于意识，意识复写乃至反映物质，而且，意识的存在本身由物质赋予根据。也就是说，不仅对认识论问题作出回答，而且，以认识论问题为轴心，对心身问题作出回答，以及把人类存在置于应有地位的物质的层次性和历史性问题，这些问题一方面同科学认识的成果相联系，另一方面也是对"哲学的基本问题"的唯物主义的回答。列宁首先从认识论角度确定"物质"概念，把它同表示物质的具体结构的科学概念区别开来，在这个基础之上，提出了物质和意识谁是第一性的这一"认识论的根本问题"，这一物质和意识的概念是认识论所能使用的最大限度而又广泛的概念，进而，根据当时科学认识的成果，把与物质的客观实在性紧密联系的诸规定（物质的无限性、层次性、物质在空间和时间中运动等）作为"物质"的"哲学概念"提了出来。在这个意义上说，可以说列宁的《唯物主义和经验批判主义》是在 20 世纪初，对"哲学的基本问题"作了明确的唯物主义的回答，从而还可以说，对于现代哲学如何回答"哲学的基本问题"，列宁也提出了进行唯物主义回答时应掌握的基本标准。我认为，考虑到列宁逝世后唯心主义的发展，考虑到以相对论、量子论为首的科学认识的发展对

"哲学的基本问题"的唯物主义回答，决不能满足于列宁的定义而不再前进，唯物主义必须适应列宁以后的现状不断地发展。

五、作为意识形态的哲学和"哲学的基本问题"

在上述几点的基础之上，让我们来探讨一下有关"哲学的基本问题"性质的第四种见解，也就是说，这种见解强调它的意识形态的性质。佐藤和夫说："恩格斯主张，除了思维和存在、精神和自然界谁是本原的这一对立之外，不应该有别的意义，他的意图是显而易见的，是为了防止唯物主义被人误解，因为唯物主义在其历史发展的各个阶段采取各种表现形式。然而重要的是，我们应回到它的现实的和物质的基础上阐明唯物主义和唯心主义的对立为什么是重要的……唯物主义之所以是唯物主义，并不仅仅在理论根据上，而是在同它的社会现实生活的联系上，论述两者的对立为什么会产生，以及为什么采取唯物主义的立场是正确的。也就是说，我们不能停留在从理论根据上论述思维和理论的问题，有必要回到各种社会条件中去论述思维和理论的问题。唯物主义的主张是，人首先以物质生产作为他的基础，并且在这一基础上，在人类社会发挥自己的各种能力，人类把实现这一点作为自己的目标。人生活至上主义、人本主义的主张同承认自然界的外在性联系在一起。人类通过生产发挥自己的各种能力，同承认自然界的外在性，是不可分割地联系在一起的两个方面。"①

对于佐藤和夫的上述观点，我认为，首先他所说的"从理论根据"说明同"回到现实的和物质的基础上"说明这两者自相矛盾，因为后

---

① 佐藤和夫：《近代市民社会中的辩证法和唯物论》1977 年合同出版社版第53—54 页。

者本身就是"理论说明"之一，就是论述"理论的依据"看来佐藤和夫想要说的是，不要仅仅停留在理论说明上，而是要追溯到社会条件上，去论述"哲学基本问题"中的思维和理论上的问题，也就是说，应该明确它的历史唯物主义的地位，应该明确"哲学的基本问题"的意识形态的性质。

那么，在历史唯物主义的层次上去把握"哲学的基本问题"，情况会怎样呢？马克思认为，哲学也是"各种意识形态"之一。也就是说，它是受社会存在所规定的社会意识的一种形态。尤其在社会变革时期，"人们处于当时的各种意识形态之中，意识到这一冲突，在冲突中斗争到最后"，但是，各种意识形态本身必须从"物质生活的矛盾"中得到说明。① 当我们从这一角度来观察问题时，"哲学的基本问题"本身，尤其在近代欧洲，在从封建制度崩溃到资本主义社会形成的过程中，在"科学革命""市民革命"以及"产业革命"的过程中，进而在资本主义社会自身暴露出深刻的矛盾，"社会主义革命"登上历史舞台这一现实的、社会的、思想的背景中，作为意识形态斗争的一种形态，被尖锐地提了出来。这一意识形态斗争自身，无论在近代哲学，还是在列宁以后的现代哲学（包含同从认识论上批判历史唯物主义的波普尔的对立在内），都把认识论上的问题作为主战场之一。既然如此，唯物主义哲学意识到自己是意识形态的这种自觉性越高，就越发应该重视这一主战立场上的斗争。从而，在"哲学的基本问题"中，从认识论问题的角度进行探讨和从历史唯物主义上对它加以把握，与其说这两者相矛盾，莫如说历史唯物主义把认识论的重要性置于应有的地位。

其次，佐藤和夫认为，唯物主义的"人生活至上主义、人本主义的主张"，同"承认自然界的外在性"联系在一起，然而，这一联系不仅

---

① 《马克思恩格斯选集》第 1 版第 2 卷第 83 页。

单纯是一种信念、实感和确信，而且也应该是能担当起同唯心主义进行理论斗争任务的理论观点。列宁也说过："唯物主义**自觉地**把人类'素朴的'信念作为自己的认识论的基础。"① 列宁论述了给予信念以科学依据的认识论理论。

当我们论述唯物主义的人本主义观点时，对于唯心主义所说的"人本主义"，有必要明确而具体地提出这样一种哲学的立场：只有主张客观世界（自然界及社会）的实在性及其规律性的唯物主义，才能现实地贯彻、实现"人生活至上主义和人本主义"。

最后，佐藤和夫认为，唯物主义对唯心主义的理论批判，即使把问题局限在认识论范围之内，也仅仅是在理论说明的有效性和正确性上争个高低而已。我们揭示唯心主义内部的理论矛盾，抓住它同现实事态和科学真理间的矛盾，论证唯心主义是一种既不能正确理解人的精神，也不能正确理解现实世界的理论，这难道不是在探讨哲学理论的真理性和现实性吗？佐藤和夫所说的那种既能经受住来自唯物主义的批判，又能经受住来自唯心主义的批判的自命不凡的唯心主义，究竟是怎样的货色呢？唯心主义，不管它采取什么形式，正因为它是唯心主义，在它的理论内部存在着根本矛盾，因而不得不经常改变它的理论形式。当某种唯心主义的形式衰败，另一种唯心主义应运而生时，必然有它存在的历史的和现实的根据。然而，我们决不可忘记，一定会有唯物主义，或者其他的唯心主义，会对它进行彻底的理论批判。

（原文载于日本《现代与唯物论》1984 年 2 月第 8 期）

（尚晶晶 译）

① 《列宁选集》第 1 版第 2 卷第 65 页。

当代对辩证法的研究[*]

〔苏〕Л. Э. 文茨科夫斯基

　　研究作为完整的知识体系的辩证法问题是当代马克思列宁主义哲学面临的中心任务。辩证法在认识世界、革命地改造世界中的世界观意义和方法论意义正在增长。列宁经常强调逻辑、辩证法和认识论的不可分割的统一。辩证法贯穿在实践活动和认识活动的一切形式之中。辩证法是人类思想运动的"活的灵魂"和形式，它本身按照辩证法的规律在变动、变化和发展着，并表现在各种各样相互矛盾但又内在相互联系着的形式和变态之中。

　　正如马克思所预言的那样，科学是现代的最重要的动力之一。这不仅就数学、自然科学和技术科学来说，而且就社会科学、人文科学来说都是正确的。要有意识地对待和实际运用科学去革命地改造社会，要为人类的利益合理地利用自然界，就必须先掌握科学认识论的基本原理。近年来苏联哲学家在发展和完善唯物主义辩证法理论、科学认识和活动的辩证方法论方面作出了重大的贡献，使马克思列宁主义辩证法同社会主义社会现代发展的迫切问题联系起来。

---

　　* 本文选自《马列主义研究资料》1987 年第 4 辑。
　　原题注：作者是苏联科学院社会科学情报研究所高级研究员。——译者注本文的目的是向科学界和教育界介绍近年来即 80 年代出版的论述马克思列宁主义辩证法的最重要的著作。

马克思列宁主义创始人马克思、恩格斯和列宁为马克思主义哲学家完成了对辩证法问题有重大价值的研究。苏联哲学出版物中有许多著作专门分析了马克思列宁主义经典著作家著作中作了深入研究的唯物主义辩证法。B. M. 凯德洛夫院士《论辩证法的叙述方法：三个伟大的意图》① 一书就其概括性和方向性来说，是近年来出版的著作中比较突出的。该书专门阐述了由抽象上升到具体的辩证法问题，并运用这种方法去叙述马克思、恩格斯、列宁著作中的辩证法本身。该书是作者本人论述马克思列宁主义创始人在辩证法方面的意图的许多其他著作的直接继续，或者在一定的意义上说，是它们的综合。

作者也注意到黑格尔的理所当然地得到马克思改造的东西。从列宁《哲学笔记》② 中的摘要来看，对黑格尔《逻辑学》的分析证明，在黑格尔看来，科学的方法是由抽象上升到具体的方法。它的合理含义在于，它是由简单到复杂、由低级到高级的向前发展原则的逻辑表现。这里下述三个阶段有本质的意义：发展的起点；包含在起点中的诸矛盾的展开；所达到的结果。结果与发展过程的开端相连，因为只有在结果中才能彻底显露出一开始就寓于整个过程的起点中的东西。这个合理的环节被黑尔格神秘化了，因为他把发展过程解释为纯粹观念——它先于自然界存在并产生了作为自己的异在的自然界——的发展过程。

---

① 1983 年莫斯科版。

② 《列宁全集》第 1 版第 38 卷。

　　对马克思的《1844 年经济学哲学手稿》、《政治经济学批判》和《资本论》第一卷以及他的来往书信①进行的比较分析，揭示了马克思撰写辩证法专著的意图。马克思未能实现自己的意图，但是，一般辩证方法，尤其是由抽象上升到具体的方法，在马克思的上述著作中却相当全面和深刻地阐明了。

　　近几十年来，苏联学者在许多著作中对马克思政治经济学著作及其来往书信里的辩证法问题进行了研究。当前正是从运用马克思列宁主义经典著作家的理论遗产去分析现代社会发展的要求的角度来看，从执行列宁关于"要继承黑格尔和马克思的事业，就应当辩证地研究人类思想、科学和技术的历史"②的指示的角度来看，重温马克思的著作和他对黑格尔的方法的批判理解，再次是合理的。

　　可以说，近年来这类著作基本上是和当代问题紧密联系在一起的。例如，我们可以举出 Ф.Ф.维亚克列夫编辑的列宁格勒作者们撰写的《马克思〈资本论〉的方法论和现代科学》（1984 年列宁格勒版）。该书分析了《资本论》的逻辑和方法论的原则，研究了它们对现代科学发展的意义。它特别注意研究《资本论》的辩证唯物主义方法论的核心——作为发展的内在源泉的矛盾，同时指出，在分析运动的具体过程时，关于矛盾是对立关系的规定，不完全是动态的。对立面的一致、相互渗透，是内在的、本质的矛盾所固有的。矛盾通过自己运动的规定是最能表现动态的矛盾规定；"矛盾范畴意味着某一本质的相互作用着（相互否定、相互排斥）的两极的关系，这就说明可以把矛盾规定为本

---

① 《马克思恩格斯全集》第 1 版第 27—35 卷。
② 《列宁全集》第 1 版第 38 卷第 154 页。

质的自己运动、自己发展的源泉。"①

书中指出，在剖析资本主义经济学理论时，马克思运用了由具体到抽象、再由抽象到具体的连续过渡的方法。资本主义社会在自己发展的一定阶段上就作为具体的事物表现出来。由具体到抽象的过渡是"活生生的整体"之分解为它的各个抽象的组成部分；由抽象到具体的过渡是在思想上把这些组成部分综合为客体（更确切地说，关于客体的完整知识）。《资本论》的方法是辩证的分析和综合的统一，它表现为两个方面：即完全相反的分析和综合与历史的分析和综合的统一。

为了揭示客体的本性，分析时不仅要看清各个不同的部分，而且还要看清对立的部分。对客体的分析和综合就其展开的形式来说应具有完全相反的性质。对科学理论形成史进行比较分析的结果的总结，表明现象和本质是最复杂的（按照马克思的说法，最"具体的"）对立。描述客体是从现象方面认识客体（现象学考察方法），解释客体则是从本质方面认识客体。

"对客体的历史分析说的是由客体发展的现代阶段连续追溯到它的最早阶段，直至弄清最简单的（或原初的）阶段（即"细胞"，客体就是从它历史地发展起来的）。"② 历史地分析与马克思同时的资本主义经济学，其最终目的是揭示它的"细胞"——商品。

马克思把商品看作资本主义生产关系系统的基础。这个基础的基元性是同它的内在的复杂性和矛盾性联系在一起的。由抽象合乎逻辑地上

① Ф.Ф.维亚克列夫：《马克思〈资本论〉的方法论和现代科学》1984 年列宁格勒版第 32 页。

② Ф.Ф.维亚克列夫：《马克思〈资本论〉的方法论和现代科学》1984 年列宁格勒版第 43 页。

升到具体，由实体合乎逻辑地上升到系统，反映了资本产生和发展的客观历史过程。成熟阶段再产生原初基础，即自己的抽象的普遍的基础。商品—货币关系不仅是资本主义关系发展的起点，而且也贯穿在这种关系的整个发展系统中。

揭示原初的发展"细胞"的方法论原则，在各种极不相同的研究领域都是富有成果的。例如，列宁在研究认识论时揭示了反映——它以物质基础本身为依据——这一起始原则。分析各种不同的科学领域中的反映原则，使人们能更深入地理解反映——它是认识活动的起点，同时也是认识过程中实际起作用的要素——的内容。由此可得出重要的认识论结论：从逻辑上分析所研究的领域的发展起点的关键，必然包括在该领域自身之中。

书中连续展开了一幅运用《资本论》的辩证方法论的图景，首先是运用由抽象上升到具体、到社会认识、到社会主义政治经济学、到批判资产阶级观念、到人和社会意识的问题以及上升到现代自然科学——生物学、化学、物理学——的方法的图景。作者们得出结论说，现代哲学出版物中的系统性原则的发展在很大程度上立足于对《资本论》的逻辑分析的结果。他们的结论引起了人们极大的兴趣。正是在《资本论》中辩证法的规律和范畴的系统得到运用，这一系统使我们能再现我们所认识的作为一个发展着的整体的客体。系统性原则是各种不同的科学领域中的现代系统研究的普遍基础。《资本论》的辩证法是系统研究的逻辑，马克思分析了资本主义生产发展的成熟阶段，这时"系统具有有机整体的性质，这个整体的功能受内部决定因素的制约。在自己决定的系统中，它的规律达到最高的发展阶段'以纯粹的形式'呈现在研究者面前。"①

这样的结论在现代具有十分现实的意义。在浩瀚的书籍中，有些著作过分扩大了"系统结构的考察方法"，而《资本论》的方法，即由抽象上升到具体的方法，却被形式化了，被阉割了。《共产党人》杂志在编辑部文章《马克思主义实在论的革命辩证法（纪念列宁〈谈谈辩证法问题〉一文发表 60 周年)》中注意到这一点。其中谈到过分扩大认识活动的形式方面，致使一些哲学家得出下述结论：固定在特殊规律中的认识的辩证法，不是外部世界的再现。这就公然摒弃了马克思列宁主义的反映论。②

马克思制定的《资本论》的方法保证对所研究的现实领域的真正系统的再现。恩格斯也打算把辩证法充分运用到自然科学中去并写成《自然辩证法》一书。B. M. 凯德洛夫在其著作③中提到，恩格斯写作《自然辩证法》的最初意图是想固定对黑格尔《自然哲学》进行唯物主义改造的思想，并固定作为其基础的、黑格尔解释中的由抽象上升到具体的方法，以应用于当时自然科学的最新发现。恩格斯认为这个方法与发展的思想在逻辑上完全相符，在发展中由抽象到具体的运动与由低级到高级、由简单到复杂的现实运动过程是一致的。认清了自然界发展中的物质和过程或自然科学发展中的事件的历史连续性，就使我们能够通过随后的逻辑加工去论证由抽象上升到具体的方法。这个方法能用来认识无机界和有机界。然而，恩格斯强调指出，由化学过渡到生命，尤其

① Ф. Ф. 维亚克列夫：《马克思〈资本论〉的方法论和现代科学》1984 年列宁格勒版第 60—70 页。

② 《共产党人》1985 年第 1 期第 44 页。

③ 凯德洛夫：《论逻辑叙述的方法：三个伟大的意图》1983 年莫斯科版。

是人工合成活蛋白质的问题，尚未解决，因而这种情况成了把这个方法运用于全部自然界的严重障碍。把抽象上升到具体的方法运用于全部科学认识上最困难的问题是由自然的、生物的东西向社会的、人类的东西过渡。

凯德洛夫指出：最可能的是，写成的《自然辩证法》应该实现这样的想法，即把抽象上升到具体的方法运用于与恩格斯同时的自然科学和数学科学的整个系统中去。这会意味着把抽象上升到具体的过程引导到人的产生（通过劳动），而且有可能引导到现代社会，以便《自然辩证法》能与马克思的《资本论》结合起来。这就是辩证法的范畴和规律运用于分析自然科学和数学，最后把辩证方法积极运用于批判自然科学中形形色色的反辩证法思潮。

凯德洛夫详细分析了列宁撰写关于辩证方法的哲学著作的意图。

列宁在19世纪90年代中叶直到1913年秋的科学活动和党的活动期间彻底贯彻了下述思想：辩证唯物主义是马克思学说的哲学基础。在《唯物主义和经验批判主义》中，他捍卫并发展了辩证唯物主义，把重点放在它的认识论问题上。在俄国掀起革命高潮的环境中必须编写唯物主义辩证法的教程。由某些局部情况出发过渡到阐述它的作为"革命的代数学"的一般形式，这样的时机已经成熟了。

B.M.凯德洛夫指出，可以有把握地认为，列宁撰写辩证法方面的哲学专著的意图，可能产生在1913年秋天他研读马克思和恩格斯的书信的过程中或拟写《卡尔·马克思》一文期间。到1914年9月初意图无论如何已经确立。

由于研究了黑格尔、拉萨尔和亚里士多德的著作，列宁在《哲学笔记》中草拟了写作唯物主义辩证法著作的四个计划。这些计划的共同点是要求对辩证法的叙述和研究必须服从对象本身的内在逻辑，对象的客观发展的辩证法就是这样的内在逻辑。在研究作为科学的唯物主义辩证法的场合，人的思想——它反映永恒运动和永恒发展着的物质——的发展的辩证法就是这样的逻辑。辩证法考虑到这种发展的方向，即由最简单的判断开始上升到内容日益丰富和详尽的思维形式，这些形式能更全面和深刻地反映客观世界并指导实践活动。

列宁未能实现自己撰写辩证法专著的意图，但和马克思一样，他在十月革命前的时期，在完成伟大的十月社会主义革命和革命后的年代撰写的许多著作中却实现了他的这一意图。《哲学笔记》中包含了列宁研究和叙述唯物主义辩证法的四个计划，可以归结为一个总计划，从这个计划的两个方面即起源方面和结构方面来看，由抽象上升到具体的方法是它的核心。

在我国的哲学出版物中有许多著作专门分析了列宁《哲学笔记》中的辩证法。80 年代也不例外。例如，在这类著作中可以举出 П. Н. 费多托夫的《列宁〈哲学笔记〉中的辩证法问题》（1984 年列宁格勒版）。该书详细考察了列宁进一步发展唯物主义辩证法、它的规律、作为它的主要概括的唯物主义辩证法原则的历史前提和理论前提，作者强调了列宁突出辩证法的关键问题对于制定关于发达社会主义社会的学说的重要性。这个学说是以完整理解社会主义建设现阶段的社会变化的全部总和为依据的。

在一些出版物中指出，列宁留下的在第一次世界大战和十月革命后时期详细研究唯物主义辩证法问题方面的丰富遗产，不只限于《哲学笔记》。例如，П. Н. 科哈诺夫斯基在《反对诡辩和折衷的辩证法：列宁为确立作为革命思维的逻辑和革命活动的方法的辩证法而斗争》（1984年顿河畔罗斯托夫版）中指出，不仅《哲学笔记》《唯物主义和经验批判主义》和其他哲学专著，而且列宁的所有著作都贯穿着辩证法。对于列宁来说，辩证法不仅是理论、普遍的认识方法，而且也是实际改造现实的一般方法，革命行动的方法。作者分析了列宁在《再论工会论国家》等著作中运用辩证方法的情况。他研究了列宁著作中的辩证法与马克思、恩格斯著作中的辩证法的联系。尤其是，列宁在论国家问题方面划分了马克思的思想由抽象上升到具体的三个基本阶段。《共产党宣言》中关于国家问题提得很抽象，只提出最一般的概念和说法。在《波拿巴的雾月十八日》中表述了马克思学说中关于国家的主要结论——必须打碎资产阶级国家机器。在《法兰西内战》中已经谈到用巴黎公社式的国家来取代这个被摧毁的国家。由抽象到具体的思维运动反映了真正的现实，真正的历史经验。

为了撰写能体现马克思、恩格斯和列宁的三个伟大的意图的辩证方法方面的总结性著作，凯德洛夫在自己的书中得出结论说，除了《哲学笔记》和《论战斗唯物主义的意义》指出的那些材料以外，应对下述原始材料作出辩证的评价和分析：一、关于现代社会历史的发展、国际革命运动、我国以及其他社会主义大家庭各国的社会主义和共产主义建设的资料、关于民族解放运动和整个世界的帝国主义体系的危机的资料；二、列宁的所有发展了唯物主义辩证法以及用它具体解决了各种不同问题的著作；三、共产党和工人党国际会议、苏共代表大会和苏共中央决议的材料；四、关于反映了科技革命的自然科学和技术学科中的现代科学发展的资料；五、批判现代资产阶级哲学的各种流派以及右的和左的修正主义的材料。对这些材料的利用应通过下述方式来实现：全面分析所研究的整个现象，经常回顾这个现象，以便尽量更全面和更深刻地揭示隐藏其中的辩证法。

党的定期刊物特别注意利用马克思列宁主义的理论遗产，以便深入研究唯物主义辩证法，并把它应用于发达社会主义社会、现代世界革命进程、资本主义总危机等问题以及科学，首先是社会科学的发展。例如，《共产党人》杂志发表了上面已提到过的《马克思主义实在论的革命辩证法》、B. 戈洛博科夫的《辩证法：理论遗产和创造性的探索》（1983 年第 9 期）等文章；《真理报》上刊载了 B. M. 凯德洛夫的《论马克思主义哲学的列宁阶段》（1984 年 11 月 16 日）等文章。这证明了党赋予进一步深入研究马克思列宁主义辩证法的意义。

苏联哲学家遵循列宁所指出的方针做了许多工作。苏联学者注意到当前要求深入研究唯物主义辩证法问题，近年来撰写了许多有分量的学术著作。

Π. Н. 费多谢耶夫院士的《哲学和科学知识》（1983 年莫斯科版）就是其中之一。书中考察了哲学在世界观中的地位和功能、社会生活中的辩证法以及哲学和具体科学相互联系的辩证法。

作者用大量事实材料揭示了哲学在世界观中的地位和功能，注意到世界观的复杂结构。专门的科学知识促进了一般科学世界观的建立，这种世界观的依据是一切科学材料的总和，是对自然界规律、人的社会活动和精神活动的规律的认识。在这一点上，自然科学和社会科学依靠的是作为真正科学知识的哲学基础的唯物主义辩证法。

从列宁的传统即巩固哲学和现代自然科学的整个体系的结合的角度来看，书中详细考察了自然科学的最新材料，弄清了自然科学发展的规律和趋势。在研究哲学和局部科学知识的相互作用和相互补充的辩证法的场合，作者谈到哲学的概括功能、它对具体科学最新材料的概括功能同它的积极定向的功能的有机联系。以科学成就为依据的哲学概括，继续下去，直至洞察现象的最深刻和最普遍的联系，为增加新知识作出特殊贡献。哲学和具体科学的相互联系的辩证法是这样的：哲学由于概括了各门科学的理论结论而得到丰富和完善，同样，各门科学也由于作为科学认识的一般方法论的唯物主义辩证法理论的发展和具体化，而获得顺利前进的可能性。

书中研究了列宁用唯物主义辩证法分析自然科学的原则以及自然科学和现代的联系。主要原则就是分析自然科学的哲学问题和辩证法的密切联系，"从各方面深入研究"辩证法的必要性。另一个原则是哲学知识和自然科学知识的辩证统一和发展。在对自然科学材料进行认识论的分析中，列宁指出哲学观念和具体科学观念的共同来源，同时也划清了它们的界限。"应归入关于认识过程的辩证法、关于认识由不全面的即相对的真理到更为准确和全面的认识即绝对真理的运动的学说"[1]，列宁分析科学进步的哲学问题的主要原则还有因果关系原则和关于因果关系、空间和时间的客观性质的学说。列宁还有一个原则性的要求，这就是无情批判反唯物主义观点的一切形式和变种，始终不渝地贯彻党性原则。

所有这些原则在当前具有最重要的世界观意义和方法论意义，并对发展、现代自然科学和深入研究它的哲学问题有巨大影响。

日益深化的综合、科学知识的一体化、不同学科之间的新联系和转化的发生以及新的学科间的知识领域在它们的结合处的形成，以新的内容充实了列宁关于哲学和自然科学知识相结合的思想。

作者特别分出了科技革命条件下的自然科学发展的辩证法的一般规律：科学实验的工业化和自动化；自然科学的理论基础、它的逻辑和方法论的、概念和数学的资料的根本改变；方法论研究在解决科学探索的迫切问题中的作用的急剧增长；系统的方法和进化的即从起源进行研究的方法的相互渗透；向新知识迈进的途径和方式的变化；组织科学活动

---

① П. Н. 费多谢耶夫：《哲学和科学认识》1983 年莫斯科版第 113 页。

的方式的根本改变；自然科学、社会科学和技术科学相互作用的加强。近年来许多对于全部科学知识来说是共同的重大问题的哲学方面，具有日益重要的作用。

书中强调说，辩证的发展思想现在确实渗透到所有自然科学和社会科学中。发展思想尤其在物质构造的研究中占主要地位。总的来说，现代自然科学的进步日益深刻地表明辩证唯物主义的发展概念的方法论效果。

作者在叙述现代科学知识发展过程时，强调两个具有代表性的趋势：一方面力图反映世界的完整图景，表明世界是一个整体，另一方面则力图更深刻和更具体地了解物质的各种不同结构和系统以及各种不同形式的规律性和质的特点。前者表示知识的综合、一体化的过程，后者表示专门化和分化的过程。这些趋势的相互联系具有真正辩证的性质，因为这些对立面互为条件和有机地相互补充。例如，通过新科学的产生表现出来的知识分化，实际上具有一体化的性质，因为它消灭了这些科学之间的界限，建立了对它们来说是共同的研究领域并使综合考察方法有了新的形式。

Π. Η. 费多谢耶夫的著作大部分论述的是社会认识的辩证法和方法论，现代的哲学问题，共产主义形态形成的哲学问题和社会生活的辩证法。与片面的形而上学观念相反，马克思列宁主义的哲学论证了真正科学的方法论的分析社会过程的方法，这种方法把发展原则和历史主义原则同全面考虑社会机体的结构和功能结合在一起。马克思主义哲学继续并深化对历史过程的辩证分析，把它看作是社会发展的进化阶段和革命阶段的依次更替和必然联系。马克思列宁主义社会科学的方法论富有成效地保证从理论和实践上对社会过程和现象的把握。

马克思列宁主义辩证法把目标对准社会实践问题，这一点在成熟的社会主义阶段特别有力地表现出来。对社会现象的辩证唯物主义分析被有机地编排在重大的实际决策的过程中。辩证唯物主义和历史唯物主义哲学在新社会公民的精神面貌、社会主义生活方式、社会主义文明的形成中的作用正在不断增长。

作者力图说明社会科学在研究现代下述迫切问题中的潜力：生产效率的提高，无产阶级社会结构的形成规律，社会生活国际化，社会主义人民政权和社会意识的发展，共产主义教育的任务，等等。现代科技革命的社会意义，现实社会主义的经济、社会政治和精神发展的特点，世界革命过程的一些问题，在书中得到详细分析。书中还考察了最重要的关于社会主义社会中矛盾本性的问题。П. Н. 费多谢耶夫的著作在许多现代的马克思列宁主义辩证法著作中占有重要地位。

在辩证法问题方面不论过去还是现在都发表了许多著作。在 80 年代以前主要是研究辩证法的某些范畴和规律。同时，许多范畴的深入研究上升到理论的水平（矛盾论、因果论等）。当时广泛地阐明了关于作为逻辑和认识论的辩证法问题，研究了使范畴系统化的各个原则的建设性的潜力，并试图构成辩证唯物主义体系的不同方案。然而，其中许多方案收效甚微：它们在阐述辩证法的基本规律时经常把这些规律彼此割裂，在研究一些范畴时脱离了完整的唯物主义辩证法体系，因而使这些范畴失去了哲学本质。

随着研究成果的积累，越来越觉得有必要系统叙述辩证法的范畴和规律及其内在联系，在辩证法领域内不能局限于研究个别原则、范畴，规律这一事实变得越来越明显了。同时，正如《哲学问题》杂志社论所指出的："整个国际局势的急剧尖锐化，世界发展过程的复杂化，在成熟社会主义的发展和完善中的全新的任务的提出，科学和技术中的革命改革，等等，都要求真正深入研究认识它们的新现象、事件和趋势的形式和方法，因为这些新现象、事件和趋势的最充分地反映社会实践和科学的现代发展阶段的规律性和特点。因此，迫切需要进一步研究唯物主义辩证法，即认识复杂过程和发展着的客体的一般理论和方法。"① 系统研究和发展辩证法理论的必要性也成熟了。

许多学者的集体努力是解决这种艰巨任务的最合适的道路。这样的道路是由集体创作辩证法著作的方法开辟的。Π. H. 费多谢耶夫院士领导下的创作组撰写的《唯物主义辩证法：理论概述》（1980 年莫斯科版），就是 80 年代初第一批集体撰写的著作之一。该书阐述了辩证法在科学发展和实践活动中的世界观意义，分析了辩证法的最重要的范畴和原则，揭示了它同关于自然界和社会的形而上学和唯心主义观念的对立。书中强调了辩证法的发展原则同世界的物质统一原则的有机联系，提出了关于从哲学上探求发达社会主义社会的辩证规律的特殊意义的问题。

作者在强调作为发展学说的辩证法的实质时指出："代表向前发展的各阶段的各种运动形式的辩证相互联系，在世界的物质统一原则中得到自己的具体表现。不与物质世界及其统一的原则有机结合，发展原则便不能彻底实现。"② 作者表明发展的动力、发展的内在机制是辩证法的理论体系——关于认识的发展、认识的矛盾等的学说——进一步发展的必要条件。作者从运动着的认识矛盾中分出两大类。"观念的结构（理论、假设、概念）和事实之间的矛盾"③ 属于第一类。第二类矛盾

---

① 《唯物辩证法：理论和方法的迫切问题》，载于《哲学问题》1985 年第 1 期第 7 页。

② 《唯物主义辩证法：理论概述》1980 年莫斯科版第 34 页。

③ 《唯物主义辩证法：理论概述》1980 年莫斯科版第 49 页。

就是所谓的二律背反。第一类矛盾是"认识内部的尚处于其表面的矛盾，而二律背反则是出现在理论或概念内部发展过程中的理论或概念本身的矛盾"①。

书中非常注意揭示唯物主义辩证法对自然科学和社会科学的发展有利的世界观和方法论的成果。例如，唯物主义关于自然界中的相互联系和相互依存是无限多样的命题，对于现代自然科学方法论具有原则性的世界观意义。对发达社会社会主义社会的辩证规律的哲学探索，在当前具有特殊意义。"分析社会发展的主客观因素的辩证法，分析作为社会主要生产力同时作为历史的（自我目的）的人的发展的辩证法，在这里是有决定意义的方向之一。"② 辩证法的矛盾和规律性既在人的独特发展也在人的历史发展中表现出来。这里特别指的是：人身上的社会的东西和生物的东西的辩证相互关系；社会因素和社会环境在个人形成和发展中的作用；个人行动中的物质的东西和观念的东西的相互作用。

作者们特别注意主体和客体在认识活动和实践活动中的辩证法。书中强调指出：作为唯物主义辩证法的典型特征的关于辩证法、逻辑和认识论是同一的思想，换句话说，"本体论和认识论方面的不可分割的作用"③ 的思想，对于马克思主义的世界观具有决定性的意义。"认识的目的——真理，也就是存在于客观现实本身中的东西的确切的再现。"④

---

① 《唯物主义辩证法：理论概述》1980 年莫斯科版第 50 页。
② 《唯物主义辩证法：理论概述》1980 年莫斯科版第 36 页。
③ 《唯物主义辩证法：理论概述》1980 年莫斯科版第 178 页。
④ 《唯物主义辩证法：理论概述》1980 年莫斯科版第 190 页。

书中阐述了唯物主义辩证法的一些原则：历史主义原则、系统性原则、理论和实践的辩证统一的原则，等等。

唯物主义辩证法理论的概述，开创了一批集体撰写的概括性的辩证法著作，这批著作于 80 年代开始出版。

80 年代初的特点是开始创作多卷本的概括性著作：《唯物主义辩证法：理论概述》、《作为一般发展理论的唯物主义辩证法》①、《唯物主义辩证法》②、《马克思列宁主义辩证法》③、《唯物主义辩证法：规律和范畴》④ 和《马克思列宁主义的历史过程理论》。⑤ 在这些出版物中提出了一些很有意义的问题，使近几十年来积累的材料系统化了。虽然这些多卷本的著作尚未出齐，但可以说，它们已为马克思主义哲学家的理论工作作了重大贡献。

不同的集体著作反映不同的探讨和叙述辩证法理论的方法以及不同的研究纲要。不同观点的叙述、讨论、对比，是深入研究辩证唯物主义原则问题的必要条件。集体撰写的辩证法著作，其中包括上面提到的唯

---

① 《作为一般发展理论的唯物主义辩证法》第 1 卷《发展理论的哲学基础》1932 年莫斯科版，第 2 卷《科学认识的发展的辩证法》1982 年莫斯科版，第 3 卷《现代科学中的发展问题》1984 年莫斯科版。

② 《唯物主义辩证法》第 1 卷《客观辩证法》1981 年莫斯科版，第 2 卷《主观辩证法》1982 年莫斯科版，第 3 卷《自然辩证法和自然科学》1983 年莫斯科版，第 4 卷《社会发展的辩证法》1984 年莫斯科版。

③ 《马克思列宁主义辩证法》第 1 卷《作为科学体系的唯物主义辩证法》1983 年莫斯科版，第 5 卷《生物界的辩证法》1984 年莫斯科版。

④ 1983 年塔什干版。

⑤ 《马克思列宁主义的历史过程理论：历史过程。现实、物质的基础、第一性和第二性的东西》1983 年莫斯科版，《马克思列宁主义的历史过程理论：历史过程。整体性、统一性和多样性、形态阶段》1983 年莫斯科版。

物主义辩证法理论概述的出版物，使我们能够比较不同的研究纲要和审议最佳方案。

在已出版的概括性著作中，深化了对许多范畴的理解，着重说明了辩证法的范畴、规律之间的联系，把世界的物质统一和发展的原则更有机地结合在一起，这就为对唯心主义和形而上学的概念进行更广泛的批判提供了可能。

唯物主义辩证法理论方面的概括性著作贯穿着马克思主义哲学和自然科学相结合的思想。

现在我们来谈谈 Ф. B. 康斯坦丁诺夫院士和 B. Г. 马拉霍夫共同编辑的《唯物主义辩证法》五卷本专著。这部著作的第一卷《客观辩证法》中首先考察了唯物主义辩证法理论的原则和对象。一些原则表现了本体论、认识论、方法论、逻辑、价值论和社会学方面的唯物主义辩证法的特征。作者们在这些原则的体系中强调了发展原则的特殊意义。作者们认为对客观现实的哲学研究要从研究物质客体开始。这样的客体通过相互对立的和内部相互矛盾的诸属性的统一得到实现，它是现象和本质的统一。诸如质、变化、规律、可能性、因果关系及其他等属性，说明现象和本质的不同方面或它们之间相互关系的不同方面的特征。作者们把物质客体发展的一般理论称作客观辩证法的理论（主观辩证法属于认识过程）。

作者们也突出了党性原则——全部马克思列宁主义辩证法的指导性原则。

作者们所制定的客观辩证法是物质客体的发展理论，实际上，第一卷和第五卷本的作者们把辩证法理论的基础建筑在"物质客体"及其发展的概念上。作者们把物质客体的概念当作辩证法理论的核心概念的观点，在对该著作的最初反应中就遭到反驳。例如，B. 戈洛勃科夫在其文章中指出按照作者们的意思，"物质客体不是某个现实对象、现象或现实过程，而是一般客体，存在着的现实客体的模式"。这样的"模式"是"由抽象概念、一般原理、特征、特性等等构成的。'物质客体'是运用这些抽象的结果，而辩证法则是运用这些抽象的理论"。①

П. В. 阿列克谢耶夫在《马克思主义的活的灵魂：论唯物主义辩证法发展的几个问题。理论问题》一文中对作者们就物质概念的著作②所作的解释感到惊讶。因为他们认为："一般物质概念是由于概括了各种物质客体而形成的"；在实际活动中，人"从来不和所有无穷尽的物质打交道"，而只和"物质客体"打交道。马克思主义者中未必有人在什么时候否认过"物质客体"概念的重要性。"但是，把这一概念和'物质'范畴对立起来并把物质归结为物质客体（论题的第一部分），这样做是否合理?"③

列宁在《唯物主义和经验批判主义》中给物质概念下的定义，是科学的哲学思想的最有价值的成就之一，应极其珍惜。"因为在列宁的物质观中包含着——别的不谈——世界观的而不是局部科学的知识的真正特性；只有在读数系统（即"人和世界"的系统）中，人周围的物质现实，其中包括物质客体，才通过人的价值关系来透视。"④

---

① 《辩证法：理论遗产和创造性的探索》，载于《共产党人》杂志 1983 年第 9 期第 122 页。

② 《唯物主义辩证法》第 1 卷《客观辩证法》1981 年莫斯科版。

③ 《马克思主义的活的灵魂：论唯物主义辩证法发展的某些问题。理论问题》，载于 1983 年 8 月 17 日《真理报》第 2—3 版。

④ 《马克思主义的活的灵魂：论唯物主义辩证法发展的某些问题。理论问题》，载于 1983 年 8 月 17 日《真理报》第 2—3 版。

　　五卷本的第二卷《主观辩证法》专门研究科学认识的辩证法。作者们把生动的直观上升到抽象的思维和抽象的思维上升到实践的原则看作认识的基本原则。辩证法被看作是逻辑、科学认识和实践——二者作为统一过程的相对独立方面处于统一和相互联系之中的方法论。该卷详细考察了列宁在《哲学笔记》中所研究的辩证法要素的方法论意义，分出了辩证逻辑的两个方面：辩证的思维理论和辩证唯物主义的方法论。

　　该卷表明感性和逻辑、经验的和理论的辩证法是认识活动的这些层次相互制约性。理性层次的形成是和思维的范畴概念资料的产生联系在一起的，这种资料也是经验层次的必要前提。作者们区别了客观事实和经验事实，前者可能不是认识的客体，后者则被作为认识因素列入理论范围并表现某种一般的东西，它是借助于规定的研究方法取得的，因而是复制的东西。

　　作者们在分析理论和方法的辩证法时，以下述方式表达了它们的差别知识的真理性问题和认识的正确性问题，是逻辑和认识论的最重要问题。理论的根源在第一个问题，方法的根源则在第二个问题。"理论反映对象在现实中的发展，方法则反映对象的认识过程中的研究活动。"①方法是用于科学研究实践的理论。

　　该卷考察了真理问题。客观真理被规定为思想和现实之间的一致，是认识在发展过程中逐渐接近的高级阶段。

　　对科学发展中一体化和分化过程的分析，是以世界的物质统一原则和物质运动形式的质的特殊性原则为依据的。数学的求积分作用的加强不应产生下列错觉：数学的客体是无质的，质可归结为量，内容可归结

---

　　①　《主观辩证法》第 2 卷 1982 年莫斯科版第 166 页。

为形式等。科学的发展包含着分化阶段和一体化阶段在一体化趋向的决定性影响下的更替。

在这些著作①得到的反映中，人们对辩证法划分为"客观辩证法"和"主观辩证法"提出疑问。例如，M. H. 阿列克谢耶夫在《论唯物主义辩证法的定义及其功能》②一文中指出，在一些辩证法著作中把辩证法划分为"本体论"辩证法和"认识论"辩证法，并称之为"客观"辩证法和"主观"辩证法，这是不正确的。任何"主观"辩证法都是客观的，即受客体制约的。因此恩格斯在谈论"所谓的"客观辩证法和主观辩证法（黑格尔作的划分）时都加上引号。

在五卷集的第三卷《自然辩证法和自然科学》中，用自然科学和数学的材料在唯物主义辩证法的规律和范畴的体系中揭示了世界的物质统一原则；提出为"物质运动的基本形式"这一概念下定义的任务；提出首要任务是说明特定物质运动形式的物质形成和体现者。然后揭示了关系系统的特点。对于为物质运动的基本形式下定义来说，自己运动的基本原则十分重要，这一原则表明，主要是诸物质系统自身的相互作用决定所有物质系统的运动和变化的方向。同时，也必须考虑到历史主义即从起源进行论证的原则，它使我们能创立物质运动的基本形式的分类法。

该卷考察了数学认识的辩证法，数学的客体和对象，数学中量变和质变的辩证法。数学的客体是各种不同类型的量规定性和质规定性、无限和有限、非间断和间断、宇宙及其无边的结构多样性的统一。数学的对象是客体的理论形象，是它的抽象的和理想化的概念。数学的对象的

---

① 《客观辩证法》（1981 年莫斯科版）和《主观辩证法》（1982 年莫斯科版）。
② 《莫斯科大学学报》（哲学类）1985 年第 1 期第 3—12 页。

变化依赖于数学的发展水平、认识方法、邻近科学的发展和社会历史实践。

该卷叙述了世界的物理图景的演变。在现代物理学中，在描述所研究的现象时主体活动的方法和手段的作用增强了。抽象的理论思维加强了所使用的抽象概念和数理逻辑的资料在科学描述中的作用。但是，知识对获得知识的方法的依存性，是以这种知识具有客观内容为前提的。

作者们仔细考察了化学、天文学、地质学、控制论的发展辩证法，智能问题中自然的东西和人工的东西的辩证法。在揭示生物学的辩证法时，注意到结构功能的认识方法和历史的认识方法的接近。在研究遗传学辩证法中，说明了在遗传学创立中哲学思想的斗争，遗传学和达尔文主义的综合等问题；注意到人类的起源是物质发展中的过渡状态，物质发展的内容是社会规律性的产生和形成。

该卷得到的初步反应是良好的。例如，П. В. 阿列克谢耶夫和 А. Я. 博格丹在文章中写道，书中表明的自然界发展的一般图景，符合于有关我们所知的宇宙各部分的历史的现有具体科学资料以及关于物质运动形式的螺旋形发展的观念："奇异状态、元粒子的等离子体和类星体在物质的运动形式发展中是第一个螺旋圈；随后又产生了第二个螺旋圈：类星体、原始星体物质、星体；第三个是：星体、气态、尘云、行星系；第四个是：物质运动的地质、生物和社会的形式。自然界发展的这种一般图景，就本质特征来说，不仅综合了自然科学的材料，而且就特定关系来说，还综合了社会科学的材料。"① 总的来说，该卷对物质运动形式所进行的分类，是有科学根据的哲学假设，而且它的方法论的效果可

---

① 《自然辩证法和自然科学》，载于《苏联科学院和苏联哲学协会情报资料》1984 年第 4 期第 38 页。

能在当代自然科学理论的预言中表现出来。

第四卷《社会发展的辩证法》是目前出版的几卷中的最后一卷。其中考察了社会及其结构、物质运动的社会形式、客观制约性、社会发展的性质和方向。

作者们指出，社会发展的辩证法可以看作既是现实历史过程的客观辩证法，又是这一过程的一般理论，也是方法、工具、"劳动工具"、认识真正历史现实的"最锐利武器"。① 财富——它是劳动在自然力的配合下从自然材料中创造的——的生产和消费的客观辩证法是社会物质生活的基础。物质生产是人类生存的必要条件，是社会的东西在自然的东西中直接形成的过程。人和自然之间的关系的客观必然的协调，是这种关系的最一般原则，是人类支配自然的所有措施是否合理和富有成效的一般标准。

作者们把"社会经济形态"的范畴选作唯物主义历史观的核心概念。"社会"概念——它对"社会经济形态"概念来说是类概念——反映物质运动的社会形式的质规定性，"社会历史形态"范畴则反映社会发展的类型和历史阶段的质规定性。

作者们从社会关系首先是生产关系的本质中引申出人的本质并对这些关系进行了分析，这种做法是由真正人道主义的原则和社会决定论的原则决定的，后一原则具有决定性的意义。人是自然界的万能力量，但人的存在方式是社会的，人的发展取决于劳动、教育、科学、自然历史的条件、生产关系、社会需求、阶级斗争和许多其他因素。劳动是人的存在的决定性因素，是人的社会本性的内在需要和表现方式。劳动是完整的辩证唯物主义的社会生活观的基础，劳动是物质的社会形式内部固

---

① 《社会发展的辩证法》1984 年莫斯科版第 9 页。

有的物质存在方式。

人们有目的的活动表现为任何社会过程中的必要环节，因此社会决定论首先包括群众的自觉的劳动活动。人们的活动也始终是由物质原因、经济条件所决定的。

社会发展的客观因素和主观因素处于辩证的统一之中。客观因素包括人们借以创造历史的环境和过程。要确定客观因素的结构，就需要具体的历史考察方法。主观因素指的是历史主体活动的社会政治方面和精神方面的总和。历史主体活动的目的在于实现社会发展的一定目的和任务。

作者们在考察社会生活诸领域的决定性联系时指出，决定经济过程是分析整个社会决定的起点。作为一个系统的社会生产是由生产的规律性和需要决定的；消费也取决于生产。

该卷极为重视社会主义条件下的矛盾。社会主义社会是通过辩证的矛盾发展的。矛盾的运动、发展是划清社会主义条件下合乎规律的、矛盾展开的各个质的阶段的基础。作者们认为这些阶段是：矛盾各方的统一和一致；矛盾各方的分裂和不一致；矛盾的解决和克服。

作者们在考察社会发展的源泉和动力时认为，在对这一问题的方法论分析中有两种相互联系的考察方法——自然科学史考察方法和主体考察方法。在第一种考察方法中，历史表现为人类社会"诸断面"的关系，表现为像生产关系等这样的社会因素的关系。主体考察方法表达作为人民群众活动结果的历史。劳动活动是发展的源泉。主体因素在发挥发展的动力功能时表现为起控制作用和指明方向的因素。

该卷中指出，现代主导的社会矛盾是世界革命过程的三大主流——世界的社会主义体系、资本主义国家的工人运动和民族解放运动——形成和发展的源泉。现代的世界革命过程不仅是由原来的社会主义运动、无产阶级运动，而且还由民主主义运动、反垄断运动形成，同时"现代社会发展的经验证实，共产党客观上担任着世界解放运动的一切潮流的政治先锋的角色"①。

该卷中用很大篇幅分析了社会系统的动态，社会发展中的进化和革命的辩证法，阶级关系和民族关系的辩证法，社会进步和科技进步的辩证法，以及社会的辩证发展的其他问题。

目前该卷是 80 年代的直接考察社会生活辩证法的问题的多卷本出版物中为数不多的著作之一。看来，在其他的多卷本著作中也应能期待到有关社会发展的辩证法的专著出现。总的来说，苏联哲学出版物中唯物辩证法的专著从 80 年代开始更积极地掌握社会生活领域。

至于谈到多卷本著作，那么在 Ф. В. 康斯坦丁诺夫院士领导下集体撰写的《马克思列宁主义的历史过程理论》中从唯物主义辩证法的观点阐述了历史过程。这部著作的第一卷②包括一些重要的问题：自然史和人类史；历史现实的存在和发展的方式；历史过程的物质基础；历史过程中第一性和第二性的东西。

该卷中考察了马克思列宁主义关于人类社会的形成及其在阶段——社会经济形态——更替过程中发展的理论。社会的人是运动的社会形式的体现者。该卷中区分出处于统一中的社会的人、人们和人们再造的物质生活资料的总和，以此作为社会的物质主体。

该卷中活动范畴表现为历史唯物主义的起始范畴。作为社会存在物的人的万能性是通过活动范畴表现出来的。作者以活动范畴为中心建立起反映社会存在与进步的范畴和原则的体系和唯物主义的社会历史观。

---

① 《社会发展的辩证法》1984 年莫斯科版第 259 页。

② 《马克思列宁主义的历史过程理论：历史过程。现实、物质基础、第一性和第二性的东西》1983 年莫斯科版。

由于劳动才有活动。劳动是作为社会活动形式的社会关系的源泉。在劳动过程中，活动是以运动形式或对象性（劳动产品）形式和联系（人们之间的关系）形式存在的。交往使社会关系具体化和人格化了。社会关系和交往以社会联系的两个方面的统一的形式表现出来。这两个方面形成社会系统的结构，并具有相对的独立性。同时，社会关系归根结底决定交往的历史形式的运动。

作者们把社会决定论原则称为唯物主义历史观的基本原则之一，并通过活动的决定因素——需要、利益，通过作为活动的产物和活动的特殊方向标的价值把这一原则同人们的活动联系在一起。无论物质的组成部分还是观念的组成部分都包括在社会决定的链条之内。

作者们在分析历史过程的客观因素和主观因素的辩证法时是以活动范畴为起点的。客观的社会决定向主观的社会决定的转变，取决于对需要、利益和价值的了解，并且是主观因素形成和发挥功能的前提。作为社会能动性的最重要因素的目的这一范畴是同活动相联系的。该卷中强调指出上述由客观到主观的运动道路以集中的形式包含在目的之中："利益、价值、评价、功用、对现在的态度、对未来的看法均汇合和融化在目的之中。目的是道路的最高点，从这里重新开始由主观向客观的转变"①，即目的在实践中的实现。

实践是同具体的历史的主体联系着的。作者们把实践分为两种基本形式：物质生产实践（改造自然）和社会改革实践（改革社会关系和社会体制）。同时，活动范畴的外延广于实践范畴的外延："实践在这样的地方，也只有在这样的地方开始，那里活动的对象性和感性的形式发生效力，那

---

① 《马克思列宁主义的历史过程理论：历史过程。现实、物质基础、第一性和第二性的东西》1983 年莫斯科版第 209 页。

里世界不是在思想中，而是在它的实际对象中发生变化。"①

该卷中把社会生产作为历史过程的最重要范畴提了出来，物质生产的概念也列入这一范畴。同时颇为注意马克思主义关于社会生产方式中生产力和生产关系的辩证统一的原理；通过社会经济形态发展的辩证法揭示了历史过程的总方向：经过社会经济形态的更替走向共产主义；指出社会生产基本形式的辩证法；劳动分工和劳动协作，实现社会劳动协作的发达形式，只有过渡到社会主义才有可能。

该卷考察了历史过程的两个基本层次即第一性的东西（物质）和第二性的东西（观念）的辩证法，社会存在对一切社会现象来说的第一性。社会存在和社会生产方式不是等同的，它们是反映历史现实的不同范畴系列。社会存在范畴反映作为物质运动的社会形式的历史过程的实体特征，与此不同，社会生产方式范畴则反映单个社会过程的内容。

经济基础和上层建筑的相互关系，这是社会结构的第一性结构和第二性结构的相互关系。上层建筑对基础来说永远是第二性的。

该著作的第二卷②考察了下述主要问题，如历史现实的整体性，历史过程即社会经济形态的发展和更替过程的形式的统一性和多样性。该卷中提出了列入历史过程理论的范畴资料。历史过程的分期的依据是社会经济形态的范畴。在这一考察方法的范围内，可以对历史过程进行较狭或较广的分解，可以使我们关于历史过程的观念具体化或概括化。

---

① 《马克思列宁主义的历史过程理论：历史过程。现实、物质基础、第一性和第二性的东西》1983 年莫斯科版第 195 页。

② 《马克思列宁主义的历史过程理论：历史过程。整体性、统一和多样性、形态阶段》1983 年莫斯科版。

历史时代这一范畴表明"处于一般本质、特殊和个别的统一中的现实历史的一定阶段。历史时代包括不同历史类型的各种共存的社会机构的全部多样性、它们的多结构性、它们的相互交错和相互作用"①。作者分出社会结构这一范畴作为社会生活诸领域——经济、社会、政治和精神的生活领域——的联系方式。这些领域的形成取决于人的活动的内容、独特的手段和结果。

社会环境是和社会的历史类型联系着的，它不仅表现为就人的社会关系来说的人本身。社会环境也是和人活动的对象化了的结果分不开的。宏观层次（社会的社会结构）和微观层次（家庭、初级的劳动联合和人们交往的整个环境）说明了社会环境的特点。

作者们分析了社会科学中生活方式这样一个重要的概念：规定生活方式是社会的东西在个人中的表现方式，是稳定的历史上具体的社会关系所固有的、人们的个人生命活动和集团（阶级，民族）的生命活动的形式。

社会系统的基本矛盾是在革命的飞跃，否定旧的社会制度的进程中解决的。作者们指出了旧事物和新事物之间的承续性：革命只归结为进步的发展；进化变化的进步方向；进化变化同革命变化的联系。

我们想从关于社会现象的辩证法的集体著作中举出《马克思列宁主义论革命和反革命的辩证法（同《反革命作斗争的经验和现代》这一专著。它是由苏共中央马列主义研究院编写的，主编是 M. П. 姆切德洛夫）。

该书注意分析了马克思列宁主义经典作家如何考察无产阶级在一个很长的历史时期内进行的反对各种反革命势力的斗争，这一时期包括

———————————

① 《马克思列宁主义的历史过程理论：历史过程。整体性、统一和多样性、形态阶段》1983 年莫斯科版第 24 页。

1848—1849 年的欧洲革命、1871 年的巴黎公社、帝国主义时期的俄国
资产阶级民主革命（1905—1907 年的革命和 1917 年的二月革命）以及
伟大的十月社会主义革命。

书中指出，马克思列宁主义经典作家对反革命的社会基础和本性、
反革命的种类、活动的形式和方法的深刻揭露，使我们能在当代有充分
准备地分析革命和反革命的斗争问题。阶级斗争的辩证法、亲如兄弟的
各国共产党同反革命势力斗争的经验总结，使我们得出结论，"在建设
社会主义的国家中没有也不可能有使工人转到反革命营垒的任何长期的
巩固的基础……正是以社会主义社会关系的体现者面貌出现的工人阶
级，是这种关系的主要保障，因此在马列主义政党的领导下，工人阶级
在粉碎反革命势力中作出了决定性贡献"①。

作者们令人信服地指出，资本主义国家的共产党和工人党反对帝国
主义资产阶级政治的斗争，是反对反革命势力的重要因素；这一斗争与
共产党所提出的社会主义道路结合在一起，就能使革命无产阶级周围的
广大的劳动群众巩固地团结在一起，能使国内外反动派的任何相互勾结
的企图难以得逞。

回过来再谈谈多卷本的出版物。在 Л.Ф.伊利切夫院士领导下集体
编辑的四卷本《作为一般发展理论的唯物主义辩证法理论》，现在已有
三卷问世。

第一卷《发展理论的哲学基础》（1982 年莫斯科版），论证了列宁
关于辩证法是最深刻和最全面的发展学说的定义；分析了作为世界观和
革命实践和现代科学的方法论的唯物主义辩证法的作用。唯物主义辩证

---

① 《马克思列宁主义论革命和反革命的辩证法〈同反革命作斗争的经验和现
代〉》1984 年莫斯科版第 377 页。

法的世界观功能和方法论功能是不可分的；唯物主义辩证法作为完整的哲学学说，包括唯物主义历史观这个解决一切最重要的哲学问题的根本基础。① 该卷阐述了辩证唯物主义发展学说的基本原则即世界的物质统一、决定论、反映等原则；考察了发展、进步、倒退和时间的相互关系，系统考察方法是世界统一的思想在相互联系的层次上的具体化，因为系统表现为相互作用的结果。从知识发展的角度来看，世界的统一表现为在宇宙中起作用的诸规律的单一性。应用在复杂的动态系统上的唯物主义决定论的主要思想，这就是系统本身的存在和自己发展的内在条件的思想。作者们非常注意考察辩证法的规律和范畴。该卷用很大篇幅批判了形而上学和唯心主义的发展观念。

在《作为一般发展理论的唯物主义辩证法》这一著作的第二卷《科学认识发展的辩证法》中考察了科学理论认识和社会生产实践在各个不同历史时代的联系的性质。实际需要始终是科学发展的决定性因素。

作者们在分析科学认识发展的社会历史决定论时采用了"社会记忆"的概念，这一概念指的是积累的知识、思维的逻辑结构、社会价值及其在物质文化和社会意识的形式中的定形。社会记忆在科学认识中的决定功能表现在："物质的社会实践和精神生活的产物"的总和，"是信息关系中的最重要因素之一"。②

分析科学革命和科学技术革命的发展的辩证法，是以关于科学——一个复杂的形成一定结构的统一体——的观念为依据的。

---

① 《作为一般发展理论的唯物主义辩证法》第 1 卷《发展理论的哲学基础》1982 年莫斯科版第 90 页。

② 《作为一般发展理论的唯物主义辩证法》第 2 卷 1982 年莫斯科版第 52 页。

可以把科学中的革命变化分类为理论认识的变化、社会机制的变化、科学技术的变化和社会科学的变化。这些变化只有借助于一定的稳定结构和科学认识的转化才能发生，而科学认识的转化是"流逝着和不断变化着的现实的真正客观转化的反映或思想理论形式"①。科学发展的一切因素归根结底是历史地决定的。

作者们指出，不仅自然科学和技术科学中的而且在人文科学中的科学认识的实验方法构成现代科学方法论武库中的最重要部分，这是因为科学知识的高度数学化、学科间研究的扩大、科学和生产直接联系的扩大和深入。实验是认识和实践的统一的特殊形式。这一形式的产生和发展由科学本身的需要、研究活动专业化的必要性社会地决定的，没有这种专业化，无论科学还是实践都不能进步。

实验是科学研究的处于动态的不断加强发展的环节，它的特点在于：它包含着理论反映的要素，并同世界的一定的理论图景相对应；它借助于物质的实践的活动预先确立同所研究的现实发生的物理的联系。

该卷考察了现代科学认识资料的发展的辩证法问题。主体和客体的历史统一的揭示是辩证唯物主义真理观的基础，这种统一又是以对象性的实践活动为根据的。关于真理的问题不仅是关于思维的特性的问题，而且也是关于实践的特性、人的生活的特点的问题，不仅是意识的变化而且也是世界的变化的问题。真理是世界的积极的创造性的反映，这种反映揭示世界发展的趋势和倾向。

认识中的历史方法和逻辑方法相互联系的特点是由所研究的客体的具体内容和这些方法本身的历史发展水平决定的。作者们指出，历史方法存在于两种基本形式之中，一种形式尚未同所研究的客体的历史分

---

① 《作为一般发展理论的唯物主义辩证法》第 2 卷 1982 年莫斯科版第 87 页。

离，而且似乎是历史在思维中的重复（经验阶段），历史方法的另一种形式是关于所研究的客体的不断发展的理论和思想的历史（理论阶段）。这些方法成为逻辑方法的最重要组成部分。科学理论在它发展的每个阶段上的内容，首先决定于所研究客体的历史形成过程，其次决定于理论本身的内在逻辑。

该卷强调了由抽象上升到具体的方法的意义，它是客观的物质对象和系统的形成和发展的理论反映的最适合和最准确的方式。

关于认识过程的矛盾问题是马克思主义的认识论和方法论的中心问题，在该卷中一般地把这些矛盾看作是反映在科学认识中的矛盾的内容和结构同它们的原型即客观矛盾不完全符合——这种符合是受历史制约的、不断变动的——的结果。二律背反是科学认识在挑选二者必择其一的假设时产生的，它们只是认识过程的客观矛盾的间接表现，因为二律背反的事实指出了认识中的辩证矛盾，并且只有通过这种辩证矛盾才能指出被认识的客体中矛盾的存在。[1] 不管怎样，要解决认识过程的辩证矛盾，就需要作另外的更深刻得多的说明。[2]

作者们强调指出，在认识过程中辩证法的一般规律通过认识的辩证法的特殊规律起作用。在其特殊规律中，"反映出认识过程中的主体和客体的辩证法，即客体化了的认识过程的辩证法——认识着的主体和被认识的客体相互作用的结果"[3]。理想化和抽象化是保证认识的相符性和有效性的方法。

作者们对现代科学认识中的新形式和新趋向进行了分析。概念、判

---

[1] 《作为一般发展理论的唯物主义辩证法》第 2 卷 1982 年莫斯科版第 172 页。

[2] 《作为一般发展理论的唯物主义辩证法》第 2 卷 1982 年莫斯科版第 177 页。

[3] 《作为一般发展理论的唯物主义辩证法》第 2 卷 1982 年莫斯科版第 186 页。

断、假设、规律和原则被看作深入研究相应理论的必要成分。对认识从假设到理论的发展的分析表明，新理论的"创立是为了消除认识发展进程中产生的不一致、矛盾"①，假设则是确定与先前的知识的承续关系，它不是随意的猜测，而是经过事实和理论论据论证了的定理。"可以把理论的建立看成是具体的现实在具体的理论知识中的反映过程。"② 假设的概念资料在它们的发展过程中相对地说变得愈来愈复杂和抽象了。假设体系的演绎的有序性是建立科学理论道路上的第一步。

作者们把科学的世界图景列入在现代科学认识中起重要作用的概括性的概念形式，科学的世界图景的发展包括处于统一之中的自然现实和社会现实，并以活动的范畴和原则为根据。在科学技术革命日益深入的情况下，科学的世界图景满足了急剧增长的对科学知识系统化和一体化的需要，对论证一切科学领域的内在统一的需要。哲学的范畴和原则是科学的世界图景的基础，在科学世界图景的形成和更替时期，它们的作用大大增长。

该卷试图以科学中的新东西的形成为例完整地考察科学认识的特征。科学中各种新发现的方法论意义在于，它们发展了科学思维本身、它的形式和方式。思维的独特方式是同每一种基础科学联系着的。在一体化趋势迅速增长的今天，这一概念推广到基础科学和研究倾向的总体。它根据自己的内容，越来越明确地同知识体系的内部结构的特征联系在一起，在知识发展中起作用的规律性赋予知识体系以统一性和完整性。

该卷中对资产阶级的科学发展理论进行了批判分析，主要是针对

① 《作为一般发展理论的唯物主义辩证法》第 2 卷 1982 年莫斯科版第 314 页。
② 《作为一般发展理论的唯物主义辩证法》第 2 卷 1982 年莫斯科版第 334 页。

K. 波普尔、T. 库恩和 П. 费耶拉边德的观念材料。

在所说的著作的前两卷①中，阐述了本来意义上的辩证法理论——辩证思维的核心。B. 戈洛博科夫在对这两卷书的评论中指出，对辩证法理论的阐述和进一步研究，要求彻底贯彻和发挥其中的基本原则，这就使辩证法理论成为具体的发展着的整体。他写道："可惜，作者们未能完全克服习惯的考察方法，即把辩证法说成是彼此并列的原则、规律、范畴的总和。这也不是说，没有注意它们之间的联系。可是这里仅仅是指出、举出了这类的联系，而未以应有的方式说明它们。"② 想揭示、详细叙述内在的辩证联系或表达作为过程的某个辩证法规律的尝试也未能成功。须知，把辩证法的规律、范畴、原则彼此孤立地分开考察，就不能发展所考察的过程中的发展思想。

B. 戈洛博科夫分析了该著作对辩证法的三个基本规律的叙述，以此说明该著作的上述缺点，并指出，它不是在相互关系中、而只是彼此"并列地"叙述辩证法的三个基本规律；作者们在单独叙述每个规律时，不可避免地忽略了发展的思想本身，即他们的全部著作的中心思想，基本的辩证规律变成特征和特性的堆砌。对辩证法的范畴和原则的叙述也有类似的缺点。

因此，评论者作出结论说，编写组未能成功地叙述作为辩证法的规律、范畴和原则的完整体系的辩证法理论。"然而，在多卷本著作中已经把辩证法的基本范畴和规律汇集到一起，这一点具有积极的意义：在

①　《作为一般发展理论的唯物主义辩证法》第 1 卷《发展理论的哲学基础》和第 2 卷《科学认识发展的辩证法》1982 年莫斯科版。

②　B. 戈洛博科夫：《辩证法：理论遗产和创造性的探索》，载于《共产党人》1983 年第 9 期第 119 页。

辩证法的整体中深入研究辩证法的必要性更明显地显露出来"①；它拥有丰富的资料，可供进一步研究和创造性思考。

《作为一般发展理论的唯物主义辩证法》这一著作的第三卷是《现代科学中的发展问题》（1984 年莫斯科版）。它专门分析了自然科学和社会科学中的发展思想。它研究了发展原则的世界观功能和方法论功能，各个不同科学学科的形成和发展的逻辑中的普遍规律性的表现形式，它们的概念体系，科学知识的辩证法及其同社会历史实践的统一。

该卷的第一篇谈的是自然科学——物理学、天文学、化学、地质学、生物学中的发展思想，并且考察了控制现象和信息概念。发展的思想是在现代自然科学所研究的物质运动的各种形式的辩证法及其相互联系的辩证法的范围内考察的。这里分析了所研究的自然科学的物质运动的各种不同形式中的发展过程的源泉和方向，阐述了自然现象中矛盾的辩证法，物质发展中的间断性和非间断性的辩证法。

第二篇分析了关于社会科学——政治经济学、通史、法学、军事史、考古学、美学和伦理学中的发展思想。社会科学中的发展思想是在客观和主观、物质本原和精神本原经常相互作用的角度进行考察的，否则便不能揭示这些科学所研究的社会生活各个不同方面的客观规律性。这里有关研究该卷中所提到的社会科学的问题的材料，有关研究相应的发达社会主义的规律性和特征的问题的材料，占有很大篇幅。

莫斯科大学出版社出版的八卷本专著《马克思列宁主义的辩证法》（主编是 M. B. 米丁），也是集体撰写的辩证法著作。

由 A. П. 谢普图林编辑的该著作第一卷是《作为科学体系的唯物主

---

① B. 戈洛博科夫：《辩证法：理论遗产和创造性的探索》，载于《共产党人》1983 年第 9 期第 120 页。

义辩证法》。该卷序言中简要地叙述了全部八卷本著作的基本原理，考察了唯物主义辩证法的组成部分及其结构、原则和方法。按照作者们的意见，使用了辩证法概念的三种基本意义：（1）"自然辩证法、社会辩证法和作为思维过程的客观方面的思维辩证法……"在该场合"辩证法"这个术语是在"客观辩证法"意义上使用的；（2）"主观辩证法，辩证的思维"①；（3）"'辩证法'这个术语是在关于辩证法的哲学学说、辩证法的理论的意义上使用的。后者是主观辩证法，只是第二层次的主观辩证法：它是反映的反映。"② 该卷中第一个术语"辩证法"是在第三种意义即学说、理论的意义上使用的。③

可见，所考察的著作的第一卷中研究的是唯物主义辩证法。这一理论也在上边提到的多卷本著作中分析过：在《客观辩证法》这一卷中着重考察了唯物辩证法理论的原则和方法；《主观辩证法》这一卷中把辩证法看作是科学认识的逻辑和方法论；《发展理论的哲学基础》这一卷中把唯物主义辩证法看作是一般的发展理论；《科学认识发展的辩证法》这一卷中表述了认识过程的一般的辩证规律性，并且突出了现代科学认识发展的辩证法的关键。所考察的著作的第一卷还使用了系统考察方法去分析唯物主义辩证法理论。所有这一切都符合于各个编写组从各个方面、各个角度研究马克思列宁主义辩证法的共同想法。

作者们的根据是，唯物主义辩证法是辩证唯物主义的基础，而"唯

---

① 《马克思列宁主义的辩证法》第 1 卷《作为科学体系的唯物主义辩证法》1983 年莫斯科版第 6 页。

② 《马克思列宁主义的辩证法》第 1 卷《作为科学体系的唯物主义辩证法》1983 年莫斯科版第 7 页。

③ 《马克思列宁主义的辩证法》第 1 卷《作为科学体系的唯物主义辩证法》1983 年莫斯科版第 7 页。

物主义辩证法理论则以系统形式反映唯物主义辩证法及其各个部分、规律、范畴的现状"。"表现在物质世界和认识中的运动和发展的普遍规律"是唯物主义辩证法理论的对象,"这一理论从意识对存在的关系的角度研究最一般的发展规律,这就使它成了哲学科学。"① 进一步深入探讨唯物主义辩证法理论,是以党性原则、同实践联系的原则、对当前具体科学的概括、辩证唯物主义一元论以及世界观和方法论一元论、辩证唯物主义和历史唯物主义的统一等原则为基础的。该卷中强调指出,辩证法"只有表现在完整的体系中,才能顺利地发挥自己的最重要的功能。在这个体系中,每个规律、每个范畴都各占有严格确定的地位,并处于同所有其他规律和范畴的必然的相互联系之中"②。

作者们把抽象上升到具体,逻辑的东西和历史的东西的统一,辩证法、逻辑和认识论的同一等原则视为构成唯物主义辩证法范畴体系的起始原则。作者们在该卷中把物质、意识、实践、认识、矛盾视为辩证法的起始范畴。这些范畴反映所研究的整体的那些决定客体的形成、发挥功能和发展的关系。

该卷在建立唯物辩证法体系的范围内弄清了体系和要素、要素和结构、结构和功能等范畴的相互联系的问题。要素具有相对稳定性,质的规定性,它与其他要素相互联系在一起,共同形成完整的体系。结构概念反映诸要素排列的形式、它们的各个方面、各种特性的相互作用的性质。结构是体系的属性,它的内部组织,诸要素的联系规律。正是由于

① 《马克思列宁主义的辩证法》第 1 卷《作为科学体系的唯物主义辩证法》1983 年莫斯科版第 8 页。

② 《马克思列宁主义的辩证法》第 1 卷《作为科学体系的唯物主义辩证法》1983 年莫斯科版第 18 页。

结构，体系才能再现自身，并以相对不变的形式存在一定时间。

作者们从体系的角度研究了辩证法的基本规律及其许多范畴：事物、特性、关系、空间和时间、个别和一般、一般和特殊、同一和差别、质和量、原因和结果、必然性和偶然性、可能性和现实性、内容和形式、整体和部分、本质和现象、否定，等等。

该卷根据分析辩证法的规律和范畴的方法论作用的结果，分出了认识的基本原则：客观性、对认识过程中的主体的能动性的重视、决定论、一分为二、历史主义、由抽象上升到具体、分析和综合的统一。系统考察方法作为唯物主义辩证法原则的一定总和在认识中起了特殊的作用。

目前这部八卷本著作的以后卷次中第五卷《生物界的辩证法》（1984年莫斯科版）已经问世，它是由 И. П. 杜比宁和 Г. В. 普拉托诺夫院士编辑的。从这部多卷本著作对唯物主义辩证法进行分析和研究来看，这一卷是补充，并在本质上阐明了两卷书①中对生物的辩证法的考察和对生物科学关于生物的研究材料的考察。这一卷还分析了人和社会中的东西和生物的东西的辩证法。

该卷中指出，生物界的辩证法的结构包括三个主要部分。第一部分分析了生命的本质。第二部分研究了有机界发展的辩证法，辩证法基本规律在有机界中表现的特点。第三部分从哲学上分析了生物界同社会、人的相互联系和相互作用。

作者们把生命看作物质运动的形式，给生命下了定义："生命是物质运动的最高自然形式；它的特征是具有各种不同层次的开放性系统的

---

① 《唯物辩证法》第 3 卷《自然辩证法和自然科学》（1984 年莫斯科版）；《作为一般发展理论的唯物主义辩证法》第 3 卷《现代科学中的发展问题》（1983年莫斯科版）。

自己更新、自己调节和自己再生，这些系统的物质基础是蛋白质、核质酸和磷的有机化合物。"[①] 同时他们注意到，生命的本质是动态的，生命的定义不能一成不变，它应当根据科学发现——科学所不断发现能说明生命本质特征的新的特点和方面——的成就而变得更准确。

作者们把系统和结构考察方法运用于研究生物界。处于与发展原则统一中的整体性原则，是这种分析法的方法论基础。有机界的整体性问题，这不仅是生物的质的独特性及其独立性和自体组织的问题，而且也是生命和其他现象的联系问题。生物界有三种价值表现形式：个体、种群和群落。对生物组织的分子层次和细胞层次、单个机体的层次、作为生物组织的基本层次之一的物种以及生物圈层次和生物地理群落层次的具体分析，是组织的结构层次概念的基础。这一概念是作为完整物质系统的生物界的辩证法中最重要的理论和方法论的概括之一。

该卷分析了生物界中辩证法的基本规律的作用。辩证唯物主义的考察方法使人们能够了解进化过程这一生物界不断发展的客观存在的现象。唯物主义进化论是遗传性和变异性的最重要的自然科学原理之一，它确认了生物界的现实进化和发展的辩证法的基本规律的联系。发展的实现有赖于生物界中诸矛盾之间的复杂的相互关系。正在产生的矛盾或由于种群的遗传变异而被抵消，或引起遗传结构的或快或慢的改变，或引起种系发生的变化。发展的实现也靠这种情况。进化的变化根据量变到质变的规律进行："新质的有机形式的产生这一事实本身，进化中的转折点和关键阶段的存在，种系发生的某些发展的加速，——这一切说

---

① 《马克思列宁主义辩证法》第 5 卷《生物界的辩证法》1984 年莫斯科版第 53 页。

明，进化包括渐进过程的中断"①，也就是飞跃、转化。作为生物界的进步发展的进化本身是否定之否定规律的特殊表现。

作者们在分析生物界中反映形式的进化基础上，考察意识和物质的相互关系问题。在生物界中形成意识产生的前提——比非生物界中更高级的反映形式：兴奋性和应激性，无条件反射和条件反射，在此基础上产生动物的感觉和形象的联想的思维。意识发展的辩证法证明了生物界各种不同层次上的反映机制的作用。"反映活动在自己的发展中从生物轨道过渡到社会轨道时，发生质变。"② 意识本身就这样产生了，它和动物的心理作用保持共同的基础。

对人类起源和发展的哲学问题的分析，使作者们能够仔细考察社会的东西从生物的东西中产生的辩证法。对人及其最近祖先的社会的东西和生物的东西的相互关系的考察，证明了人的辩证本性：一方面是人和动物共有的本性，另一方面是他的质的独特性和社会继承机制所决定的社会本质。人刚出生时"没有社会本质。只是在出生后，在每个人身上由于活动过程中的社会程序的影响，才发生意识、思维、语言形成的复杂过程。社会程序通过人的智力、意志以及感觉和情感的领域反射出来，并形成作为个性化了的一切社会关系总和的个性"③。

该卷也考察了社会和自然相互作用的辩证法，分析了人、社会和生物界相互联系的总体方面，社会生态学的方法论问题。"社会和自然相

---

① 《马克思列宁主义辩证法》第 5 卷《生物界的辩证法》1984 年莫斯科版第 148 页。

② 《马克思列宁主义辩证法》第 5 卷《生物界的辩证法》1984 年莫斯科版第 148 页。

③ 《马克思列宁主义辩证法》第 5 卷《生物界的辩证法》1984 年莫斯科版第 196 页。

互作用的辩证法是这样的：人在对自然进行相当大规模的改造时，几乎摆脱了自然条件所加的限制，但又遇到地球范围本身所造成的另外限制。"① 其后果是全球性的发展危机，发展的辩证法和解决危机的可能性已经遇到阶级社会发展的特殊社会辩证法的阻碍。资本主义使危机加深，而社会主义则预示危机解决的前景，这就是自然、人和社会的辩证的相互联系的发展的两极。一方面是人毁坏自然并有可能毁坏自己的辩证法。另一方面是共产主义的协调，人、自然和社会相互发展的真正辩证法。

在结束多卷本的辩证法专著的评论时，还必须提一下塔什干、莫斯科以及国内其他城市的学者们集体撰写的一部著作。该著作的第一卷是《唯物主义辩证法：规律和范畴》（1983 年塔什干版），该卷的责任编辑是 А. П. 谢普图林。

在这一卷中特别注意唯物主义辩证法诸功能中的世界观功能。按照创作组的意图，认识论功能和逻辑功能将在以下几卷中考察。

该卷作者们的写作目的是解决下述任务。首先，分析辩证法范畴的内容。其次，揭示这些范畴之间的辩证的相互联系，以完整的体系的形式介绍唯物主义辩证法的理论，而且这种体系是开放的，允许把新的范畴列入自身。第三，拟定社会认识的发展道路，阐明社会认识向本质运动的基本阶段，即通过概念体系再现客体的处于自然相互依存中的全部必然特性和联系的基本阶段，从而证明，辩证法范畴的体系包括认识论和辩证逻辑及其能帮助人认清它的认识活动和具体改造活动的方向的全部原则。

---

① 《马克思列宁主义辩证法》第 5 卷《生物界的辩证法》1984 年莫斯科版第 294—295 页。

　　作者们首先决定，什么样的辩证法范畴是构成它们的体系的起始范畴，什么样的方法论原则应该运用于对它们的分析，以便从这些原则中推论出范畴的整个体系。他们把物质、意识、实践和矛盾视为起始范畴，而把历史的东西和逻辑的东西的统一，抽象上升到具体，辩证法、逻辑和认识论的同一视为起始原则。

　　该卷把辩证法的范畴和规律的体系的发展看成是由抽象上升到具体的过程，是渗透和深入现实现象的本质的阶段。在该卷中是按照这样的顺序来考察这一上升过程中的辩证法诸范畴的，这就是它们在人们的实践活动的基础上于认识之中产生的顺序。作者们认为，这样的考察方法不仅能使人们确定辩证法范畴形成的真正的历史顺序，而且也能揭示它们的内在逻辑联系，即实现历史的东西和逻辑的东西统一的原则。该卷强调说，由抽象上升到具体的方法——在实现这一方法的过程中运用了历史的东西和逻辑的东西的统一的原则以及辩证法、逻辑和认识论的同一的原则——使有可能实现列宁的精辟思想之一——辩证法的各个范畴是认识发展的各个阶段。

　　在该卷中分析了辩证法的规律和范畴的关系，并把规律解释为现实的最一般的联系，而把范畴解释为最一般的概念，借助于它们来反映这些联系。可见，从范畴的角度来看，叙述唯物主义辩证法理论，必须要把辩证法规律有机地列入该理论之中。

　　作者们把下述范畴包括在所考察的范畴体系之中：同一和差别，特性和关系，现象和本质，有限和无限，非连续性和连续性，个别、特殊和一般，抽象和具体，逻辑的东西和历史的东西，原因和结果，必然性和偶然性，矛盾和协调，结构和功能，可能性和现实性以及许多其他范畴。

　　该卷中深入研究了唯物主义辩证法体系的范畴和规律，同时批判了资产阶级唯心主义的观念。

　　我们在上面已经谈了对集体撰写的已出版的多卷本辩证法著作的初步反映。可以预料到，今后还有对这些著作的仔细而又全面的分析。不管怎样，可以有把握地说，这些著作中提出了有意义的新问题，并把近几十年积累起来的资料系统化了。

　　同时，现在也已经谈出某些重要的意见。其中一部分上面已经讲了，例如，B.戈洛博科夫在《共产党人》杂志中发表的意见。① 我们还要提一下 M. H. 阿列克谢耶夫在《论唯物主义辩证法及其功能的定义》一文②中所提的一些一般意见，其中评论了《作为一般发展理论的唯物主义辩证法》第二卷③、《唯物辩证法》第一卷和第二卷④以及《马克思列宁主义的辩证法》第一卷⑤中的唯物主义辩证法理论问题。

　　M. H. 阿列克谢耶夫认为，当计划出版的卷次全部问世时，对上述著作将给予充分而全面的评价。作者在评价已出版的（唯物主义辩证法理论方面的）各卷时，就这些卷中所谈的关于辩证法的定义和功能的问题提出意见。他认为，所提出的关于辩证法是关于自然界、社会和人的思维的最一般的发展规律的科学的定义，只有从辩证法同形而上学对立的角度来看才是正确的。恩格斯在《自然辩证法》中引用这个定义来说明辩证世界观和形而上学世界观的对立。但是，这个定义对于揭示唯物主义辩证法的与唯心主义辩证法不同的特点来说是不够的。定义中没

---

　　①　B.戈洛博科夫：《辩证法：理论遗产和创造性的探索》，载于《共产党人》1983 年第 9 期第 116—124 页。

　　②　该文载于《莫斯科大学学报》（哲学类）1985 年第 1 期第 3—12 页。

　　③　《科学认识发展的辩证法》1982 年莫斯科版。

　　④　《客观辩证法》（1981 年莫斯科版）和《主观辩证法》（1982 年莫斯科版）。

　　⑤　《作为科学体系的唯物主义辩证法》1983 年莫斯科版。

有强调客观世界的辩证法的第一性和思维意识的辩证法的第二性。在马克思主义哲学中唯物主义和辩证法是彼此不可分割的。阿列克谢耶夫提出了下述定义："唯物主义辩证法是关于物质世界的发展及其在人的意识中的反映的最一般规律的科学。"①

唯物主义辩证法的功能和马克思主义哲学的功能是一致的。然而，苏联哲学出版物中，其中包括多卷本的辩证法著作，对唯物主义辩证法的哲学功能的理解并不是完全一致的。某些作者不正确地把功能同结构要素混为一谈，并根据辩证法要素的数量来确定功能的数量。但是，辩证法的功能是同它对其他科学和实践的作用联系着的。哲学和辩证法的真正功能有二：世界观的功能和方法论的功能，它们是彼此联系在一起的。"指导人们活动的对世界和人在其中的地位的最一般观点的完整体系，称为世界观。"② 辩证法之所以实现世界观的功能，是因为它把握了物质过程和精神过程，它是关于世界的最一般观点的体系。辩证法的方法论功能决定于它是认识和行动的最一般方法。

应该指出，前几年和近几十年在辩证法的世界观功能和方法论功能问题方面出版了不少著作。特别是 80 年代出版的 Л. Ф. 伊利切夫院士写的著作《唯物主义辩证法问题〈论辩证法的世界观功能和方法论功能〉》（1981 年莫斯科版），其中专门谈了关于辩证法的世界观功能和方法论功能的问题。这一著作是这位学者以前在这方面的专著的继续。

苏联哲学出版物（包括 80 年代的在内）注意的中心过去是现在仍然是矛盾问题。列宁指出就本来的意义说，辩证法就是研究对象的本质

---

① 《莫斯科大学学报》（哲学类）1985 年第 1 期第 4 页。
② 《莫斯科大学学报》（哲学类）1985 年第 1 期第 6 页。

自身中的矛盾。①

马克思主义对发展思想的分析，要求承认物质系统的内在矛盾性。系统考察方法有助于这种分析获得成功，它帮助说明自己发展着的客体中的矛盾的多样性，确定主要矛盾及其解决的合理方式。上述多卷本著作中关于唯物主义辩证法理论的著作，用这些观点研究了矛盾问题。

除这些多卷本著作之外，在 80 年代出版的其他著作中也研究了矛盾问题。由于本文的范围所限，不能讨论所有这类的著作。同时应该指出，某些著作中对矛盾进行理论分析时使用系统考察方法，这引起了批判性的意见。可以举 B. B. 博罗德金《唯物主义辩证法中的矛盾问题》一书（1982 年莫斯科版）作例子。作者从现代的实践和科学认识的经验的角度考察了矛盾。注意的中心是矛盾的结构，发展和解决的规律性，对立面的等级，迫切的逻辑和方法论的问题。作者把深入研究矛盾的学说同量和质的统一、系统性和整体性的统一原则结合在一起。关于矛盾的学说由于对现代数学、自然语言和形式逻辑的概念资料的分析材料而具体化了。

同时 C. П. 杜杰利在《这是马克思列宁主义矛盾学说的发展吗?》一文（载于《共产党人》杂志 1983 年第 7 期）中对这本书进行了批判。杜杰利认为，在这本书中，辩证矛盾的哲学理解和研究被从机械论解释的系统考察方法偷换了；解决辩证法问题的哲学层次被"社会科学层次"偷换了。这就导致对立面统一和斗争的规律失去普遍性的地位，辩证法的矛盾由内在的矛盾变成外在的矛盾，"动态平衡"规律在 B. B. 博罗德金那里成了包罗万象的东西，列宁关于对立面统一的相对性和斗争的绝对性的基本方法论原理被"系统的"平衡论方案偷换了。

---

① 《列宁全集》第 1 版第 38 卷第 278 页。

该书的作者在认识论方面背离了列宁的反映论的根本原则。杜杰利作出结论说，作者关于辩证唯物主义矛盾学说的关键要素的方法论观点是错误的。

由此又产生了《这是马克思列宁主义矛盾学说的发展吗?》一文中所作的另一结论。不注意社会现实，不注意社会发展中矛盾的独特性，便不能对矛盾问题进行一般哲学的研究。这对于积极、确实地影响社会过程是必需的。可是，该书的作者在从事分析社会主义的矛盾的方面犯了严重错误。这是可想而知的。该书对唯物主义辩证法理论的分析所表现出来的杂乱无章和前后矛盾，不能有助于分析社会主义矛盾——社会主义向前发展的泉源、促进因素——的任务。

当前正开展对现代社会主义建设阶段的矛盾的研究。B. M. 凯德罗夫院士在 1984 年 11 月 16 日《真理报》发表的《论马克思主义哲学的列宁阶段》一文中写道，与社会主义矛盾有关的辩证法问题，要给予极大的注意。辩证法中对立面的统一并不意味着它们的调和，而是相反，意味着它们的斗争，即以斗争着的对立面中的一方——矛盾中反映向前发展的进步性质的一方取得胜利而告结束的斗争。社会生活的各个领域中新和旧、垂死的东西和新生的东西之间的斗争就是这样的矛盾。它们的解决是发展过程的动力，进步的源泉。在发展着的社会主义社会中总是有某种过时的、要求克服和更新的东西。除了这类矛盾之外，还产生其他的矛盾，这就是社会主义建设同敌视社会主义本性的现象（受贿、侵吞国家财产、酗酒、蒙骗以及其他等等）的矛盾。对于上述现象则要进行尖锐的、不可调和的斗争。

这些矛盾不是由于社会主义建设而产生的。它们和资本主义的对抗性矛盾也不相同。在社会主义条件下，它们表现为整个社会和个别人之间的矛盾，并在社会主义社会自身范围内得到克服。要做到这一点，首先靠提高苏联人的觉悟，提高他们的一般文化水平，加强对国家和人民的责任感，培养对个人和社会的关系——在社会起决定作用的前提下——的正确理解。

P. И. 科索拉波夫在 1984 年 7 月 20 日《真理报》发表的《社会主义和矛盾》一文中指出了与我们社会中新旧斗争相应的两种矛盾。一种是集体主义原则、社会生活方式的准则、新的共产主义的东西的幼芽与私有制关系的残余之间的矛盾。另一种是共产主义幼芽、集体主义的社会关系的最成熟形式、具有最强大的潜在力量的社会主义新生事物与过去某个时候在社会主义条件下产生、现在已经过时、不再适应已经变化的条件和更加复杂的任务的事物之间的矛盾。这两种矛盾具有一般辩证的性质并且是自然历史过程的任何阶段所固有的。

在广泛战线上日益增长的**自觉性**和**自发性**之间的矛盾是社会主义所特有的。自觉性同先进科学紧密结合在一起，改变着自然历史过程本身。同时，具有自觉性的是马克思列宁主义的革命力量先锋队、工人阶级、在世界观和政治方面成熟的劳动者阶层，而具有自发性的是公然的反动分子，或是没有自己的明确生活态度的落后分子。自觉性是社会发展的不可分割的本质属性，它参与揭示、研究和解决社会主义条件下的矛盾。对社会活动的正确知识使得由这种知识所指导的活动变成历史过程的有效因素。列宁要求党及其领导者和思想家走在自发革命运动的前面，给它指明道路，要求他们善于比其他人更早地解决这一运动中的各种不同的问题和提高群众的自觉性。这一要求仍像从前一样是现实的。

P. И. 科索拉波夫也注意社会主义制度下的既不归结为新旧斗争也不归结为自觉性和自发性决斗的矛盾。在这些矛盾中，构成矛盾方面的任何一方面都不能认为是否定的方面。例如，在寻求劳动权和劳动义务、对劳动的物质刺激和道德刺激、社会主义民主体系中的社会原则和国家原则等的最佳结合时产生的矛盾，就属于这样的矛盾。在社会主义建设实践的彼此不可分的、舍其一便不可思议的诸方面的相互关系发生变化时，这类矛盾便产生了。

在资本主义社会和向社会主义过渡时期社会中存在的对抗性社会矛盾，在建成的社会主义条件下消失了。在社会主义社会中没有社会对抗，但有个人的对抗（社会对抗的个别形式），它不是产生于社会条件，而是产生于人们的个人的（或小集团的）生活条件。个人的矛盾是局部冲突尖锐化，从个别人的相互不友好起到分散的反社会的犯罪分子对抗整个社会为止。个人矛盾的代表不是社会主义社会的社会结构的必然成分，因此关于社会主义社会的矛盾是非对抗性的观点是正确的。

社会主义社会中的劳动和生产的全面社会化，使对立面结合在一起。所有制的全民形式和合作社形式不只是同大机器生产联系在一起。繁重体力劳动和普通手工劳动在工业中的消灭，农业劳动之变为工业劳动的一种形式，是克服由于社会主义所有制形式和简单技术相结合而产生的矛盾的道路。民主原则和集中原则作为民主集中制——社会主义管理原则——中的对立面而相互发生作用。对立面的有意识的结合是对立面统一和斗争规律的作用形式，是计划化的社会主义社会中矛盾的解决方式。

可见，深入研究唯物主义辩证法理论是同解决社会科学和自然科学的基本问题、社会主义进步、共产主义教育的实际任务相关联的。唯物主义辩证法的发展问题把辩证唯物主义和历史唯物主义的所有其他世界观问题和方法论问题集中在自己的周围，因为辩证法同时是马克思主义的方法、认识论和内容丰富的逻辑。

在所有考察过的多卷本著作中都包含着对非马克思主义的观点和理

论的批判。例如，在集体撰写的著作①第一卷《发展理论的哲学基础》中，用很大的一篇批判了形而上学的发展观念：现代资产阶级哲学中的发展问题、宗教的发展观念中的天主教异说、资产阶级的历史主义和发展原则、现代资产阶级的社会进步观念、修正主义对马克思列宁主义发展学说的歪曲。② 在其余的多卷本著作中批判了其他的形而上学的反辩证法的观点。

在 80 年代出版的批判反辩证法观点的多卷本著作中，只打算提两部著作。其中之一是 Π. H. 科哈诺夫斯基的著作《反对诡辩和折衷的辩证法：列宁为确立作为革命思维和革命行动的逻辑的辩证法而斗争》（1984 年顿河畔罗斯托夫版）。书中考察了为确立作为革命思维的逻辑和革命行动的方法的辩证法的列宁思想的意义，以及这些思想在马克思主义批判中的运用。该书中与现代条件有关的观点是非常有意义的。

例如，在历史的巨大转变时刻，即历史运动的矛盾尖锐化时刻，只有辩证的考察方法能预告谨防错误的发生，——这就是列宁的结论。辩证法是创造社会生活的新形式的强大工具。革命理论和革命实践的牢固统一是列宁主义的最重要的特征。可是，资产阶级改良主义和修正主义的理论家至今仍硬说，列宁首先是政治家、实践家、实用主义者。马克思列宁主义辩证法的敌人、存在主义者和修正主义者——"实践派"，顽固地坚持说，马克思列宁主义辩证法中似乎没有人的地位。同时，他们悄悄地抛弃作为一般的发展理论和认识理论的辩证法。

---

① 即《作为一般发展理论的唯物主义辩证法》（1982 年莫斯科版）。

② 对该卷的这一篇的摘要，载于苏联科学院社会科学情报研究所的摘要文集《思想斗争和社会科学（摘自 1977—1982 年的苏联出版物）》1984 年莫斯科版第 44—54 页。

作为逻辑和认识论的辩证法及其同诡辩和折衷的根本区别的问题，列宁在《哲学笔记》以及第一次世界大战时期和苏维埃政权初期的著作中作了深入研究。列宁认为诡辩和折衷——反辩证法的形式、形而上学的思维方式——的实质是对概念的全面性，普遍的、达到对立面的同一的灵活性①的主观任意运用。辩证法反映客观过程的全面性，是世界发展的反映。折衷和诡辩不同（尽管它们有相似之处），折衷的典型手法只是主观地抽取对象的个别方面并机械地把它们结合在一起。诡辩和折衷的第一个特征是极端的主观主义；它们的第二个特征和怀疑主义相似，即相对主义；第三个特征是片面性；第四个特征是表面性（诡辩和折衷停留在外表、表面的层次上，达不到本质）。现象离开本质，就不能认识规律性。诡辩和折衷的第五个特征是把对象的历史性、多变性绝对化，离开了对象在具体条件中的稳定性。第六个特征是不能理解作为对立面的同一的对象，找不到现象的本质本身的矛盾。第七个特征是表面的逼真、虚假的证明、貌似科学、"客观性"。第八个特征是玩弄辞藻，夸大认识的形式方面，寄生于词的多义性，对这些词所表现的概念的具体内容缺乏研究。列宁1906年在土地国有化问题上批评了普列汉诺夫的类似的文字游戏，由此得出诡辩和折衷的第九个特征，即烦琐性，在哲学争论中缺乏任何实际内容。

当前，对马克思列宁主义辩证法的歪曲是由下述两种基本情况促成的：第一，由于科学技术革命的开展，资本主义国家中，其中包括工人阶级内部的小资产阶级成分增加了；第二，反帝国主义阵线的扩大，这种情况总的来说具有积极意义，但同时也有相当多的非无产阶级、小资产阶级的阶层的人参加到这一阵线中来。列宁所制订的辩证法原则，对

---

① 参看《列宁全集》第 1 版第 38 卷第 112 页。

于批判资产阶级意识形态和修正主义仍具有很大意义。现代的意识形态敌人实际上利用马克思主义叛徒的老一套狡猾手段为帝国主义辩护和恶意中伤社会主义（以"完善"社会主义为幌子）。

帝国主义的现代辩护士反对马克思主义的辩证法，歪曲它的实质。例如，这是现代哲学古义钩沉学的特点，它企图贬低革命学说的科学意义，损害现实的社会主义的威信。现代资产阶级的"革命社会学家"歪曲革命概念，无视它的基本特征，玩弄诡辩的花招，把思维和语言混为一谈，或用语言偷换思维，实证主义地把表达思维的语言形式绝对化。

折衷主义原则是改良主义的社会民主党用以对抗现实社会主义的"民主社会主义"概念的方法论基础。"民主社会主义"似乎克服了资本主义和共产主义的片面性。但是，现在已经弄清，生产资料私有制和资产阶级国家是"民主社会主义"的属性。这也是后工业社会、技术至上社会、后资产阶级社会、"社会主义社会"的资产阶级改良主义思想的特色。这种全面性原则反映在右倾修正主义思想家们（勒费弗尔、科西克、弗兰尼茨基、马尔科维奇）用实践范畴所耍的诡辩花招之中。

辩证法的具体性原则是同折衷和诡辩所固有的、没有统一性只有多样性的原则相对立的。作为展开的全面性的具体性考虑到当时对象的存在和发展的一切条件。只有在认识的理论阶段上，所研究的对象才能作为由统一的根据引申出的诸规律的体系、作为一个非常具体的东西揭示出来，书中还有其他类似的批判材料。

这类书的第二本专著是 И. Т. 雅库谢夫斯基的《辩证法和反辩证法：对苏联学家们的概念的批判分析》（1984 年莫斯科版）。这本专著批判分析了近年来哲学反共主义的代表人物、苏联学家们的出版物。他们专门从事篡改马克思列宁主义理论，特别是辩证法的理论和历史。该书特别注意揭露对于苏联学家来说最有代表性的批判马克思主义哲学的方法、方式和手段。

马克思主义的篡改者把辩证法说成是过时的和不科学的体系，内部有矛盾的体系。他们在解释辩证法时，把虚伪和真实混在一起，以便造成客观叙述的假象。马克思主义的批评家们通常不分出作为独立的历史形式的唯物主义辩证法，极力对它的存在保持沉默，或贬低它的真正意义。苏联学家们对辩证法解释的有代表性的趋势之一是否定辩证法的客观性。辩证法似乎只在精神方面运用，至于在自然界和社会方面，只有依据唯心主义地理解的思维和存在的原则，才谈得上运用辩证法。但是，由世界的物质统一和物质运动所决定的现象的普遍联系和相互制约，是客观辩证法的有力证明。客观辩证法已被社会历史实践和科学全部矛盾的发展所证实。

苏联学家们歪曲辩证法的主要方针是把辩证法的实质、基本规律和范畴简单化、庸俗化，以便把它变成"假科学"。为此，唯物主义辩证法被说成是主观主义地精选出来的彼此矛盾的"教条"、陈腐的和明显错误的原理的混合物。马克思主义批评家们把辩证法归结为实例的总和。辩证法被贬低为获得政治成就而使用的实用主义武器。但是，辩证法和革命的有机联系产生于它们的实质本身。作为普遍适用的科学理论的辩证法，是社会革命和社会主义革命的理论的方法论基础。

辩证法的基本规律被苏联学家们说成是虚假的、彼此矛盾的、缺乏客观性质的；这些规律的实质被归结为庸俗的、简单化的原理。规律似乎不能得到科学的证明，而只能用一些实例来证明。苏联学家们反对从自然科学论证马克思列宁主义的辩证法，因为对自然的研究能不断证明辩证法的真理性。在马克思主义中唯物主义辩证法是自然科学的科学方法论。

苏联学家们首先反对辩证法核心——对立面统一和斗争的规律，因为他们认为这一规律是阶级斗争的哲学论证。为了推翻这一规律，他们从资产阶级哲学中借用了否定矛盾的现实性的方法，妄称该规律是没有科学根据的，无法证明的。马克思主义的篡改者们形而上学地把矛盾和运动相提并论，否定运动的矛盾性。苏联学家们企图把马克思、恩格斯和列宁说成是合法的黑格尔派。但是，在黑格尔那里，按照这一规律，对立面归根结底调和了，矛盾中立化了；而在马克思主义中，矛盾则是通过对立面斗争来解决的，对立面斗争导致两方面同归于尽，或者至少其中的一方面灭亡。

"批评家们"攻击量变到质变的规律，因为他们认为这一规律中是社会革命的哲学论据。苏联学家们再次断言，规律没有客观意义和科学论据。但是，正如我们的反对者反复说的那样，创造的必然性不是从量和质的规律引申出来的，不是"强加给历史"的。这种必然性是由马克思列宁主义发现并论证的社会发展的客观规律性预先决定的。

苏联学家们发表了反对否定的否定规律的意见，因为他们认为这一规律是社会进步的理论论证。批评家们宣称，唯物主义历史观和所谓"共产主义的末日论"是以这一规律为依据的。苏联哲学家们不认为这一规律有普遍性和客观性，把它归结为黑格尔的三段式。在马克思主义哲学中，否定的否定规律反映发展的方向和一般趋势，揭示它的基本特征：承续性、前进性、螺旋性。唯物主义辩证法的诸规律是客观的和普遍适用的，它们表现在存在和意识的各个领域中。它们彼此密切联系着，并揭示作为统一的现实过程的物质运动的各个不同方面。

苏联哲学家们否定认识过程的客观矛盾和辩证性质，事物的辩证法对思想的辩证法的制约性。反共主义的思想家们极力论证认识论中的多元论，否定真理的客观性，特别是否定社会科学方面的真理的客观性，企图把社会理论和假设混为一谈。反共主义者们歪曲或否认作为辩证唯物主义认识论核心的理论和实践的统一原则，贬低列宁对认识论的贡献。

书中还包含有揭露反辩证法的世界革命过程、社会主义建设的诠释者的有意义的材料。社会学家、宣传家和党的工作者们在上述两本书中将获得对宣传工作和反宣传工作有用的丰富材料。

（原文载于《辩证法、认识、社会发展》1986年莫斯科版第8—70页）

（章沛 译 单志澄 校）

西方马克思主义的辩证法*

〔英〕肖恩·塞尔兹

肖恩·塞尔兹博士曾在牛津和剑桥大学研习哲学，是《激进哲学》杂志的主要发起人之一。他在美国科罗拉多大学和澳大利亚悉尼大学以及中国社会科学院哲学研究所做过访问讲学。他就辩证法以及黑格尔和马克思主义哲学写过大量的学术论文。主要著述有《现实和理性》、《辩证法和知识论》和《黑格尔、马克思和辩证法：一种争论》（1980年与理查德·诺曼合著）。他还参加编撰以下著作：《社会主义、女权主义和哲学：一种激进的释读》（1991年与马皮特·奥·斯伯内合著）；《社会主义和民主制》以及《社会主义和道德》（与戴维·麦克莱伦合著）。目前他正在撰写一部社会哲学的专著。应本刊约请，他写了这篇文章，在此发表，以飨读者。

现代辩证哲学的基本原则来自黑格尔，他做了如下概括："一切事物本身都自在地是矛盾的……矛盾是一切运动和生命力的根源；事物只

---

* 本文选自《马克思主义与现实》1993 年第 3 期。

原题注：肖恩·塞尔兹系英国肯特大学的高级哲学讲师。——译者注

因为自身具有矛盾，它才会运动，才具有动力和活动。"① 这些观点成为他的包容一切的唯心主义体系的一部分；在这个唯心主义体系里，黑格尔认为所有现象——包括自然和社会——都是隶属于辩证法的。马克思继承和改造了这些观点；但是马克思这项工作进展到何种程度，在西方马克思主义那里一直是一个争论颇多的课题。马克思本人是用生动但含糊的隐喻来描述他和黑格尔的关系。他说他把黑格尔的辩证法"倒"过来，"以便发现神秘外壳中的合理内核"②。但是如何才能做到这一点呢？黑格尔的辩证法是否存在着"合理内核"？如果存在，它又应该如何被提取？

在流派纷呈的西方马克思主义者那里，对这些问题的回答迥然不同。一些人完全抛弃辩证法的观点，公然宣称用非辩证法的观点去"重构"马克思主义。另外一些人认为辩证法和矛盾的概念是马克思主义方法。第三种可能是绝大多人的观点，认为只有抛弃自然辩证法，把辩证法限制在人文领域里，辩证法的合理内核才能被发现。

矛盾和传统逻辑

也许辩证哲学最有争议的方面在于它坚持事物自身存在着矛盾。这似乎同逻辑上的最基本和最根本的定律之一——不矛盾律发生冲突。这个定律最先由亚里士多德在公元前 4 世纪明确表述出来。它断定在同一时间、同一方面，对于某一事物的肯定及否定不可能同时是真。西方绝大多数哲学家，包括马克思主义者和非马克思主义者都同样认为，不矛

---

① 黑格尔：《逻辑学》下卷，杨一之译，商务印书馆 1976 年版第 55—56 页。
② 《马克思恩格斯选集》第 1 版第 2 卷第 218 页。

盾律是逻辑的基本定律和理性思维的基本准则。

根据这个定律，辩证法常常被当作一种非理性和站不住脚的哲学而遭到拒斥。沿着这种线索，波普尔对辩证法做了典型的批评。波普尔承认马克思和黑格尔根据辩证法的"矛盾"和矛盾克服的概念对历史和思想的发展做出了有价值的、富有启发性的论述。可是，他坚持认为，用矛盾的形式无法做出任何真实的论述。因此，马克思理论中任何有价值的东西都应该用无矛盾的概念重新加以表述。[①]

波普尔拒斥马克思主义，可是，他对辩证法的批评却被许多同情马克思主义的分析哲学家们所接受，尤其是像科亨和埃斯特这样的分析的马克思主义者。这些分析的马克思主义者的方案是用当代分析哲学的方法和术语去"重构"马克思主义。这涉及在与传统逻辑定律相冲突的基础上，是含混地还是明确地拒斥辩证法观点的问题。[②] 与这些观点相反，一些哲学家对于不矛盾律是普遍的逻辑法则这种观点进行挑战。他们指出，矛盾和悖论的表述形式是人们所熟悉的日常语言的一部分；不能仅仅因为纯逻辑的原因，就把它们当作错误或无意义的东西加以抛弃。而且，那种认为不矛盾律是科学和数学思想的根本的先决条件的观点，在最近的科学哲学的研究工作中也被看作是有问题的。因此，库恩认为科学理论即使面临已知的矛盾和反例也能成立。这种反例与其说是对理论的反驳，倒不如看作是异常现象更好。这种异常现象沿着辩证法提供的道路为理论的发展和充实提供了促进因素。另外一些人认为，由弗雷格和罗素所开创的符号逻辑或数理逻辑的发展对矛盾概念的争论有

---

① 卡尔·波普尔：《辩证法是什么?》，见《猜想与反驳》，伦敦 1974 年英文版。

② G. A. 科亨：《卡尔·马克思的历史理论：一种辩护》，牛津 1978 年英文版。J. 埃斯特：《理解马克思》，剑桥 1985 年英文版。

着重要的意义。弗雷格和罗素的研究给逻辑学研究带来了彻底的变革。他们表明传统的亚里士多德逻辑可以用数学运算的形式运用符号进行表达。在弗雷格－罗素的逻辑中有传统的亚里士多德逻辑律的有效等值式：同一律（A = A），排中律（AV ~ A）和不矛盾律[~（A& ~ A）]。因为这个原因，弗雷格－罗素系统往往被称为"标准逻辑"。不过，这些传统逻辑定律的地位在标准逻辑里被改变了。亚里士多德所表述的这些原则已不再是基本的和基础的原则了。正如罗素所说，在标准逻辑里，"不矛盾律只是许多逻辑定理中的一个定理，它本身没有特别突出之处"①。

此外，标准逻辑并不是唯一的逻辑系统，非标准逻辑是可能的。在某些系统中，传统的亚里士多德式的定律仍保持有效性。但在另外一些系统中，却可以不是这样。从纯逻辑的观点来看，这些不同的系统又都是同等有效的、同样可能的，又是可以进行选择的。在这一点上，符号逻辑的发展对逻辑领域所产生的影响可与非欧几何在数学中所产生的影响相类似。正如那种认为欧几里德几何学对于空间的必然性的叙述已被其他形式几何学的存在动摇了基础一样，认为传统逻辑中体现着思维必然规律的观点也已经被其他形式的非标准逻辑的发展动摇了其基础；更进一步，有些逻辑学家曾认为，发展某种自身不包含不矛盾律的逻辑系统是可能的。②

尽管这项工作对辩证法有重大的意义，但是在西方马克思主义者中却鲜为人知或很少有人讨论这个问题。无疑，产生这种情况的重要原因之一是大多数对辩证法持同情态度的西方马克思主义者往往接受不矛盾

---

① 罗素：《数理哲学导论》，伦敦1919年英文版第202页。

② R. 罗特需和R. K. 迈耶：《辩证逻辑、经典逻辑和世界的一致性》，载于《苏联思想研究》杂志第16卷第1—25页。

律是逻辑的基本规律的传统观点。

运动和变化

那些拒斥辩证法观点的哲学家也拒绝承认矛盾概念是理解运动所必需的。黑格尔区分了量的和质的两类变化，他强调辩证法需要去描述这两类变化。哲学讨论主要集中在对量变的理解上。在此，我也将重点讨论这个问题。

量变是位置的变化，是机械运动。在西方哲学的早期对此就产生过诸多疑问。在公元前 5 世纪，希腊哲学家芝诺提出一系列著名的悖论，意在表明，正是运动这个概念本身包含着矛盾，因此它是不可能成立的。他的观点在整个西方哲学史上一直是有争议的。事实上，黑格尔接受了芝诺的运动本质上是矛盾的观点，但是他主张"运动就是实有的矛盾本身"，以此代替运动是不可能的结论。① 恩格斯和其他辩证唯物主义者在这点上追随了黑格尔。

然而，许多分析哲学家反对这种运用矛盾概念来表述运动的观点。罗素这方面的观点影响特别大。他认为对运动的一致的和非矛盾的描述可以通过如下说法得以证实，即物体在这一瞬间是在这个位置上，在另一瞬间是在另一个位置上。②

就以上而言，这种运动观是十分正确的。然而，辩证法的维护者认为这种观点对由芝诺或辩证法所引起的哲学问题的回答还远远不够充分。因为仅仅说运动在不同时间存在于不同的地点，只是描述了运动的

---

① 参见黑格尔：《逻辑学》下卷，杨一之译，商务印书馆 1976 年版第 67 页。

② 罗素：《我们关于外部世界的知识》，伦敦 1922 年英文版。

结果，而没有描述运动本身。只说到特定时间里特定位置上运动的物体并不就是描述物体在那里运动。根据辩证法，要把握运动的本质所在，我们必须认识到这两种情况，即某物是在某个位置但同时又有不在的趋势。因为这种对运动的描述不仅需要把握运动物体在什么位置，而且还要把握运动物体是在运动之中的——是在变化和生成过程之中的。因为矛盾在这里是根本的。[①] 正如黑格尔所说："某物之所以运动，不仅仅因为它在这个'此刻'在那里，在那个'此刻'在那里，而且因为它在同一个'此刻'在这里又不在这里。"[②]

分析哲学家的观点实际上是把运动当作一系列静止的状态，像构成电影和连续镜头一样。就分析方法的本质特征而言，它把整体分成各部分之和；各部分是相互分离、自我存在的；各部分之间的联系也是外在的、偶然的。这种看法在纯逻辑或形式的观点上不能得到验证。它提出一种特殊的、坚实的世界观：一幅原子论和机械论的世界图景。这幅图景的经典构成是由休谟描述的；休谟认为事物之间没有必然的联系，而且"所有事件似乎都是完全松散的和分离的"[③]。

尤其是当分析哲学家用这种观点去解释马克思主义，其结果必然是把马克思主义看作机械论、决定论和经济论的翻版。这一点在科亨对马克思主义的解释中表现得最为明显，他把马克思主义描述为一种技术决定论的形式。

---

① G.普里斯特：《运动中的矛盾》，载于《美国哲学季刊》总第22卷，1985年第4期第339—346页。

② 黑格尔：《逻辑学》下卷，杨一之译，商务印书馆1976年版第67页。

③ 休谟：《人类理智研究》，牛津1894年英文版第74页。

辩证法和自然界

能否用这些分析的和机械的观点来正确理解自然科学的方法，一直存在着相当大的争议。然而，当人们试图把这些看法应用到一种像马克思主义学说那样去讨论人的行为和思想的理论中时，新的纷争又开始了。渊源于康德的思想传统坚持认为，自然科学作为一种方法模式不能运用于人文科学。西方马克思主义的一个重要学派发展了这类观点，它认为辩证的观点给马克思主义提供了一种可供选择的模式。

这些思想家并没有把辩证法作为普遍的逻辑或一般运动观来加以维护。另一方面，又不像分析的马克思主义者，他们不是全都拒斥辩证法的观点。相反，他们把马克思的唯物主义辩证法视作理解人的活动本质的基本框架，这种观点一方面避免黑格尔唯心主义，另一方面又避免机械论的观点。

马克思的辩证法，就准确理解而言，并不与含有不矛盾律的传统逻辑相冲突。思想家们不断地以不同形式提出这个观点。① 例如，依据科莱蒂观点，只有黑格尔的辩证法才包含事物之中存在矛盾的观点，因而向无矛盾律提出了挑战，马克思主义把这些黑格尔主义的观点当作唯心主义而抛弃，尤其是它拒斥自然辩证法的观点，如矛盾和否定等逻辑关系只能存在于人们的思想和行为领域中，只存在理性的范围之内，它们

---

① 参见沙夫：《马克思主义的辩证法和矛盾律》，载于《哲学杂志》第57卷第241—250页；科莱蒂：《马克思和黑格尔》，伦敦1973年英文版；沃尔佩：《逻辑是一门实证科学》，伦敦1980年英文版；诺曼和塞尔兹：《黑格尔、马克思和辩证法。一种争论》，哈温斯特1980年英文版。

不能存在于自然界的纯粹事物中。观念和理性的行为是遵照辩证法的原则而发展的，但是不应该把它们与统治纯粹事物的因果律相混淆。自然界事物之间冲突不是逻辑意义上的"矛盾"，相反它们是非矛盾的对立，是彼此外在的事物或事件的对立。传统辩证唯物主义"在现实世界中所描述的矛盾实际上是相反的，即真正对立并因而是非矛盾的"①。因此不能把马克思主义辩证法仅仅理解为黑格尔辩证法的"倒立"，黑格尔哲学是一种绝对唯心主义的形式，它把历史和物质的发展片面地当作纯粹理念发展过程的结果。这种简单的倒立只能导致"黑格尔辩证法的镜像"。根据这个观点，历史的发展只不过是物质或经济发展的产物，这是与机械唯物主义同等相反的片面性。在这方面，马克思主义被还原为经济主义或技术决定论的形式。按照这些批评家们的看法，要避免这一点，必须把与仅仅统治着自然界的因果性严格地区分开来。②

马克思主义的人道主义

也因为这些原因，马克思的辩证法不能被解释成关于运动本性的一般理论。实际上，马克思的辩证法特别描述了人的行为和思想发展特性的类型。按照这些观点，自然界和人的世界有根本的区别。人文科学的方法因此必须与自然科学的方法不同，自然客体和事件之间相互联系是偶然的和互为因果的。自然界是一个外在性的领域，矛盾是排除在它之外的。"自然界如果仅仅是自然界，如果它是我们本身以外的存在，那

---

① 科莱蒂：《马克思和黑格尔》，伦敦1973年英文版第19页。
② 阿尔都塞：《保卫马克思》，伦敦1969年英文版第108页。

么人们在自然界里找不到构成辩证法所必需的关系和品质。"① 与此相对应，人的行为和思想的世界，是一个内在性和主体性的领域。人们不只是被决定的，而且是自由的和具有能动意识的人。人的行为与人的意识、思想相关，它受理性法则支配。它不能在自然科学的模式之下，用因果论和决定论来理解。

这些观点是讲马克思主义人道主义的独到之处。马克思主义人道主义的观点，首先是由卢卡奇提出的；在西方有很多马克思主义者发展和支持这种观点；同样东欧在 50 年代也出现了一大批马克思主义人道主义理论的追随者。② 这些观点对马克思主义的解释，与分析的马克思主义的机械论观点有很大不同。它与苏联对马克思主义的解释更有着天壤之别。这种人道主义的观点拒绝把马克思主义看作是一种决定论理论，即只是从经济和技术方面去衡量历史的发展。依照这种人道主义观点，道德因素对马克思主义是根本的。马克思对资本主义的批判既考虑到经济方面的因素也同样关注人的因素。同样，马克思的社会主义不仅是或者不仅应该是经济高效率发展的社会，而且更根本的，它是或者应该是一个自由和理性的社会。对马克思这方面思想的关注很大程度上是由于马克思的早期著作和《关于费尔巴哈的提纲》于 60 年代早期在西方世界的传播的影响。这些观点构成西方马克思主义最具影响和最具价值的著作中的基础。然而，不管他们价值如何，他们能否按照自己的观点准确地阐释马克思的辩证法是令人置疑的。当然，马克思没有否认人和自

---

① 梅洛－庞蒂：《马克思主义和哲学》，引自《意义与无意义》一书，美国西北大学出版社 1964 年英文版第 126 页。

② 参见梅洛－庞蒂：《辩证法的历险》，伦敦 1955 年英文版；萨特：《方法论问题》，伦敦 1960 年英文版；弗罗姆：《马克思关于人的概念》，纽约 1963 英文版；科拉科夫斯基：《马克思主义主要派别》第 3 卷，牛津 1978 年英文版。

然界之间存在着差异；马克思的哲学不是一种还原形式的唯物主义。尽管如此，这种把人和自然界这两个领域看作是绝对不同和对立的观点是一种二元论形式，这种二元论形式是康德哲学的现代形式。辩证法的观点认为这种二元论是有问题的。辩证法的观点坚持认为，人类从自然界脱离是通过一系列生物进化和历史发展过程而完成的。① 在这两个世界之间，存在着连续性和同一性，也存在着差异性，这两个世界是统一之中的对立，是矛盾的对立。

同样毋庸置疑的是，马克思主义不是一种自然科学模式上的"伦理中立主义"理论，而是一种同某些价值信仰相关联的社会主义形式。不过，用人道主义观点是否能更好地理解马克思的这方面思想，很令人置疑。因为人道主义把这些价值看作是普遍的人性、普遍的理性和自由的表现。相反，照马克思看来，人的这些能力和特性是在社会中发展起来的；自由和理性是历史的产物，这种历史产物只能通过社会发展过程产生和发展。人的价值因此是历史发展及其过程内在固有的产物，而不是完全绝对的和先验的东西。②

进步概念

辩证法所有表现形式的共同特征在于认为人的历史发展是一个进步的过程。在黑格尔看来，人的历史是人类的自我意识和自由的发展史；

---

① 参见《马克思恩格斯选集》第 1 版第 3 卷第 508 — 573 页。

② 卢卡奇：《策略和伦理学》，见《政治著作集》（1919—1929）伦敦 1972 年英文版。参见塞尔兹：《分析的马克思主义和道德》，载于尼尔森和沃伦：《解析马克思主义：分析的马克思主义新研究》，卡加立 1989 年英文版第 81—83 页。

他把人的历史看作是理念在世界中逐渐实现目的论的过程。目的论是否也成为马克思历史理论的基础是一个争议颇多的课题。① 但是不管怎样，在马克思那里已经非常清楚地表明：历史也包括进步的形式。这种进步不总是一个连续和恒量的事态；有时它也被突变和间断性打破。因此辩证法的观点这样看待历史的发展：发展经由一系列不同的阶段，每个阶段的显著特性是通过特定阶级冲突和矛盾表现出来的。特定历史阶段矛盾的解决最终将导致一场革命性的社会变革和以新的阶级分化和冲突形式为特色的新的历史阶段的开始。然而，这种发展的一般趋势是进步的，这不仅仅是从经济学观点而言的，而且也是从人和道德的最终意义而言的。马克思和黑格尔都同样认为，历史是自由和理性逐渐实现的过程。

最近，这些观点受到广泛的批评，尤其是受到派别纷呈的"后现代主义"思想家们的批评。这场批评导致对辩证法，尤其是对说它在进步观点之中具体体现出来那种说法的彻底怀疑。他们把这后一种说法作为一个哲学神话、一种18世纪启蒙运动的乐观主义的思想遗迹而加以抛弃。② 这些思想家跟随尼采把历史仅仅作为一系列随心所欲的社会形式去描述，这种社会形式只表现了胜利的社会群体的"权力意志"。③

尼采的历史观在哲学上很少被推崇；马克思非常正确地指出，历史不能理解为意志的表现。意志作为决定力量在历史上只是作为结果出现

---

① 参见埃斯特：《理解马克思》，剑桥1985年英文版。

② 参见莱奥塔德：《后现代状态：一个关于知识的报告》，曼彻斯特1984年英文版。

③ 参见尼采：《道德的谱系》，见《悲剧的诞生和道德的谱系》，1956年英文版；福柯：《尼采·谱系学·历史》，见《福柯文集》，培奎·哈姆斯沃斯1986年英文版第76—100页。

的，是人类逐渐取得控制和决定其生存条件的能力的发展过程的结果，不是作为完全受支配的结果而出现的。就历史作为社会群体意志的结果而言，首先它是无法预测的和意外的结果。这个结果是由许多个体意志和自然、社会力量的相互冲突形成的，而这些力量只能在人类的控制下逐渐产生。这种逐渐增长的意志的力量作为一种社会力量只能是历史发展的结果，而不是历史发展的原因。

可是，这种纯粹的哲学论证没有充分回答现代对进步概念的怀疑，因为在最近几年里，哲学问题被更为现实的问题所遮蔽。从纯理论意义上也许辩证法的进步概念可以予以辩护，但它如作为对历史实际进程的说明最终必须要得到验证。在 20 世纪很长的一段时间里，这似乎不是一个问题：马克思主义好像被历史本身所证实。马克思关于资本主义只是特殊历史阶段并注定会被代替的预言，似乎被世界上大部分地区从压迫中获得解放的一系列革命所证明。共产主义似乎不仅仅是一个在欧洲游荡的"幽灵"，而且在整个世界范围内也是如此。

可是，随着 1989 年以来许多共产主义制度的瓦解，马克思主义对历史的描述又令人十分怀疑了。现在确实有一些人认为后资本主义制度观点只是一种幻觉。资本主义和自由民主是发展的最高的可能阶段，是"历史的终结"。① 这种说法面对资本主义世界本身所产生的持续的危机和矛盾是很难自圆其说的。不过，如果马克思主义的辩证法观点和进步的观点作为一种活生生的理论要生存下去的话，必须去发展马克思主义，才能理解和阐释现在所发生的历史转折。要么应该从根本上重新思考马克思的辩证法的进步观点，要么是它必须指明最近发生的事件如何

---

① F.福库伊玛：《历史的终结?》，载于《国家利益》杂志，1989 年 9 月号第 20—21 页。

能与它保持一致。以上两种情况都表明，马克思主义需要从根本上重新思考 20 世纪所发生的事件。这是"唯物主义的朋友——辩证法"现在所面临的任务。

（薛晓源 译　彭燕韩 等校）

伊利延科夫的黑格尔主义的马克思主义
与马克思主义的建构主义 *

〔美〕 汤姆·洛克莫尔

自苏格拉底以来，哲学与政治的关系就一直不和谐。在苏联哲学的黑暗年代里，把哲学还原为政治的倾向十分严重。伊利延科夫（Evald Vassilievich Ilyenkov）反其道而行之，呼吁关注马克思与黑格尔的关系，重视马克思《资本论》中的方法，考察辩证逻辑。在历史的车轮已经发生了转向之后，考察伊利延科夫对马克思与黑格尔之间关系的重要解读的时机到来了。

虽然我欣赏伊利延科夫的哲学贡献，但是我不赞同他对马克思理论的描述。因为在解读马克思的思想时，他效仿其他许多马克思主义者，认为马克思的理论是一种产生于从唯心主义向唯物主义转变过程的相当科学的经验主义。关于伊利延科夫对马克思和马克思主义的解读，我的评论包含两个目标：其一，在严格的哲学基础上评价伊利延科夫的哲学贡献；其二，引起人们对马克思建构主义的重视。

---

* 本文选自《国外理论动态》2013 年第 9 期。

原题注：这篇文章系 2012 年 11 月俄罗斯科学院哲学所举办的 "20 世纪后期的俄国哲学"研讨会的参会论文。汤姆·洛克莫尔（Tom Rockmore）系美国杜肯大学哲学系教授。——译者注

伊利延科夫论辩证逻辑

20 世纪 70 年代中期，伊利延科夫著书立说，代表着苏联哲学崭新的、有意义的发展，尽管当时人们并不了解这一点。今天，当历史的车轮已经发生了深远的转向后，如果在纯哲学的平台上衡量伊利延科夫的方法，它就显得不那么有效了。马克思主义虚构了马克思、恩格斯和列宁之间一脉相承的连续性，伊利延科夫显然没有与这种虚构决裂，而是在继续着这种虚构。然而，苏联垮台后，为了从遗忘中拯救马克思这样一位极其重要的、具有深远影响的思想家，我们必须放弃某种狡辩，并在讨论中将在别处使用的同一学术标准应用于马克思和马克思主义。

伊利延科夫与苏联马克思主义的关系类似于卢卡奇与恩格斯的马克思主义的关系。在这两个案例中，共同的问题都是为一些通常仅是独断的观点找到论据。几乎同时出版的《巴黎手稿》和《政治经济学批判（1857—1858 年手稿）》为伊利延科夫对这场争论的贡献提供了框架。如果认为这两部手稿的发表仅仅是改变了马克思和马克思主义的讨论方向，那就是一种低估。

伊利延科夫特别受《政治经济学批判（1857—1858 年手稿）》的影响，他在当时苏联马克思主义中相当重要的辩证唯物主义这一更宽泛的框架中关注辩证法问题。如果我们没有忘记的话，斯大林曾干预了辩证论者与机械论者之间的争论，他的裁决是：辩证唯物主义与无产阶级世界观相一致。

"辩证唯物主义"这一术语在马克思的文本中并没有出现过，它是在马克思逝世后由约瑟夫·狄慈根于 1887 年创造的。马克思提到的"历史的唯物主义概念"后来被恩格斯说成是"历史唯物主义"。在

《反杜林论》和未完成的《自然辩证法》中，恩格斯进一步提出了"唯物主义的辩证法"而不是"辩证唯物主义"。普列汉诺夫这位俄国马克思主义之父，公然将"辩证唯物主义"引入马克思主义的讨论。这个术语后来在这场争论中成为马克思列宁主义的一个重要学说。辩证唯物主义基本上奠基于恩格斯的自然辩证法概念。在《反杜林论》第二版序言中，恩格斯主张将辩证法拓展到自然界，声称自然界和历史展示了同样的辩证规律。

恩格斯对辩证法的处理说明，他甚至难以把握基本的哲学概念。哲学素养深厚得多的伊利延科夫致力于探讨以唯物主义辩证法取代唯心主义辩证法。自恩格斯以来的马克思主义有将唯物主义视为马克思和马克思主义与某种特殊的唯心主义及一般哲学相区别的传统特征。恩格斯及其后的马克思主义者将唯物主义视作对唯心主义的否定。实际上相反，唯心主义可以有多种理解方式。因此，伊利延科夫在这一时期持续地关注文本中这一术语的含义就不令人感到奇怪了。

总之，伊利延科夫的贡献在于减轻了教条主义式的马克思列宁主义的束缚。与马克思主义的反映论相一致，马克思主义哲学在这种教条式的理论中或多或少地采取了忠实反映苏联政治的形式。伊利延科夫的目标在于超越纯粹的教条，以创立真正的马克思主义哲学或解读马克思和马克思主义的哲学路径。他的兴趣在于以原初文本为基础，复原或表述真正的哲学观点。

伊利延科夫和马克思的方法问题

伊利延科夫主要从两个方面研究马克思的方法：最初是从抽象上升到具体的过程，后来是辩证逻辑的唯物主义形态。他探讨马克思列宁主义的方法产生于其早期著作《马克思〈资本论〉中抽象与具体的辩证法》（1960），这部著作很快就引起了持续关注。书名取自《政治经济学批判（1857—1858 年手稿)》导言中关于方法的重要段落。马克思写道："黑格尔陷入幻觉，把实在理解为自我综合、自我深化和自我运动的思维的结果，其实，从抽象上升到具体的方法，只是思维用来掌握具体、把它当作一个精神上的具体再现出来的方式。"① 这段话认为，黑格尔错误地用思想代替了外在世界。根据马克思的正确理解，与此相反，我们对外部世界的把握是通过在思想中经历一个从抽象到具体的概念过程来重构外部世界而实现的。

伊利延科夫的著作从对抽象和具体问题的一般性评论开始，通过不同步骤在连续五章中提供了对唯物主义辩证法的详细评论。其中一章研究逻辑进程和具体的历史主义。第五章和最后一章分析了《资本论》中关于抽象和具体的方法问题。

作为对马克思《资本论》的研究，伊利延科夫的这部著作可以和哈特曼（K. Hartmann）、阿尔都塞（L. Althusser）、泽勒尼（J. Zeleny）以及近来的罗斯多尔斯基（R. Rosdolsky）、史密斯（T. Smith）等人的著作相提并论。这些人和其他作者都强调马克思的资本主义分析对黑格尔逻辑学的依赖。伊利延科夫对抽象与具体之间差异的考察以马克思主义关于唯物主义与唯心主义的关键区分为先决条件。这里有一个疑问：如果黑格尔关注从抽象到具体的发展过程，如果马克思效仿黑格尔的方法，那么唯心主义和唯物主义的区分何在？

伊利延科夫对辩证逻辑的考察是细致的、博学的和有意义的。他对马克思和黑格尔都了如指掌，对他们著作的解读颇有见地、充满赞赏。

---

① 《马克思恩格斯文集》第 8 卷，人民出版社 2009 年版第 25 页。

应以马克思对黑格尔理论的回应来解读马克思，这一点已经在马克思主义者、非马克思主义者和反马克思主义者之间达成了广泛的共识。然而，恩格斯、列宁及其他早期马克思主义者的哲学知识都不足以把握黑格尔或者通过黑格尔把握马克思。

黑格尔主义的马克思主义是由卢卡奇和柯尔施几乎同时创立的。但卢卡奇比柯尔施的贡献更大，（在马克思主义的历史上）他第一次达到了对黑格尔的充分把握。卢卡奇后来才对他认为不能与现象学相提并论的黑格尔逻辑学产生了兴趣。

伊利延科夫的工作是在（与卢卡奇）不同的环境、不同的政治限制中进行的。由于政治原因，在通常意义上无论如何也不是哲学家的列宁确立了自己在苏联的权威地位。列宁认为："我们应该组织从唯物主义观点出发对黑格尔辩证法作系统研究。"[1] 伊利延科夫基本上沿袭列宁对黑格尔逻辑学的关注，论述了一种所谓的唯物主义辩证法。它既不同于相当了解马克思和黑格尔的卢卡奇与柯尔施，也不同于不十分了解马克思和黑格尔而仅仅是依赖恩格斯来理解马克思的列宁，伊利延科夫详细地考察了马克思和黑格尔各自对辩证逻辑的理解之间的关系。

在第五章，伊利延科夫研究了马克思在处理经验要素时所谓的普遍逻辑要素，他的论述在这一章达到了巅峰。伊利延科夫声称自己沿袭马克思，将劳动范畴视为经济学的普遍概念。其他马克思主义者，比如柯尔施，认为马克思的范畴是具体针对现代工业社会的。[2] 与伊利延科夫

---

① 《列宁专题文集·论辩证唯物主义和历史唯物主义》，人民出版社 2009 年版第 328 页。

② See Karl Korsch,*Marxism and Philosophy*,London：NLB,1972,p.29.

相比，柯尔施毫无疑问是正确的。可以想象，有一天在超越了资本主义的社会形式中，劳动范畴将不再适用。

伊利延科夫对矛盾问题尤其感兴趣。他将矛盾视为形而上学（在其中它是主观的）和辩证法（在其中它是客观的），并且矛盾在其中采取了他所认为的思维的必然逻辑的形式。伊利延科夫认为，辩证理论预设了现实通过内在矛盾展开，并且在这个过程中矛盾被消解了。

这样，伊利延科夫基本上复述了黑格尔的观点。他与黑格尔的不同在于，他对通常马克思主义所宣称的对黑格尔唯心主义所作的辩证唯物主义解释的优越性作出了自己的解读。伊利延科夫并不清楚如何理解矛盾，他认为，只有马克思和恩格斯的辩证唯物主义能够解决精神与物质之间的矛盾。虽然他没有说这意味着什么，但答案似乎在于对具体事实的研究。当然，其他部分集中于对高于抽象的具体的研究。这是黑格尔辩证逻辑的核心论题之一。可以这样理解知晓黑格尔的伊利延科夫，即他认为在对经验世界的研究中马克思主义是成功的，而马克思主义者所命名的资产阶级思想则是失败的。在伊利延科夫看来，马克思对矛盾的研究有两点很重要：其一是从抽象上升到具体，其二是与唯心主义的显著区别。伊利延科夫认为，马克思在价值理论中准确把握了在前概念层面上可以直接达到的前提。在一个重要的段落，伊利延科夫写道："如果对事物采取具体的、历史的分析方法，那么这一概念就会使得对价值的形式进行具体分析以及对一般范畴的具体内容进行专门考察（对作为具体感性的既定现实的价值分析，以及对作为基本的经济现象的价值分析，而不是对概念的价值分析）成为可能。对价值的分析不是将其视为'普遍'的精神抽象，而是一种十分具体的经济现实，它随着实在的具体历史内容的展开而在观察者面前展开，因此能够被加以细致地研究。

因此对价值概念的准确定义就是对现实具体历史内容的理论描述。"①

　　沿袭传统马克思主义对马克思的解释，伊利延科夫认为，现实是直接被给予的。我认为伊利延科夫的意思是，马克思在《资本论》中的方法是以所谓的前概念的经验为基础的。这个观点与胡塞尔和后胡塞尔的现象学以及实证主义的经验主义——比如卡尔纳普（Rudolf Carnap）早期所谓的"意义贯融论"——有相似之处。在回避形而上学的同时，早期的逻辑实证主义者青睐"记录句子"，这种"记录句子"意在支持从直接经验到作为连续的推理之链的科学这一推论过程。以对维特根斯坦的《逻辑哲学论》无可争辩的错误解读为基础，卡尔纳普和其他人犯了强调意义的所谓经验主义标准的错误，认为当且仅当一个命题以可以观察到的事实为基础时，它才是有意义的。后来，这种尝试在纽拉特（Otto Neurath）的反对中被抛弃了，因为他认为根本不存在卡尔纳普术语意义上的"记录句子"。

　　早期的逻辑实证主义具有可以被称为科学经验主义的特征。伊利延科夫依赖这种方法中的一种来解读马克思。然而毫无疑问，科学经验主义与马克思的工作是不一致的。马克思在任何通常的意义上都不是经验主义者。尽管在马克思的理论中有很强的经验主义成分，但是不能从经验主义这一术语的任何一种通常意义上来解释他。相反，他效仿康德和黑格尔认为，我们是通过范畴体系来把握那些不能被直接给予的对象的。回头我再谈这一点。

　　伊利延科夫把马克思的价值理论视为一种具体矛盾的解决，这个矛

---

　　①　See Evald Vassilievich Ilyenkov, *The Dialectics of the Abstract and the Concrete in Marx's Capital*, translated by Sergei Kuzyakov, Moscow: Progress Publishers. 1982, pp. 243 –244.

盾最终可以追溯到使用价值与交换价值之间的区分。这个区分对伊利延科夫所谓的"《资本论》之谜"是很重要的。他认为，辩证唯物主义遵从现实自身的运动（或在对具体的描述中），解决或消解了具体矛盾。这表明，对马克思和黑格尔来说，外部矛盾（在这个例子中就是两种主要的价值形式之间的矛盾）在于对象自身，虽然伊利延科夫并没有这么说。从这个角度来说，辩证法仅仅是现实的内在矛盾。就它关心客观的矛盾这一点来说，马克思的方法是唯物主义的。然而，因为很明显黑格尔也有类似的主张，所以马克思和黑格尔的差异就需要得到解释，而不是仅仅给出断言。

唯物主义这个常见的哲学概念可以追溯到古希腊哲学。伊利延科夫对唯物主义的优越性很感兴趣。他论证了唯物主义与唯心主义的差别，并以此区分马克思和黑格尔的观点。在伊利延科夫看来，对黑格尔来说，现实不是实体，而是运动的主体。与此相似，伊利延科夫还宣称，马克思在《资本论》中以经济学的形式通过唯物主义辩证法论证了内在矛盾的运动。

这一主张假设了如下一点：伊利延科夫断言（但既没有论证也不试图论证），可以直接把握现实（在这个例子中就是超越概念或者先于概念的经济现实）。人们可以步卢卡奇的后尘说，只有马克思主义能够使我们戳破意识形态假象的面纱从而把握社会现实。伊利延科夫给出了不同的论证。他的模糊观点要么依赖于对"其所是"的直觉（这种当前讨论中所存在的观点可以追溯到柏拉图，在他那里，哲学家被认为能够"洞见"现实），要么或许依赖于声名狼藉的反映论（运用反映论，伊利延科夫认为《资本论》中的经济范畴客观地反映了独立于这种理论解释的经济现实）。但是，他一直没有给出对这种观点的论证，以证明我们实际上能直觉到或者直接把握"其所是"本身。他也没有证明如何在心灵的层面上反映独立于心灵之外的世界。最后，效仿黑格尔，马克思否定了对经验的直接把握，而主张概念的建构。下面我还要谈这一点。

唯心主义、唯物主义和辩证逻辑

伊利延科夫在他的题为《辩证逻辑：它的历史和理论文集》（1974）的重要论文集中发展了自己的上述方法。在这里，他以黑格尔逻辑学的观点探讨了马克思的方法。他的论述博大精深、意义重大，远远超越了通常马克思主义对非马克思主义思想的简单拒斥。

伊利延科夫接受了列宁的观点，也认为，对马克思《资本论》的解读需要理解黑格尔的《逻辑学》。他接受了列宁的信条，认为马克思将逻辑学、科学的辩证法和唯物主义认识论合而为一了，并且唯物主义是超越黑格尔绝对唯心主义的唯一途径。

伊利延科夫预设了声名狼藉的反映论，认为如果逻辑能够以概念的形式反映、再现独立于心灵之外的世界，那么它就是科学的。"换句话说，科学的逻辑必须表明思想是如何发展的，如果它反映或者在概念中重现了存在于我们意识之外的客观存在的话……"①

伊利延科夫探讨唯物主义与唯心主义差别的路径受他对斯宾诺莎的作用的看法的影响。斯宾诺莎对阿克塞尔罗德（L. I. Akselrod）和德波林（A. M. Deborinas）这样的苏联马克思主义者以及阿尔都塞这样的法

---

① See Evald Vassilievich Ilyenkov, *Dialectical Logic: Essays History and Theory*, translated by H. Creighton Campbell, Moscow: Progress Publishers, 1977, p. 7.

国马克思主义者都很重要。阿尔都塞声称，黑格尔使斯宾诺莎历史化了。① 伊利延科夫提出了两点不同的论证。第一，斯宾诺莎认为通常的笛卡尔二元论可以通过一种更深刻的一元论得以克服；第二，马克思和恩格斯最先在他们的辩证唯物主义中充分理解了斯宾诺莎的观点，并且他们信赖这一观点。

伊利延科夫追随恩格斯及其他马克思主义者，声称黑格尔没有把握外在世界，而辩证唯物主义则正确地把握了它。黑格尔表明了唯心主义的破产，因为他认为概念揭示了事物的本质。在伊利延科夫看来，黑格尔尤其关心主体与客体的同一性问题，但是他不能通过同一性理论从概念过渡到外在世界。因为和谢林一样，黑格尔的同一性理论将现实排斥在了主体之外。

在伊利延科夫看来，黑格尔从来没有离开思想领域，因此被一个错误的神所主导，而马克思则把握了心灵之外的现实，二者形成了鲜明对比。黑格尔是非批判性的，因为他从精神而不是自然界出发。马克思超越了黑格尔，把握了当代社会的现实矛盾。伊利延科夫认为劳动价值论中的矛盾不是思想中的矛盾，而是客观现实中的真实矛盾。

这个论证是形而上学现实主义的一个变体。它依赖这样一个从未被证明的重要假设，即独立于思想之外的世界本身是可以被把握的。实际上，与此相反，马克思和黑格尔同样认为，概念要认识在知觉中被给予的对象，而不是现实本身。我们不知道也无法知道概念能否告诉我们世界的真实存在方式。至多我们可以知道，我们关于世界的理论没有被经验所反驳。我们同样不知道任何一种理论，比如劳动价值论，是否反映

---

① See "Marx and His Discoveries", in Louis Althusser, *Reading Capital*, London: Verso, 2009, pp. 86 – 90.

了世界本身的存在方式。为了比较理论及其对象，我们只能在一定程度上接近独立于理论的现实本身，而这是可能的。

辩证唯物主义和马克思主义的建构主义

我现在简要地谈谈建构主义。作为对建立在直觉以及知觉的因果理论等基础上的广为人知的认识论方法的替代，它非常重要。辩证唯物主义宣称，我们可以通过反映论认识现实。它属于当代哲学中一系列主张我们能够认识独立于心灵之外的世界本身的哲学企图之一。这些企图无一例外地都失败了。相反，德国唯心主义作出了与此非常不同的、不那么绝对的论断。它认为，我们可以认识的只是在某种意义上"被建构"起来的对象，这样它就抛弃了形而上学现实主义，而采取了经验主义的现实主义。

从康德开始，德国唯心主义可以被宽泛地称为建构主义。建构主义是对当代各种形式的经验主义的替代。自恩格斯以来的马克思主义者认为马克思是一个特殊的经验论者，声称他与唯心主义是对立的，事实上甚至反对唯心主义。这种解读马克思的路径奠基于恩格斯对马克思与黑格尔关系的解读之上。在恩格斯看来，马克思抛弃了唯心主义、意识形态和哲学而转向了唯物主义、真理和科学。就其一般形式而言，这种路径认为建构主义是一种唯心主义教条，在此基础上，它阻碍了我们理解马克思对建构主义的贡献。从这个视角看，马克思不属于唯心主义，也许甚至不属于哲学传统。

康德、费希特和黑格尔关于知识的理论沿袭了一条建构主义的路径。这种情况对谢林来说更为复杂，因为他是个例外。马克思主义的建构主义受到黑格尔主义方法的强烈影响。在对社会和历史现象的研究上，马克思和黑格尔都采取了具有深厚历史视角的建构主义方法。黑格尔对知识进行了限制，他认为知识是通过认识主体与被认识的对象之间的相互作用，对在意识经验中被给予的对象的认识。在黑格尔看来，知识在一个试验的过程中展开，通过对主体的反复试验确切地阐明足以把握经验内容的概念。在知识的运动过程中，概念意味着关于对象的理论，它被检验、修正，以便符合进一步的经验。

我所说的马克思主义的建构主义具有探究知识的人类学特征。马克思主义的建构主义奠基于人类主体是能动的这一理念之上。这个概念是马克思从费希特那里借鉴来的，他将其发展成了一种对当代资本主义工业社会的分析。在马克思看来，人类通过他们的行为生产了商品、社会关系、资本主义、从资本主义向共产主义的转变，或者在其中人类作为个体得到全面发展将原则上成为可能的人类历史。

马克思主义的建构主义与一种知识论密切相关。他指出，我们能够认识社会，因为实际上我们建构了它。建构主义依赖于半黑格尔式的探讨资本主义的概念方法，基本上不同于关于知识的反映论。① 它与可能由恩格斯在《德意志意识形态》中所创立的关于将意识还原为意识形态概念之下的物质关系的还原主义根本不同，实际上也是不相容的。

在《资本论》中，马克思捎带谈到了维科的信条，即人类历史与自然界不同，因为人类创造了历史而不是自然。和维科一样，马克思认为人类实际上"创造"了历史，同样，马克思进一步认为我们能够认识我们自己创造的对象。在马克思看来，在思想的层面上，我们可以将对象作为概念体系来重构。如果没有先在的对象被认识，那么它就不能被重建。和康德不一样，马克思认为建构不是先验的。相反，建构发生

---

① 反映论由恩格斯引入马克思主义，它可以追溯到古希腊哲学。

在后天经验的、社会的领域，发生在人与人之间以及人与自然之间的相互关系中。

马克思注意到人们试图建构的对象作为前提自在地存在于心灵之外。人们不能把握或宣称把握了独立于心灵的外在世界或社会现实本身。相反，马克思主义常常以马克思之名提出认识论主张。然而，这种主张和宣称能认识物自体的主张一样，既是无法证明的，也是不可能的。如果社会环境对心灵来说在事实上是完全"透明的"，那么我们确实不但能够可靠地宣称可以通过社会中男人和女人的行动建构它，而且可以在心灵的层面上通过认识论过程如实地建构它，这实际上相当于认识了它本身。

然而，即使在宽泛的解释层面上，也不能说马克思宣称可以准确把握世界本身。这有两个原因。第一，至多可以说马克思或者其他人在特定的时间把握了在经验中对我们呈现的东西。任何宣称把握世界的论断都要服从于后来的修正。在一系列有关社会的可能的概念"重构"中，马克思提出了其中的一种。在我们所经验的世界与独立于心灵之外的世界本身之间，至少隐约地存在着一种不能被衡量或被评估的区分。既然我们不能可靠地宣称可以接触世界本身，我们也就不能可靠地宣称可以重构世界本身，而仅仅可以凭借它在经验中的既定状态来重构它。否则，思考就会混淆主体与客体，混淆我们能够知道的与事物本身。至多有时候我们试图认识的对象似乎可以理想化地得到反映，如同镜子一样，好像它仅仅是一种先验的建构。但是，既然我们无法宣称可以认识世界本身，我们也就无法说情况就是如此。

结论：伊利延科夫的黑格尔主义的马克思主义
和马克思主义的建构主义

综上所述，有三个原因使伊利延科夫的黑格尔主义的马克思主义令人关注。第一，在苏联马克思主义的艰难处境中，伊利延科夫按照哲学论述的最高标准，在对文本充分理解的基础上论述了一种马克思主义理论，这是他的创新；第二，卢卡奇将黑格尔主义的马克思主义与德国唯心主义传统联系起来，他的阐述颇具影响力。而伊利延科夫则将黑格尔主义的马克思主义扩展到了黑格尔主义的逻辑学；第三，伊利延科夫认为，马克思在阐述他对当代工业社会的分析时依赖黑格尔的逻辑学，他的这一观点扩大了我们理解马克思的路径。

马克思与黑格尔的关系随着当时马克思研究兴趣的变化经历了一系列不同的阶段，至少有四个阶段。第一，在马克思的博士论文中，存在着一种探讨古代自然哲学的浓厚的黑格尔主义方法；第二，马克思对黑格尔在《法哲学》中赞同政治局势进行了初步批判；第三，在《巴黎手稿》中，马克思从费尔巴哈主义的视角集中批判了黑格尔的《精神现象学》；第四，马克思在《政治经济学批判（1857—1858 年手稿）》和《资本论》中重构和批判资本主义时，对黑格尔的逻辑学方法进行了批判性的吸收。

马克思认为，黑格尔以思想的运动代替了现实的运动。伊利延科夫和数代其他马克思主义者将这一观点视为唯物主义与唯心主义之间的根本区别。什么是"唯物主义"？什么是"唯心主义"？如果唯物主义是指自然先于心灵，那么既然根本没有唯心主义者否定这一点，所有的唯心主义者就都是唯物主义者。既然马克思运用黑格尔主义的方法重构了经验中的内容，那么这两者之间最终就没有清晰的区别，除了他们是两位伟大的哲学家和他们的观点本身之间有差别这两点之外。当然，马克思不是黑格尔，认为他们持有同样的观点也是不对的。问题在于他们之间的差别是否是任何两位重要思想家本身之外的其他差别。总之，既然马克思的唯物主义与黑格尔的唯心主义都依赖建构主义方法，我认为两者都属于德国唯心主义这一总体哲学思潮。

（员俊雅　译）

马克思主义对卢梭的批判*

〔意〕加·德拉 – 沃尔佩

列宁在《国家与革命》（第 5 章第 3—4 节）中引证并讨论了马克思在《哥达纲领批判》中的论述，马克思这样说道：

这里〔即在共产主义社会的第一阶段里〕确实有〔每个人都有获得同等社会劳动产品的〕"平等权利"，但这仍然是"资产阶级法权"，它同任何权利一样，是以不平等为前提的。任何权利都是把同一标准应用在不同的人身上，应用在事实上各不相同，各不同等的人身上①，因而"平等权利"就是不平等，就是不公平。的确，每个人付出与别人同等的一份社会劳动，就能

---

* 本文选自《马列主义研究资料》1989 年第 2 辑。

　　原题注：加·德拉 – 沃尔佩是意大利一个著名马克思主义学派的主要代表，这个学派的理论通常被称作"经验的马克思主义"或"实证主义的马克思主义"。他的主要著作有《鉴赏力的批判》《卢梭和马克思》等。——译者注

　　① 另见《哥达纲领批判》（一）：这种平等的权利，对不同等的劳动者来说是不平等的权利……，权利，就它的本性来讲，只在于使用同一的尺度；但是不同等的个人（如果他们不是不同等的，他们就不成其为不同的个人）要用同一的尺度去计量，就只有从同一个角度去看待他们，从一个特定的方面去对待他们，例如在现在所讲的这个场合，把他们只当做劳动者；再不把他们看做别的什么，把其他一切都撇开了。（《马克思恩格斯选集》第 1 版第 3 卷第 11—12 页）

领取一份同等的社会产品，［……］然而各个人是不同等的：有的强些，有的弱些。马克思得出结论说在同等的劳动下，从而，由社会消费品中分得同等份额的条件下，某一个人所得到的事实上比另一个人多些，也就比另一个人富些，如此等等。要避免这一切，权利就不应当是平等的，而应当是不平等的"。所以，在共产主义第一阶段还不能做到公平和平等［……］。但是人**剥削**人已经不可能了，因为那时已经不能把［……］**生产资料**攫为私有了。［……］庸俗的经济学家［……］经常谴责社会主义者，说他们忘记了人与人的不平等，说他们"幻想"消灭这种不平等。我们看到，这种谴责只能证明资产阶级思想家先生们的极端无知。

马克思不仅极其准确地估计到**人们不可避免的不平等**，而且还估计到，仅仅把生产资料转归全社会公有（通常所说的"社会主义"）**还不能消除**分配方面的缺点和"资产阶级法权"的不平等。①

卢梭在《人类不平等的起源和基础》（1775 年，以下简称《起源》）中，曾以这样的论述提出了人们"不可避免的"不平等问题：

我想人类中有两种不平等：一种不平等，我把它叫做自然的或物理的不平等，因为它是自然所设定的，并且是由年龄、健康、体力以及精神或心灵的性质不同所构成的；另一种可以叫做政治的或道德的不平等，因为它从属于一种契约，并且是由人们的同意而设定的，或者至少是由人们的同意而授权的。这种不平等在于某一些人享有有损他人的各种特权；例如那些比他人较富的、较尊的、较强的或者甚至能使他人服从自己的人就是［……］［从这一说明出发，在概述了整个人类史前史和人类历史之后，卢梭在《起源》的末尾做出结论说］，［道德的或政治的］不平等在自然状态［"一种也许从

---

① 见《列宁选集》第 1 版第 3 卷第 250—251 页。本文所引马克思、恩格斯和列宁的话中，有些黑体系本文作者所标。——译者注

未存在过的……状态"］中是几乎没有的，因此，不平等是从我们能力的发展和人类智能的进步中获得其力量和成长的，并且是因私有和法律的制定而终于变为持久的和正当的。还可以得出的结论就是，仅为成文法所认可的**道德上的不平等，当它同物理上的不平等**［即能力、特性或价值上的**自然的**不平等］**不相称时**，就和自然法［也就是由纯粹理性所规定的理想法律］**相冲突**——这种区别充分决定了我们对于流行在一切开化人民之间的种类不平等应当考虑些什么问题；因为，儿童指挥老年人、愚人指导聪明人，一小撮富有过多的东西而大量饥饿的人则缺乏必需品，这显然是违反自然法［即违反理性］的，无论人们能给自然法下个怎样的定义。①

但是，在考察《起源》的这一著名结论的最终含义之前，先让我们看一看马克思主义是怎样解决上述马克思－列宁的论述中关于在人们不平等或不同等的条件下，权利就不应当是平等的而应当是不平等的这个难点的，这个难点现在也可以表示为卢梭（反平均化的）平等主义的难点的一种变型。

列宁继续写道：

因此，在共产主义社会的第一阶段（通常称为社会主义），"资产阶级法权"没有完全取消，而只是部分地取消，只是在已经实现经济变革的范围内，也就是在对生产资料的关系上取消。［……］但是它在另一方面却依然存在，依然是社会各个成员间分配产品和分配劳动的调节者（决定者）。"不劳动者不得食"这个社会主义原则已经实现了；"按等量［社会］劳动领取等量［社会］产品"这个社会主义原则也已经实现了。但是，这还不是共产主义，还没有消除对不同等的人按不等量的（事实上是不等量的）劳动给予

---

① 见卢梭：《人类不平等的起源和基础》，吴绪译，三联书店 1957 年版，第 19、89 页。

等量产品的“资产阶级法权”。①

马克思继续写道并作出结论说：

在共产主义社会高级阶段上，在迫使人们奴隶般地服从分工的情形已经消失，从而脑力劳动和体力劳动的对立也随之消失之后；在劳动已经不仅仅是谋生的手段，而且本身成了生活的第一需要之后；在随着个人的全面发展生产力也增长起来，而**集体财富的一切源泉都充分涌流之后**，只有在那个时候，社会才能在自己的旗帜上写上：各尽所能，按需分配!②

并且恩格斯在《反杜林论》（第 3 编第 2 章）中的结论与此也是一致的：

通过社会生产，不仅可能**保证一切**社会成员有**富足**的和一天比一天**充裕**的物质**生活**，而且还可能保证他们的**体力**和**智力**获得充分的**自由的发展和运用**，这种可能性现在是第一次出现了，但是它确实**是出现了**。③

让我们回过头来看一看卢梭为在人的不平等和不同等与人们之间的不平等（或者由社会造成并支配的文明的差别整体）之间建立**一种相称的对比**的难点而提供的解决——正如前面所表明的，这一难点在马克思和列宁那里是在人的不平等不可避免的条件下，作为不平等权利的必然性而被表述的，因而是以他们关于共产主义社会的科学标准而得到解决的。

---

① 见《列宁选集》第 1 版第 3 卷第 251—252 页。

② 见《马克思恩格斯选集》第 1 版第 3 卷第 12 页。

③ 《马克思恩格斯全集》第 1 版第 20 卷第 307 页。

因此，卢梭向我们阐明："财富、尊贵或等级、势力和个人的价值[后者是'一切其他特性的**根源**']通常是人们在社会中用来互相评价的主要差别[或者说是'不平等的几种类型']，所以我可以证明这些种种力量的和合或冲突，就是一个国家组成好坏的最可靠指标。"① 并且，这在《起源》的最后一个注释中实际上得到了明确公民的等级[……]应按其对国家所贡献的**现实的**劳务[也就是"与他们的**才能和**（不平等的）**能力相称的劳务**]来决定"。②

这意味着对于卢梭来说，一种实际上的普遍平等（不仅仅是资产阶级平等）问题的解决，要求对个人价值和条件的标准加以无限制的普遍的应用。这就是作为一切其他（社会）特性根源的"才能"或价值（这样的人类存在是根本不能失去这些东西的），以及他所说的"能力"，这是人类个人存在的真正条件（年龄、健康等）。换言之，这个问题的解决要求这样一种平等，它的以一切人的不平等的或不同等的能力给予无例外的社会承认为基础。

这一解决涉及一个新的社会，一个民主社会的建立，它不仅超越了专制制度下由那些有特权的人组成的社会，而且也超越了实际上是以所有者的价值—权利为基础的资产阶级社会本身。因为显然，作为一种真正的对一切人来说的平等制度基础的对**每一个人**的承认，只能具有一种社会的性质。这不仅是由于这种承认实际上（de facto）是以对"等级"或文明制度问题的支配为前提，而且首先是由于（作为法律问题或价值

① 见卢梭：《论人类不平等的起源和基础》，吴绪译，生活·读书·新知三联书店 1957 年版，第 83—84 页。

② 见卢梭：《论人类不平等的起源和基础》，吴绪译，生活·读书·新知三联书店 1957 年版，第 118 页。

问题）"**分配上**的公平，虽然可以实行于文明社会，但和**自然状态**中那种**严格的平等**也还是**对立**的"。① （请参照一下也是在《起源》中的卢梭对严重曲解了他的社会批判思想的大多数人的生动驳斥："那么，要怎样才好呢？难道必须毁灭社会，把别人的东西和自己的东西这种区别废除，再回到森林中去同熊一道生活着吗？这是我的敌对者的推论法，我愿意先发制敌同时也让他们感到得出这种结论之可耻。"②）

因此，如果考虑到卢梭对分配上的公平（请记住这是交往的公平或交换的公平的对立面）这一最终要求，那么这一现代的召唤就又回到了亚里士多德的目的在于**使社会**平等的优越性同自然的平等本身对立起来这一主要的伦理学和政治学的范畴。社会平等以每一公民在文明社会中的等级为基础，这种等级按照公民的现实的劳务，也就是他提供给社会的、相称于他的能力和才能的劳务来确定。自然的平等则是一种神秘的自然状态下的完全的严格的平等，卢梭认为，这种平等假如在文明社会中是可以实行的，那么也将是不公平的，因而是自相矛盾的，它使每一人类个体、每一个人最初的不同的价值彼此无政府地漠不相关。

根据这一系列马克思、恩格斯和卢梭的论述我们可以推论出，马克思主义－列宁主义对（共产主义）社会在经济上相称地承认个体及其能力和需要之间的不平等或不同等的问题所给予的细心关注，体现出了卢梭反平均化思想在一个新的历史水平上的继续和发展。换言之，看来很难否认，越过方法上的鸿沟（这种方法使作为一方的卢梭的形而上学

---

① 见卢梭：《论人类不平等的起源和基础》，吴绪译，生活·读书·新知三联书店 1957 年版，第 118 页，注 XIX。

② 见卢梭：《论人类不平等的起源和基础》，吴绪译，生活·读书·新知三联书店 1957 年版，第 102 页，注 IX。

唯心主义和人道主义的道德论、自然法的道德论，同作为另一方的以阶级斗争为标准的历史唯物主义区分开来），还有着卢梭所提出的重大问题。这就是这一切并不取决于消灭自然的人［即自由的个体］来使他适应于社会（《新爱洛绮丝》第 5 章第 8 节）①，而且，关于共产主义最后阶段的最重要的科学假设所要解决并再次加以表述的，也正是这个问题（我们以后还会看到，这里撇开了马克思主义—列宁主义得益于卢梭的平等主义的历史知识问题）。

从这个意义上，我们可以得出以下结论：（1）科学社会主义能够借助自身的**唯物主义**方法去解决人道主义的道德论者卢梭所发现的不但是**普遍的**而且也是**个人的中介的平等**问题，及其平等主义的反平均化的人类个体的概念问题。也就是说，能够通过每个人向国家提供的各自相称的劳务来解决关于对一切人不平等的价值和潜能的社会承认问题。（2）在科学社会主义对人类个体的这种最终的关心中，的确体现出了主要是通过卢梭而移交给它的基督教遗产（但是卢梭对这份遗产又进行了何等的改造！）。这份遗产的继承者和赠与者之间的区别，就在于作为继承者的一方把个人的价值及其命运同历史联系起来，也就是说，同这样一种充分统一的社会制度联系起来，它能够阻止可能成为寄生虫和人的剥削者的个别人和阶级的任何离心活动。

然而在作为赠与者的卢梭那里，则把个人的价值及其命运同一种**超历史的**、神学上的授权联系起来（"我以**上帝**的名义告诉你们：**部分**［即人的**个体**］是大于整体的［也就是大于人的类的］"，《爱弥尔》第 4 章）②。然而，如果说这种人类个体的**神圣性** – 先验性只能使抽象的、

---

① 《卢梭全集》1961 年巴黎伽里玛出版社版第 2 卷第 612 页。
② 《卢梭全集》1961 年巴黎伽里玛出版社版第 4 卷第 614 页。

遭到挫败的个人主义得到证实的话，那么卢梭的这种做法也就只能使关于**社会地**、真正民主地承认每一个人的价值及其需要问题的**片面的、资产阶级**的解决**得到证实**，因而只能使一种半无政府状态的、软弱的社会即资产阶级的自由社会得到证实。

因此，我们还必须考察一下科学社会主义的创始人对于卢梭及其著作的自觉倾向。

关于马克思的态度，请看以下几个有代表性的重要片断。

（1）针对黑格尔"人民的主权［……］是一种混乱的思想，这种思想的基础就是关于人民的荒唐观念"的保守观点，马克思驳斥说，"在这里，有'混乱思想'和'荒唐观念'的只是黑格尔。"（见马克思死后出版的《黑格尔法哲学批判》1843年）① 并且在同一部著作中整个都渗透着卢梭关于人民主权的思想，马克思把出现在自由国家中的人民规定为"〔**缩小的**〕**人民**"（作为市民社会的"等级要素"）。②

（2）然而在《论犹太人问题》（1844年）中，马克思仅仅向我们提供一个作为资产阶级"抽象的政治的人"的"绝妙"写照的《社会契约论》（第2卷第7章）中的著名段落，在其中民主主义者卢梭的企图显而易见是要把"自然的"、抽象独立的人结合到社会组织中去，从而使一整体的个人或自然的独立个人转变成为作为公民、社会的人的一部分的个人。卢梭在实际上是说谁敢把人民组织起来，谁就一定会感到自己能够**改变**所谓**人的本性**，把每个本身是完备的、孤立的整体的个人**变成**更大的整体的**一部分**。——这个个人在某种意义上要从这个整体获

---

① 《马克思恩格斯全集》第1版第1卷第279页。

② 《马克思恩格斯全集》第1版第1卷第349页。德拉－沃尔佩在这里用的是"阶级社会"。

得自己的生活和存在，等等。① 这样就说明了（尽管没有证实）在《导言》（1857 年，马克思死后出版）的开头并且在《大纲》（1857—1858 年，马克思死后出版）中，马克思在对作为政治作家的卢梭作出判断时，为什么在卢梭那里所看到的仅仅是自然法的崇拜者，他"通过契约来建立天生独立的主体之间的相互关系和联系"，认为这不过是对于"市民社会"的一种"预感"。② 而将《社会会契约论》简单地归入 18 世纪的鲁滨逊故事，1857 年的《导言》的确是以这样的批判开始的。

（3）另一方面，在《资本论》（第 1 卷第 24 章）中，马克思在分析"大工厂主"对"大批小生产者"的剥夺时，直率地使用了可以在卢梭的《论政治经济学》中找到的对于富人的（道德的）批评，对此马克思是这样地引证的："资本家说：'如果你们把你们仅有的一点东西交给我，作为我辛苦指挥你们的报酬，我就让你们得到为我服务的荣幸。'"③ 然而同样真实的是，马克思这一赞同性的引用其实完全不是在公正地评判就我们所知是他从卢梭那里得到的深刻的民主的（平等主义的）启发。因为，由于马克思用明确的唯物主义术语"资本家"代替了卢梭的"富人"——这是一般社会学的道德论术语——，这段引文显然就转变为一种新的、社会主义的形式。再请对照一下马克思和恩格斯在《德意志意识形态》中的一个决定性的替换，这就是用"不可避免的联合"，也就是以（物质的）条件为基础的联合，取代了"决不象《社会契约》中所描绘的那样是任意的"联合④。然而关于《社会契约

---

① 《马克思恩格斯全集》第 1 版第 1 卷第 443 页。

② 《马克思恩格斯选集》第 1 版第 2 卷第 86 页。

③ 《马克思恩格斯全集》第 1 版第 23 卷第 815 页。

④ 《马克思恩格斯选集》第 1 版第 1 卷第 83 页。德拉–沃尔佩用"志愿的"代替了其中的"任意的"。

论》我们至少还必须看到，即使契约论的自然法理论被摧毁了，它对于马克思本人的巨大影响也仍然有待于说明。正如我们所看到的，这种影响是通过"人民主权意志"的标准、"只能由自身来代表"的"主权"标准等而遗留下来。因此，这种影响也波及社会主义的整个历史，从 1870 年的巴黎公社一直到苏联社会主义国家（及其"民主"集中制）。

（4）在被引证过的《哥达纲领批判》中我们发现，卢梭几乎是在一开始就被当作半是乌托邦式、半是花言巧语的社会主义者的典型范例而被列举出来。因此，在斥责拉萨尔派起草的哥达纲领的不合逻辑和肤浅时，马克思写道：

"根据［哥达纲领的］第一句话，劳动是一切财富和一切文化的源泉，就是说，任何一个社会都不能离开劳动。相反地，我们现在却看到，任何一种'有益的'劳动都不能离开社会。那末同样也可以说，只有在社会里，无益的、甚至有损公益的劳动才能成为一个职业部门，只有在社会里才可以游手好闲，如此等等，——一句话，可以抄袭卢梭的全部著作了。"①

由此显而易见，这个写了《科学和艺术的起源》和其他一些类似文章的卢梭，作为社会的花言巧语的小批判家的卢梭，在马克思那里，由于他的政治争论的**文学**激情，不多不少地成了卢梭的**全部**（参见卢梭：奢侈、放荡和奴隶制度就是这样在整个时代成了我们为摆脱幸运的无知而做出自命不凡的努力的祸根，这样的无知是永恒的智慧所赋予我们的）。② 自然，马克思的失察要更为独特和引人注目，因为这种失察是出现在他最明显地带有我们以上看到的作为社会及其各种不平等和不

---

① 《马克思恩格斯选集》第 1 版第 1 卷第 6 页。

② 《卢梭全集》第 3 卷第 15 页。

公正的大批判家的卢梭的哲学精神印记的著作中。这立刻也就成为一种深刻的、没有意识到的矛盾。

恩格斯对卢梭的态度同马克思一样，也是矛盾的和令人困惑的，尽管恩格斯的态度更加有趣和更为重要，因为恩格斯表明了复杂的平等主义问题的历史含义。

恩格斯的有关论述可以整理如下：

（1）对于《社会契约论》的判断，这些判断有时对现代民主的理论名著做出了严格的公正评判，例如他说："卢梭的社会契约在实践中表现为而且也只能表现为资产阶级的民主共和国"[1]，或者又说卢梭以其共和主义的《社会契约论》"间接地'克服'了立宪主义者孟德斯鸠"[2]。而另一方面，这些判断有时又没有达到真理和公正的水平，例如当恩格斯在谴责抽象的"以理性为基础的国家"时不加区别地把《社会契约论》包括了进去并且以黑格尔的方式归结说，"社会契约在恐怖时代获得了实现"。[3]

（2）关于平等主义观念的一般判断，这种判断在形式上和理论上从以下的限度说是正确的："从法国资产阶级自大革命开始把公民的平等提到首位以来，法国无产阶级就针锋相对地提出社会的、经济的平等的要求［'无产阶级的使命'］"，他最后说："无产阶级平等要求的实际内容都是**消灭阶级**的要求。"[4] 并说："任何超出这个范围的平等要求，

---

① 见《马克思恩格斯选集》第 1 版第 3 卷第 405 页。

② 《马克思恩格斯选集》第 1 版第 4 卷第 501 页。

③ 《马克思恩格斯选集》第 1 版第 3 卷第 407 页。

④ 《马克思恩格斯全集》第 1 版第 20 卷第 117 页。参看列宁的《国家与革命》第 5 章第 4 节。

都必然要流于荒谬"①，"资产者的平等（消灭阶级**特权**）完全不同于无产者的平等（消灭阶级本身)"②，然而，这样一个判断如果同恩格斯本人认为卢梭思想的影响在平等主义运动中所特有的意义联系起来，就显得不足和有欠缺了，因为恩格斯关于平等主义者卢梭所告诉我们的一切，就是这样一句一般性的话语：平等观念"特别是通过卢梭起了一种理论的作用……"③ 这种说法忽略了真诚的卢梭，作为**伟大**的反平均化的平等主义者卢梭的那些特点，我们从恩格斯对杜林抽象的平等主义的批判中发现了这种特点。例如，他在进行这一批判时说："［杜林］使我们感兴趣的，是承认这样一点：由于人们之间的道德上的不平等，平等再一次化为乌有。"④

如果说这里所引证的《反杜林论》的"准备材料"（但仅仅是在这些准备材料中）的确有将卢梭作为"全人类的要求"⑤ 而阐述的平等主义的"资产阶级方面"予以澄清的企图，那么同样真实的是，恩格斯立刻就接着说道，"正如在资产阶级提出任何要求时一样，无产阶级也是作为命中注定的影子跟着资产阶级，并且得出**自己的结论**（巴贝夫)"。⑥ 与此相同的说法就是：革命无产阶级从卢梭平等主义那里得到的唯一的或主要的结论必定曾经是巴贝夫平等主义的平均化的乌托邦的必然结论，是雇佣文人的蹩脚的讽刺作品（参见巴贝夫"平等而又诚实的庸才"的例子，以及《社会契约论》第 2 卷第 7 章）。所有这些都

---

① 《马克思恩格斯全集》第 1 版第 20 卷第 117 页。
② 《马克思恩格斯全集》第 1 版第 20 卷第 671 页。
③ 《马克思恩格斯全集》第 1 版第 20 卷第 113 页。
④ 《马克思恩格斯全集》第 1 版第 20 卷第 111 页。
⑤ 《马克思恩格斯全集》第 1 版第 20 卷第 669 页。
⑥ 《马克思恩格斯全集》第 1 版第 20 卷第 669 页。

可以说明然而却不能证实（留在）"准备材料"的一个最终判断，这就是平等原则（在这里被归定为"决不允许任何特权存在"）"本质上是**消极的**"并且"由于它缺少积极的内容，也由于它一概否定过去的一切，所以它既适合于由 1789—1796 年的大革命来提倡，也适合于以后的那些制造体系的凡夫俗子"。①

（3）对《起源》有关不平等的具体判断，这种判断显然具有十分广泛而丰富的内容，是以企图对《起源》的某些基本因素进行历史的辩证的分析为基础的。例如，"使人文明起来并使人类没落下去的东西，在诗人看来是金和银，在哲学家看来是铁和谷物"，②并且由此得出了以下结论：

> 文明每前进一步，不平等［人们之中的，或文明的、政治的不平等，参见前面第一节］同时也前进一步。［……］这样，不平等又重新转变为平等，但不是转变为没有语言的原始人所拥有的旧的自发的平等，而是转变为更高级的社会契约的平等。压迫者被压迫，这是否定的否定［见黑格尔］。因此，我们在卢梭那里不仅已经可以看到那种和马克思《资本论》［原文如此］中所遵循的完全相同的思想进程，而且还在他的详细叙述中可以看到马克思所使用的整整一系列辩证的说法：按本性说是对抗的、包含着矛盾的过程，每个极端向它的反面的转化，最后，作为整个过程的核心的否定的否定。③

由此可见，恩格斯在任何地方都不加区别地从前人那里寻找历史唯物主义辩证法的倾向，一方面由于使卢梭和马克思在历史方法上相提并

---

① 《马克思恩格斯全集》第 1 版第 20 卷第 669—670 页。
② 《马克思恩格斯全集》第 1 版第 20 卷第 152 页。
③ 《马克思恩格斯全集》第 1 版第 20 卷第 152—153 页。

论而对卢梭承认得**过多**，但是另一方面对他的承认又是**过少**。这种场合就忽略了卢梭对平等进行的**独创性**探索——忽略了关于不平等的两种类型的和谐一致的探索（恩格斯在这里只提到过其中的一种不平等，即文明的或政治的不平等），因而卢梭特有的（反平均化的平等主义就被分解为一种对立和统一的游戏，——一种不平等和平等的游戏，——不仅是一般化的而且是图式化的，体现出恩格斯历史唯物主义辩证法概念中的浓重的黑格尔残余。因此归根到底，恩格斯关于《起源》的这种判断由于它在历史上的缺欠，重又受到前面再次展现的他关于平等观念的一般性判断的束缚。

在我看来这足以证明，科学社会主义的创始人关于他们从历史上得益于卢梭的认识是混乱的。（这种混乱的认识在苏联社会主义的文化中可以继续延续下去，例如在维辛斯基的《社会主义国家的法律》序言中就表明了这一点。在其中有一个四行的脚注，相比之下对康德－凯尔森则用去了一页多的篇幅，我们在这个四行的注释中发现让－雅克·卢梭"［……］激进的小资产阶级思想家，他的著名的著作《社会契约论》发展了他关于公法的观点，对作为普遍意志体现的资产阶级自由民主的国家理论的发展发生了巨大影响"。① 对于把"普遍意志"的标准及其所包含的"人民主权"的影响限制在资产阶级和国家这一严重错误的纠正，"请参看我们关于**国家**——人民的、资产阶级的主权的论述——说明5，第4节和第5节，以及第2章第7节末尾的注释，关于卢梭的**直接民主**的那些因素的文献，见1936年苏联宪法"。

---

① 维辛斯基：《苏维埃国家的法律》1948年纽约麦克米兰出版社版第169页注44。

最后，这一历史上的教益可以表达如下：卢梭反平均化的平等主义、个人的中介的原理，应当被看作是在自由的（因为是平等的）个人组成的社会，诸如在《哥达纲领批判》《反杜林论》和《国家与革命》中所设想的那种共产主义社会中消灭阶级的概念模式的基本的历史的和思想的前提。因此，这种概念模式再加上恩格斯所说的"无产阶级针锋相对地提出的"完整的［平等］要求①，就表达出了恩格斯在《反杜林论》的"准备材料"中尚有争议的有关平等主义原则的**积极的**（卢梭的）内容。

（原文载于《卢梭和马克思》1978 年伦敦版第 138—152 页）

（陈晓希 译）

---

① 《马克思恩格斯全集》第 1 版第 20 卷第 117 页。

日本学术界近年来关于国家问题研究的动向[*]

　　关于国家问题，战前，在日本，除了岩波书店出版的《资本主义发达史》有人论述过这个问题外，几乎无人问津。可以说，这个问题是一个冷门。到了战后，志贺义雄与神山茂夫在如何评价天皇制问题上发生了争论。这场争论曾经轰动了整个学术界。但是，在平野义太郎1954年发表了《国家权力的结构》一文对争论作了总结以后，从1955年到整个60年代末，有关这个问题的研究一直处于沉寂状态，发表的文章寥若晨星。然而，进入70年代以后，尤其在70年代后半期，随着"关于国家垄断资本主义的争论"深入发展，特别是围绕"关于发达资本主义国家革命道路的争论"提出了一系列新问题，迫使学术界不得不再次关心有关国家问题的研究。当前，在日本这种研究可以说已经出现了空前未有的高潮。1981年，日本《经济评论》杂志发表了一期关于国家问题的特辑，便是这种热潮的突出例证。现将日本学术界近几年研究国家问题的一些动向简介如下。

---

[*] 本文选自《马列主义研究资料》1982年第4辑。——译者注

探讨新的研究方法

日本学术界普遍认为，"现代国家"问题是一个极其广泛而复杂的问题。它的广泛性表现在，人类历史各个阶段上出现的各种不同类型国家，在当今的世界上，已经同时全部出现。它的复杂性表现在，人类在物质生活方面愈来愈受到国家动向的制约；在精神生活方面，也出现了难以离开国家而独立的严重现象。现在，如果把这种倾向作为马克思主义的理论课题来研究，那么，马克思主义哲学的历史唯物主义，就不得不重新构成。因为，国家本来只不过是人类生存的某一阶段出现的现象，而现在则发展成与整个人类生存历史休戚相关的问题，因此，不探讨这种人类生存的状况，不探讨人和人结成的社会关系以及通过这种关系与自然界形成的关系的综合，就无法把国家作为研究的对象。所以，许多学者认为，研究"现代国家"问题，不管是使用经济学方法，还是使用政治学方法，或者使用社会学方法，总之，如果单独使用某一种方法，是不能阐明国家的全部结构的。例如，日本法政大学政治学教授桔川俊忠说，关于国家问题，如果需要设定一个单独研究领域的话，那么，这个领域就只能是综合性科学领域。他认为，1980 年 6 月号《经济评论》"关于国家问题研究"的特辑，从三个领域探讨国家问题，即"从经济学方面探讨""从政治学方面探讨""从社会学方面探讨"，很富有启发性。他说，这个特辑说明，如果使用社会科学中的某一孤立的专门方法，是无法把握"现代国家"全貌的。桔川因此得出结论说："假定我的看法是正确的话，那么，除了上面提出的三种方法之外，还应该补充一些新的探讨方法，诸如'从法学方面来探讨''从人文学方面来探讨''从历史学方面来探讨''从思想史方面来探讨''从心理学方面来探讨''从语言学方面来探讨'，等等。"然而，在日本学术界也有一些人认为，即使把用上述方法描绘出来的国家面貌拼凑起来，也未必能够展现出国家的本来面貌。因为，使用个别的科学方法把握的国家，是各专门科学作为分析对象描绘出来的国家形象，它仍然不能展现出国家的本来面貌。因而，名古屋大学政治学教授田口富久治和东京大学法学教授藤田勇等认为，把握个别科学画面中的国家形象固然是一个前提，但是，如果我们承认，国家与生存于现代世界中的人类越来越休戚相关，那么，就应该建立一门国家哲学。这门哲学的对象就是考察国家与人类生存的关系。

出版大量的新著作

马克思主义国家学说认为，国家是阶级统治的工具。构成这一理论根据的是，《法兰西内战》《反杜林论》《家庭、私有制和国家的起源》《国家与革命》等著作。在日本，60 年代以前，围绕国家问题的争论，基本上是对上述经典文献作注解。争论处于学院式的解说阶段。进入 70 年代以后，特别是在 70 年代后半期，随着学术界对"现代国家"问题的关心再次高涨，发表的文章、出版的著作，多如泉涌。讨论也大大地突破了过去的框子。

在这期间，《现代与思想》《唯物论》《经济评论》等杂志，都发表了关于国家问题研究的特辑。

《现代与思想》第二期出了题为《国家学说和国家意识形态的批判》的特辑。这个特辑收录了田口富久治的《国家学说的现状和课题》等文章。接着，第十八期又再次出了题为《马克思主义国家学说的发展》的特辑。在这个特辑中收录了藤田勇的《国家的基础范畴》等文章。与此同时，《唯物论》杂志第三期也出了题为《历史唯物主义》的特辑。在这个特辑中，影山日出弥写了一篇引人注目的文章。文章的题目是，《历史唯物主义中的国家范畴》。影山同时还在《法的哲学》杂志上发表了一篇在日本学术界被视为很杰出的文章。文章的题目是《现代国家和民主——议会制民主论》。

作为对上述动向的综合归纳，田口富久治编辑出版了《马克思主义研究入门》一书。表明当前日本马克思主义国家学说整个理论水平的，是东京大学法学教授藤田勇和法学家影山日出弥撰写的一些文章。

藤田在《论国家概念》和《国家学说的基础范畴》两篇文章中，作了构成国家概念的新尝试。他的《论列宁的国家学说》一文，据日本学术界认为，也是一篇引人注目的文章。另外，藤田的《社会主义的国家和民主》《法和经济的一般理论》两本书，在日本学术界，也被认为是不可忽视的杰作。

影山日出弥继《现代宪法学的理论》《宪法的原理与国家的原理》之后，又出版了《国家意识形态论》。这部著作，在日本学术界，被认为是第一部有水平的著作。影山还在《唯物论》杂志第三期上发表文章，论述了从历史唯物主义领域导出国家范畴的问题。影山在这篇文章中大胆地运用了德意志民主共和国的尝试——用控制论的方法使社会形态模式化。日本学术界认为，影山在这一点上有较深的造诣。

被认为属于马克思主义国家学说"新"潮流的著作有：津田道夫的《恢复国家学说的本来面貌》、泷村隆一的《马克思主义国家学说》、柴田高好的《马克思主义国家学说入门》等。

除上述之外，与德意志联邦共和国发生"国家导出的问题"争论同时，日本经济学者（以财政学、国际经济学、经济学三方面专家为中心）发表了联合论文集。这个论文集的第一部分第一章，对马克思的经济学批判体系中的关于"作为资产阶级社会总体的国家"作了论证。第二部分从更广泛的角度，特别是从有关国际经济学说的角度论证了经济学体系中的关于国家的规定。

日本历史学家对国家问题的研究也作出了贡献。他们编著了《日本国家史大系》（全五卷）。特别是各卷的卷头序言，学术界认为，对社会科学工作者富有很大的启发性。其中，第四卷中村政则的文章，使用了国家类型和国家形态这一国家学说的范畴，归纳了历史上关于近代天皇制国家的争论，提出了作为国家类型的资产阶级国家、作为国家形态的极权主义统治机构这一新的观点，引起了人们普遍的重视。日本学术界认为，按照迄今为止的马克思主义国家学说的通常说法，国家类型是国家形态的抽象概念，前者规定后者的质。关于这个问题，日本学术界认为，是今后研究的课题。

在日本学术界引起注目的个人杰作有：藤田勇著《社会主义国家和民主》和竹村英辅著《葛兰西的思想》。日本学术界认为，藤田的著作体现了今天日本马克思主义法学家对列宁国家学说理解已达到的水平；同时，也体现了今天日本马克思主义学者研究社会主义国家在理论上已经达到的水平。而竹村英辅的杰作被认为把日本学者对葛兰西的研究一举提到了国际水平。

近一两年出版的新著作有：《恢复马克思主义政治学的本来面貌》（柴田高好）、《国家和革命的理论》（津田道夫）、《现代国家学说的基点》（高岛善哉）、《马克思主义国家学说的新发展》（田口富久治）、《唯物史观和国家》（泷村隆一）、《现代国家学说》（池上惇）、《现代资本主义国家讲座》（田口富久治、藤田勇等编，全四卷）。

日本学术界翻译介绍的国外著作有：《资本主义国家的结构》（N. 普兰查斯）、《国家和意识》（L. 阿尔杜塞）、《欧洲共产主义与国家》

（S. 卡里略）、《何谓无产阶级专政》（E. 巴里巴尔）、《晚期资本主义的正当性问题》（J. 哈贝马斯）等。

研究"现代国家"学说的新流派

研究"现代国家"学说，以往在日本有三派观点：一是以宇野派大内秀明等为代表的"法治国家说"；二是以大岛雄一、置盐信雄等为代表的"生产关系再生产国家说"；三是以岛恭彦为代表的"管理（经济职能）和压迫（政治职能）统一国家说"。近年来，随着对"现代国家"学说研究的深入发展，又形成了两个新流派的观点：一是以柴田高好、津田道夫、高岛善哉等为代表的"市民社会国家说"；一是以藤田勇和田口富久治为代表的"介入主义国家说"。前者主要根据对马克思早期著作和文献的研究，以阐明"市民社会和国家"关系为基础，探讨如何确定国家的性质。后者主要根据第二次世界大战后出现的垄断资本与国家相融合的新事实，重新探讨国家的职能，以此揭示现代资本主义国家的本来面貌，确定"现代国家"的性质。

柴田派把"市民社会"的概念作为国家学说的前提，认为"国家具有公共性"，"是超越阶级对立的普遍意志体现者"，"不是直接作为阶级统治的工具，任凭统治阶级意志左右"。他们的根据是，"国家有时以相互对立的两个阶级的调停者身份出现"，"甚至有时以被剥削阶级的保护者身份出现"，即所谓"福利国家"的性质正在加强。这一派对"市民社会—国家"的理解，除了在使用概念上有相同性以外，在具体内容上又各有不同。

柴田在《读〈现代国家学说的基点〉》（《经济评论》1978 年 8 月号）一文中，写道："马克思注意了黑格尔的市民社会和国家的分离，同时，也指出了通过黑格尔理性国家扬弃市民社会内在矛盾的那种幻想性，提出了黑格尔广义市民社会共同体内的特殊性和普遍性，即经济和政治的矛盾统一的辩证结构。从而，重新在范畴上把上述的特殊性，即经济世界理解为市民社会；把普遍性，即政治世界理解为政治国家。"日本学术界认为，柴田实际上把市民社会理解为经济的世界，把国家发生的必然性同《资本论》中的"商品—货币—资本的发展规律"加以类比，认为国家的发展规律是，"人权—政府—主权"。

相反，津田则在1980年6月号《经济评论》杂志《市民社会和国家》一文中写到，这里所说的市民社会不是经济秩序本身，而只是以它为基础的社会权力、经济权力。经济权力是一种既相互竞争又相互依存的关系（共同利害）。这要求我们，必须不断地再确认这种相互依存的关系（共同利害），而这一点已经再也不能以市民社会为前提。一般认为，"市民社会的无秩序的秩序，需要通过与其不同性质的政治国家来重新把握"。日本学术界认为，津田是想把市民社会理解为社会权力与经济权力之间斗争的场所，从这里出发，来论证"作为国家的市民社会的总体"这一命题。

而高岛在《现代国家学说的基点》一书中却把市民社会规定为"生产力的体系"。他认为，"所谓市民社会，绝不是单纯的物质生活关系，即单纯的经济世界，它同时应是'政治社会'（洛克、卢梭语），并且，还应是道德的世界"。日本学术界认为，高岛打算把他的这种对市民社会的理解作为前提，使用《资本论》的商品—货币的逻辑，来展开他的市民社会—国家这一逻辑。人们认为，他在日本学术界是把市民社会概念作为国家学说的最基本概念的先驱者。他的市民社会主张十分接近亚当·斯密的观点。

从上述情况看，把"市民社会和政治国家的分离、二重化"作为分析"现代国家"的人们，现在，还没有一个统一的市民社会概念。法政大学政治学教授桔川俊忠认为，"所谓社会，就是这样的场所：它由人类生存所需要的物质生产和流通方式来规定，而且，人们相互结成社会关系，每天再生产人们的社会关系；同时，它也是这样的场所：人们通过各自的社会关系形成各自的地位，并在这种地位上，为了自己的生活，各自形成同其他人的共同关系。在资本主义生产方式下，人们作为平等商品所有者相处；同时，又作为法的实际的人的存在而表现出来。因此，作为理想中的市民社会，如果由既是所有者又是生产者的每一个人组成，那就能够彻底地做到前后一致。然而，现实分化为生产资料的所有者和非所有者，市民社会就变成了分化为各种集团以各自的社会形成力量相互竞争的场所。在这种意义上来说，津田说的社会权力、经济权力，不单纯意味着对他人的支配力量，而且，在内部也包含了执行这些权力的人们的社会形成力量。如果作上述解释，那就最容易为人理解；同时，也可以说，他向我们提供了分析现代国家的基本观点。"

藤田、田口派系统地研究了欧洲共产主义的发展情况，详尽地探讨了欧洲国家关于国家学说的新发展，提出了"介入主义国家"的新概念。体现这一派研究成果和学术水平的是，《现代资本主义国家》（藤田勇著）和《现代资本主义国家及其危机》（田口富久治著）两大论著。

藤田认为，"在考察现代国家学说的特征时，最为人们重视的，是'介入主义'的现象"。关于"介入主义"，藤田规定，"介入不是单纯性的介入，而是一种体制，或如人们常说的，介入是指'全面''综合'介入的性质。这意味着资本主义已经发展到了一个特殊的历史阶段。在这一阶段里，国家机构在经济（与社会关系、社会过程有联系）方面的活动体现了'介入'体制和'全面'、'综合'性质的那种特征"。因此，作为表明现代国家性质的现象，藤田列举了一系列的术语，诸如"工业国家""企业国家""计划国家""军事国家""福利国家"等等。藤田在综合了这些现象之后，说："过去，国家尽管部分地介入（主要表现为，劳动力再生产和劳动保护政策），但是，作为市民社会私有领域，通过它自身'调节者'（经济法则、社会规范）的作用自主地控制的经济（社会关系、社会过程），今天已经全部由国家的职能来控制。"

藤田接着研究了"国家和垄断资本的'融合'及其'相对自主性'"的问题。藤田一方面指出了当前存在的一种片面性：把注意力仅仅放在国家和垄断资本之间在实体方面的结合上；另一方面，又分析了国家的相对自主性。作为根据，藤田提出了"在统治阶级的资产阶级内部存在着不同利害集团及其相互间的矛盾"，同时，并提出了"资产阶级同工人阶级的阶级斗争形成的压力"。进而，藤田认为，国家的相对自主性成为可能的现代条件是"国家拥有巨大的经济能力"，这种能力"是特殊历史阶段的产物，是由垄断利润范畴、金融寡头制概念所表述的生产关系及受这种关系规定的阶级关系以整个社会的规模来展开的产物"。

藤田在分析现代国家时还认为，"必须分析以国家机构为基本环节的整个政治统治体制"，并提出了从三个方面来分析这个问题，即："要从总体上把握现代国家，就必须把握构成现代国家的再生产社会关系的二重结构"；"要重视把上述的问题与国家问题的现代状况（用哈贝马斯的话说，就是'社会领域'的'再政治化'）结合起来"；注意"从社会变革主体方面看政治统治体制，这一体制则属于多中心、二重结构的性质"。

田口教授在研究"介入主义国家"的结构和职能的问题时，立场与藤田相同。他站在这一立场上，考察了"介入主义国家"的矛盾。田口认为，"易于导致'国家危机'的'介入主义国家'的各种矛盾"，在"财政危机""管理危机""正当性危机"等三方面都已表现出来。田口认为，所谓"介入主义国家"的矛盾，即随着资本主义经济丧失自主性，国家转化为贯穿着复杂的社会联系的资本主义结构。与此同时，国家不得不包含着社会矛盾，而且这种矛盾只要以资本主义为前提，就只能进一步恶化。进而，田口在引用普兰查斯、阿兰·沃尔弗的理论基础上，预见：在这种矛盾发展到总危机阶段时，就必然导致权威主义的国家主义倾向。

日本学术界普遍认为，藤田与田口在分析现代资本主义方面提出了新的内容，说他们二人成功地做到了，通过提出"介入主义国家"或"国家介入主义"的概念，把过去作为国家垄断资本主义论的一部分主要用经济学术语来讨论的问题，第一次作为政治学考察的对象。然而，政治学教授桔川认为，同上述把"市民社会—国家"作为考察对象的各种研究相反，他们把讨论仅仅局限在分析现状或分析职能方面，让人感到作为总体的"现代国家"学说尚嫌不够充分。桔川说，他们在规定"介入主义"的时候，固然承认"市民社会和国家的分离、二重化"是逻辑前提，但由于忽视了对这个问题的考察，尤其忽视了对于市民社会的考察，因而也忽视了对"介入主义"究竟如何改变了市民社会面貌这一问题的考察。

确定新课题和新方向

日本学术界认为，近几年在日本，"现代国家"学说用发展变化的观点，从现实生活出发分析国家和市民社会，有了新的发展和突破。要使这一成果继续发展下去，从原理上论述国家的本质和从现状出发分析国家的职能，二者必须结合起来。关于今后的方向和课题，田口富久治教授提出了三点：

一、首先，要把从文献学、思想史上研究马克思、恩格斯关于国家学说的形成和发展，进一步推向前进。目前国际上，从文献学上研究马克思、恩格斯《德意志意识形态》十分活跃。如果日本学者对这部著作的理论观点不作出自己独特的理解，就不可能确立何谓马克思、恩格斯的国家学说。从而也不可能创造性地发展这一学说。因此，关于国家学说的研究，就不能不与从文献学、思想史上研究马克思、恩格斯的历史理论、经济理论相交叉。通过这种交叉研究，才能够对阐明马克思、恩格斯关于论述世界的全部理论作出贡献。

二、不仅必须在整个历史唯物主义领域内重新建立马克思主义的国家理论，而且，必须在理论上具体地深化历史上的各种生产方式和社会形态下的国家理论（包括国家发生论和消亡论在内）、深化对各类国家的分析；尤其必须从理论上具体地深化资本主义生产方式下的国家理论、深化资本主义国家的阶段论，进而在理论上具体地深化资本主义国家的类型论、深化对具体国家的结构和职能的分析。为此，历史学家、经济学家、法学家、社会学家、政治学家要建立学际间的合作，进行联合研究。

三、既要从数量上也要从质量上，对以当前日本的现状规定、国家性质、革命特征为中心的具体政治情况，加强具体分析。

田口教授认为，在日本的马克思主义国家学说的三个课题当中，对第三课题的研究最为薄弱。他说，甚至在承认"两个敌人"（美国、日本垄断资本）的人们当中，对于1951年的旧安全保障条约、1960年新安全保障条约以及冲绳协定后的日本现阶段，不仅没有从日本国家体制的法上，而且，也没有从实际变化了的情况上，在理论上作出具体的研究。同时，在政党问题上，对于自由民主党的性质，也未必从理论上作出了明确的回答，诸如自由民主党究竟是代表"两大敌人"的政治利益的政党呢？还是代表日本垄断资本（从属于美帝国主义，并与之结成联盟）的政党呢？这些问题，与社会主义国家学说（从原理上进行研究、对现实的社会主义国家现状作出规定，并作出历史分析，进而以此为基础，展望包括日本在内的发达资本主义各国的社会主义前景）一起，都是今天日本面临的最现实课题。

材料来源：

1.《对现代国家学说的研究》（1980 年 6 月 H 本《经济评论》杂志特辑）第 I、II、III、IV 部。

2.《现代国家学说的两个潮流》（1980 年 12 月《经济评论》）。

3.《马克思主义国家学说的新发展》（田口富久治著）。

4.《马克思主义研究入门（政治学）》（长沼庄司、小林丈儿、福井英雄等合著）。

5.《现代与思想》杂志总第 2 期、总第 18 期。

6.《唯物论》总第 3 期。

7.《现代国家学说的基点》（津田道夫著）。

8.《读〈现代国家学说的基点〉》（1978 年 8 月号《经济评论》）。

9.《市民社会和国家》（《经济评论》，津田道夫著）。

10.《现代资本主义国家》（藤田勇著）。

11.《现代资本主义国家及其危机》（田口富久治著）。

（李成鼎 编译）

乌托邦主义与希望精神*

〔英〕本·安德森

一、希望与乌托邦/乌托邦主义

本文将沿着两个方向为一种可能通过希望精神来对抗世界的乌托邦地理学进行论证。这两个方向不仅相互交织，而且明确地提出了那种界定激进思想、创造更好未来的责任。第一，整个社会科学对围绕着乌托邦概念和乌托邦主义实践的问题和任务重新产生了兴趣。在最好的情况下，古典的"蓝图"乌托邦主义是对差异的消除，而在最坏的情况下则是极权主义的。在这样的批判之后，最近的研究尝试各种动态的、无限制的乌托邦概念，例如，论证乌托邦主义应该被视为激进思想的一部分，因为它为"挑战现存的东西，消解占主导地位的社会和空间组织假设，以及想象其他的可能性和欲望"创造了空间。第二，最近围绕着如下问题发生了一场争论：由于在苦难的悲剧和非正义面前保持希望的困难，激进思想如何重新利用希望范畴呢？由于让我们陷入绝望的一切原因，希望的要求得到了概述，例如在葛兰西乐观主义意志与悲观主义理

---

* 本文选自《马克思主义与现实》2007 年第 2 期。

原题注：作者为英国达拉谟大学地理学系教授。——译者注

智的混合形象中。最近，哈维呼吁"一种与意志乐观主义适当结合且可能产生出一个更美好未来的理智乐观主义"。对乌托邦主义的兴趣和对抱有希望或乐观主义的要求都迫使我们谨慎地思考激进思想促进更美好未来的责任。如何把这两种相互交织但又孤立的方向结合起来？这个问题促使我们履行这个作为与世界对抗的精神的义务。

　　本文借助马克思主义过程哲学家恩斯特·布洛赫为我们提供的理论资源来探讨这两个方向之间的**关系**。与西方马克思主义的其他人物——包括他的同时代人阿多诺和本雅明——相比，布洛赫在英语世界的人文地理学中仍然是一个被忽视的人物。布洛赫的标志性思想是对乌托邦概念的扩展，使其不再被归为一幅美好的彼时彼处蓝图："这里出现的乌托邦**一词**由托马斯·莫尔创造，但却不是一个在哲学上更为全面的乌托邦**概念**。"① 相反，由于除了为希望增添哲学之外还想为哲学增添希望，乌托邦被定义为一种走向在整个人生中能够发现的更美好东西的超越运动——因而，"把乌托邦限定为莫尔的类型，或者简单地按照那种方向对乌托邦进行定位，就可能是在试图把电流还原为希腊人所说的产生电流的琥珀，也正是在其中电流被首次注意到"②。因此，乌托邦主义的核心是罗伯茨所说的"残酷的选择"：要么允许希望"化为虚无"，要么在其中看到"自由和无条件的未来，并使之化为现实"。尽管对这个基本思想极为熟悉，但布洛赫在英美的社会科学中仍然是一个相对陌生的人物。由于许多原因，把布洛赫贬斥为"十月革命的哲学家"一直

---

　　① Bloch, E., *The Principle of Hope* (3 vols), Trans. By N. Plaice, S. Plaice and P. Knight. Oxford：Basil Blackwell, 1986, p. 14. 黑体字为原文所有。

　　② Bloch, E., *The Principle of Hope* (3 vols), Trans. By N. Plaice, S. Plaice and P. Knight. Oxford：Basil Blackwell, 1986, p. 15.

是习惯的做法。除了与其著作的翻译有关的问题之外，还有他对斯大林主义的政治支持和随后的批判这个麻烦的问题。在以其他方式对布洛赫的总体性观念进行富有同情的评论时，马丁·杰伊（Martin Jay）颇为典型地指出，布洛赫仍然是"西方马克思主义早期岁月的化石遗迹，固执地抵制历史的变迁"。

通过希望精神，布洛赫揭示出乌托邦过程如何是一个包含"尚未实现自身的东西"的世界所固有的。为了响应这种精神，我对布洛赫的研究避开了对其著作的忽视或蔑视。他的希望百科全书——《希望的原理》——因为如何受到如下简单原则的激励而引人注目：希望的存在如何揭示了世界本身——恰恰处在一种混乱之中——也是处在未完成的状态之中和摆脱那种混乱的试验过程之中的。因此，在本文中，我的目标是找出和证明那种使布洛赫感受到更美好东西的存在和不存在并受其影响的精神。如果我们把乌托邦/乌托邦主义视为一种与世界的独特关系，那么我们与希望所做的事情就会发生一系列的相遇。正是在这些相遇的过程中，我反思了围绕着乌托邦/乌托邦主义的许多难题和任务，从而完成了本文的目标。在本文的第一部分中，我将讨论《希望的原理》对乌托邦概念的重新定义，以便在这个概念被理所当然地用作为一个贬义的名词之后恢复它的某种尊严。我把乌托邦定义为这样一个过程：在其中，复数的"美好"（goods）或"更美好"（betters）是人生"尚未实现"但却内在具有的东西，因而拥有中断的、质问的性质。在第二部分中，我将论证乌托邦概念必须放在对物质进行乌托邦学想象的语境中来理解，而那种乌托邦学的想象随后又使乌托邦主义成为一种命令（imperative）。然而，我在第三部分中得出的总结是，由于产生于第二部分所勾画的唯物主义，一种内在的乌托邦主义永远只能是"绝对令人失望的"。最后，我赞同一种基于这样一种希望精神的乌托邦地理学：

它可能"存在于对尚未的信仰中，存在于一个由永久的不确定性来标示出入口和最终内容的地方之中"。

二、希望与乌托邦概念

对布洛赫来说，有一些难题和任务决定了乌托邦概念和乌托邦主义实践。然而，要重新界定这些难题和任务，希望的瞬间就是必不可少的。事实上，可以毫不夸张地说，希望的瞬间是布洛赫全部工作的主要灵感。但是，当他探讨不同问题的时候，这个灵感在不同的组合中发挥不同的作用。《希望的原理》三卷本的内容和风格揭示出一个充满和缺乏希望的世界：这就是布洛赫所说的"超越已实现的现在的希望活动"。通过大量的例子，布洛赫把异常广泛的事件收集在一起，证明了如下简单的主张："超越的冒险活动"促使"现时代的黑暗"变成"对更美好生活的梦想"。《希望的原理》的每一卷都收集了一系列的希望事例，并将其变成一组百科全书式的清单：期盼意识的领域（白日梦、希望性思维、期盼）、希望的形象（童话、通俗小说、旅行、戏剧、舞蹈和电影）、（医学、绘画、歌剧、诗歌、音乐和哲学）对更美好世界的勾画以及各种层次的体验（比如说快乐、幸福、沉思、孤独和友谊、死亡以及信仰）。由此揭示出的残余希望及其流溢深深地包含在各种突然爆发的强烈的印象主义描述中，这表现出在《希望的原理》主要章节开始之处的丰富性。因此，超越建立在内容或形式的表现规范之上的传统定义，把乌托邦概念扩展成一种表述行为的解释，一开始就建立在乌托邦的情感特征之上，这是布洛赫工作内容和风格的组成部分。乌托邦变成和传播了一种对更美好东西的希望，这样一来除了通常合理的贬义含义，乌托邦范畴还拥有了绝非必然抽象和非世俗的其他意义，中心更加转向世界："超越自然活动的过程"。

　　这种对乌托邦定义相对简单的扩展只能理解为对乌托邦和非乌托邦之间关系进行论证的终点。这种论证更为复杂，并且没有把乌托邦置于彼处或彼时，而是像希望一样，将其置于"世界进程的前沿，置于充满生机和具有空想开放性的事物之最轻快、最前面的部分上"。乌托邦常常被根据如下问题来评价：当探索一个关系到或远离现在的可能世界时，它如何超越现实呢？在名词乌托邦的贬义用法中，通常也认为，它是一个徒劳的思辨或唯心主义梦想的领域，因为脱离现实而受到怀疑。在这两种情况中，乌托邦思想以及乌托邦的形式和内容都认为是对当下的偏离，因而此后也正是这种偏离行为被给予了积极或消极的价值。事实上，乌托邦的语源学方法制定了这种区分。"乌托邦"通常被视为"美好的地方"（outopia）和"乌有之地"（eutopia）这两个词语的结合。布洛赫保留了这个定义的第一部分，即乌托邦是美好的（但并不是完美和善），但却质疑了如下看法：乌托邦由于对第二部分的重组而成为一种偏离行为，要么避开了"乌托邦"与"现实"之间的区分，要么避开了它们之间的等同（equivalence）。他否认乌托邦只是一种理想的乌有之地，或者用乔治·葛罗兹的话："乌有之地即美好之地"。相反，布洛赫在上述的每一个事例中寻找希望活动的存在，不论它是情感性的还是象征性的，都超越了在特定语境中变为现实的东西而触及到"前沿'或"地平线"。他证明，各种乌托邦理想所寻找的内容，即开创一种更美好的存在方式，已经得到了广泛的预示，而且"美好的'新'决不是那种彻底的新"。① 然而，他没有把乌托邦还原为现在的一

① Bloch, E., *The Principle of Hope*（3 vols），Trans. By N. Plaice, S. Plaice and P. Knight. Oxford：Basil Blackwell, 1986, p. 7.

种简单表现形式，因为既然一种充满希望的生活只承认"在世界被创造之前，在一个正义的世界被创造之前，一切仍然存在"，那么，乌托邦不可能完全是当下的。①

在整个《希望的原理》中，布洛赫尝试了从过程哲学那里借用的概念，并且创造了大量的新词，以便感受到那些"预兆"或"预感"的希望。"预兆"或"预感"既不是当下的，也不是非当下的，但揭示出对一个"要通往的未封闭的地方"的超越。要揭示出乌托邦过程的推动力，要以一种与希望的瞬间同步的方式进行思考，最重要的概念是"尚未"（not-yet，在形式上具有两个成分："尚未意识"和"尚未形成"）。这个概念是布洛赫乌托邦思想体系的轴心，因为它是乌托邦过程超越了"一个已经形成的封闭世界"这个主张的核心。在《希望的原理》第一卷第二篇（在题为"期盼意识"的那一节）的结尾，他对"尚未"作出了正式的描述："这个概念符合乌托邦过程如何表现为一场在这一进程中成为他者的调节能力的巨大实验。"② 正如布洛赫在这种技术性的定义中所指出的那样"尚未"的功能是把临时的概念一致性赋予乌托邦过程的超越性质。因此，我们能够把它置入到其他许多概念的语境之中，而那些概念通常与后结构主义有更多的联系，也表达出生活的不确定性和复杂性：内驱力/推动（拉康）、利比多性（libidinality）（利奥塔）、欲望（德勒兹和加塔利）、外部（布朗肖特）、不合时宜的（尼采）和肉体（梅洛－庞蒂）。既然尚未"矗立在每一种现实的

---

① Bloch, E., *The Principle of Hope* (3 vols), Trans. By N. Plaice, S. Plaice and P. Knight. Oxford：Basil Blackwell, 1986, p. 1375.

② Bloch, E., *The Principle of Hope* (3 vols), Trans. By N. Plaice, S. Plaice and P. Knight. Oxford：Basil Blackwell, 1986, p. 274.

地平线上"，那么，这个概念不可能也不会拥有一种单一的意义或功能。固定它就可能是减少乌托邦过程的多样性和异质性。

然而，这并不是说，当布洛赫谈论不同类型的乌托邦过程的时候，"尚未"概念没有呈现出不同的一致性。因而有必要把简单的技术定义扩大，因为这个概念是解决乌托邦和非乌托邦关系难题的新办法所不可或缺的部分。哈德森（Hudson）勾画出这个概念在《希望的原理》中一再出现的三种用法。第一，"尚未"表示一种更美好的生活方式"仍未出现"的意识。这包括匮乏或缺乏的灾难性过剩，放弃现存的东西，转而适应更美好的东西得以出现的条件。这就是"尚未"中的"未"所要抓住的东西。第二，"尚未"同时指当下的某个事物即将到来的确定性，即在"已形成的"东西之外的、在性质上"更多"的存在。第三，最重要的是，"尚未"可以解读为"迄今为止尚未但在未来期盼"，即某种更美好东西的碎片的存在，最终表达了超越是无限制的消耗的观念。从这个简短的概括来看，那必然是不充分的，因为"尚未"既是指一种超出已形成的东西的剩余，也是指一种超出它的残余，因此我们应该注意到"尚未"始终是未定的（undecided）。这每一个分类内都还存在许多的其他差别。例如，最后一个分类可以分成"现在可以想象的但尚未可能的"或者"现在以一种有问题的方式存在但尚未完全实现"。

乌托邦过程通过强化其过多的可能性和潜在性而与生活联系起来。正是这种直觉给予了乌托邦概念应有的重要性，因而给予了改造过的"尚未"概念应有的价值。在最近受布洛赫影响的乌托邦主义地理学著作中注意到了乌托邦对已形成之物的超越。这种注意之所以是激进的，是因为它迫使我们怀疑对规范性的、确定性的希望目标的具体化是否必然实现了乌托邦效果。我们可以通过讨论《希望的原理》对乌托邦的具体化来解决这个至关重要的问题，一个与最近对乌托邦主义的蓝图形式的批判相交织的问题。尽管存在一种被他严肃批评的非正统马克思主义，但布洛赫把一种类型的社会主义假定为真正的客观希望的目标。他从未提出过一幅乌托邦蓝图，并且引用马克思关于这样做的危险的格言，但他的思想一方面受到终结所有异化和物化这种规范总体性中的热情的希望，一方面受到对通往这种终结的历史进程之连贯性的信念的鼓舞。

布洛赫的立场产生出无数的理论和政治难题，但一个固定的、封闭的终点的反乌托邦功能恰恰出现在这些难题之中。他的乌托邦百科全书揭示出那些乌托邦过程的中断性和超越性，而他对终点的阐明则把这些性质具体化。对一种通往一个先天乌托邦之终点的进程的假定取代了对既是一种进程又是处在进程之中的乌托邦的思考。结果，在整个《希望的原理》中，"当其他的哲学立场不遵从他本人的思想所采取的方向时，布洛赫简单地给它们贴上资产阶级的和非理性的标签"。布洛赫还在认识论上对抽象的乌托邦和具体的乌托邦作出了一个不合理的区分，从而使他按照下述不明确的标准来判断更美好之物的多重表现形式：其中每一种表现形式是如何与他所具体化的美好未来相联系的。具体的乌托邦，即"一种精确的期盼"，是一种由马克思主义所揭示的世界目标所唤起的乌托邦，因为它"拥有已被理解的物质趋向"。而对于抽象的乌托邦，布洛赫是这样使用的：乌托邦当前是作为一个有特权的名词加以使用的，即"纯粹的幻想"或"纯粹的期盼性思维"，在其中，"乌托邦的功能只不过是不成熟的当下而已"。①

---

① Bloch, E., *The Principle of Hope* (3 vols), Trans. By N. Plaice, S. Plaice and P. Knight. Oxford: Basil Blackwell, 1986, p. 144.

然而，《希望的原理》中还存在另一种直觉的认识：乌托邦过程按照定义是超越性的；恰恰是实现的行动始终包含一个难题，因为"实现要素本身有某种尚未实现自身的东西"。因此，我们在《希望的原理》中找到了一丝希望，使我们能够适应作为一种独特进程的乌托邦，它通过多元的、不确定的"美好"或"更美好"使现在变成开放的。通过在《希望的原理》的内容和风格中规定了希望的超越——在希望超出了限定的力量这个意义上，希望的过程使对终点的具体化变成仅仅是一种永远暂时性的过程。即使在充当《希望的原理》的目的的最后一章中，布洛赫也突出了乌托邦终点的图景。这些图景超出了他自己的图景，指出了如下关于"美好"的单一想象必然会失败："幸福、自由、非异化、黄金时代、流淌着奶和蜜的地方、永恒的女性、费德里奥的喇叭信号和复活日的基督像，这些虽然是如此不同的价值的大量证明和形象，但全都是围绕着那些通过保持沉默而为自身说话的东西建构起来的。"① 在这段引文中，布洛赫证明了"完全实现的存在是没有参照点的"。乌托邦过程被"尚未"所超越，因而不可能变成"一种固定物，一种确定物，事实上变成一种没有相似物的现实物……好像一切过程都只是走向这个固定物或从其出发的教育学"。在默耶兰（Moylan）所说的去实体化（dehypostatization）中，乌托邦始终是"在此"（to-be），而不是真正的彼岸。走向那种去实体化的冲动在两个终点上被给予了表现形式。"人道主义的主体"和"自然的主体"都是不可知的开端，"只有在积极的进程中才会形成和始终会重新出现，并且丰富自身"。

---

① Bloch, E., *The Principle of Hope* (3 vols), Trans. By N. Plaice, S. Plaice and P Knight. Oxford: Basil Blackwell, 1986, p. 1375.

三、希望与一种乌托邦的唯物主义

乌托邦过程就是新的"美好"或"更美好"的涌现不断地中断已完成或固定的东西。这种乌托邦过程观念就是对什么是乌托邦这一问题的回答。它的含义必定围绕着希望罕见的火花或闪烁：那是罕见的瞬间，在这一瞬间，希望展现了"一个梦想不到的进步，一个变化"。总结上一部分的所述，我要把乌托邦定义为一种独特的过程，在这个过程中，更美好的东西"尚未形成"，因而拥有中断、超越的性质，正如它在多重的尺度上都是内在于有生命的具体文化之中的。我的主张，即在希望百科全书得到证明的主张，是乌托邦决不可能"那样被完全地纳入到已经实现的现实中，因为这种向前和向上决不可能被转变成为已知之物和已形成之物，因而它在根本上有一种无穷的潜能"。① 回到希望与乌托邦/乌托邦主义之间的关系，重要的是这种回答只有成为这样一种实在论的一部分才有意义：这种实在论的关键是希望这一活动如何揭示了"如歌德所说，现存的一切事物都有一个环境；一般而言，一切事物之所以是现实的，是因为它是生命，是过程，因而能够成为客观想象的关联物，拥有一种前景"。② 在本部分中，我要介绍《希望的原理》第一卷第二篇中提出的过程词汇表，因为它为我们解决如下难题提供了一个新办法：如果乌托邦和现实是相互交织而不是在范畴上分离的，我们

---

① Bloch,E. ,*The Principle of Hope*(3 vols),Trans. By N. Plaice,S. Plaice and P. Knight. Oxford：Basil Blackwell,1986,pp. 194 – 195.

② Bloch,E. ,*The Principle of Hope*(3 vols),Trans. By N. Plaice,S. Plaice and P. Knight. Oxford：Basil Blackwell,1986,p. 223.

如何思考它们之间的关系呢？正如我在下一部分的引言中所讨论的那样，它也使乌托邦主义成为一种命令。

乌托邦过程是如何出现的呢？对于这个问题有两种回答：要么借助社会或文化来揭示乌托邦，要么把乌托邦归为一种植根于想象之中的人性冲动。为了避开这两种回答，布洛赫提出了一种实在论。在我看来，这就是使布洛赫变得如此独特的东西。他的乌托邦概念将焦点集中在超越性和中断性上，没有任何的唯心主义踪迹，因为它的出发点是一种实证的事物原理观，而这种观念明确表示："没有现实可能性的现实是不完整的，没有充满未来的特性的世界是不值得一看的。"其他的静止的实在论形式忘记了"视角地平"（perspective horizon），因而"现实只作为形成、死亡出现"。在这种实在论的语境中，更美好东西的表现形式只能被定义为现实，因为"在那里，视角地平被不断地纳入到沉思的活动中，现实的东西成为具体的东西：成为在一个未完成的世界中发生的辩证过程的路径网络"。① 这是布洛赫面对卢卡奇时批判贫困化的、静止类型的现实主义和重视表现主义的原因，因为如果本真的现实也是不连续性又有什么关系呢？与詹姆逊相反，我并不认为，这样一种现实主义仅仅提出了一种关于世界的观念，而我们则必须将它与我们所持有的那些世界观念进行比较。相反，为了与各种非表象理论一致，我们能够将其视为一种实用手段的一部分，以此学会感受到和受到乌托邦过程的影响。这就是布洛赫为什么明确地把那些预设了封闭的总体性的"静止的形而上学"与他本人的开放体系区分开来的原因："前者仅仅记录一个封闭体系的固定范畴，但对于理解一个变化的、开放的过程而言，后

---

① Bloch, E., *The Principle of Hope* (3 vols), Trans. By N. Plaice, S. Plaice and P. Knight. Oxford: Basil Blackwell, 1986, p. 223.

者是一种流动的和实验的方法"。

希望再次成为理解如下问题的关键：由于世界既是处在过程之中又是一种过程，那么它又是如何被"易变性、暂时性、活动性、运动和发展"这些询问性的性质所推动的呢？上一部分开始所引述的每一种希望都作为情感性的物质发生。对布洛赫来说，即使乌托邦表象的力量、快乐的瞬间或友谊之爱也是世界实质的一部分，因为正如他所强调的："如果世界是封闭的，充满了固定的乃至完成的事实，那么就没有东西能够按照意愿发生改变。在那里取代这些的只是各种过程，即那种'形成'在其中未曾完全取得胜利的动态关系。"重要的是，我们要从如下有争议的原则出发：乌托邦过程所表现出的别样形成的能力，是一个未完成的、实验性的世界的组成部分。这涉及积极的、有生命的物质的明确想象，而这种想象则是介于唯物主义和唯心主义之间的。物质并不是前给予的"机械的整体"："它的时代同样是我们的时代，它既不拥有不变的数量和比例，任何部分也不拥有它们全部的重量。"① 相反，如果各种实物不是先在的（pre-exist），由此就可以得出结论说，它们既处在过程之中，又是"无结束的物质的无休止运动"。这重复了亚里士多德对物质的定义：物质既是"按照可能性发生的东西"又是"处在可能性之中的东西"。重要的是，物质的各种形式既不必然增加物质，也不通过一种象征的领域生产出物质。"作为尚未被产生出来的存在"，物质拥有一种在关系中的动态性。

因此，如果希望在一个世界中充当"完成性"原则，所有客体中纯碎片式的本质存在的原则，那么在这样的世界中不可能存在任何目的

---

① Bloch, E. , *The Principle of Hope* (3 vols) , Trans. By N. Plaice, S. Plaice and P. Knight. Oxford: Basil Blackwell, 1986, p. 336.

或保证。各种实物反而期盼在"前沿"或"地平线"上的新的可能性或潜在性。这两个范畴揭示了"那种充满活力的、极为开放的物质的如此短暂闪现的、最突出的部分"。"前沿"和"地平线"由属于"尚未"的各种趋向和潜在标示出来。各种趋向是潜在性和可能性的不同形式对已形成之物的累积的压力。各种潜在是更美好之物的潜在和可能的情感内容，而那种更美好之物则是作为已形成之物的一部分出现的。对如何运动和浮现的每一种适应都是一种未决定之物的一部分。因而，物质拥有这种非封闭的形成能力，这种既在其基础之中又在其地平线之中的尚未封闭性。

为了得出这个观点并且拒斥对这两个范畴的封闭性的目的论使用，布洛赫利用了一种广泛的唯物主义传统。这种唯物主义传统认为，变成他者的活动发生在自然和身体中而不是在一个空想主义的领域中。《希望的原理》第一卷仔细地描绘了各种类型性质的唯物主义（qualitative materialism），它们的基础都是一种积极的、有生命的物质的图景。在这个图景中，没有无形式的物质/非物质的形式区分，因为物质是"尚未存在的东西，在各种事情的核心中寻找自身，并且正在过程的趋向性潜在中等待自己的形成"。这就是诸如直觉这样的非物质能力和诸如白日梦这样的期盼实践为什么对一种乌托邦的唯物主义如此重要的原因，因为它们揭示了"期盼性的要素是如何成为现实本身的一个成分的"。①在描绘一种独特的唯物主义时，有人可能批评布洛赫对物质的"新"的肯定非法地把人推断成自然，复兴了从微观世界来类比宏观世界这个有问题的习惯。不过，布洛赫处于一种被忽视的反传统之中。在最近呼

---

① Bloch, E., *The Principle of Hope* (3 vols), Trans. By N. Plaice, S. Plaice and P. Knight. Oxford: Basil Blackwell, 1986, pp. 197 – 198.

吁把社会和文化地理学重新唯物主义化的语境中，这种被忽视的反传统被重新发现。它描述了不同的超越模式如何暗示出"尚未"是属于物质的。

描述出一种乌托邦的唯物主义，在世界中并且为世界制定出希望，恰恰是这样的行为使我们认为布洛赫是一位体现出自己的墓志铭——即"思维意味着超越的冒险活动"——的乌托邦主义者。一种独特的唯物主义的价值在于它使我们能够意识到希望的复杂运动和浮现是如何制定出各种时空的拓扑学的。在这些时空的拓扑学中，复数的"美好"或"更美好"与物质而非现存的彼处（在另一个空间中）或彼时（在另一个时间中）是同步和非同步的。相反，各种乌托邦，或更明确地说，各种没有超越者的超越活动的超越过程，是内在于这样一些过程之中的："它们包含着潜在性，同时那种潜在性又是内在于它们之中的，这使一个超世俗的运动者成为多余。"① 然而，由于符合一个基于希望的开放的思想体系，一种乌托邦的唯物主义包括如下原则：物质的各种趋向和潜在被悬置在更美好与更邪恶之间。在一个非封闭的世界中不可能存在任何保证，因为用布洛赫的唯物主义术语来说，"物质的苦恼"的"不存在"是与虚无之物——它的情感关联是"失望"和"绝望"——相关的。由于利用了布鲁诺和歌德，布洛赫用这一点来加强他对物质的"无保证性"的理论分析，以便强调"明确地形成不完善之物以及沿着完善之物的形成活动是自然的无限创造力的一部分"。因此，在《希望的原理》全书中，我们被要求目睹希望从日常和异常苦难的悲剧和不正义中产生的频繁性。在论述布洛赫必定有一种失去感时，列维纳斯强调

① Bloch, E. , *The Principle of Hope* (3 vols) , Trans. By N. Plaice , S. Plaice and P. Knight. Oxford : Basil Blackwell , 1986 , p. 236.

在《希望的原理》中有一种对"邻居的苦难和挫折"的责任。在受苦以及应对它的过程中，布洛赫处处注意对苦难的反叛和通过苦难来进行反叛的途径。例如，在写到一位青年人的自杀时，布洛赫强调，这种行为并不是对生命的拒绝，而是对生命将要面临的生活条件的拒绝。在《我们时代的遗产》中，他描绘了纳粹是如何盗用一系列曾经激进的形象。在这些毁灭性的活动中，即使在这些最具灾难性的活动中，他都积极地看到希望，但这样做使人们注意到"结果的不确定性是如何继续存在的……威胁和信念是希望的真理，这样一来，两者都被集中在希望之中"。

四、希望与一种内在的乌托邦主义

布洛赫把乌托邦概念恢复并同时重新定义为"离开——但进入始终期盼的被许诺之地，即过程所许诺的地方"。① 其中所体现出的希望使乌托邦主义成为一种命令，因为一种乌托邦的唯物主义永远不能保证"新"是否比当下更美好或者更糟糕。通过学会受到希望的影响，我们也因此不得不学会如何影响乌托邦过程。在一篇关于布洛赫概念的力量的评论文章中，列维纳斯论证说，乌托邦主义随后必须成为一种道德实践，因为它完成了一项乌托邦的激进任务，虽然这个任务是不可完成的，但我们仍然必须永远努力去完成它："推翻人们在其中被羞辱、被奴役、被贬低和被蔑视的一切关系。"在其他的论著中，在对他所说的马克思宣布的希望进行不同的解释时，布洛赫把"推翻人类在其中被贬

---

① Bloch, E., *The Principle of Hope* (3 vols), Trans. By N. Plaice, S. Plaice and P. Knight. Oxford: Basil Blackwell, 1986, p. 205.

低、被征服、被抛弃和被鄙视的一切关系”称为最古老的白日梦。① 一旦物质作为一种“对形成和创造开放的富有创造性的变化”被注意到，在世界中并且为世界制定出希望为什么就变成了一种命令呢？解决不正义的苦难的要求就是原因所在，或许这也是布洛赫欠马克思的主要债务。一种乌托邦的唯物主义和一种基于希望的乌托邦主义实践都体现出这样一种乌托邦的意愿：“向上和向远处冒险，进入到虚拟的事物和尚未实现的可能性的领域。”正是由此，它们共同出现在一种按照希望本身的条件来表明希望的参与过程之中。

在这一部分中，我要彻底思考定义一种内在的乌托邦主义的东西，它源自于上一部分所介绍的唯物主义，以便补充其他类型的期盼——乌托邦思想。即使在乌托邦主义的实践中而不是在乌托邦的内容或形式中发现的那种价值在今天已经得到了承认，也还被视为是理所当然的，乌托邦主义包含一种想象的程序，通过幻想的生产来构想出一种替代。当然，这是经典的“蓝图”型乌托邦主义的明确特征。另外，哈维的辩证时空乌托邦主义和皮德尔（Pinder）的乌托邦都市主义都强调通过想象的“自由游戏”来揭示各种类型的乌托邦。他们都把那些替代根植于当下的不同轨迹之中，因而与本文有许多共同之处。两种对乌托邦主义程序的更明确的理解更广泛地使整个社会科学中的激进思想重新恢复了对乌托邦主义的兴趣。第一种是，乌托邦就是生产出一个美好的彼地或彼时景象，从当下走向不同于此时此地时空的某地或某时。另一种理解稍微有些不同，即乌托邦就是为一个理想的彼时或彼地建立一个先天的原则，然后以超越生活之物的名义提供评判生活的标准。这两种思想都假定，

---

① Bloch, E. *Literary Essays*. Trans. By A. Joran et al. Stanford：Stanford University Pres, 1998, p. 344.

一种乌托邦主义的实践必定产生出"对美好社会的内容的阐明"和"关于走向美好生活的不同渴望的可能性和合意性的判断"。

这种结果一直是对如下信念的再生产：一种景象，一种与当下分离的理想，其作用要么是指导那种说明性—诊断性的思想，要么是使之成为可能。这造成了关于表象（representation）的大量无法回答的问题，主要的问题是我们如何达到一种表象所生产出的阶段，一种表象究竟又如何生产出变化。因此，我想听听一种不同意的声音。由于两个相互交织的原因，乌托邦不能被简化为或等同于对不同未来的想象。第一，根据第一部分对乌托邦的重新定义，只有通过它产生的表述行为的效果而不是它的表象内容或形式，一种景象才会成为乌托邦过程的一部分。无论破坏还是中断，乌托邦的效果都不存在于一种想象中，而只是发生在一种更具超越性的过程之中。因此，乌托邦主义的定义任务就是介入乌托邦过程。第二，就像布洛赫的希望百科全书所证明的那样，这个任务通过多种类型的介入才能完成。除想象力外，还有更多东西能够并且确实成为乌托邦过程的组成部分，然后实现乌托邦的效果。

因此，一种内在的乌托邦主义如何能够补充上文指出的两种乌托邦主义，对思考"美好的新"的内在性意义就是至关重要的。对于一种内在的没有超越者的超越过程，我们如何才能学会响应并且积极培育其中的变化？这个具体的问题激活了一种内在的乌托邦主义。因此，我把乌托邦主义定义为一种对内在的乌托邦过程的改变性介入手段，它在对可选择的可能性或潜在性的期盼中努力给予和找到希望。换言之，它就变成一种绝对的实践方法，这种实践方法使人能够影响内在的乌托邦过程，而在以前，一种乌托邦的唯物主义却使内在的乌托邦过程能够影响我们。此后，一种内在的乌托邦主义的目标之所以变得复杂，因为就像哈德森所述，至少有四种方式使"美好的新"能够得以出现，因此，这一方法有多重定位：当下的（更美好的东西存在于此时此地），发展的（更美好的东西将从此时此地形成的东西中推出），回归的（更美好的东西已经在彼地彼时），末世论的（一种全新之物，布洛赫称为创新的东西，将会在彼地或彼时）。

换句话说，并且联系到第一部分，根据知识实践的连续统一性，一种内在类型的乌托邦主义是可以辨别的，因为它把自身的任务视为介入到"仍然未能形成的东西，以及已实现的东西预设了它的现实可能性的地方"。生活于其中的人们，梦想和计划都有一个开放的维度。这个开放的维度也就是各种事物，在它们的主要优势中，形成仍然是可能的。乌托邦主义有一个有界限的但必然不确定且难以捉摸的对象：乌托邦过程。有多种实践吸引着布洛赫，以便介入从当下走向多重的"美好"或"更美好"的运动。这些实践包括各种类型的批判：通过一种创造性的参与工作模式，即通过与人们一起揭示新的可能性来培育变化，这些批判使思想体系的替代扩展成为从宏观经济结构的一系列异常现象中产生的经济的替代想象。就这些和其他许多实践的范围而言，我认为，一种内在的乌托邦主义不能通过各种用一种实践补充另一种实践的技巧和技术加以定义。相反，我要论证的是，支撑内在的乌托邦主义的东西，并且使它与尚未形成相接触的东西的是，一种包含着与世界之间的创造性和评估性关系的精神，相信世界的潜能或可能性超过已形成的东西。在此我们抵达了最终的也许是最重要的道路。在这条道路上，希望与围绕着乌托邦和乌托邦主义的问题和任务交织在一起。因为希望做的事情，因为它与一个未封闭世界之间的关系模式，它加强了乌托邦主义的实践。例如，想想作为对日常和异常苦难的要求的回应，对一个更正义的世界的希望是如何明确地推动不同的激进运动的。现在，我想开始对与世界之间的不同关系进行初步的评论，而那些关系可能构成这样一种精神中的特定希望类型。

把一种希望抬高到一种模范性的精神，抬高为可以被定义一种内在的乌托邦主义之组成部分的各种实践基础，始于对关系中的存在（being-in-relation）的相信，因为正如德勒兹所强调的："如果你相信这个世界，那么无论多么不显眼，你都会促成那些躲避控制的活动，无论多么小，你都会创造新的时空。"就像马塞尔极其明确表明的那样，希望就是进入一种与自身之外的东西之间的信任关系之中："我为了我们而期盼你。"正是因为对来自某个或某些他者的呼吁的肯定，希望精神才与其他类型的与世界的对抗交织在一起，而后者则来自于对非表象理论的形成的适应。沃特莫尔给出了一个著名的例子，说明一种不仅仅关心人类世界的精神。克拉克也表达了对超越生活的关注，概述了一个慷慨的创造逻辑。关心和慷慨都是对待世界的态度，建立在一种对怨恨界限的承认之上。因此，我对希望精神的评价是祛魅在最近普遍贬值的一部分；祛魅是与这样一个世界进行对抗的默认方式：它处在一种混乱之中，但仍然"处在未完成的状态和摆脱那种混乱的实验过程之中"。我认为，希望活动之所以突出，它之所以补充而不是取代这些和其他的情感作用，是因为它创造性地揭示了超越当下的可能东西。新的可能性之所以是指定的，是因为正如马赛尔所评论的，形成希望的活动体现出它借以挑战那些证据的运动，正是借助那些证据人类才能通过如下假设来挑战它本身："现实淹没了一切可能的计算。"

然而，发展一种建立在乌托邦精神之上的乌托邦主义实践永远不可能产生出一种"对进步本身的陈腐的机械信念"。将一种乐观主义精神带来的东西等同于希望精神带来的东西是个错误。甚至连这两者都一直被等同于对阿多诺称为否定之否定的实践的拒绝。与希望相比，乐观主义避开了与现存的潜在性和可能性的出现之间的相遇。正如拉什

（Lasch）所强调的，它建立在"一种盲目的信念之上：事物会产生最好的结果"。乌托邦主义的实践和希望的价值始于乐观主义精神所遗忘的一种排除危险的责任："因为真正的希望通过它的客观过程所调和的世界和工作而在世界上运行，所以它与这一过程一起位于危险的**前沿**。"①尽管希望体现出一种开放性，但它不会与现存世界讲和。它通过如下矛盾性的陈述在当下打开了一条裂缝：用马塞尔的话说，事情将会"像以前一样，但比以前不同和更美好"。希望和形成希望的活动使开放性保持开放，但同时确立了一个我们被迫借以评价当下的尺度。正如布洛赫所强调的那样，之所以被迫，是因为希望意识到某种东西正在被错过，"对它来说，成功的太少，完成的太少。这就是为什么它不能遗忘正在错过的东西、为什么希望让所有的事物敞开大门的原因"。②然而，通过希望活动来评价当下，这并不是用一系列原则或标准来评判生活。相反，希望完成了一种现在所固有的中断，一种只受制于正在形成之物的要求的中断，在其中价值的对立（善—恶）被性质不同的存在方式（好—坏）取代。从应对所错过之物的义务出发，就彻底变成其他形成存在论中的希望。一直以来，希望被看作仅仅是延迟悲伤，用快乐、积极、热情的成分代替悲伤的手段。对尼采来说，追随斯宾诺莎，实行一种希望伦理，就是否定罪过或义务，追求积极的快乐。但是，这种对失去和消失过程的开放性，没有沦为对当下的肯定，使希望精神能够冒着失望的危险，因为它对更美好东西的出现是开放的。

---

① Bloch, E., *The Principle of Hope* (3 vols), Trans. By N. Plaice, S. Plaice and P. Knight. Oxford：Basil Blackwell, 1986, p.1372. 黑体字为原文所有。

② Bloch, E., *The Principle of Hope* (3 vols), Trans. By N. Plaice, S. Plaice and P. Knight. Oxford：Basil Blackwell, 1986, p.333.

五、走向一种乌托邦的地理学

本文的基础是这样一种信念，即对于激进思想如何制定出对更美好东西——它把希望定义为与世界相遇的方式——的义务和承诺来说，培育希望是至关重要的。在回应这种要求时，我开始用理论的术语来思考作为一种方法的乌托邦主义：它并不"给出各种乌托邦、模型、具体理想，而是相反……从事无休止的追问过程"。我已经论证过，乌托邦主义并不用一系列特殊的技巧和技术来定义，而是通过那种使对一个模糊的、不确定的对象的改变性介入成为可能的（希望）精神来定义（即乌托邦过程）。本文的目的并不是阐明各种不同的乌托邦实践，例如在上一部分中我提到的从意识形态批判到参与性研究等的乌托邦实践，而是建立一个基础，借此学会影响这种"给予剩余的关系和超出每一种确定表现形式的生命力，并且受其影响"。首先，我略述了一种唯物主义，揭示乌托邦问题是"有张力或是有偏见的"。其次，我描述了一种基于信心、创造性和评价的精神。这种建立一种唯物主义和一种精神的相互交织过程，其结果是乌托邦主义变成一种介入到那些在第一部分中确认出的过程中的情感性手段：一种给予和找到希望的方法，而希望则是对不正义的悲剧性的苦难的要求作出回应的责任的一部分。

我想强调，希望精神能够与其他不同类型的参与活动结合起来。暗含在本文之中的仍然是如下假设：由于我们对世界感到绝望，因此激进思想有一种恢复希望范畴并实践乌托邦主义的责任。一旦我们遇到的希望不是一种个人主体的特性，而是一种集体学习过程提出的希望，我就把这当作一种伦理要求。希望的形成和流传甚至能够被视为区分好的和坏的乌托邦研究的一种根据。乌托邦研究使现在向别样的形成敞开吗？

研究揭示了改革的航向吗？乌托邦研究增加了更美好东西的存在吗？这个有争议的主张的重要性在于它会使我们在经验论工作中激发自己提出乌托邦问题的能力。例如，我们提出格罗兹所提出的问题：空间如何能够以不同于其惯常的方式起作用？移居别处的可能性是什么？等等。结果可能成为一种前缀形容词为"乌托邦的"而不是"批判的"地理学，因为它明显受到伊·斯唐热（Isabelle Stengers）所说的"创造新的可能性的激情"的激励。在宣布乌托邦是什么的时候，我清楚地意识到希望很久以来一直被否认。乌托邦这个名词的贬义用法来源于这样一种担忧：人们脱离了现实，并且这些脱离在最好的情况下是模糊的，在最坏的情况下则是破坏性的。这种真实的危险证明了危险的瞬间是希望精神的唯一保证。尽管这样，我还是认为乌托邦主义是一种命令，以便避免把"现实"还原为已成为"现实"的东西这个更可悲的错误。在这个意义上，并且就其本身而言，本文的目标是一种深思熟虑的、无需辩解的乌托邦。这也包含着许多风险，包括失望。这些凝结成一种精神，让人想起这样一句话："怀有希望的人永远做好最坏的打算。"

[原文载于 *Antipode*（2006，691—710）]

（乔春霞、吕增奎 编译）

意识形态与后马克思主义 *

〔英〕欧内斯托·拉克劳

我们反思的起点是在马克思主义历史观中发现的一个模糊性。虽然这个模糊性经常被指出来，但在我们看来，它没有得到应有的系统解决。具体而言就是：首先，对马克思来说，历史是一种完全客观的进程，由生产力的发展与由社会组织构成的、连续的生产关系体系之间的矛盾决定。这种客观主义观点的典范就是《〈政治经济学批判〉序言》。在那里，社会对抗发挥了显然是次要的作用，只是根本的必然性逻辑的歪曲反映。然而，另一方面，马克思主义也断言，人类的历史就是阶级斗争的历史。这是《共产党宣言》中的著名表述。如何把这两种观点统一起来呢？我本人越来越相信，这是一项不可能完成的任务，而且在很大程度上，所谓的"马克思主义危机"就是这种不可能性的结果。到 20 世纪 70 年代，这种客观主义观点已经完全声誉扫地。作为这种客观主义观点的依据，劳动价值论由于各种各样的理论不一致而陷入了困境；关于资本主义社会结构越来越简单化的关键预言已经完全被证明是

---

* 本文选自《马克思主义与现实》2008 年第 6 期。

原题注：作者欧内斯托·拉克劳（Ernesto Laclau）系英国埃塞克斯大学政治系教授。——译者注

错误的；在全球化的世界中，社会认同和政治认同的复杂性对任何狭隘的、"基于阶级的"视角构成了挑战。

然而，怎么看待第二种观点呢？它主张社会对抗——用马克思的话说，"阶级斗争"——的核心性，从而质疑了一种僵化的社会关系观念。尽管这种观点的"阶级"界限无疑会遭到同样的怀疑，但对抗环节的核心性并没有失去自己的相关性。当然，对于对抗关系所包含的东西需要有新的意识，尤其需要思考那种关系。对抗关系并没有使第二种观点从属于客观主义观念为它指定的确切地点。这是我们的后马克思主义的起点。

因此，如何构想对抗关系是什么呢？在客观主义观念看来，这是一个完全次要的问题，因为历史的逻辑经历了各种对抗，而不是由它们构成的。但是，如果各种对抗被视为社会结构的基本要素，那么确定它们的本体论地位就是一个核心的理论问题。在《霸权与社会主义战略》中，我们从康德对现实对立和矛盾之间的区分开始。我们认为，现实对立和矛盾都不能理解社会对抗中所包含的东西。正如康德所指出的那样，矛盾只能出现在两个概念之间。这就是像黑格尔那样的唯心主义哲学——把现实归结为概念——会把对抗视为矛盾的原因；但是，正如意大利德拉·沃尔佩学派所指出的那样，这与像马克思主义那样的唯物主义者是不一致的，后者主张现实的超精神特征。无论如何，尽管我们在这一点上赞同德拉·沃尔佩主义者，但我们并不赞同他们的第二个论点。根据这个论点，应该从康德的现实对立来理解社会对抗，因为原因很简单：现实对立绝不是对抗性的。两块石头之间的碰撞没有任何对抗性。然而，既然这样，如果矛盾和现实对立都没有正当的资格来从知识上理解对抗所包含的东西，那么我们如何能够理解后者呢？

这就是我们的方法发生根本性转变的地方。虽然矛盾和现实对立都是客观的关系，前者是概念客体之间的关系，后者是现实对象之间的关系，但对我们来说，对抗并不是客观的关系，而是一种表明任何客观性之建构的界限的关系。怎么会是这样呢？从两种对抗力量中的任何一方的观点来看，对手并不是一种实现了自身认同完满性的客观存在，反而是代表那些使这样一种完满性成为不可能的东西。就我们仍然停留在两种对抗力量中的任何一方的视角内而言，这就意味着绝非严格客观的冲突环节表明了社会不可能实现完全的客观性。把各种对抗视为客观的，这可能需要一个客观的观察者的视角。他从那些对抗中可以看到一个更深层的（避开了冲突双方的意识的）客观性的表现。这是黑格尔的"理性的狡计"所完成的那种任务。可是如果我们想把各种对抗视为本质的而不是非派生的，那么这恰恰是我们不得不抵制的诱惑。

然而，那种认为对抗是客观性的界限的观念只是一个起点。一系列与"界限"（limit）观念相关的问题立即产生出来。让我们来谈谈其中的一些问题。首先，如何准确地理解界限呢？如果界限这边的东西在类似的情况下同界限那边的东西相处融洽，那么界限可能是一种假象，可能只是单一表象空间内的内在区别。所以，一种真正的界限应该割裂那种空间，与之应该是根本相异的（heterogeneous）。我们因而引入了"异质性"（heterogeneity）观念。然而，"异质性"绝非透明的，而且只有通过一系列揭示其真正含意的步骤，才能理解它的真正含意。我们可能首先遇到一个超验的问题：我们如何才能拥有这样一种实体呢？它的诸种界限是真正异质的，即那些界限意味着表象空间的一种根本断裂。这样一种断裂有一个前提，即它所包含的裂缝不应该是出现在局部性的表象领域之间——这些表现领域的区分本身是完全可以表征的，而应该是表征原则本身所固有的一个困局。这个前提已经排除了一系列的候选者作为根本的本体论范围的可能范式。当然，所有关于界限是以实证的（positive）差异为根据的观念都与关于根本的界限的观念相冲突（实证的差异预设了一种它们得以构成的根据，因此它们不可能理解一种根本的［radical］界限是什么）。不过，因为同样的原因，辩证的矛盾（A—非 A）应该被排除在外：因为在任何辩证的矛盾中，前提都是我在"A"中拥有我向"非 A"过渡所需要的一切，所以辩证法不得不假定一个发生那种过渡的单一表象空间。在我们正在假定的根本意义上，异质性同辩证法（基于矛盾）和简单的对立（基于对立性）都是不相容的。据此，我们再次得出我们已经得出的结论：对抗是建立在根本的异质性之上的，它所需要的界限观念既不与矛盾相一致，也不与现实对立相一致。因此，我们需要的是这样一种本体论的范围：在其中，可表征性（representability，出现在对抗之中的冲突环节；正如我们曾经说过的那样，对抗回避了直接的表象）所固有的失败本身变成可表征的，即使只有通过追溯可表征之物中的非可表征性（就像在康德的物自体中那样：一种通过自身的充分表象之不可能性来表现自身的对象）。

在一种本体论的范围内，关于作为客观性之界限的对抗的观念才能得以铭写。让我们更准确地列举出这种范围的超验条件。第一个而且是比较重要的条件是在这样一种范围内的可铭写之物应该比客观关系的领域更广泛（否则我们就可能局限于排他性的、替代性的现实对立/辩证矛盾）。第二，在那种范围内的真正可铭写之物不应该只是可表征之物，还应该是那种可表征性的最终的、内在的不可能性（否则我们就不可能超越客观性领域）。第三，围绕着客观性的界限构建而成的"诸种实体"在概念上是不可理解的（如果它们是的话，那么可能再次成为实证的对象）。第四，无论任何一种实体对其他的实体具有怎样的优先性，但在一个能阐述、有差别的世界中，它都不可能成为一种等级制度所固有的实体（除了我们正在寻找的非关系性的关系之外，那种世界还必然预设了客观的关系）。话语观念（the notion of discourse）满足了第一个条件；空的能指（empty signifier）满足了第二个条件；关于作为物之根据的名称（name）的观念满足了第三个条件；不均衡性（unevenness）和根本投资（radical investment）的观念满足了第四个条件，拉康关于客体的思想和霸权逻辑——它们归根结底是相同的——就最好地表明了这一点。让我们来概括一下围着这四个条件的论证。

非关系性的关系究竟是指什么呢？它是一种在客观性的领域中不可铭写的关系，因为它的功能恰恰是要颠覆那个领域。也就是说，它是一种消解了诸种实体的被给予性的关系。如果我们仍然停留在两种社会力量的物质性上，那么它们之间的冲突可能属于从本体上来说被给予之物的领域。这就是说，从对抗中产生的存在的完满性的否定通过那个领域表现出来，但却由它之外的东西组成。对抗性他者的在场使我无法完全成为自身。因此，这样一种本体论范围就是必然的东西：在这种本体论领域内，与从对抗中产生的自我之间的那种距离可以得到铭写。这个领域就是我们所说的话语，而且正如我们多次指出的那样，它并不局限于言语和书写，还包括所有的意指（signification）体系。在那种意义上，它与社会生活拥有共同的边界。维特根斯坦的"语言游戏"论既包括语词的使用，也包括与之相关的行为。它接近我们用"话语"来理解的东西。然而，我们的计划不同于维特根斯坦，因为我们试图探讨语言范畴的本体论含意，比如说，能指（signifier）/所指（signified），语型（paradigm）/语构（syntagm），它们在那个方面上不再仅仅是狭义理解的语言范畴。在某些方面上，我们可以说，如果我们是在寻找一种能够再现对抗关系对各种同一性的颠覆的地形学，那么，就修辞恰恰在于远离比喻运动所产生的一切文字意义而言，它应该是我们寻找的一个特选领域。这无疑是真实的，但我们必须补充如下条件：修辞性（rhetoricity）并不是语言之外的一种文字装饰，而是语言的功能活动的内在组成部分。例如，在决定性的转向中，罗曼·雅各布森（Roman Jakobson）根据替代和结合关系把隐喻和转喻分别与语言的系谱轴（paradigmatic pole）和田比邻轴（syntagmatic pole）联系了起来。这种转变对我们的如下企图来说是至关重要的：把话语领域说成是基本的本体论领域。

这种沿着话语/修辞学本体论方向所迈出的第一步是必要的，但是无论如何都还不够。如果我们停留在这一点上，那么我们可能简单地用一种符号学本体论取代了一种辩证法或实证主义的本体论，但是这种取代可能没怎么说明对抗的关系。根据索绪尔的观点，语言是一种差异体系，并且后者在它们的相互联系中就像我们已经抛弃了的矛盾和现实对立关系一样是客观的。我们的目标需要的不只是这些。让我们暂时回到修辞上来。在西塞罗看来，我们必须借助借喻语言（figural language），因为世界上需要命名的物体多于我们能够运用的词汇。当然，对他来说，这是一种经验主义的缺陷；但是，如果能够表明意指结构（the structure of signification）中存在着本质上不可能的东西，如果意指过程（signification）需要不可能被意指的东西作为它的本质前提，那么我们可能更接近于解决了我们的谜（如果语言除了一种直接、客观的再现外还有其他的意指方式，那种不可能被直接说成是一种客观环节的对抗性冲突，或许就可能用一种不同的方式来意指）。

修辞的仓库拥有一种废除补充性的文字/图形语言的意指方式。这就是所谓的误喻（catachresis）（没有任何文字术语与之相符的借喻术语）。间接性（obliqueness）是误喻性意指过程的本质。因为我现在不能阐述的种种原因，我们有理由认为误喻并不是一种特殊的比喻，而是所有比喻的修辞性本身的标志。文字可能只是一个隐藏了自身的修辞性踪迹的术语，因此修辞性是语言的本质。

为什么会这样呢？因为我在其他论文①给出的种种原因，除非通过误喻的置换作用，否则任何意指体系都不可能封闭自身。那篇文章提出了全部论证，因而我在本文中就不再重复了。我只列出它的逻辑步骤。它的逻辑步骤如下：（1）由于语言（推而广之包括任何意指体系）本质上是有差别的，所以它的封闭性就是任何意指过程成为可能的前提。（2）然而，任何封闭性都需要确立各种界限，并且如果不同时假设了超越界限的东西，那么不可能划出任何界限。（3）但是，因为体系是所有差异的体系，所以，界限之外的东西只能是被排除在外的东西。（4）虽然如此，但排斥行为还是以一种矛盾的方式运作：一方面，它是使差异体系作为一个整体得以可能的东西；但另一方面，面对被排除的要素，各种差异不再只是有差别的，而是彼此等同的了。由于这种紧张在逻辑上是无法避免的，所以体系的整体是一个既不可能又必然的对象。不可能的：由于等同与差异之间的紧张是难以克服的，所以没有任何的实际对象与那个整体相符合。必然的：如果没有那种对象，任何意指过程都不可能发生。（5）结论：不可能的对象可能不得不加以表征，但这种表征可能在本质上必然是一种扭曲和借喻。这就是误喻出场的时候。这种扭曲的沟通过程的可能手段仅仅是特殊的差异。因此，如果不再是特殊的，其中的任何一种差异必须体现那种不可能的整体。从某种角度来看，这就是空的能指的生产：它意味着一个确实不可能的整体。从另一种角度来看，这是一种霸权性的操作（或拉康式意义上的主能指［master signifier］的建构）：某种特殊性在表征一个不可通约的整体中改变了自己的形体。

---

① E. Laclau, "Why do Empty Signifiers Matter to Politics", *Emancipation(s)*, London: Verso, 1996.

现在，我们有了用来界定对抗关系所包含之物的所有必要要素。通过生产出一个空的能指（或者两个，在对抗边界的双方各一个），那种不能被直接再现的对抗性冲突的环节才能最终被意指出来——如果你需要的话，就是被实证化。由于对抗性力量的在场，某人自身的同一性不可能围绕着它的特殊性来封闭自身。属于这种同一性的阵营不得不通过它的内容之间的等同链条和生产出一个没有内容的空的能指来意指自身，因为它再现了一致性的不可能的完满性。而且，每一种冲突的力量在对抗边界的彼岸将要看到的东西，不会是一种纯实体性的内容；那种内容可能只是表征某种不同于自身的东西的手段：反一致性。表征的实体性手段之间的这种差异产生了多重的政治后果，其中最重要的后果是任何等同链条在本质上的不稳定：任何空的能指都不能完全决定哪些东西成为那种链条的环节。现在，我们清楚地看到对抗性冲突所再现的客观现实的界限如何能够意指出来。这样一种意指过程将带来一场永久的误喻运动。尽管冲突没有直接、客观的表征，但它将通过它对客观现实领域的颠覆来表明自身。我们绝没有抛弃拉康的实在界颠覆象征界的思想。

如果对抗关系要在理论上变得显而易见，它还必须满足其他两个超验条件。第一个条件涉及空的能指的理论地位。这个问题的答案通常可能相当简单：我们正在处理一个概念。如果问题涉及空的能指观念在一个理论结构内的位置，毫无疑问，无论那个位置在哪里，我们可能都是指一个概念性的实体。但是，问题并非如此。问题在于一个空的能指与它在自己的名称下所划分的对象之间的关系。我们知道，任何概念分组都应该被视为一种归类（subsumption）。如果概念在它的每一种应用事例中都没有发生改变的话，它所表达的东西就得以再生产出来。概念只能是一般概念，而且实现它的各种事例必定必然地再生产出它们当中的相同之物，一种在它们之外的、坚硬的、实证主义的共同核心。在这种情况下，如果那个共同核心不存在，如果等同关系的根据并不是由任何潜藏在各种个体的要求之下的实证特征，而是由它们对某种否定它们的东西的共同反对给出的，会怎么样呢？在这里，我们触及到了对抗关系的内核：使对抗的每一极的要素统一起来的并不是任何共有的实证特征（在那种情况下，我们可能是在讨论一种纯客观的统一），而是它们对自身所面对的力量的反对。因此，空的能指——把那些要素统一起来的条件——不可能是一个概念，因为它用自身所重新分组的事例建立起来的关系并不是一种概念归类关系。就像我们所知道的那样，概念归类的本质（康德的决定性判断可能是一种典型的表现形式）是规则应该先于它的应用事例。但是，依据一个空的能指来对许多等同环节进行归类，这不可能是一种概念性操作，因为那些环节是异质的，它们唯一的共同特征具有否定的性质。既然这样，如果空的能指与它所覆盖的事例之间的联系不具有概念的性质，那它具有何种性质呢？它是一个名称（name）。让我简单地解释一下我如何看待名义秩序与概念秩序之间的差别。核心的问题是：名称如何指称对象？在拙著① 《论民粹主义理性》（On Populist Reason）中，我解决了这个问题，认为两种主要的方法——描述主义和反描述主义——在如下关键问题上产生了分歧：那种指称行为是否包含一个概念中介？古典的描述主义观点——在从斯图亚特—密尔到伯兰特·罗素对它的各种阐述中——断言，任何客观的指称行为都包含一个概念中介：每一个名称都与一组描述性特征相关，因此，当我在世上发现一个表现出那些特征的对象时，我用那个名称来指称它。这样一来，我们就完全处在康德的决定性判断王国之中：如果没

---

① E. Laclau, *On Populist Reason*, London: Verso, 2005, Chapter 4.

有描述性特征充当把一个名称指派给一个对象的规则，那种指派就可能是完全任意的。第二种视角是与索尔·克里普克及其追随者相关的反描述主义方法：这里缺少一个概念中介，命名是一种原始的洗礼，并不是以任何普世的规则为根据。更不用说，我们的观点显然抛弃了概念归类思想，明确地把自身定位在反描述主义阵营之中。然而，这却有一个限制条件。如果原始的洗礼包括没有运用任何的概念中介来把一个名称指派给一个对象，就无论如何都存在一个难题：对象的统一性是被给予的东西，以至于对某种东西不加审查的命名在对其命名之前就已经完成了？或者相反，对象的统一性源自于那种对它进行命名的行为？我们对"空的能指"所说过的一切已经表明，对我们来说，只有第二种方法才是一种有效的选择。用拉康的话说，对象的统一性只不过是对它进行命名的行为的回溯效应而已。而且，我们能很容易明白为什么如此。如果在对一个对象进行命名的行为之前它的各种决定性要素就已经分享了一些本质的特征，那么命名行为可能属于一种概念中介。但是，如果那些特征是异质性的，因此在根本上是偶然的，那么对象的统一性不是别的根据，正是那种对它进行命名的行为。这说明了我们的如下命题：名称是物的根据。这也表明了为什么没有任何概念归类能够解释那种在话语领域中由空的能指所实现的统一性。

我们的方法中有更多的结构环节需要强调。我们到现在已经表明了实在界如何颠覆了一个象征结构，客观性的界限如何对后者作出了回溯性的行为，扭曲了它的内在连贯性。这种扭曲的关键在空能指的生产中才可以发现。空能指——这是一个关键特征——拥有一种辐射效应（irradiation effect），这种效应超出了任何可以确定的结构地点。这就是说，各种空能指获得的投资不可能是一个结构决定，因为在那种情况下那种投资可能完全是客观的，而且那些空能指所带来的破坏效应可能会失去。正是因为那一点，我们才谈到了根本投资。它之所以是"根本的"，是因为它完全来自于外部，而它之所以几乎是金融意义上的"投资"，是因为你给予了某个结构要素这样一种价值：这种价值并不是来自于它在结构内的位置。这就是所有赋予某个结构要素相对于其他要素的优先性的——例如著名的经济"归根结底的决定作用"——企图都完全忽视了这一点的原因。那种决定作用只能是一种客观的效应，但不能够解释对抗性存在对客观性所产生的限制作用。

既然这样，真正根本的投资具有何种性质呢？在我们看来，它只能具有情感的性质。然而，这种主张需要一种预先的警告。如下想法可能是错误的：意指行为可能支持客观性，情感投资同时又可能是一种完全异于意指过程的力量。就像我在拙著①中已经指出的那样，这可能是一种错误的划分，原因如下：第一，就语言的系谱轴——索绪尔明确地称之为"联想的"（associative）——而言，指意过程需要情感，需要一种只有在个人经验中才可能的置换；第二，情感并不是一种完全在意指过程之外形成的力量，而是只存在于对意指链的有差别的全神贯注之中。正是在这一点上，我曾经试图把霸权逻辑与拉康理论中的对象连接起来，尤其是这样一个方面上：在这个方面上，它在琼·柯普伊克（Joan Copjec）的著作中得到了阐述。② 根据拉康的观点，崇高化（sublimation）是要把一个对象抬高到"事"（当然，不再是弗洛伊德的"事"）的尊严的地位上。这意味着对象的某些部分不再是整体的一部分——这就把它归结为世界结构内的纯粹环节，从而变成一个是整体的部分（a

① E. Laclau，"Glimpsing the Future"，in S. Crichley and O. Marchart（eds），*Laclau, A Critical Reader*，London：Routledge，2004.

② J. Copjec，*Imagine There's No Woman*，Cambridge，MA：MIT Press，2002.

partiality which is the totality）。可是，这只是我们在一个霸权构型的构建过程中给予"空的能指"的那种角色。因此，对象的逻辑和霸权的逻辑不仅仅是相同的：它们是同一种逻辑，全都表明了那些并不是由结构决定的结构效应（structural effects）是如何可能的。充分认识到这后一种主张的结构是重要的。为了使结构决定和结构效应之间完全重合，结构应该是自因的（causa sui）；换句话说，它应该是某种斯宾诺莎式的永恒性。事实上，这是所有把生产方式当作社会不可动摇的基础（fundamentum inconcussum）的理论所预设的东西。然而，一旦我们通过异质性他者的在场颠覆了这种自我决定——就像在对抗中那样，结构效应往往使自身离开了结构决定，这就是说，后者是一种权力体系，该种权力像所有的权力那样被施加到自身之外的某种东西上。换句话说，一旦自我决定结束了，任何结构的构造都将拥有那种并不是由自身生产的生存条件。就生产方式而言，这意味着当那些生存条件本身归根结底并不是任何决定的结果时，它们就会成为被接合的整体（the articulated whole）所固有的，而后者则是它们帮助建立的。这就是"生产方式"观念为什么必须被"霸权构型"取代的原因。

二

在这一点上，我们能够回到马克思主义向后马克思主义过渡的问题上。正如我们已经表明的那样，起点是那两个构成经典马克思主义地带的前提之间存在最终的不可兼容性：（1）历史是一个由生产力的发展与各种生产关系体系之间的矛盾所统一的故事——一种以必然规律为中心的发展；（2）阶级斗争的核心性，阶级斗争至少潜在地创造了偶然结果的可能性。如果这两个前提之间的矛盾性仍然被长期地隐藏着，那么这是因为它们在马克思主义话语中得以接合起来的方面：客观主义因素占据了上风，并且为那种暗含在社会对抗观念中的逻辑的全面扩展设定了种种限制。人们只能想起"历史必然性"范畴在第二国际马克思主义中发挥的作用，看到了它为政治创造力和想象力所施加的种种限制。然后，一旦对历史必然性的信仰遭到削弱，马克思主义教条所代表的那些障碍就被全面地打破了。然而，人们必须指出，这并不是一种崩溃，而是一种有序的流溢：一旦它不再被一种客观决定的限制的前提所限制，它就只是一种潜能的发展，而这种潜能则包含在作为历史变革发动机的阶级斗争的核心性之中。在很大程度上，从马克思主义走向后马克思主义就是这种过渡的过程。

或许矛盾的是，这种过渡的第一个受害者恰恰是那种使之成为可能的观念：阶级斗争的核心性。怎么会这样呢？原因存在于社会对抗观念之中，存在于我们已经发现的内在异质性之中。如果对抗性可以用一种辩证的方式（A—非A）来解释，那么不会存在任何问题：冲突及其主体都可能已经由同样的运动决定。但是，我们已经说明了辩证的过渡在根本上无法解释对抗性冲突如何继续的原因。然而，如果我们走向我们在这种对抗性关系的中心上所发现的异质性，如果它的两极不属于同一个表征空间，那么在那种情况下，一个特殊的社会范畴——例如"阶级"——就不会巩固斗争的观念。

让我们看看一种异质性关系的真正维度。正如我在其他地方所指出的那样，在一种辩证的过渡中决不可能找到根本的异质性的环节。例如，让我们看看如下观念：资本主义生产关系在本质上是对抗性的。在一种把对抗归结为矛盾的辩证观念看来，首要的任务应该是找到一个矛盾得以产生的同质性领域。为了完成这个任务，我必须把资本家归结为一个经济范畴——劳动力的购买者，而且工人也是如此——劳动力的出卖者。结论就是：这种关系具有内在的对抗性，因为资本家从工人那里榨取了剩余价值。但是，这个结论是毫无根据的。只有当工人反抗对剩余劳动的榨取，这种关系才变成对抗性的，但如果我愿意，我能够分析"劳动力的出卖者"这个范畴，然而我在逻辑上仍然无法从中推导出"反抗"范畴。因此，把资本家和工人归结为经济范畴是建构一个辩证中介的同质空间所必需的，使人们不可能想起那种关系的具体对抗环节。然而，资本家和工人之间为什么存在对抗？是因为工人在各种生产关系之外被建构起来的方式（即这个事实：在某种工资水平之下，他不可能过上体面的生活，等等）。但是，既然这样，冲突并不是生产关系所固有的，而是存在于各种生产关系与那种社会主体在它们之外得以构建起来的方式之间。结论很清楚：两种表征空间（工人的和资本家的）在根本上是异质的，因此辩证的中介本来得以成为可能的地带就瓦解了。

由此立即产生出各种结果。一旦我们断定一种对抗预设了两个不可辩证调和的异质的表征空间，那么就没有理由认为，生产关系内的各种地点将成为对抗性冲突的特权地点。资本主义生产创造了许多其他的对抗性冲突：生态危机、不同经济部门之间的失衡、帝国主义剥削等。因此，"反资本主义"斗争的主体是多种样的，并且不可能被归结为一个像阶级范畴那样简单的范畴。我们将拥有许多种斗争。我们越是进入全球化的时代，我们社会中的各种斗争往往越会增加，但它们越来越不是"阶级"斗争。然而，难道我们可以论证说，各个资本主义社会——就 19 世纪马克思所相信的那样——有一种社会结构简单化的内在趋势，以至于我们正在走向一种资本家和工人之间的斗争可能是历史决战的境况吗？简单地看一看当代社会的走向，就足以反驳这种观点了。

　　我们的分析所产生的结果之一是，我们不得不主张政治在社会空间结构化中的首要性。毫无疑问，任何更详细的基础结构逻辑——支持我们——可能决定了我们社会的未来。政治（the political）是一个各种偶然接合的领域，社会（the social）是社会实践积淀的领域。毫无疑问，政治受到了社会的限制，但后者的社会自动性对各种共同体结构化的影响越来越少。再说，在这个时代，显然可以看见全球化的各种影响。

　　第二个结果是在某种程度上政治行动者将始终是多元的。我们所理解的"人民"是一个集体的行动者，产生于这样一种过程：以一个节点（nodal point）或空的能指（我们已经解释了后一个范畴）为中心，对多元性的要求进行均等的再合计。我们应该简单地思考一下大众行动者的构成所存在的两个限制。第一个限制与社会要求的宗派化（sectori-alisation）有关。除了在有机性的危机时期之外，与社会对抗相关的异质性决不可能产生出无限制的等同链条。在那个方面上，对一个要求的"民粹主义"铭写将始终会发现各种随着事态变化而变化的限制。因此，我们就有如下两者之间的紧张：（1）一个群体对其他的群体施加霸权行为的能力；（2）它在一种关系体系内的客观位置，而那种关系体系则对这种霸权的运作施加了种种限制。例如，工会能够充当其他各种社会要求的聚集地，但如下事实也能够成为对其霸权野心的束缚：它在各种明确的制度框架内必须捍卫工人的利益。"合作"阶级与"霸权"阶级之间的整个葛兰西式辩证法是这种紧张的最佳表述。（当我们在谈论某种框架所强加的结构限制时，我们不是回到我们曾经批判过的"客观主义"基础结构。并不是说，那些结构限制是历史的基础，它们的矛盾解释了历史的进程，而是说，任何社会状况都是下述两者进行谈判的结果：第一，一种象征性的结构；第二，一种异质的他者［破坏了前者])。

迄今为止,我们一直是谈论创造一种反体系动员的可能性和障碍。我们的分析所产生的第二个结果涉及相反的运动:那些掌权者对对抗性动员的反对。他们的总体政治可能归结为这样一句话:消除受压迫者的动员。最出色的反政治步骤在于尽可能地达到这样一种状况:所有利益集团都变成法团性的,阻止"人民"的形成。圣西门主义的口号——"从对人的统治到对物的管理"——是对这种趋势的明确表述。在我论述民粹主义的著作中,我曾经提到,在革命制度党执政时期的墨西哥,当面对个人的要求时,政府是比较灵活的。它无法容忍的是他们所说的"一揽子要求"(the parcel),即一组被同等阐述的综合要求,这可能意味着一种重大的政治转向。然而,当一项带来制度体系急剧变革的重大行动需要大众动员的时候,权力也可能产生出民粹主义。

为了明白"制度主义的"环节和"民粹主义的"环节如何共同产生出模棱两可的政治效应,我们在这一点上最终可以转向马克思主义的历史。首先,马克思主义是拒绝支持任何类型的民粹主义再聚合的典范。然而,革命的视角之所以得到坚持,是因为如果只关注对工人利益的捍卫并且让"历史的必然规律"来完成其他的一切,工人就可能不再代表绝大多数的人民,这是无产阶级化进程曾经达到的某种水平。这种预兆的虚幻性与现实政治之间的结合使捍卫工人的法团利益成为可能,但产生了麻痹性的政治效应。由于工会决不是某种"自由领地",所以它的区域是国家制度体系的一部分,因此当后者像 1914 年那样受到威胁的时候,"民族的"团结就战胜了"阶级"的意识形态。随着工人阶级运动的分化和共产国际的诞生,纯"阶级主义"的贫困表现得更加明显:在极左派冒险主义和对现状的机会主义迁就之间的曲折摇摆是共产主义政治的特征。20 世纪 20 年代各个共产党的"布尔什维克化"证明了这种本质上反霸权倾向的命运。只有在极少数情况下，斯大林主义的控制才有所放松，因而一些共产主义运动才设法在一种更广泛的民族和群众的集体意志的各种节点上改造了自身，从而避免了灾难性的失败。毛泽东的长征和铁托的游击战或许是两种主要的成功经验，它们建构了更广泛的大众认同，并且表明了纯"阶级主义"战略的种种局限。以"霸权"和"集体意志"观念为核心的葛兰西理论是对一种替代性战略的主要表述。然而，它几乎没有找到追随者。

三

最后一点我们必须提及。怎么看待出现于本文标题中的"意识形态"呢？马克思主义的地形中一直存在两种主要的意识形态观念。在我看来，这两种意识形态观念都应该被抛弃。第一种是"虚假意识"观念；第二种观念认为意识形态是任何社会形态所必需的一个层面。第一种与"真实"意识的可能性相关，人类使之与自身相一致；在这种观念的许多版本中，意识形态是科学的对立物。这种观点的本质主义已经使它的声誉完全扫地。至于第二种，它成为当代理论化的某种支柱，与如下观念有太多的联系：人们心中的歪曲观念反映出一种自然主义的基础结构。无论如何，我们都不愿意完全抛弃意识形态观念。我认为，如果它的意义发生了特定的变化，它就能够得以继续存在下去。正如我们已经看到过的那样，在任何不稳定的意义稳定化中，都有某种本质上是误喻性的东西。任何"闭合"必然是比喻性的。这就意味着那些话语形式（它们在某种语境中建构了一个所有可能表象的视界，这确定了什么"可说的"界限）将必然是比喻性的。正如汉斯·布卢门伯格（Hans Blumenberg）称呼它们的那样，它们是"绝对的比喻"，一种巨大的"好像"（as if）。这种封闭性的操作是仍然可能被我称为意识形态的东西。在我的词典中，"意识形态的"这个术语应该是很清楚的，并没有一丝贬损的含义。

（原文载于 Journal of *Political Ideologies*，June 2006，Vol. 11，No. 2）

（陈红 译）

后现代主义之后：回到女权主义与马克思主义 *

〔英〕吉莲·豪伊

导　言

米凯莱·巴勒特（Michele Barratt）在《当今妇女所受压迫》修订版（*Women's Oppression Today*, 1988）导言中写道，她已经中止了原有的研究课题，即试图探寻非还原的（non-reductive）马克思主义与女权主义之间可能有的共通性的课题。她放弃了这一课题，而不是解决了这一课题；她之所以放弃这一课题，原因在于后现代主义对研究环境的影响。她解释说，后现代主义是以明确否定而且是有理有据的否定宏大叙事为前提的，而"社会主义"和"女权主义"就定义来说无疑都是宏大叙事，但是她也说，后现代主义不是人们能够支持或反对的事物。它是一种研究立场，更是一种文化氛围，是一种学术时尚，更是一种政治现实，这决定了女权主义研究将不得不围绕后现代主义这一核心立场展开。

---

　　* 本文选自《马克思主义与现实》2009 年第 4 期。

　　原题注：经作者授权发表，原文标题为"After Postmodemism: Feminim and Marxism Revisited"，作者吉莲·豪伊（Gillian Howie）系英国利物浦大学哲学系高级讲师，女权主义理论研究所所长。——译者注不久之后，巴勒特在女权主义理论中发现了一种文化转向，同时发现这一特征的学者还有伦纳德（Leonard）、本哈比（Benhabib）、沃尔比（Walby）等。女权主义理论与文化理论（尤其是话语分析）的联系越来越紧密，已经超越了其与社会科学之间的联系的紧密程度。此外，社会科学的其他学科中也出现了同样的趋势：由社会结构模式转向现象学和解释学。在《后现代的状况》中，哈维（Harvey）评估了新左派的文化转向的影响。他认为，文化政治学转向与无政府主义和自由主义的关联程度要比与传统马克思主义的关联程度高。左派由于支持新的社会运动，放弃无产阶级是变革的代理人这一历史唯物主义信念，从而失去了批判自身及社会进步的能力。另一方面，文化政治学转向也不是毫无成效的，它把性别问题和种族问题、差异政治问题、无能政治问题、殖民化的野蛮主义和审美政治等问题凸显出来。然而，潜在的问题是，文化理论（或后现代主义）是否掩盖了资本主义文化中的深层转型。

后现代主义已经被定义为一个历史时代，一个与新的生产方式——后福特主义生产方式——相符的历史时代；一种审美或一种态度，一种描述和体验这种更现代的生产方式（如果比发达的生产方式还要发达）的方式。如果生产方式没有重大变化，那么人们不禁会想到一个问题，即如果我们的社会政治环境仍然保持原样，人们是否可能与他们原有的思维方式决裂，采取一种新的态度？在这篇文章中我将假定现代性的环境仍然存在，后现代性并不代表一种截然不同的生产方式或社会组织形式。现在，如果说后现代主义是从某种斗争中（也许是从分裂的事实中）获得了它的审美标准的话，那么确定这样一种分裂事实为何能够成为现代体验的一部分，以及为何这种体验自 20 世纪 70 年代以来一直在不断积聚，就变得非常重要了。后现代主义中存在一些紧张状态，如被表达的内容与其表达方式之间的紧张状态，隐性和显性之间的紧张状态，在女权主义理论中这些紧张状态也有相应的表现形式，我对这种紧张状态非常感兴趣。我的观点是，与任何其他的思想体系一样，女权主义的后现代主义也有其内在的矛盾，这些矛盾在 20 世纪 80 年代不断加剧，目前正在逐渐显露出来。

后现代女权主义理论在英国的蓬勃发展已经对现有理论提出了挑战。它已经破坏了先前那些确定无疑的范畴；鼓励理论家们去分析权力的重要性和权力关系，质疑一元化的普遍概念，彻底开放了有关主体性、性和性别的讨论。但是也有人指责这种试图颠覆普遍概念的做法抽掉了女权主义得以存在的根基；因为如果个体不再被看作属于一个特殊群体的女人，那么就不可能期望围绕她们共同关注的问题、共同的政治身份把她们动员起来。事实上，已经有人指出，概念的这种不确定状态也使女权主义者无力对权力的"结构"背景和主体性条件（主体的经济条件、社会条件、心理条件或语言条件）等问题展开讨论。这一点对于诸如莱斯利·海伍德（Leslie Hey Wood）和珍妮弗·德雷克（Jennfer Drake）等的第三波女权主义者来说尤其棘手，她们试图通过揭示第三波女权主义视角如何既由经济全球化和科技文化创造的物质条件塑造，又由与后现代主义和后结构主义相连的思想塑造，来把第三波女权主义放在大背景中进行研究。

在某些人看来，将各种各样互不相同的理论统称为"后现代"，是一种令人反感的整体化转向。但是，正如詹姆逊指出的那样，只是到了最近，这种理论转向才被看作是令人反感的。先前，抽象被看作是一种"战略"方法，通过这种方法，可以看到现象之间的差异。这篇文章意欲指出，在最近的女权主义理论教规化潮流中有哪些内容被包含进来，有哪些内容被删节，有哪些内容被抹掉，以此表明，社会主义女权主义对唯物主义的排斥已经导致了一种"文化"女权主义的形式，"文化"

女权主义的反现实主义主线使女权主义无力阐明它所处的环境，也无力对它所处的环境进行调研和分析。然而，人们必须要注意，不要把孩子和洗澡水一起倒掉，被女权主义理论内在化的许多矛盾已经说明了女权主义得以产生的环境的某些真实情况，这些真实情况是不可能通过简单地回归到旧知识中而得以解决的，也不是通过把所有的社会关系都归于它们的物质起源便能够解决的。事实上，近来在马克思主义内部出现的关于 20 世纪 90 年代末的经济危机的讨论表明，社会主义女权主义和马克思主义女权主义内的一些争论已经被排除在"主流"之外，被放弃了而不是得到了解决。

女权主义理论近史：构建一个规范

克里斯蒂娃（Julia Kristeva）在她有重大影响的文章《女性时代》（*Women's Time*）中指出，女权主义运动可以分为三个清晰的阶段：自由主义女权主义（存在主义女权主义）、马克思主义女权主义和激进女权主义、后现代女权主义。最近出现的被称为第三波的女权主义理论者，反对 20 世纪 70 年代和 80 年代的女权主义理论内部的排他倾向，主张内在于第一波和第二波中的本质主义导致了对差异的根除。在批判本质主义的过程中，第三波女权主义者自始自终反对"适合一切群体的身份"这样的有诱惑力的主张，认为坚持女性的共性非但不能为政治力量提供土壤，而且还将导致对差异的忽视，甚至抹煞差异。[1] 自此以后，这些主张形成的压力导致了一种"害怕陷入种族中心主义或'本

---

[1] M. Shildrick, "Sex and Gender" in Gillis Howieed. , *Third Wave Feninism: A Critical Exploration*, Palgrave, 2004, pp. 67 – 71.

质主义’的越来越麻痹的焦虑状态”①。这种对本质主义的焦虑的结果之一就是使关于女性结构共同点的讨论的优先性不再具有合法性。② 把女权主义理论（尤其是60、70年代的理论，也包括80年代的理论）一概描述为本质主义加以拒绝是有问题的。抛开政治结果不算，不允许讨论有关社会关系、经济决定因素和干预因素的话题将导致一种对文化的特殊论述；而对文化的论述本身实际上正需要那些被抛弃的分析。因此，在这里，我想回顾一下第二波中的一些争论以说明一点，即如果这些争论可以被认为是一波中的一部分，那么第二波女权主义的主流观点及其对立观点仍旧具有影响。

莉迪娅·萨金特（Lydia Sargant）在80年代初指出，历史正在被重写，大学生从来没有听说过舒拉米斯·费尔斯通（Shulanith Firestone），但他们却听说过“抢衬裤”（美国大学男生突袭女生宿舍以夺取女生衬裤为战利品的玩笑活动。——译者注）。今天，我们能够在一点上达成共识，即尽管学生们可能听说过巴特勒（Butler）、威蒂格（Wittig）、盖腾斯（Gatens），但他们可能从未听说过费尔斯通，这似乎证实了那种把女权主义理论的历史比作波的观点，一波让位给另一波。但是如果每一波中的争论无法用同一标准进行衡量，或者社会问题还没有解决，那么用波这种比喻来说明线性历史进程就没有意义。下面，我将带领大家简要回顾一下激进女权主义，提醒我们为什么解决经济剥削和性别剥削的交叉点问题异常重要。

———————

① S. Bordo, "Feminism, Postmodernism and Gender Scepticism" in L. Nichdson ed., *Feminism/Postmodernism*, London, Routledge, 1990, p. 142.

② S. Bordo, "Feminism, Postmodernism and Gender Scepticism" in L. Nichdson ed., *Feminism/Postmodernism*, London, Routledge, 1990, pp. 135、142、153.

第二波女权主义者意识到，妇女从来都不是被简单地排除在社会契约之外，现代社会结构设法通过一种方式将女性包含到政治秩序中来，即在不对社会结构作重大变革的情况下满足将女性包含到政治秩序中的形式要求（这种方式也是自由主义女权主义者所遵循的方式）。受包括弗里丹（Friedan）、米勒特（Millett）和费尔斯通在内的美国女权主义理论家的影响，激进女权主义者开始分析家庭、性倾向和各种文化表现形式。她们推断，第一波女权主义几乎没有取得什么政治成果，因为传统的结构和价值观没有被改变，而正是这些结构限定了男人和女人的角色，赋予妇女和男人不同的价值观：在传统结构和价值观中，女性是他者，受男性的统治、压迫和剥削。父权制被定义为男性之间的一套社会关系，这套社会关系有它的物质基础，而且尽管这套社会关系是等级制的，但它却使男性之间相互依存、团结一致，使男人能够统治女人。

激进女权主义的特征是，不仅关注不同的性格和特征，而且关注男人与女人的差异，权力与权威的差异。"无名问题""女人的问题"，被作为一系列问题揭露出来；强奸、家庭暴力、色情文学、低工资、劳动分工、家务劳动、虐待儿童、社会排斥和政治排斥等，以及所有这些问题与性别表现之间的关系，也被揭露出来。本质主义者和反本质主义者都认为，自由政治口号"平等但是不同"隐匿了一个事实，即男性比女性更受重视，男人对女人的统治是被批准的。这些结构本身需要被修正，需要根据不同的价值观来修正。有人主张，合适的价值观是那些与女性气质相关联的价值观。其他人主张，女性气质是现存体制的产物，因此需要"对所有的价值观进行重新评估"。这些争论的共同之处是都相信真正的道义平等，相信男人和女人各有各的价值。与这种对所有人的"形而上"的平等信仰并存的观点是，认为两性在生物学意义上是不同的，由于社会体制随着时间不断改变，因此作为这一社会进程的产物的人的能力和特征也是不断变化的。这一关于变化的人（由她的社会关系构成）的理论标志着与自由主义和存在主义的"抽象个体"的决裂，这将使女权主义研究丧失为人道主义道德立场辩护的能力。安·布鲁克斯（Ann Brooks）指出，第二波女权主义和第二波女权主义之间越来越大的差别似乎是以激进女权主义内出现了本质主义的和反历史的（ahistorical）多样化立场为前提的。

这些问题曾在 20 世纪 70 年代困扰着第二波女权主义者，当她们试图解决这些问题时，关于父权制的本质和压迫的根源问题的争论就变得异常重要了。社会主义女权主义者和马克思主义女权主义者也受到了妇女运动中的这种激烈争论的影响。从根本上说，她们希望分析父权制和资本主义的物质结构，但是，要想做这种分析，她们不得不首先决定是否应该把父权制作为一种与资本主义制度完全不同的、具有其自身的历史和起源的社会制度来分析。如果资本主义制度可以被定义为一个阶级对另一个阶级的劳动的占有和剥削的话，那么父权制是否可以被定义为一个阶级（男人阶级）对另一个阶级（女人阶级）的劳动和性的占有呢？如果可以这样定义，那么资本主义制度和父权制之间又是什么关系呢？特别是资本主义制度和父权制之间的生产和再生产关系是什么样的呢？是资本主义造就了男性统治还是资本主义只是男性统治的一种表现？马克思主义女权主义者试图在历史唯物主义所理解的生产和再生产的框架中来确定性别关系；女人在斗争中之所以重要是因为她是工人，而不是因为她是女人。二元体制理论者主张，父权制和资本主义是两种不同的体制，只有在资本主义的父权制这一点上才有交叉。一元体制理论者主张，资本主义理论和父权制理论只是描述了同一社会体制——存在性别偏见的资本主义——的不同方面。反体制理论者主张，女权主义者应该到马克思那里去寻找答案，不是寻找一种分析性叙述，而是寻找对于特殊历史事件的有启发意义的解释。

尽管流行的女权主义史学把唯物主义的马克思主义女权主义描述为是经济主义的，但马克思主义女权主义者实际上已经意识到，经济分析范畴倾向于把所有权力问题都归结到谁拥有和控制生产资料、谁创造的剩余价值被别人榨取这一点上来。把纠正这一点作为目标，马克思主义女权主义者试图确认性别关系是一种历史唯物主义所理解的生产和再生产过程，正是在生产和再生产过程中两性相区别或者相联系。马克思的剥削概念、异化概念、劳动价值理论及其暗含的交换原则，被用来阐明私有部门和公有部门之间错综复杂的关系是如何通过物质条件交织在一起，又是如何依赖于物质条件的。举例来说，巴勒特分析了家庭的形式和结构，主张不仅仅是核心家庭是资本主义再生产出自身的结果，甚至更激进地认为就连家庭这一概念也是一种意识形态建构。为了避免陷入这种自然主义，人们最好研究一下家庭和家族思想。这种分析引起了激烈的争论，因为它明显倾向于把经济基础和上层建筑区分开来，经济基础即指经济结构，上层建筑即指信仰及文化表现形式。巴勒特在她的导言中担心，她的家庭思想本身对不同国家和不同族系的家庭中的种族差异不够敏感。

马克思主义女权主义可以被称为一种一元体制理论，但是诸如贾格尔（Jagger）和扬（Young）这样的理论学者却试图把性别压迫看作是资本主义的一种必要特征。如，沃格尔（Vogel）强调，马克思主义就目前来看是一种不胜任的理论，必须被改造；否则它将无法解释劳动过程的动力机制的问题。扬这位一元体制理论者用劳动分工理论取代阶级分析理论，试图阐述一种性别歧视的资本主义理论，在性别歧视的资本主义中，阶级关系和性别关系是一起演化而成的。她认为，关注劳动分工的理论，才有可能对种族歧视的劳工市场中的种族差异感觉敏锐。她主张，女性的边缘化，以及女性的次级劳动力地位，是资本主义核心的基本特征。另一位马克思主义者艾伦·伍德（Ellen Woods）则不这样认为，她主张，资本主义并不关注它所剥削的人口的社会身份，弱化了人们之间种族和性别的差异，同时也弱化了人们的种族和性别身份。当处于最底层的工人阶级与诸如性别和种族这类的经济外身份正好一致时，压迫的根源似乎就在经济之外了。但是种族歧视和性别歧视在资本主义社会运转良好，因为它们有利于工人阶级中的某些成员在劳工市场的竞争环境中占据优势地位。

这一讨论在 20 世纪 70 年代和 80 年代关于家务劳动的争论中达到顶峰。这一争论主要关注家务劳动的功能及其在资本主义再生产中的角色，这一争论提出了男人就其本身而言受益于女人受压迫的事实的问题。最初的争论在两派中进行，一派是以恩格斯对前资本主义劳动的性别分工的推测性评论为依据的理论者，另一派是主张基于性别的劳动角色始于资本主义的理论者。在马克思主义的框架内，这些争论非常重要，因为只有那些身处生产劳动中的、创造商品和剩余劳动的人，才被看作革命阶级的一部分。争取家务劳动工资的领导人主张，家务劳动实际上生产出了资本主义的核心商品——劳动力。基于这一原因，塞尔玛·詹姆斯（Selna James）、达拉·科斯塔（Dalla Costa）以及其他一些人建议为家务劳动支付工资。这一建议除了表明家务劳动的生产本质之外，也致力于抨击一种核心假设，即主要的工资劳动者（即男性工人）已经被支付了家庭工资。这一点正好与诸如朱丽叶·米切尔（Julfette Mitchell）和玛丽·麦金托什（Mary Mclntosh）这样的二元体制理论者的观点相交。不仅男人从来没有得到过"家庭工资"，而且家庭工资这一概念本身隐藏了一个事实，即即使说女性只是辅助的工资劳动者，无疑她们也是工资劳动者的重要组成部分，但即使女人和男人做"具有同样价值的"工作，女人的工资也要比男人的工资低。这些观点不可避免地使社会主义女权主义运动和马克思主义女权主义运动与工会运动和劳工运动相冲突。正如贝亚·坎贝尔（Bea Cambell）和巴尔·查尔顿（Val Charlton）在1979年指出的那样："劳工运动试图把对平等工资的承诺的要求与对家庭工资的承诺的要求结合起来，但两者是不可兼得的。"

二元体制理论者（通常被称为社会主义女权主义者）将经济关系和性别关系区分开来：将性别分析置于对父权制的阐述之中，而不是用马克思主义的经济分析方法来回答上述问题。父权制和资本主义可以被看作两种完全不同的体制，各有其自身的利益、运行规律、矛盾模式和矛盾解决方式。这两种体制的交叉点是不确定的、不规则的。但是这种两种轨迹的方法可以弥补马克思主义理论看不到性别区分的缺陷，从而使男人和女人的关系的体制特征更为清楚。马克思主义无法回答为什么女人无论在家庭中还是在家庭外都从属于男人这一问题，也无法回答为什么不是颠倒过来，男人从属于女人这一问题，然而，根据哈特曼（Hartmann）的说法，女权主义分析能够揭露父权制在男人对女人劳动力的控制方面有其物质基础这一事实。上述关于家庭工资的争论是解决关于妇女劳动力在父权利益和资本主义利益间的纷争的例子之一。米切尔主张，这两种体制在理论上是无法还原的，但在马克思主义中存在一种归纳主义倾向，即把再生产的功能和角色、性取向和社会化看作是由经济基础决定的。事实上，在《心理分析和女权主义》（*Psycho Analysis and Feminism*）这本书中，她表明，妇女受压迫的根源深植于人类的心灵之中。

关于成熟主体的身份获得问题被提了出来，很具启发意义。如果我们接受成人主体想要的实际上是能够维持现存社会体制的那些事物，如果我们相信性、性别和性取向的和谐是确保这些愿望得以实现的各种进程的结果，相信我们对于自己是谁的判断依赖于这些信仰、愿望和行为，那么，寻找一种能够描述个体被指派到社会秩序中的某个位置的方式的理论就显得异常重要了。通过延伸和发展马克思关于意识的论述，我们似乎可能对妇女的"错误意识"有所理解。正是因为这个原因，二元体制的理论者们求助于阿尔都塞的马克思主义，希望能够在他的"质询"理论中找到关于意识形态的论述，以用父权制意识形态力量之外的原因来解释妇女的"错误意识"。米切尔本人也试图把结构语言学的理解与心理分析结合起来，以使对主体身份的分析更加完善。她早期的观点是，妇女与生产、低工资、兼职工作和经济依赖性之间的关系是压迫的根源，但是这种关系是与生物社会学考虑和社会中流传的有关男性气质和女性气质的更笼统的思想共同发挥作用的。她对父权制所作的心理分析，假想的从一元原因分析到多元原因分析的过渡，预示了向后现代主义的转变。

激进女权主义者关于主体身份的复杂性的观点，关于异性爱维持社会稳定运转的方式的观点，对二元体制理论者和一元体制理论者之间的争论产生了一定的影响。与性倾向相关的问题在一些著作中被推向了政治日程的最前沿，并在 20 世纪 70 年代中期和 80 年代初关于女性同性恋关系的争论中达到顶峰。英国左派关于主体身份和性倾向问题的争论逐步转向哲学领域，将心理分析和多种形式文化的重要性的理论囊括进来。这一转向，尤其是朱丽叶·米切尔和杰奎琳·罗斯（Jacqueline Rose）的拉康心理分析转向，也受到了来自亚当斯（Parveen Adams）等人的挑战，但是从这种转向中，还是产生了各种各样的文学研究和文化研究。洛弗尔（Lovell）提出，文字向社会历史分析的聚合使文化研究成为女权主义理论的"自然生长环境"，这正好与本哈比的"文化转向"的描述相契合。

文化研究有一种折衷主义倾向，人们对马克思的人道主义和经济主义解读让位于人们对诸如葛兰西、阿尔都塞、拉康、巴特和福柯这样的"马克思主义"理论家的兴趣。当时，最重要的问题之一似乎就是，社会主义的历史是否应该包括将人类主体性历史化的观点。科拉·卡普兰（Cora Kaplan）等人告诫说，如果符号学家和心理分析理论家不保持他们的唯物主义分析和阶级分析，创造的至多也只能是一种"反人道主义的浪漫的激进观点"。因此，对主体的批判，以及认为表面的统一的主体身份实际上是先前的语言进程和性别心理进程的结果的观点，引发了一系列关于心理分析的本质的争论。马克思主义和心理分析有三个基本的共性特征。一是它们都声称自己是科学的、唯物主义的，二是它们都质疑没有价值倾向的科学方法的生命力，三是它们都对社会化的人的主体感兴趣。然而，尽管马克思主义和心理分析关注变革过程，关注斗争和解决方式，但他们在变革过程的本质这一问题上却持有完全不同的观点。那些受心理分析理论影响的理论家主张，马克思主义者把导致斗争和侵犯的结构社会化了，而且马克思主义者对商品崇拜和商品意识的解释从根本上说是一元的。马克思主义者主张，心理分析崇拜主体性，将人的动机自然化，而且假设人的心理结构是不变的、通用的，但事实上，心理分析是对异化的悲惨境遇的个体化回应，而且把异化体验从它产生的大背景中抽象出来的做法导致了一种个体与现状相调和的理论。如果事实证明心理分析理论不仅是误导的而且是错误的话，那么文化理论和女权主义将面临什么状况，这是一个值得思索的有趣问题。

身份理论：转向后现代主义

身份理论出现于 20 世纪 80 年代，体验（几乎是经验主义的一种极端形式）在激进女权主义中的轴心作用，以及 70 年代向心理分析的马克思主义的左转和向法国文学批判主义的左转，都在理论上预示了这一理论的出现。20 世纪 80 年代，人们目睹了英国政治文化领域发生的巨大变化，其中就包括作为一种政治力量的女权主义的消亡的事件。这里，我只关注英国，美国有它自己的内部动力机制。在撒切尔主义（"自由市场"的财政政策）的兴起和左派的分裂（女权主义作为一种政治力量的消亡、身份政治以及几乎是排他的强调身份问题的身份理论的出现）之间存在着错综复杂的关系。有人提出，英国女权主义的独特特征是，它植根于 60 年代和 70 年代的高层工人阶级运动。在 80 年代，工会运动和劳工运动普遍衰落。导致女权主义的政治消亡的因素之一，是女性解放运动内部已经积聚了 10 多年的张力。激进女权主义和社会主义女权主义之间的冲突，中产阶级女权主义者和工人阶级女权主义者之间的冲突，黑人女权主义者和白人女权主义者之间的冲突，异性恋女权主义者和同性恋女权主义者之间的冲突，在地方组织中、在会议中以及在各种编委会中都显露无疑。这些冲突迫使女权主义者认识到他们自己的位置，承认女权主义思想内部的普遍趋势。那种认为某个个体因为具备了某种性别特征就应该与某一特定的政治运动结盟的主张已经不再可行，作为一项政治运动的女权主义目标的正当性变得难以证明。当在女权主义行为的合适位置这一点上的分歧根深蒂固的时候，就出现了这种认识。有些人，如希拉·罗博特姆（Sheila Rowbotham）和希拉里·温赖特（Hilary Wain Wright），试图从女权主义内部改变劳动政治主张，而其他人则主张，一种更开放、更民主的政治运动与旧式的劳工政治群体或工人政治群体是不相容的。

与作为一种政治力量的女权主义的灭亡相伴而生的是学院女权主义的巩固和加强。学院女权主义曾被相应地称为去激进化的女权主义理论，这是与"市政女权主义"（municipal feminism）的兴起相关联的，"市政女权主义"是把女人和女权主义理论逐步渗入公共机构（包括高等教育机构但不仅限于高等教育机构）的女权主义。有两个原因可以说明为什么高等教育机构中女性数量的增长与女权主义理论的去激进化相关联。第一点原因引导我们去关注公共机构对工作类型施加决定性影响的方式。第二点原因引导我们去关注广为流行的学院理论的类型。下面我们先来看第一点。一个公共机构可以被定义为一种实体组织形式，这种实体组织包含了沉淀其中的权力关系和资助管理概况。某种学术实践"准则"和"理想的"学术实践者的图像逐步渗透进来。学术实践规则限制或告知了学科的主体研究内容。人们默认的事实是，所开展的学术研究类型就是能够确保得到资助和发表的研究类型。此外，一个公共机构的首要任务就是传授策略。人们用不着成为福柯就能理解，构建一套准则的教学动力是如何提出研究哪些问题和排斥哪些问题的。

对于理论的去激进化的第二种解释是关于理论本身的本质的问题。女权主义学术理论已经在从文学理论到认识论、从建筑学到地理学、从生物学到法学的各个领域蓬勃发展起来。但是身份理论却占据了最高统治地位，后结构主义已经对女权主义内部的方向产生了决定性的影响，而这又带来了战略问题和理论问题。有人主张，女权主义关于差异的讨论已经使女权主义丧失了作为一种政治主张的根基。这有两方面原因：第一，一旦人们认识到妇女的差异性，并把妇女的差异性置于一致性之上，那么任何一种集体的有明确目标的行动能否开展起来都成问题。第二，女权主义理论的主旨变成了其自身，而且这一理论的目标变成了对内部分野和矛盾的主体地位的反思和质问。

将社会复杂性理论化

这里，我想提一下安·布鲁克斯的观点，即后现代女权主义从根本上说是一种批判理论，致力于批判女权主义理论分支中的本质主义、种族中心主义和反历史主义。我的观点是，女权主义理论只有在抛弃了它的一些核心主张的情况下，似乎才可能成为一种批判理论。首先，有必要澄清几个概念，即普遍主义、本质主义、自然主义和生物主义，我先暂且不说关于身体和性别的问题，因为我认为，只有先澄清以上这些概念，才能正确地阐述这些问题。

伊丽莎白·格罗斯（Elizabeth Grosz）在《关于本质主义和差异的笔记》（*A Note on Essentialism and Difference*）中直截了当地对这些概念作了区分，她主张这些概念都是用来证明女人的社会从属地位的正当性的。本质主义、生物主义、普遍主义这些概念总是结合在一起支持现存的权力关系，证明现存权力关系的合理性。但是有一点不清晰，即为什么本质主义或普遍主义或漠视传统（ahistoric）必然是不好的，实际上本质主义也可以借助联盟的力量；人们强调普遍主义，但也可以维护个体的个性特征；人们漠视传统，但也可能是一个马尔库塞理论的信奉者。另一点不清晰的是，做一个生物现象论者意味着要坚持本质属性或普遍属性；人们可以通过一系列的相似点来思考个体。这种主张通过把生物学和生物主义结合起来，把自然和自然主义结合起来（尽管可能是无意识的），其表述往往不能反映真实情况。

　　她主张，女权主义者面临的两难处境涉及研究严谨的目标（避免本质主义和普遍主义）与女权主义政治斗争（致力于解放作为女人的女人）之间的冲突。她相信，女权主义理论必然涉及一系列的复杂谈判，如果女权主义理论在政治上不能摆脱父权制框架、方法和假设的影响的话，那么就需要承认这种影响。马克思主义之所以失去影响力似乎有三点原因：一是马克思的异化理论（可能建立在对类存在物进行自然主义叙述的基础上）；二是它的科学主张；三是它的历史研究方法。

　　普遍主义和本质主义之间的关系也是伊丽莎白·斯佩尔曼（Elizabeth Spelnan）探寻的目标，她列举了艾里斯·默多克（Iris Murdoch）的《好与善》（*The Nice and The Good*）中的标志性段落以说明，把许多特殊个例归纳为具有独特的普遍特质的事例的内驱力是对经验世界的混乱状态的一种心理反应。为了将特殊个例包含在普遍特质之中，必须优先强调相似性而非差异性，异质性被归纳为同质性，总是要预先假定一个适合于所有事例的本质。于是，为了将个体归属到一种普遍概念之中，我们必须假设每一事物都必然具有一些属性，这些属性是所有事物都具有的普遍属性。斯佩尔曼坚持认为，这是一种形而上学的错误，将导致极为严重的政治后果。首先，她认为，个体不是普遍适用的属性（种族、阶级和性别）的总和。由于不存在个体共有的永远不变的属性，因此人们认为，"女人"这一词条并不能代表一个自然群体。按照这一思路，由于关于普遍属性或一般属性的断言是错误的，因此普遍属性起作用的方式也变得值得怀疑了：利益分类被作为一种中性标准提了出来，根据这一标准对各种事物作出判断。这不仅是女权主义理论的内部问题，也是女权主义理论的外部问题，在女权主义理论中，从某一个别立场归纳出的准则被错误地认为是适用于所有同类的其他个体的；通常，享有特权的女性的特征和经验被概括为所有女性的特征和经验。[①]

如果我们对这种个人主义及其与某种政治形式的一致关系有些担忧，那么我们就会回答说，人们可以抵制闭合式的定义，不接受这种唯名论，使决定群体身份归属的利益关系更加明晰。作为一名唯名主义者和女权主义者，尼古拉·斯托利亚（Nicola Stoljar）为人们呈现了一个女权主义内部的唯名论的最好例子，但是如果人们还想描述将个体区分为各个群体的划分方法背后的机制的话，那么还需要有一点本体论的知识，本体论包括意识独立机制和认识论。这两者都是莫伊拉·盖腾斯（Moira Gatens）研究的内容。

当代女权主义者不愿意在她们的名字前面加上另一种理论的名称，如马克思主义的女权主义，按照盖腾斯的说法，这表明了女权主义者对社会政治理论的深度怀疑。女权主义者不再相信这些理论能够解释或阐明妇女的地位问题，因为这些理论已经被破坏了，不是被表面的无视性别差异所破坏，而是被更深层的某些东西所破坏。（1）理性：理性被定义为与女性气质或传统的女性角色相对的特性。马克思主义也是如此：科学主张、终极目标、辩证法。（2）二分法如再生产/生产、家庭/国家、个体社会。她说，自由主义和马克思主义都不能在二分法之外思考问题。二分法从本质上说是一种等级划分法，把女性分成了不同层次的女性。（3）权力：被看作是某人拥有或没有的某种东西，主要表现在对政治经济关系的调节和控制上。（4）压迫：倾向于假定一个团体受到了性别歧视。这是哈拉韦（Hareway）在她的《电子人》（Cyborg）中的观点。

---

① E. Spelman, *Inessential Woman : Problems of Exclusion in Feminism Thought*, London Woman's Press, 1990, pp. 1 – 5.

要想使对理性和身份原则是父权制的固有特征的说明具有说服力，还需要作大量的工作，事实上，劳埃德（Lloyd）的哲学叙述是有选择性的，歪曲了某些哲学立场，并没有说明盖腾斯认为迫切需要说明的那些问题。但是这种说明也压制了任何批判性借鉴的内容。不重新思考这一问题，我们甚至无法开始讨论其他的主张。在这里，我们看到了一种滑入浪漫的反人道主义的先锋主义倾向，在这种倾向中，思想是固定不变的，认识与现状是和平共处的。

结　论

米瑞杜拉·查克拉博蒂（Mridula Chakraborty）主张，"波/阶段/以波为基础的意识"的观点是一种欧洲中心主义的主体意识形态建构，这种欧洲中心主义的主体意识形态建构试图把对其的质疑囊括进来。钱德拉·莫汉蒂（Chandra Mohanty）断言，当女权主义的一致性受到威胁，受到某些群体的抵制时，占主导地位的女权主义不得不坚持说，这些种族群体在政治上既不是一个团体也不是一种有效力量；这是用本质主义方式来构想女性团体问题的表现。白人女性的特权仍然完好无损，而用来缓和差异造成的紧张状态的主张却变得越来越世故，越来越神秘莫测。在这个问题上，我们发现了另一个持有相同观点的人哈索克（Harstock），他问道："为什么会是这样，正当西方历史中先前沉默的人开始发表她们自己的意见，为了她们自己的利益说话的时候，主体这一概念以及发现创造一种解放真理的可能性变得令人怀疑了。"

关键的问题在于，如果现代性的环境仍然存在，那么女权主义是否可能是后现代主义的。第三波有一个预设条件，那就是承认，女权主义理论不得不意识到女性不仅有一个位置，而且有多个位置，压迫的根源不只是只有一种而是有多种，不得不承认女权主义思想中种族主义倾向的普遍化，不得不对个体被包括在一般中的事实进行说明。对位置和地位的批判性思考能够防止陷入诱人的对身份的闭合性思考之中，能够指出把同一性强加于相似性之上，把相似性强加于差异之上的机制，但是只有当这种批判性思考是现象学的思考，是利用了本体论和认识论的批判性思考时，才能达到这些效果。

资本的全球发展的本性提出了第三波女权主义者必须给予解释的深层问题，要解释这一问题，第三波女权主义就要到她们的女权主义历史中去找寻答案。是否存在一种经济向下流动的普遍趋势？或者说是否存在一种全球贫困的女性化趋势？是否必然存在一种劳动力的女性化趋势，或者存在一种劳动力的同质化趋势？家庭是一个法律单位和意识形态单位吗？或者说家庭是一个反抗场所吗？儿童贫困和家庭结构之间是什么关系？跨国公司对地方经济有何种影响？劳工市场分化（以种族和性别为分类标准）了吗？劳工市场的分化是有效的剩余价值榨取的一部分吗（即是剩余价值榨取导致的吗）？我们应该如何理解进军中东和中东战争？当性别关系问题悬而未决之时，性倾向问题是否站到了最前沿？我们如何使别人了解和理解我们对虐待儿童、家庭暴力、诱奸、强奸和色情影片的态度，以得到回应和资助？不仅第二波女权主义者抛弃了这些问题，而不是解决了这些问题，而且马克思主义者、社会主义者和新左派也同样如此。

海伍德和德雷克提出，第三波女权主义所处的全球背景是跨国资本、公司规模缩小、转向服务经济、经济地位方面普遍的下向流动和技术文化；所有这些都与女权主义的反资本的、地方的和无政府主义的行为主义的新形式相符。第三波女权主义试图引导出一个事实，即在全球商品化的生产圈和消费圈之外几乎没有其他选择，因此第三波女权主义者批判性地与消费文化结合起来，颂扬消费文化。按照珍妮弗·鲍姆加德纳和埃米·理查兹（Jennifer Baumgardner and Amy Richards）的说法，第三波女权主义者把女孩划到了具有显著生产力的女性文化中。这往往涉及对流行的女性气质——包括芭比娃娃、化妆品、时尚杂志、高跟鞋——的颂扬，第三波女权主义者说，使用这些产品并不表示"我们被愚弄了"。这真是具有讽刺意味的女权主义。

因此，文化的或者说民粹主义的第三波女权主义者被认为是接受了她们的女性身份及其表现的女权主义。这种女权主义对于资本主义发展的某个阶段能否具有重要意义，取决于女权主义能否抓住自我代表的代理人，以及能否利用这一力量。因此，关于把女性美商品化这一问题的争论变成了关于是否应该把限定价格等同于物化的争论。我们如何判断最近对于差异的评价，对于痴迷于艺术激情、自我肯定和思想新潮的少女的力量的评价，是否是对特殊社会环境的正确回应？对权力的创造性利用可能会证明美感屈服于现代商业逻辑的事实；尽管是同一商品，但是其形式要保持常新。我们重复差异、多样性和多元主义越多，我们听到的现代主义的回声就越多，警告我们，这种行话的使用似乎已比同质化还要多。

美国曾有学者在 1988 年就已指出，后现代主义已经终结。在此之后，加里·波特和乔斯·洛佩斯（Garry Potter and Jose Lopez）于 2003年宣称，后现代主义是一种正在衰退的"过时"的状态，这不仅因为后现主义的大多数激进主张在今天已经显得非常陈旧，而且因为后现代主义不足以对我们生活于其中的时代作出回应。他们提出，现实主义提供了更合理更有用的框架，从这一框架出发，可以理解本世纪的哲学挑战和社会挑战。因此，是现实主义而不是后现代主义提供了真正能够富有成效地解决各种学科的问题的方式。还有很多人持有与她们一样的观点。除了批判现实主义者，如卡罗琳·纽（Caroline New）之外，诸如戴维·哈维（David Harvery）、琳达·阿尔科夫（Linda Alcoff）、特雷莎·德·劳雷蒂斯（Teresa de Lauretis）等人也呼吁不是回到旧的知识中去，而是寻求一种新的知识；这里我提出我的观点，我支持哈维的观点，这种新的知识将是一个注入了新活力的历史唯物主义。莉迪娅·萨金特（Lydia Sargent）在她《马克思主义和女权主义的不快乐的联姻》（*The Unhappy Marriage of Marxim and Feminim*，1981）一书的导言中写道："今天，我们正在进行一场运动。我们有了理论和实践的起点。""女性问题"再也不会被称为"没有名字的问题"，"我们有名字"。1988 年，丹尼丝·赖利（Denise Riley）提出了一个棘手的问题，即："我属于那个名字吗？"现在我们应该认识到，正如我们不属于那个名字一样，我们也属于那个名字。

（江洋 编译）

马克思、启蒙思想与生态批判*

〔美〕约翰·贝拉米·福斯特　萨莎·利利

2004 年 2 月 23 日，围绕马克思思想的生态维度，两位作者在美国加州地区太平洋广播电台《格格不入》（*Against the Grain*）节目中进行了深入交谈。2011 年，本访谈被收入《资本及其不满者：与混乱时代的激进思想家们对话》一书，并有所扩充和修改。

一、对启蒙运动的绿色批判：机械论与目的论

萨莎·利利： 启蒙运动是 17 世纪欧洲科学思想的顶点，此后的环境破坏至少部分归咎于它，这已经成为激进环境主义的公理。你能否描述一下启蒙运动绿色批判的根源以及你对它的评价？

---

* 本文选自《马克思主义与现实》2013 年第 6 期。

原题注：经授权发表。本文得到中国政法大学青年教师学术创新团队资助项目和中国政法大学校级人文社科课题"家庭与中国传统伦理精神的生长"［项目编号：12ZFG72001］的资助。约翰·贝拉米·福斯特（John Bellamy Foster），美国俄勒冈大学社会学教授《每月评论》杂志主编，当代西方马克思主义生态学理论的代表人物之一；萨莎·利利（Sasha Lilley），美国作家、记者和播音员，主要关注社会运动、思想史和政治经济学。

约翰·贝拉米·福斯特：启蒙运动的绿色批判主张，作为 17 世纪科学革命和启蒙运动的后果，一种新的机械论世界观得以形成，并致力于征服自然。以前自然被视为人类生存总体上与之一致的领域，现在突然成为某种被控制甚至被奴役的东西。这是绿色批判的精髓。卡洛琳·麦茵特（Carolyn Merchant）等一些重要人物提出这种观点，同时也提出，随着自然被降级，妇女也丧失了地位。

这几乎已经成为绿色理论的自明之理。但是，如果你回到 17 世纪的科学革命，看看培根这样的人物以及他帮助激发的科学发展，事实上这是一个更复杂的故事，因为尽管征服自然的观念起源于此时的科学，但是你也会看到出现了可持续观念，即人可以同自然分离，也可能控制自然，但是他们得注意自然法则。自然具有明确的法则，这一观念比以前受到更严肃的对待。培根在隐喻的意义上提及控制自然，但是他说我们只能通过遵守自然法则来控制自然；在人不遵守自然法则的地方，会给自然环境造成极大的破坏。因此，在看到控制自然观点开始的同时，也要看到保护的开始——有时候正是在同一个人身上。

启蒙运动本身提倡理性和科学，反对从信仰的角度来看自然和社会。17、18 世纪的科学家主要是趋向于唯物主义，与目的论观点相冲突。后者认为宇宙具有某种由上帝规定的目的。当时进化观念显然还未被充分研究。但是，启蒙运动唯物主义者在某些方面把自然视为是自我决定的，主张它们不必寻求外在于自然的终极原因。

培根是这一取向变化背后最重要的思想家，当然也包括笛卡儿和伽桑狄。他们是从哲学上激发科学革命的主要人物。

我的观点是，要绝对地把科学革命和启蒙运动唯物主义视为反生态的，而绿色理论家通常是把婴儿和洗澡水一起倒掉。

萨莎·利利：启蒙运动因回应中世纪基督教亚里士多德主义的世界

观而出现，后者在中世纪占主导地位，把自然视为不变的，以某个目的被创造的。这种经院主义观点的基本假设是什么？启蒙运动思想家如何挑战它？

约翰·贝拉米·福斯特：亚里士多德的方法赋予目的论、终极原因的观念和自然中出现的一切事物背后的上帝以很大的重要性。在中世纪基督教中，这一目的论被视为比亚里士多德本人具有更大的重要性。在我看来，目的论是指这样一种观点：自然是有目的的，发生的事情是以某种方式被计划的，或者背后有某种神的意图，对宇宙存在着一种命令。

这种目的论观点与亚里士多德相联系，更与中世纪经院哲学相联系，17、18 世纪自然神学把它吸收过来并加以改造，通过发现上帝在自然中的作用的证据，试图调和科学与宗教。18 世纪伟大的哲学家和科学家威廉·佩利（William Paley）把宇宙看做一个手表，手表在当时是最高的技术。他说，如果你在地上看到一块手表，你会意识到它是被制造的，背后有技巧。如果你看到自然中不同的创造物，也同样正确；自然太复杂而不是意外或偶然性的产物。它必定是由神的目的创造的，因此是由设计者创造的。它必定是目的论的。这种观点认为上帝是自然中每个事物的原因——这可以通过理性和观察来表明。但是，随着唯物主义观点的发展，17 世纪科学革命的主要推力是摆脱这种观点。

唯物主义意味着拒斥目的论观点，拒斥上帝统治自然中的事物的观点，或者，你必须求助于终极原因来解释自然中的事物，而不能按它自身的方式理解自然。在这个意义上，唯物主义和自然主义实际上是指同一样东西。唯物主义者会把自然世界中的一切看成来自自身的发展并受限于物质和运动的法则，而不需要某种神的解释。这正是当时物质的难题。

萨莎·利利：启蒙运动的理性主义把人从世界的中心——作为基督教学说中伟大的存在之链中的特殊创造物——移开，将自然重新放回中心。

约翰·贝拉米·福斯特：是的，正是如此。当出现了培根和伽桑狄，他们不仅推翻了亚里士多德，而且他们回到其他古希腊思想家，特别是古希腊唯物主义者，最值得注意的是伊壁鸠鲁。物质可以用原子来理解，伊壁鸠鲁是这一观念的创始人之一。伊壁鸠鲁曾说，没有一件事物来自于无，被摧毁的东西不能被化约为无。这是保护的基本原则——一个物质既不能被创造，也不能被摧毁。

为了反抗中世纪哲学，更多地依赖于亚里士多德和唯心主义传统，17、18世纪的哲学家和科学家回到古希腊唯物主义。其中一个方式是他们把启蒙运动的全部理念视为能完全带来光明。这种观念与古希腊普罗米修斯的神话相关。普罗米修斯是一个巨人或原始的神，他把火带给人类。他带来光明和理性，以至于人类可以根据理性改造世界。启蒙观念正是来源于此。它象征现在的世界服从人的行为和理性，服从来自自然的原则，而不再是神的职责。

二、马克思与启蒙运动的辩证关系

萨莎·利利：普罗米修斯让人想起马克思。伊壁鸠鲁如何影响了马克思的思想？

约翰·贝拉米·福斯特：马克思把伊壁鸠鲁称为"古代的启蒙人物"，把他与普罗米修斯作对比。这样强调伊壁鸠鲁似乎是奇怪的，因为人们普遍没有听说过他。但是，在17世纪科学革命和启蒙运动的时候，人们重新发现了伊壁鸠鲁。实际上，伊壁鸠鲁的哲学在古罗马哲学中是最普遍存在的。

伊壁鸠鲁哲学有许多重要的特征，将伦理学和物理学结合在一起，等等。他最著名的一句名言是："死亡对于我们什么也不是。"他说这句话的意思是，一旦你的情感没有了，你就不能经历死亡。换句话说，我们与世界的整个关系是物质的，通过感觉来完成。

伊壁鸠鲁很明确地反对目的论观点，抨击神统治人类社会的世界和自然的世界这一观点。他为诸神留有一席之地，但是他把它们置于与历史世界或自然世界没有任何关系的世界之间的空隙。他反对所有形式的机械论和决定论。他强调偶然性、人类自由和"友谊"是调整人类社会最重要的东西。他引入了社会契约概念和许多社会学观念，包括人类社会发展的观点。但是，他最有名的观念是"转向"的观念。他主张，原子会直线掉到地上，但是它们会因为某种原因以某种预料之外的方式发生轻微转向，这实际上几乎成为偶然性的隐喻，没有什么东西可以预测，但可以历史地来理解。

马克思对伊壁鸠鲁十分感兴趣。从我们已有的记录看，伊壁鸠鲁是马克思提及的第一个哲学家，他最后以伊壁鸠鲁的唯物主义作为博士论文。我认为这在帮助马克思处理思想中唯心主义者的、黑格尔的影响时十分重要。但是，它也成为进入生态思考的一条路线，因为来自伊壁鸠鲁的深层唯物主义对于西方科学观和（允许可持续观念的）自然观也是重要的。在伊壁鸠鲁身上，你已经注意到一种原始革命的自然方法，而不是像达尔文身上的那种发达革命理论，但显然是一种具有革命性的观点。

马克思与启蒙运动整个复杂的辩证关系可以从他对伊壁鸠鲁的反应中看出来。当马克思在《神圣家族》中写到启蒙运动唯物主义的发展时，讨论了培根、霍布斯、伽桑狄、洛克和法国唯物主义者等人物，启蒙运动是通过他们如何从伊壁鸠鲁所代表的古代传统中走出来的。当然，强调启蒙理性与几千年前古希腊唯物主义的关系，并不意味着马克思对启蒙运动本身不抱批判的态度。他把它大体上理解成资产阶级的发展。但是，他坚持唯物主义的自然观及其推动的人类历史观，认为这一点对于理性科学和社会主义的发展十分重要。

萨莎·利利：伊壁鸠鲁也影响了查尔斯·达尔文。

约翰·贝拉米·福斯特：是的。培根深受伊壁鸠鲁的影响，达尔文从培根那里得到一些反目的论的观点。马克思也是培根和伊壁鸠鲁的忠实读者。年轻马克思和年轻达尔文在很多年里都引用了培根最著名的论断：像维斯塔处女一样，终极原因不产生任何其他事物。他们十分明确，自然世界是变化的，如我们现在所说的是演化的，这必须用物质术语来解释。伊壁鸠鲁在很多方面有助于表达在唯物主义传统中被贯彻的问题。

伊壁鸠鲁也被认为是宗教的大敌。作为 1000 多年来最大的异端，他被视为基督教最大的敌人。当然，这对于马克思不一定是一件坏事！

三、马克思与生态问题：代谢断裂、异化与马尔萨斯的人口增长理论

萨莎·利利：宽泛地说，马克思和恩格斯在多大程度上意识到环境及其破坏，即我们现在所称的"生态问题"？

约翰·贝拉米·福斯特：十分清醒。我最先对马克思的环境思想感兴趣，是通过看他在 19 世纪六七十年代所写的关于环境的东西。正是在试图理解为什么马克思能够如此深入地洞察生态的过程中，把我领回到他的思想在唯物主义传统中的根源，领回到他的唯物主义自然观，他

通过伊壁鸠鲁和当时的科学得出这一自然观。这种唯物主义自然观为他提供了一种系统的观点，将引导他的核心生态问题。

但是，最重要的是他自己对生态的直接讨论。特别是当你看他写18世纪土壤危机的时候，直接讨论出现了。在欧洲和美国，最大的——比森林的损失等问题更大的——生态问题是土壤的破坏。从1840年尤斯图斯·冯·李比希撰写伟大的农业科学著作开始，他们发现，随着资本主义系统农业的发展，土壤中的重要化学物质（例如磷、钾特别是氮）与食物和天然纤维一起从农场运到城市，随后在城市中变成废物，以人和动物的废料形式——当然严重地阻塞和污染了城市。养分没有带回土壤。

通过阅读李比希的作品，马克思了解到这个情况，但是它当然是当时最大的生态危机，每个人都在一定程度上对它有所了解。英国农场主处理土壤养分丢失的一个方式是从欧洲进口骨头。他们从拿破仑战场和欧洲地下墓穴拿走骨头，然后用它们给土壤施肥。但是，另一种处理方式是从秘鲁进口鸟粪，秘鲁垄断了优质鸟粪。他们发现，秘鲁海岸边的岛上的鸟粪是最好的天然肥料——富含氮和磷。他们开始大规模用船从秘鲁进口这种鸟粪。他们同时拥有许多来自不同国家的船只来装鸟粪，从中国输入劳动力和苦力，在马克思描述为"比奴隶制还糟糕的"条件下从事工作。

发生的事情是：把养分从农场运到城市，养分循环失败意味着系统地使土地变得贫瘠。在研究了李比希之后，马克思带来了新陈代谢观念与这个问题相关，当时新陈代谢作为生物学和化学中的一个概念而出现。他说，人与土壤之间存在一种新陈代谢关系。作为资本主义城乡极端分离的产物，代谢断裂得以产生。土壤养分循环的断裂意味着的"土壤的组成成分"被运至百里之外甚至千里之外的城市，这些基本的化学成分在那里以污染形式破坏了城市的环境作为结束，而没有回到被抢夺了养分的土壤中。这是一个严重的生态问题，任何一个想要可持续的社会都必须超越这个问题。

马克思以非常现代的术语谈论可持续的需要。他说，我们需要为后代保护环境，这正是我们现在谈论可持续性的方式。他说土壤必须修复，但是你能修复事物的唯一方式，你能扭转形势的唯一方式，是克服人与土地的异化。

萨莎·利利：很多人熟悉马克思的异化理论，当异化与劳动相关的时候，即在阶级社会，工人与他们所做的劳动分离，把它视为与自己相分离。但是，我猜测很少人意识到马克思也把异化运用到我们与自然的关系中。

约翰·贝拉米·福斯特：对。当你看 19 世纪 40 年代马克思的《经济学哲学手稿》时，这可以看出来。大多数人熟悉的是他关于劳动异化的部分，这一部分是《经济学哲学手稿》的核心。他谈论劳动如何与劳动过程异化。

但是，论据还有另一个部分，对于马克思而言，这个部分与关于劳动异化的论据确实不可分离，在整个《经济学哲学手稿》中你都可以找到这个部分，包括关于劳动异化的部分。马克思主张人也与自然异化。对于他而言，这是同一事物的两个方面。为了产生现代意义上的劳动阶级，马克思称之为无产阶级，与土地分离是一个前提条件。除了通过出售劳动，无产阶级没有生存方式——他们不能获得生产手段，所以他们只能通过为工资劳作和出售劳动才能生存。对于马克思而言，无产阶级的问题与人离开土地的问题不可分离，这是与自然的极端异化。因此，在整个《经济学哲学手稿》中，他谈到人与土地、自然的异化作为资本主义制度下劳动异化的前提，这在后来的《政治经济学批判大纲》中更为体系化。在《资本论》中，他把劳动过程本身定义为人们展开自然与社会之间新陈代谢关系的过程。换句话说，劳动是人为了社会来改造自然的方式，他把它视为一个新陈代谢过程。因此，人与自然的任何一种分离、异化或极端异化产生了一种根本的矛盾。

在《经济学哲学手稿》中，马克思讨论了大工业城市的污染。他提及以下事实：工厂工人被剥夺光和水——他们被剥夺自然的生存手段。但是，在讨论马克思的异化概念时，自然异化的观点构成他许多分析的基础，但是没有受到重视。如果你回到马克思早期的政治经济学著作，他关注德国林木盗窃等问题。这是他在写《经济学哲学手稿》之前处理的最早的政治经济学问题之一。他从一开始就关注以下问题：当农民与土地分离开来、被阻断自然的生存手段时到底发生了什么。对于马克思而言，与自然的异化同与劳动的异化不可分离。马克思说人属于自然，是自然的一部分，把二者分离的社会是一个扭曲的社会。后来，在《资本论》中，他以代谢断裂的方式谈到与自然的异化，结合当时的一些科学理解，使这些问题更具体。但是，他的作品里一开始就有这个主题。

萨莎·利利：然而，一些理论家主张，马克思在早年提出异化理论，即在他还没有抛弃黑格尔的复杂影响的时期，后来他抛弃了这种观念。

约翰·贝拉米·福斯特：是的，阿尔都塞提倡这种观点。这对我来说很奇怪，因为马克思在全部作品中由始至终都写到异化。他在《经济学哲学手稿》明显地强调它，而在19世纪50年代《政治经济学批判大纲》中非常宽泛地讨论异化。他在《资本论》中多处谈到异化，尽管异化的用法不是他表达的主要方式。即使在1881年，在他生命的最后两年里，他在《评阿·瓦格纳的〈政治经济学教科书〉》（*Notes on Ad-*

311

olph Wagner）中仍然提到异化。

因此，异化这个主题贯穿他整个著作。他从没有抛弃这一观念。这是有趣的——许多人知道他在提出这些观念时受到费尔巴哈的影响。费尔巴哈读过马克思的《资本论》识别出自己的影响和自己对异化的强调——甚至识别出环境方面的论据。

萨莎·利利：马克思许多关于自然的想法得以形成，是为了回应19世纪新教牧师托马斯·马尔萨斯的观点，马尔萨斯本人对当今环境思想具有重要的但不幸的影响。许多人听说过马尔萨斯者这个术语，它与人口增长理论相关。马尔萨斯的论据是什么？马克思对它的批判是什么？

约翰·贝拉米·福斯特：很难解释马尔萨斯的论据，因为如此多的人听到它以某种特定的方式被叙述，但从没有读过马尔萨斯，多年来他以一种非常扭曲的方式被呈现。人们所知道的是马尔萨斯说人口成几何级数增长，而食物供应倾向于成算术级数增长。因此，本质上你拥有一种指数的人口增长，一种较弱的、增量的食物供应增长。但是，他是作为趋势来谈论这些东西，他实际的模型是均衡模型，即马尔萨斯认为人口从未真正地增长，或者几乎不能说比食物供应增长得快，因为他主张人口总是受到食物供应的限制。当食物缺乏或耗尽，人口增长很快就会转向反面。

马尔萨斯说，在充足的食物供应阶段，死亡率下降，人口往往增长得快，因为人们有更多的孩子。然而，随着人口的大幅增长，食物供应不能维持，不久就会不足。自然限制开始起作用。因为食物短缺而引起的增长的婴儿死亡率和人的饿死会把人口限制在食物供应曾经的增长水平。在很短的时间内，人口增长率会被拖回到长期的食物供应增长率。因此，在马尔萨斯看来，真正的问题是食物供应不可能增长得足够快。

然而，他从未真正解释为什么食物供应的增长会如此受限。他只是宣称，食物供应不可能迅速扩张。如马克思所说，他假设人倾向于成倍地增加，但是自然其他事物或者构成人类食物供应的那一部分不可能成倍地增加。

马尔萨斯从未使用人口过度或人口过剩这些术语。他甚至说这类用法事实上不准确。他并没有就整个地球来论证。他主要是就英国而言，即就一种有限的情境而言。整个论据事实上与生态无关。马尔萨斯试图做的不是做出一个生态论据，而是证明资本主义社会的阶级结构，通过主张一部分人口保持贫穷是必要的，因为一张桌子上只有这么多位置。如果你想拥有福利法，或者他们那时所讲的恤贫法，试图对穷人重新分配财富，那么你所做的就是降低社会福利。因此，他主张必须有一群人总是处于饿死的边缘，而其他人是富裕的，这有助于维持社会的均衡。

直到 20 世纪 40 年代才有人真正用生态学的术语来呈现马尔萨斯。在绿色革命的时期，他们需要一种意识形态来支持第三世界中农业综合企业的扩张，他们不能够再使用优生学，优生学因为纳粹德国已经失宠。因此，马尔萨斯被复活为一个环境主义者，但是以前从没有人真正以那种方式对待他。

就马克思而言，马尔萨斯是社会不公正地位的阶级辩护者。例如，马尔萨斯建议，在讨论爱尔兰穷人的时候，当局应该拆毁他们的棚屋，因为如果他们没有房子进行繁衍的话，他们的繁衍就不会那么有效。

萨莎·利利：这显示出伟大基督徒的同情。

约翰·贝拉米·福斯特：是的，马克思抱怨伪装成新教牧师（像马尔萨斯）的同情的残酷。从马克思的观点看，马尔萨斯是穷人的敌人，这是主要的批评。马克思认为食物问题在本性上是历史的。他认为农业处于危机之中，它没有像它所应该的那样增长。他聚焦于试图理解为什

313

么存在土壤问题的理由，并把它视为资本主义常见的可持续性危机。因而他计划出一种完全不同于马尔萨斯的方法，这种方法真正认真地把农业问题和生态问题当成要处理的历史问题。

四、对马克思和马克思主义的绿色批判

萨莎·利利： 让我们转向对马克思和马克思主义的绿色批判。环境主义思想家把马克思描述成这样一个人：他相信社会主义意味着绝对的丰富，发展没有自然限制，像马尔萨斯的一种颠倒形式。你说对马克思的这种评价在多大程度上是公平的？

约翰·贝拉米·福斯特： 如果你看马克思在《资本论》中所写的东西，在他对社会主义最明确的讨论中，他说直接生产者调整自然与社会的新陈代谢关系是必要的。关于这一点他写了很多东西，有农业问题、生态问题、可持续性问题，这些问题只能由试图有意识地在工人自身引导的人类自由情境下调整他们与自然的关系的人来处理。从事这一工作的人，即有希望来控制社会的人，必须以一种可持续的方式调节与自然的关系。他对这一点很明确。这不是一个植根于某种自动富足或否定生态问题的论据。

但是，对于马克思还有其他方面。在《共产党宣言》中，每个人都知道他如何赞美资本主义体制下的工业化。他不是工业的敌人。因此，他并不抱有以下观点：社会中的每样东西，即整个社会，都应该回到自然。他的观点是，可持续性意味着建立在过去之上，同时创立新的社会和生态关系。

深层生态学家和绿色理论家一般都建立了对马克思的特殊批评：他们称他为"普罗米修斯主义者"。但是，他们所指的意思不同于这个术

语对于马克思和启蒙运动的意思——带给人类光明。普罗米修斯现在被视为在动力的意义上带来火、煤和炼钢炉等等——火是作为能源和技术发展的观念。马克思被视为极端的机械论者，是不关注自然的机器和工业的绝对推进者。事实上，他关于可持续性和生态危机写的所有东西都证明这些说法是错误的。

萨莎·利利：马克思是机械论的普罗米修斯主义者，这一观点是如何形成的？

约翰·贝拉米·福斯特：刚好在马克思逝世后，在马克思主义传统内发生了一件事，许多思想家在一定程度上发展了他的生态观点，例如倍倍尔、考茨基、列宁，特别是布哈林。这些人的观点在当时非常有名。但是，在 20 世纪 30 年代，马克思的生态理解死了两回。一次是苏联斯大林主义的兴起，基本上扼杀了生态观点。苏联许多在世界上顶尖的生态学家与许多其他生态学取向的思想家（包括布哈林）一起遭到斯大林清洗。20 世纪 30 年代，苏联开始朝着非常反生态的方向进行原始的社会主义积累，以一种极端的工业化方式没收农民的土地。因此，它们是非常反生态的，马克思生态方面的思想逐渐消失。

如它被称呼的那样，社会主义的原始积累是一种有意识的尝试，通过迅速从农民手中没收土地，将农业中获得的剩余价值转移到城市中心和工业，压缩资本主义原始积累的整个过程。农民离开家园这一过程在英国工业革命中开展了几百年，带来巨大的痛苦和折磨，它的巨大破坏性被假设在几个五年计划中发生。生态取向的科学家拒绝这样极端的自然征收和在土地上劳作的人的移动。这些人在斯大林时期初就遭到清洗。这导致工业高于农业、重工业高于轻工业的承诺，从生态观点看这像一个发疯的社会。从这里，你可以得出，马克思主义是某种极端的普罗米修斯主义。

但是，西方马克思主义也以完全不同的方式远离任何一种有意义的生态批判。西方马克思主义变得非常反实证主义，在很多情形中变成一种反科学的观点，刻板地区分科学与社会。在卢卡奇、科尔施和葛兰西的作品中，在法兰克福学派的作品中，西方马克思主义者往往聚焦于历史科学和人文科学，而取消科学，他们认为科学本性上是机械论的或实证主义的。

与20世纪60年代和70年代西方研究马克思主义的其他人一样，可能基于卢卡奇，有人告诉我，辩证法只适用于人类社会，而不适用于自然。西方马克思主义者因而在自然与社会之间竖起一堵防火墙。自然只是自然科学的领域，在不同的方法下运行。自然本身可以辩证地接近，这一老的马克思观念被认为是错误的。自然是机械论的领域。

与自然相对，社会被视为反映的、辩证的领域，将实证主义的、科学主义的观点应用于社会关系的任何尝试都是错误的。事实上，在实践中批判理论等同于反对实证主义的科学原则侵入社会科学。毫无疑问，这种批判是重要的。但结果是，马克思主义者和批判思想家认为自然科学——更重要的是人与自然的关系——是不重要的问题。

诚然，法兰克福学派有时候也讨论控制自然。但是，人们几乎总是从弗洛伊德的透镜看待这种视角中的自然，把它视为一种人性。处理外在自然的真正的生态知识几乎总是缺乏。马克思和经典马克思主义处理人与自然的关系和自然科学的方面不受重视，很少被阅读。唯物主义让步于唯心主义，甚至在马克思主义的传统内部。虽然西方马克思主义者讨论唯物主义历史观，但是他们中的大多数人却不知道马克思和恩格斯也认同唯物主义自然观这一事实。恩格斯的《自然辩证法》被视为马克思主义感染实证主义和普罗米修斯主义病毒的一个例子，并遭到忽视。

马克思主义花了很长时间捣毁这一防火墙，恢复马克思思想完全的辩证实在论。没有这一点，当然没有经典马克思主义生态批判的复兴，尽管它在我们时代极为重要。

萨莎·利利：马克思生态观给予我们的而主流环境主义理论没有给予的东西是什么？我们为什么应该关注这个 19 世纪的思想家是否意识到环境重要与否？

约翰·贝拉米·福斯特：我认为这是一个至关重要的问题。我给出的答案是马克思认为社会面对的问题都是一个问题——它们与资本主义制度有关，与生产方式有关。马克思生态学的价值以及它给当局提出的危险是，它告诉你这些事情是制度的问题，与整个社会阶级的体系、极端的城乡两极分化和劳动的异化有关，其中劳动的异化也是自然的异化。它告诉你，为了以一种严肃认真的方式处理这些问题，你不得不处理整个资本主义的结构及其超越。

当然，这与我们时代的思想意识相悖，不仅在当局内部，而且在绿色思想内部，因为许多绿色思想说我们只需要改变意识，只需要不同地思考，只需要再循环、改变行为、拥有一种新的哲学，等等。但是，马克思告诉我们，就代谢断裂而言，就可持续性和协同进化而言，我们必须讨论我们生活制度的本性，环境恶化的问题与环境正义和社会正义问题是联系在一起的。

[原文载于 "The Ecological Dimensions of Marx's Thought", in Sasha Lilley ed., *Capital and Its Discontents：Conversations with Radical Thinkers in a Time of Tumult*(《资本及其不满者：与混乱时代的激进思想家们对话》)]

（赵庆杰、刘曙辉 译）

马克思与生态学*

〔美〕乔尔·科维尔

生态危机问题由来已久，它与人类的历史息息相关。生态危机并不仅仅是经济发展所导致的，而是在人类文明发展进程中产生的一种类似癌症的病态经济模式。其根治的办法就是发起一场具有世界历史意义的变革，即重新构筑文明的生态完整体系。世界上的每个人都有义务来促成这一完整的生态体系，以此为全人类及地球上的所有物种赢得一个美好的未来。我本人很清楚这样做是多么的不切实际，但面对这样严峻的事实，我们又能怎么办呢？

一

运用马克思有关生态思想解决这个问题，虽然并不充分，却是非常必要的。当然，马克思从来没有使用过"生态危机"这个字眼。在马克思生活的晚年，才刚刚出现"生态学"这一专业词汇；而且在当时，

---

* 本文选自《马克思主义与现实》2011 年第 5 期。

原题注：作者乔尔·科维尔（Joel Kovel）系美国著名学者、美国绿党重要成员，著有《自然的敌人》等。——译者注

对大自然的一般性破坏还不是一种显而易见的威胁。然而，恰恰与大家所认识到的观点相反，马克思极为关注自然，而且非凡地创作出包括农业与土壤在内的很多有关生态问题的作品。不仅如此，马克思的主要作品在本质上都与生态问题相关联，因为它阐述了人类作为自然的一部分与自然界其他物种之间的关系，以及在生产过程中人类特有的劳动能力如何改变了这一关系。马克思曾经提到，在财富创造过程中，劳动与自然的作用虽然不平衡，但却是平等的。因此，整个人类文明在本质上只不过是人类的集体劳动所改变了的自然形态而已。在某种重要程度上讲，生产乃至社会本身都可以从生态学的角度加以系统地理解。而且，尽管马克思没有直接指出，但他确认了导致生态危机的内在动力。在马克思的早期著作《论犹太人问题》中，马克思写道："在私有财产和金钱的统治下形成的自然观，是对自然界的真正的蔑视和实际的贬低……托马斯·闵采尔正是在这个意义上认为下述情况是不能容忍的：一切生灵，水里的鱼，天空的鸟，地上的植物，都成了财产；但是，生灵也应该获得自由。"①

马克思因而指出财产制度或金钱制度，即所谓的"资本主义"，是自然退化的实际肇事者。而且，马克思与德国宗教改革领导者闵采尔持相同的观点，即自然界中的人类和非人类物种都受到了禁锢，因而必须获得自由。如果说这种观点具有佛教的特征，那么我相信读者对以下事实并不会感到吃惊，那就是马克思曾经收到过一部两卷本的佛陀传记，并称其为重要的著作。无论如何，马克思在经济学领域中的众多发现都始终被置于一个更加庞大的理论整体中，其含义之一就是避免个人的和狭义的解释。同样，马克思并没有把工业化作为生态危机背后的驱动

---

① 《马克思恩格斯全集》第 2 版第 3 卷第 195 页。

力。对于自然的毁灭而言，工业只具有工具意义，而并不是事实上的罪魁祸首。也就是说，资本主义社会的铁锤"砸碎"了自然，而挥起铁锤的正是资本主义制度。当马克思在《资本论》中提及资产阶级作为统治阶级时，栩栩如生地描述道："积累啊，积累啊！这就是摩西和先知们！"① 这句话说明了资本主义社会的主要动力及其追逐财富时的宗教热情。资本的统治具有明确的优先权：它自身的积累超越了所有的目标和价值，为了获取利润而不惜牺牲自然与人类。数量战胜了质量；而且根据马克思主义的重要理论范畴，交换价值取代了使用价值，并呈现出自我异化的状态。这就将商品转化为商品"拜物教"，并具备了积累的宗教特征。尽管积累只有作为纯粹数字时才可能是无限的，但它确实在向无限发展，并且将地球拖向毁灭。

人类赖以生存的世界一直令人堪忧，地球受污染的历史由来已久。但是，地球的生态危机则是在现代这个特殊时期才出现的，这个时代是资本霸权的产物。只有在现代性及资本主义全球化的条件下，全球范围的生态系统才遭到破坏。撰写本文时，我回忆起很久之前曾经为之感动的历史悠久的中国山水画卷，其中的人物被周围宏大的自然环境所围绕而显得那样渺小。他们没有因此而降低身份，相反，却通过参与自然而显得高大。其中弥漫着敬畏、宽容和共存的思想。在这一方面，中国的传统文化与其他所有文化一样，都承认自然的伟大，并对人类生活于其中的自然保持一种敬畏之心。但是，今天的现代社会对待自然则没有这种态度，虽然电视上有数不清的"自然频道"，同时公园和自然保护区点缀着自然风景。这就证明了，在现代文化的核心地带，自然从属于"人类"，自然生态系统简化为工具性资源，仅仅成为其主人需求和欲

---

① 《马克思恩格斯全集》第 2 版第 44 卷第 686 页。

望的对象。

自然的简化伴随着社会的不断瓦解。马克思与恩格斯在《共产党宣言》中指出："资产阶级在它已经取得了统治的地方把一切封建的、宗法的和田园诗般的关系都破坏了。它无情地斩断了把人们束缚于天然尊长的形形色色的封建羁绊，它使人和人之间除了赤裸裸的利害关系，除了冷酷无情的'现金交易'，就再也没有任何别的联系了。它把宗教虔诚、骑士热忱、小市民伤感这些情感的神圣发作，淹没在利己主义打算的冰水之中。"①

"利己主义的"这个字眼让我们开始关注资本主义社会制度的一个显著特征：私心，作为人类种属的特有品质，具有了从生存环境中分裂出来的特点，从而也就从其地球生物中分离出来。结果，生物开始分裂，也就是生态意义上的分解。正如《共产党宣言》中所写到的那样："生产的不断变革，一切社会状况不停的动荡，永远的不安定和变动，这就是资产阶级时代不同于过去一切时代的地方。一切固定的僵化的关系以及与之相适应的素被尊崇的观念和见解都被消除了，一切新形成的关系等不到固定下来就陈旧了。一切等级的和固定的东西都烟消云散了，一切神圣的东西都被亵渎了。"②

资本融解了时间和空间，融解了生态整体性的连接点；同时，资本也塑造了丧失神圣感的人类。生活在货币符号之下的人类成为数量和自私无情的奴隶。人类开始沉溺于感觉与自恋，背离了自然，丧失了自我。这类人只关心财富的积累，因为背离了自然的人只剩下两件事可做：第一，在劳动力市场里出卖自己的劳动；第二，由于绝望，疯狂地

---

① 《马克思恩格斯选集》第 2 版第 1 卷第 274—275 页。

② 《马克思恩格斯选集》第 2 版第 1 卷第 275 页。

用商品填充自己，服务于消费大军。这两件事对于现阶段的资本主义来说极为重要，因为商品生产过剩就必须刺激消费，以免经济崩溃。这就制造出了所谓的现代文化，使文化以新的符号形式出现了。著名的西方马克思主义者罗莎·卢森堡在 1913 年出版的《论资本积累》一书中一针见血地指出：资本永远无法获得均衡，但却不得不持续扩张。在这种情况下，资本要和她称的"自然经济"打一场"歼灭战"。那么"自然经济"又是什么呢？很简单，每一种传统的和"前资本主义的"经济形式都不可能建立在资本积累的基础之上。无论直接的或间接的殖民政策，还是内部的或外部的殖民政策，都是帝国通过打败小农经济、土著经济和自给经济而采取的一种形式。对自然经济开战就是建立一种对自然开战的经济。因此，资本将对传统的蔑视与对自然的蔑视结合起来，把传统与自然推向了垃圾堆。

这就形成了一个颠倒的世界：由人类属于自然转变到人类居于自然之上。在这种情况下，人类也同样被严重简化：无法分享自然；阶级、性别和种族将人类分为三六九等；在这种制度下，社会底层成员而不是他们的主子更加亲近遭到鄙视的自然。马克思用异化这个术语来看待这个问题，异化概念表达了人类与其改造自然、创造历史的能力的疏离。产生异化现象的必要条件就是通过合法的或暴力的方式使人丧失对生产工具的控制权。因此，人类与生产工具的分离以及随之而来的对劳动的剥削异化了人类的创造能力，并使男人和女人与他们的人类本质相分离。

马克思在《资本论》中列出人类为资本积累所付出的代价。因为资本"使工人畸形发展，成为局部的人，把工人贬低为机器的附属品，使工人受劳动的折磨，从而使劳动失去内容，并且随着科学作为独立的力量被并入劳动过程而使劳动过程的智力与工人相异化"。① 通过异化工人的创造能力，资本将他或她降低为一个人，在此过程中，也降低了他或她所属的生态系统。如此畸形发展的劳动者也就丧失了创造性参与解决生态危机的能力，因为这要求"科学作为独立的力量被并入劳动过程"。大众心智衰退也体现在对生态危机的无动于衷，这一状况也因为生活在资本主义社会中的持续的不安全感而日益恶化。

二

马克思主义的生态政治方法完全不同于标准的环境实践，因为它的主旨并不直接关联环境，而是通过对联合起来的生产者进行授权并克服他们的异化，从而改变生态系统中的人类因素。需要强调的是，这并不排除对生态系统中的非人类因素进行诸如规划和直接干预的环境实践，比如改善施肥或者灌溉、采用新能源等。但是，它的基本逻辑非常不同，因为它重点关注人类的创造力，而不是外在于我们人类的环境因素。

因此，马克思主义的生态变革方法不会停止下来，除非资本主义制度被超越，而且被一种掌握生产工具的生产者恢复控制的制度所取代为止。因为这样才能实现人类的本质力量，并且为完整的人类生态系统建构基础。那样，我们就会拥有《共产党宣言》中所说的"联合体""在那里，每个人的自由发展是一切人的自由发展的条件"②。一个完整的人类生态系统需要自由：自我决定，与其他人的必要联合，有尊严的完

---

① 《马克思恩格斯文集》第 5 卷，人民出版社 2009 年版第 743 页。

② 《马克思恩格斯选集》第 2 版第 1 卷第 294 页。

整生活。

目前，在全世界范围内，一场"生态社会主义"运动正蓄势待发，尽管力量微小，但今后一定会壮大。其主旨是将社会主义元素与一种拯救自然和恢复生态系统完整性的完全授权计划结合起来。我们将这个羽翼尚未丰满的组织称为"国际生态社会主义联盟"，其功能就像是一个学术论坛，即把具有这种倾向的支持者集合起来并提供思想交流。

生态社会主义实践有一条非常关键的原则，我们在其力量还很薄弱时暂且将其称作"前瞻"。它包括双重认识：首先，在目前资本霸权的条件下，任何社会主义成果还为时尚早；其次，在行动过程中做出决定和选择是有可能的——根据其是否包含更加具有生命力的生态整体性未来的萌芽。比如，气候变化政治学包括一系列围绕"总量控制与交易制度"的选择："总量控制与交易制度"一方面产生了限制污染的商业化制度；另一方也产生了一系列围绕"生态正义"的有组织运动，这些运动促成了"把石油留在土地中"的方法，并围绕当地居民的需求和要求而展开——当地居民有时以集体的形式开发自然资源。很明显，前者属于资本的领域，而后者则属于资本的受害者领域。因此，通向气候正义之路——一种基于阶级斗争的规划——可以被选择为生态社会主义未来的前瞻。需要说明的是，任何以正义的名义而进行的实践活动也都应该坚持同样的原则。因为正义就像自由一样，属于一个完整的人类生态系统的必要组成部分。

三

我经常使用"生态系统的完整性"这一概念。"生态系统"这一概念在整个生态学中属于一个分支性概念：生态关系正是在这里发生并被验证。生态系统包括可以鉴别的诸多元素或者诸多元素的集合，无论是有生命的还是无生命的，无论是人类的还是非人类的。

因为生态学的核心概念就是自然内部所有事物的相互关联，因此，生态系统并非单一的，它与其他生态系统都同时存在着内部和外部的联系。事实上，从这个方面来讲，自然可以被视为所有生态系统的整体。众所周知，生态系统拥有非常明确的物质和能量排列，作为"排列"，它们必须属于诸多集合，惟其如此，其中诸多正常关系才能够得以发生。整个宇宙起始于一个完全没有任何结构的奇点，而且整个宇宙将以无形的等离子体形态而结束。期间，我们人类就生活在这样一个世界当中，诸多形式出现、变迁和进化。诸多生态系统就是形式的诸多场所，它们内部和外部的诸多关系构成了称之为进化的演变。在此，生命作为自我复制的形式而出现，人类则作为能够有意识地改变生态系统的生命形式而出现。人类如何有意识地改变生态系统？这依赖于人类的价值观、人类的道德体系以及人类与置身其中的社会之间的关系。在此意义上而言，努力追求生态系统的完整性最终就是人类的伦理道德律令——以此指导人类改造生态系统的行为，从而提高并保护生态系统的完整性特点。在此过程中，审美和精神特征逐渐显现出来，并且象征着某种进化。从另外一个角度而言，生产本身不得不被生产出来。

在这种背景下非常值得注意的就是，进化——对人类而言，就是为生态系统的整体性而奋斗——出现在自然界最无情的自然规律，即热力学第二定律的背景之中。热力学第二定律表明，在一个封闭的系统中，熵作为测量无序和混乱程度的函数会随着时间的增长而增长。生命在本质上就是与熵定律作斗争的过程，人类的生产也是一场永不停息的战斗。生态危机告诉我们，我们正在失去这场战斗，因为资本主义生产力量正统治着人类文明。但是，这也首先告诉我们，既然第二定律控制着物质，那么，物质——宇宙的物质原料及其能量关系——必须处于既对抗形式又维持形式的位置。否则，任何事物、任何生命都无法存在。因而，任何存在的事物都抗拒消亡。因此，这个世界的物质原料需要增加一条内在的能动性形式倾向，如同趋向消亡的倾向一样。物质不能够被当作枯燥的、惰性的和原子化的材料，以免我们违背宇宙法则。惰性材料存在，但是作为物质的一个子集：经过熵定律已经无区别的工作方式，物质回归到其熵值持续增长的状态，例如，腐烂的尸体、落叶层或者森林大火之后的残留物——不过也准备好重新开始并重新进入生命循环。这并不是所谓的"活力论"，因为自我组织能力并不意味着自然界中生命无处不在。然而，它们也确实意味着在自然界中的某处存在形成生命的能力，而且在更高的实现阶段上必须出现意识。

任何有价值的生产伦理都应该遵守大自然的固有特征，并相应地设定各种生产方式。我们期待着劳动理论也同样如此，因为，劳动属于生产中的动力因素。在《资本论》第 1 卷，马克思就构建了这样的劳动理论："劳动首先是人和自然之间的过程，是人以自身的活动来中介、调整和控制人和自然之间的物质变换的过程。人自身作为一种自然力与自然物质相对立。为了在对自身生活有用的形式上占有自然物质，人就使他身上的自然力——臂和腿、头和手运动起来。当他通过这种运动作用于他身外的自然并改变自然时，也就同时改变他自身的自然。他使自身的自然中蕴藏着的潜力发挥出来，并且使这种力的活动受他自己控制……劳动者利用物的机械的、物理的和化学的属性，以便把这些物当作发挥力量的手段，依照自己的目的作用于其他的物……这样，自然物本身就成为他的活动的器官，他把这种器官加到他身体的器官上……土地是他的原始的食物仓，也是他的原始的劳动资料库。例如，他用来投、磨、压、切等等的石块就是土地供给的。土地本身是劳动资料。"①

在马克思这一最具权威性的论述中，我们不难看出，尽管自然起到一定作用，但是这种作用极为不均衡或不平等，而且在根本上是被动的。马克思把自然视为隶属于其主人的身体器官和劳动工具。事实上，整个地球都被视为一种工具，甚至某种奴隶。尽管劳动者本身就是一种自然力，但却是一种反抗自然的力量，而且这种反抗出自劳动者自愿；因此，这不仅仅是反抗，而且是外在于自然的反抗。人类，作为"劳动人"或"技术人"，在马克思看来是积极主动的，而自然则是被动消极的事实上，如果在劳动的过程中人类按照自己的意愿来改造被动消极的自然，那么就很难理解人类如何成为一种自然力。自然不仅被动消极，而且愚蠢不堪，一动不动地等待人类根据自己的需要而加工成各种使用对象。

四

马克思的这段话几乎没有引起批评性关注，尽管它存在逻辑上和本体论上的不连贯性；从此也可以看出，我们在重新思考马克思主义的生态维度时，仍然有大量的工作需要完成。另外，从人类学的角度来讲，这段话也是不准确的，因为它忽视了几千年来全世界的人类劳动所创造出来的巨大的财富、奥妙的思想以及精神的美丽。而且，最值得注意的是，这段话与马克思本人也不一致，至少与19世纪40年代的马克思不一

---

① 《马克思恩格斯选集》第 2 版第 2 卷第 177—179 页。

致：与写作《1844 年经济学哲学手稿》时的马克思不一致，与 1845 年写作《神圣家族》时的马克思也不一致。马克思和恩格斯在这里纵览西方形而上学的过程中，都提到了 17 世纪的鞋匠和神秘主义者雅科布·伯麦（Jakob Bohme）。他们这样写道："在物质固有的特性中，第一个特性而且是最重要的特性是运动——不仅是物质的机械的和数学的运动，而且更是物质的冲动、活力、张力，或者用雅科布·伯麦的话来说，是物质的痛苦［Qual］。物质的原始形式是物质内部所固有的、活生生的、本质的力量，这些力量使物质获得个性，并造成各种特殊的差异。"①

换句话说，马克思早在 27 岁时就抓住了本质：物质，亦即自然的"填充物"，必须具备主动的自我组织能力。在其他早期作品中，马克思称雅科布·伯麦是一位"伟大的哲学家"，恩格斯在 1892 年英语版《社会主义从空想到科学的发展》中重申并高度赞扬了雅科布·伯麦的观点。在 20 世纪，西方马克思主义哲学家恩斯特·布洛赫（Ernst Bloch）重新遵循这条思路，并将其发展成一种全新的版本，为日后探讨完全不同的自然与劳动之间的关系铺平了道路。在谈到 18 世纪的哲学家弗雷德里克·谢林（Friedrich Schelling）时，布洛赫发现了这一概念的核心。谢林认为，自然具有主动性，自然的哲学化就是将自然从僵死的机制中解放出来，并赋予它本应有的自由，从而开始其自身的自由发展。布洛赫则补充认为，人类历史无需把自然作为一个过去而加以感谢，充分展示的自然与充分展示的历史在未来扮演同样的作用；人类与自然的结盟技术越多，结盟技术介入自然的共同生产力越多，凝结中的自然所重新释放出来的创造力就越多。

---

① 《马克思恩格斯文集》第 1 卷，人民出版社 2009 年版，第 331 页。

　　"结盟技术"把一种在生态意义上自由而理性的文明作为人类与自然之间的转换点。自然的完整行为只有在超越资本的社会中才能够得以恢复，这个社会就是前文中提到的"生态社会主义"。只有在这样的社会里，自然才能够自由地表达出布洛赫称之为的"共同生产力"——自然本身从内在本质上受到尊重与重视，再也不会因为资本积累而把自然仅仅当作资源加以浪费和毁灭。在历史与未来之间，现在则为前瞻性实践朝向布洛赫所描述的生产方式发展提供了空间。这正是"生态马克思主义"的领域：这种马克思主义理解资本主义积累规律，并懂得如何超越这些规律，如何通向治愈积累癌症的生态文明之路。马克思开辟了通向"生态社会主义"的道路，但却在探究劳动过程的道路上"迷路了"。

五

　　我们如何理解马克思的过失呢？我们需要注意的是，马克思并没有开出劳动应该如何进行的处方，而只是提出了一些具有指导性的假设，这些假设局限于一种指向资本的一般性商品生产的文明，即实际上的再生产。马克思把资本主义的生产规律视为"自然"法则，这些法则取决于作为社会细胞的商品以及商品组织原则的两种价值形式——使用价值和交换价值。有人会假定，马克思在此成为"科学"方法的囚犯，从而丧失了辩证法的灵活性；因此，他把特定阶段的人类劳动普遍化了，而没有考虑某种生态文明可能超越这种历史特殊性。对于马克思及其后的社会主义者而言，这就是理性的局限性；在这一点上，他的天赋与他本人背道而驰。一旦"积极主动的"人类作用于"消极被动的"自然成为现实，就没有任何理论理由不去全力推动发展生产力。因此，在任何情况下，无论是马克思还是后来的社会主义者，都无法超越对有限的地球施加无限的生产的资本主义。

生态马克思主义需要具备这样一些概念，比如布洛赫的自然共同生产力与结盟技术概念。想一想像照顾孩子这样的劳动以及把孩子带到这个世界上的"劳动"，这与"人类"积极地塑造"被动的自然"有什么关系呢？与马克思关于劳动的至理名言相比，这些劳动过程把自然的"感受性"（既不是消极的，也不是被动的）作为一种有生态价值的劳动过程的基础。在此，劳动就在不分裂或者超越自然但又与自然相区别的精神下进行。随之，就出现了建立在生态马克思主义基础之上的两种认识：自然中的人类，人类中的自然。马克思构筑起了资本流通法则，使用价值和交换价值是两个重要理论点，其内涵极为丰富。资本就是这样一种体制，即商品中隐藏的交换价值支配着使用价值。相比较而言，作为生态社会主义者，我们习惯降低交换价值，而提高使用价值，并把这作为劳动进入自然的关键点。

如果生态社会主义是为使用价值而战——詹姆斯·奥康纳（James O'Connor）是第一个发表此种观点的人——那么我们就应该在这场战争中利用结盟。正如布洛赫所言，如果自然在生产过程中享受与人类劳动形成的共同生产力，这就超越了人类意志而唤醒了自然，并寻找到这样一种自然与劳动的结盟。从这一角度而言，我们就需要一种高于使用价值的价值，那就是自然的"内在价值"。换句话来说，内在价值属于自然的"本质"价值，而不是人类能够创造出来的价值。使用价值与交换价值和内在价值形成了三角结构，这种结构能够打破资本的垂死挣扎。内在价值与使用价值、交换价值各不相同，内在价值无法与生产建立直接的联系。我们无法只靠"内在价值"而生存；然而，没有了

"内在价值",生活却又失去了美学和精神味道。多年来,我一直在思考 "内在价值"。中国的《道德经》体现出部分 "内在价值" 思想,这便是山水画背后所展现的意识形态。

(原文载于美国刊物《资本主义、自然、社会主义》2011 年 3 月号,

内容有部分删节)

(武烜、刘东锋 译 刘仁胜 校)

实践唯物论与生态思想*

〔日〕岩佐茂

在生态理论那里，马克思的思想时常被描绘成像其他近代思想那样的、招致环境破坏的思想。生态主义者们之所以认为马克思主义也对环境破坏负有责任，不仅是因为过去的东欧社会主义国家和现在的社会主义国家的环境都遭到了破坏，而且他们认为，马克思的思想本身同其他近代思想一样包含着"支配自然"的人类中心主义，正是这一思想与环境遭到破坏有关。但是，这种指责真能成立吗？

马克思的哲学立场，主张通过实践变革对象，针对自然来说，就是主张通过劳动变革自然的实践唯物论。但是，由于变革自然几乎被等同于"支配自然"，而环境破坏又被看作是在近代"支配自然"的观念下发生的，于是就有了马克思的思想对环境破坏负有责任的指责。针对这种观点，还很少有人从强调变革对象的实践唯物论的立场，去阐述马克思思想与生态思想的关联。我认为，马克思的实践唯物论是包含了生态视点的实践唯物论。我想从这个角度来考察一下强调对象变革的实践唯物论与提倡环境保护的生态理论的关联。①

---

* 本文选自《马克思主义与现实》2001 年第 2 期。

原题注：这篇文章是日本一桥大学社会学系教授岩佐茂先生为《马克思主义与现实》撰写的专稿。——译者注

① 关于马克思主义是如何看待环境问题的，请参考拙著：《环境的思想》，韩立新等译，中央编译出版社 1997 年版。

一、马克思的辩证的实践唯物论

首先，我想说明我对马克思的哲学立场在什么意义上是实践唯物论的这一点是如何理解的。之所以要从这里谈起，是因为存在着一种根深蒂固的看法，即认为包括马克思在内的马克思主义哲学的立场是辩证唯物论，而不是实践唯物论；或者认为马克思哲学虽然是实践唯物论，但是主张它与辩证唯物论不相容。在这里，马克思的立场被视为实践唯物论，而辩证唯物论则是恩格斯、列宁的立场。

不论哪种观点，尽管所持根据不同，但把辩证唯物论与实践唯物论对立起来这一点是相同的。我反对将两者对立起来理解。我认为，马克思的哲学立场是辩证的实践唯物论。

那么，在什么意义上可以说马克思的哲学立场是辩证的实践唯物论呢？我总结过去的争论（姑且不深入探究这些争论），将辩证的实践唯物论的特征概括为以下五点：

第一，辩证的实践唯物论作为唯物论，承认人的意识之外存在独立于它的客观实在，承认自然先于人的意识（精神）而存在。前者侧重于认识论，后者侧重于本体论，但都是唯物论的基本原则。

第二，辩证的实践唯物论肯定自然辩证法。承认自然辩证法，即是在承认自然独立于人而存在并先于人而存在的同时，承认自然具有辩证法性质。自然辩证法不是臆断，而是人们通过对获得的科学知识的概括，阐明自然本身具有的运动的、辩证法的性质。这种场合的所谓自然，不外乎是包括了人及其社会在内的广义的自然。正如恩格斯在《劳动在从猿到人的转变中的作用》一文中论述的，他在构想自然辩证法的时候心中设想的是广义的自然辩证法。如果就这点再说得详细一些的话，在与人的相互接触中经过人手改变了的自然界（例如人在其中的生态圈、风土等），也可以从自然辩证法的角度加以考察，且必须被考察。

第三，辩证的实践唯物论立足于主—客体辩证的立场。主—客体辩证法与自然辩证法并不矛盾，毋宁说主—客体辩证法也是自然辩证法的一种形态。主—客体辩证法在马克思《1844年经济学哲学手稿》中作为主体的对象化及对象的非对象化（作为自身的获得），也就是作为主体的客体化及客体的主体化得到展开。实践唯物论立足于主—客体辩证法，在《关于费尔巴哈的提纲》第一条中有阐述。① 在那里，尽管没有使用"实践唯物论""主—客体辩证法"这样的表述，但是以"事物、现实、感性……当作实践去理解"这样的表述谈到了对实践唯物论的把握。主—客体辩证法首先是对人的实践构造的阐明。

第四，辩证的实践唯物论认为，主体通过与对象（客体）的实践关系，不仅发生对对象的认识，而且发生价值评价，它是以认识—价值态度为媒介而与对象发生实践的联系的。就这点来说，实践唯物论不仅重视对对象的认识关系，而且重视价值关系。由于把对对象的价值关系看作认识与实践的中介项，那么，人与对象的实践关系就不是从对对象的认识关系中直接产生的，而是根据对对象的价值评价产生的不同的实践关系。即使对对象的认识是相同的，但是如果对对象的价值态度不同，对对象的实践就可能不同。

第五，辩证的实践唯物论是社会变革的思想。实践本来是对对象的变革。马克思的实践唯物论是把变革自然的劳动作为实践的基础形态给

---

① 请参考拙稿：《费尔巴哈第一提纲与主体—客体辩证法》，见北京大学哲学系、日本大阪法科经济大学哲学研究室合编：《唯物辩证法问题的再探讨》，人民出版社1993年版。

予重视的，但它不仅仅是强调一般的对象变革，而尤以社会变革为目标。本来，"实践唯物论"的惟一一次表述就是在马克思、恩格斯的《德意志意识形态》中以"实践的唯物主义者即共产主义者"出现的。《德意志意识形态》是把用唯物论把握人类社会及其历史（历史唯物主义）以服务于社会变革作为目标的。① 揭示资本主义社会经济结构的《资本论》正是由于志在社会变革而成为资本主义批判著作的。

二、具有后现代特征的实践唯物论

马克思的辩证的实践唯物论是彻底地批判和超越资本主义社会、争取社会变革的思想。在这点上，马克思的思想是立足于后现代的立场、具有后现代性的思想。作为当今一种时代潮流的后现代思想尽管因论者不同而有很大差异，但对现代思想大致都取否定的态度。马克思的实践唯物论出现于作为时代思潮的后现代理论之前，但是在彻底批判资本主义这点上，正如这个词的字面意思，属于后现代思想。

今天的后现代思潮也受到了马克思思想的影响，但是大多又将马克思思想作为近代思想来批判。可是，马克思的实践唯物论从诞生时起就是志向于后现代（超越资本主义）的，所以对马克思的批判是不恰当的。

那么，马克思的实践唯物论在什么意义上是后现代的呢？

首先，正如已经指出的那样，马克思的实践唯物论力图从根本上批判资本主义社会，在理论和实践上超越资本主义社会。

第二，在这种情况下，有必要考察一下超越现代资本主义社会的方

---

① 《马克思恩格斯全集》第 1 版第 3 卷第 38 页。

式的独特性。马克思主义提出了批判资本主义、超越资本主义的理念，但是这种理念不是被当作纯粹空想提出的，马克思所做的是：科学地阐明资本主义的构造，在资本主义的现实中找出其没落的必然性和取而代之的社会主义的可能性及其诸条件。

虽然社会主义社会是对资本主义社会的否定，但是由于社会主义社会是以资本主义社会为前提并诞生于其中的，因此必然带有很多资本主义的"胎记"。马克思实践唯物论的独特性不是不承认这种"胎记"或向它妥协，而是自觉到"胎记"的存在并批判地超越它。这个工作在理论上讲不是全面排斥抑或原样继承现代的认识和概念，而只能是对现代的认识和概念进行批判和重组。马克思对现代认识的重组工作，是借助异化和物化的概念进行的。

在马克思那里，异化和物化的概念是在批判资本主义社会的劳动、生产和社会体制状态并对其进行理论和实践的扬弃的过程中形成的。异化的概念与人的活动的概念密切相关，它指的是自身的活动及其产物与自己疏离并且否定地呈现出来的样态。那么，为什么马克思的异化和物化概念与认识的重组相关呢？

三、马克思的异化和物化概念

异化概念是在《1844年经济学哲学手稿》通过"异化劳动"提出的。马克思借助异化劳动的概念提出以下四点：

（1）劳动产品与工人的异化。劳动产品本来应该是工人把自己作为人的本质诸力量对象化的物证。可是在雇佣劳动中，它却被资本家占有，被迫成为对工人来说疏远的、与自己对立的东西。

（2）劳动与工人的异化。劳动作为人的诸本质的外现对于工人来说本来应该是内在需要，但在雇佣劳动中，劳动被迫转化为外在的、强制的、充满痛苦的东西。

（3）人与其类本质的异化。工人作为人本来应该是自由、自觉的存在，但是却把作为类的生活及能力当作了他维持肉体生存的手段，从而被迫失去作为类的存在状态。

（4）人与人的异化。人在本质上本来应该是共同存在的，却被迫相互疏远、对立。

相对于（1）指出的"物的异化""自然的异化"，（2）则指活动的异化，因此也叫做"自我异化"。马克思总括（1）和（2）的异化，"导引出"（3），即类本质的异化。又作为前三点的"直接的归结"，指出了（4），即人与人的异化。然而，关于这一点在"异化劳动"这段就没有再展开了。

马克思在提出"异化劳动"概念之后写下的《詹姆斯·穆勒〈政治经济学原理〉一书摘要》中，谈到了商品交换中人与人的关系不得不发生异化，并被物所支配，考察了商品交换中的异化问题。这个问题后来在《资本论》的"商品的拜物教性质及其秘密"一节中作为物化的事实得到具体考察。

根据马克思在《资本论》里的分析，人与人的相互关系在作为物与物的社会关系呈现的同时，进一步作为物的相互关系又进一步作为物的自然属性呈现出来，这种情形被称为"拜物教"，所谓物化不外是这种拜物教发生的过程。在资本主义生产和交换下，产生了"人的物化"和"物的人格化"颠倒的状态。

所谓物化，作为由实践产生的人的关系发生了物化倒置的关系，是资本主义生产和交换方式下引起的异化的一种形态。异化是指在活动中自己同自己疏远，对立于自身的情形。物化则是指在基于活动的关系中，人的相互关系作为物的相互关系呈现出来的倒错现象。从这点来说，可以说是一种特殊形态的异化。

马克思为了克服异化和物化，在彻底批判异化和物化了的资本主义现实的同时，提出了与之相对立的、没有异化和物化的理念（共产主义）。在马克思那里，关于异化的批判及其克服的理论，与建立非异化的理念是互为表里的。虽然这一理念是充当批判现实的价值标准，但是它并不是主观的空想、超历史的不变的理念，也不只是放到未来社会才能实现的理想。它不外是自觉地析取出在引起异化的现实中通过人的活动产生的肯定的契机。

把存在于人的活动中的异化、物化了的否定的形态中的肯定的契机作为理念提取出来的努力，一方面是要把异化了的现实作为价值上不能承认的东西予以批判，另一方面，它也是发现否定形态中展开的人的活动的肯定的契机，这本身也是重建（理念化）的工作。① 这个工作不外是去拆解人的活动的否定形态之中的诸契机的联系，建立诸契机之间新的关联的一种试验。因此，它当然将伴随知识的重组工作。

四、生产和消费中的知识重组——以人与
自然的正常关系为价值标准

马克思论述"异化劳动"时谈到了"自然的异化"，生产和消费中的自然环境破坏也可以说是"自然的异化"的一种形态。之所以这样说，是因为无论生产或消费都是人的活动，通过这些活动人与自然的正

---

① 关于异化批判与理念的建立的表里关系问题，请参考拙著：《人的生活与唯物史观》，日本青木书店 1988 年版。

常关系受到破坏，自然环境变得对人冷淡了。下面让我们具体地看一看，在异化了的生产活动和消费活动中，以环境保护（人与自然的正常关系）为价值标准，需要怎样的认识重建。

既然人也是一种自然的存在，就需要通过与自然之间的物质代谢（满足衣食住行等基本需要）维持自身生命。但是与其他生物不同的是，人的需求要以生产为媒介来完成。生产通过满足人的基本需求来保障人的生存，为了生活得富裕，要把自然的素材制造成对人来说有使用价值的东西（产品）。因此，生产本来是人与自然之间的正常的环节。

但是，由于生产是要分解和改变给予我们的自然（自然的变革），所以在生产中（尽管生产规模小的话没有什么问题），有必要尽量避免破坏人与自然的正常关系。对人与自然关系的这种关照（环境的视点）要求我们在制造某种产品之际必须考虑到：如何使用材料——例如，究竟是用木材做椅子的素材，还是用钢材，或用塑料？采用何种技术生产？对生产过程中必然产生的废弃物如何处理？因为这些问题与环境破坏有密切的关系。

因此，进行生产的时候，对材料、技术（工艺）、废弃物，需要经常从环境保护的视点去留意。但是，在资本主义商品生产中，由于生产是遵循以提高利润和积累资本为目的的、颠倒的资本逻辑进行的，这样就会把获得更多利润当作主要标准，也就决定了对上述问题（材料、技术、废弃物）的态度。其结果是，环境和健康常常被放到后面考虑。

拿材料问题来说，例如，食品中的防腐剂等添加剂（人工化学物质）在没有检验它对人体会产生什么影响的情况下（即使已经知道在某种条件下可能诱发癌症），只要没有法规限制，厂家就会继续使用以延长其作为商品的寿命。再如，为了增加农业产量而利用转基因技术，尽管还在争论它对健康会产生什么影响，却依然被用于农业生产。

另外，拿技术或工艺问题来说，例如，在汽车生产中，一直在开发高速、性能优异的汽车，却把尾气和环境问题放置一旁。还有，在日本，企业为了提高利润，按照八年报废的标准生产电视、冰箱等家电产品；作为诱使顾客更换新车的手段，厂家每隔四至五年就更新一次车型，等等。

进而，关于废弃物，由于在废弃物处理上花钱会减少利润，所以只要没有法规限制，企业就不主动对生产排放的煤烟、污水安装净化装置——其结果造成了日本的公害，对有害废弃物也不做妥当处理。

这种事例简直举不胜举。我们从材料、技术和废弃物等方面列举了在资本主义生产中存在的弊端，以人与环境的正常关系为价值标准，批判异化了的生产状态，把环境的视点纳入生产过程，以改变生产体制，使得在理论上进行认识重建成为必需。

另一方面，马克思对资本主义商品生产的批判，当然也包含了对被生产状态决定的消费方式的批判。追求高效率、高利润的生产结构的资本逻辑，实际上采用的也就是一种大量生产的方式，而大量生产必然与大量消费、大量废弃结合在一起。为了支撑大量生产，"消费是美德"的观念得到宣传，"用过就扔"的文化得到助长，结果，发达国家变成了过剩消费的社会、大量废弃的社会。过剩消费，不外是远远超过了人的基本消费需要的、追逐那种膨胀的、单面化的欲望的消费生活。

随着这种过剩消费社会的到来，废弃物问题日益严重，80 年代中期以来，以发达国家为中心，人们逐渐意识到废弃物问题也是环境问题。更准确地说，除去战争及有害物质泄漏造成的环境污染，其他均是由某种废弃物引起的。所以，如果不解决废弃物的问题就不可能解决环境问题。

在这样的过程中，改变过剩消费的生活方式的努力也开始了，减量（reduce）、再使用（reuse）、再利用（recycle）的 3R 思想和循环型社会逐渐受到重视，而这在理论上讲也是我们对消费生活和废弃物问题的认识重建。由于消费—废弃被生产所决定，并与生产有机地联系着，所以有必要对生产—消费—废弃的全过程进行认识重组。

对生产和消费的认识重建，受着以什么为重并给予尊重这种价值认识的影响。在资本逻辑主导的资本主义商品生产中，把追求利润和积累资本当作首要目的的价值态度（资本的逻辑）是生产方式异化了，在这种情况下，人与自然的正常关系也被破坏了。相反，从重视人的健康和环境保护的价值态度（生活的逻辑）出发，就要批判异化了的生产状态，重视把环境的视点纳入生产和消费的过程中去。①

五、近现代"支配自然"的观念

所谓人与自然的正常关系，意味着作为自然之一部分、生态圈之一员的人类，在自然的物质循环中便可能维持自身生命的状态。换句话说，它不外是指人与自然的和谐。人与自然和谐的观点，在青年马克思的自然主义与人道主义相统一的思想中可以读出。

在自然环境遭到破坏、人与自然的正常关系难以维系的今天，人与自然和谐的观点是需要再认识的重要观点。与此对立的是人"支配自然"的观念。这种观念是由现代自然科学和技术的发展，以及建立在这种基础上的生产活动对自然的变革过程中出现的。西方近代思想家们总

---

① 关于生产和消费的环境视点，请参考拙稿：《人类生活与环境视点》，见刘大春、岩佐茂主编：《环境思想研究》，中国人民大学出版社 1998 年版。

的来说对"支配自然"的观念是持肯定态度的。① 尽管"支配自然"的观念确实是在近代科学技术中产生的,但是,持有"支配自然"的观念,与实际上能否支配自然并不是一回事。

人通过科学地认识自然去改变自然。但是不论科学和技术如何发达,只要自然是无限的,受历史制约的关于自然的认识就总是有限的。特别是依据对自然法则的认识实践地运用于自然会引起什么问题,对此要做到完全预知是不可能的。恩格斯曾经指出,尽管人类对自然界胜利了,"但是往后和再往后","常常把最初的结果又消除了"。由于"完全不同的、出乎意料的影响",导致"自然界对我们进行报复"。②

可是,他认为,招致"自然界的报复"的原因在于人类对自然的认识不充分,没有预见到"往后和再往后"的"结果",或"较远的自然后果"。他还明确说过,通过认识自然规律并"正确运用自然规律",人类就能够支配自然界,"成为自然界自觉的、真正的主人"。当然,关于"支配自然",恩格斯也说过:"我们统治自然界,决不像征服者统治异族人那样,决不是像站在自然界之外的人似的",人是"属于自然界和存在于自然之中的"。通过"认识和正确运用自然规律","来支配自然界"。这种对自然的支配,也叫做对自然的"控制"。③

恩格斯在近代自然科学的发展背景下认为,如果人能够"正确运用"自然规律,就可以"支配""控制"自然。的确,通过垦荒拓展耕地,利用灌溉滋润土地,这些都是人控制自然的实例。但是,即使在这

---

① 例如,培根就承认建立在"技术和科学"之上的"人对自然的支配权"。笛卡尔也把人看作"自然的主人和所有者"。但是,只强调这个方面对两位思想家是否有失公允呢?

② 《马克思恩格斯选集》第2版第4卷第383页。

③ 《马克思恩格斯选集》第2版第4卷第384页。

种场合，人对自然的控制也只是局部的和暂时的。

自然界的相互作用是复杂的、无限的，而人类对自然界的认识总是受着历史制约的、有限的，尤其是在进行大规模开发的时候，"往后和再往后"究竟会发生情况、产生什么结果是不可能完全预料到的。① 人类对自然界的完全"支配"和"控制"本来就是不可能的。"支配自然"的观念不外是人把对自然的局部的、暂时的控制，夸大成完全支配的、膨胀了的观念。

六、以控制人与自然的关系为目标的实践唯物主义

人与自然的和谐或人与自然的正常关系，不是通过人"统治"自然的观念，而是通过对人与自然的关系的控制来维持的。

一般来说，对关系进行控制，意味着通过对关系的双方或其中一方的控制来控制相互的关系。前面已经讲过，就人与自然的关系来说，人只能部分地、暂时地控制自然，所以，控制人与自然的关系主要是通过控制人本身来实现。

实际上，在生产力相当低下的近代之前，对于以强大力量呈现在人类面前的自然界，人一面拼死地斗争，一面想尽办法与自然维持正常的关系。为此，人通过顺应自然、控制自己，来维持与自然的正常关系。

到了近代，随着科学技术和产业的发展，人类获得了足以破坏自然的巨大生产力，于是，人与自然的关系也发生了天翻地覆的变化。如果

---

① 作为实例，这里想例举咸海的环境问题。前苏联在 60 年代进行的往咸海注水以便把不毛之地变成绿洲的尝试，可以说是改造自然的壮举。但是，实际上经过不到四分之一世纪，不仅使咸海干涸了，而且造成周围数十公里土地严重盐碱化。

人类不控制自己的力量，自然就将毁于人手，人与自然的正常关系也不能维持。所以，为了控制人与自然的正常关系，控制人类的力量和基于这种力量之上的活动就变得极其重要了。

马克思早就开始重视控制人与自然的关系。他在《资本论》中指出："劳动首先是人和自然之间的过程，是人以自身的活动来中介、调整和控制人和自然之间的物质交换的过程。"① 他在把劳动当作制约、控制人与自然的关系（即物质代谢的关系）来把握的同时，还指出要把这种物质代谢置于我们自身的共同控制之下。②

不是把对自然的劳动当作"支配自然"，而是作为控制人与自然的关系来把握，这是非常重要的。建立在"支配自然"的观念之上的劳动和生产，与从控制人与自然关系的视点出发的劳动和生产，产生不同的劳动生产状态。前者为了自始至终顺利实现制造产品这个初始目的，把关注点放在改变自然上。但是，作为后者，即使是制造产品，也会充分考虑到对人与自然的关系会产生什么影响，并注意在控制人的力量的同时变革自然。立足于这种视点进行生产，一方面要考虑依照当初的目的制造产品，同时还要考虑产品的使用以及废弃将给人和自然的正常关系带来什么样的影响。这里受到质疑的是劳动和生产的方式，变革自然的方式。

所以，即使是变革自然，也存在两种情况。③ 其一是基于"支配自然"观念所进行的变革自然的活动。其二是立足于控制人与自然关系的

---

① 《马克思恩格斯选集》第 2 版第 2 卷第 177 页。

② 参见《资本论》第 3 卷。

③ 关于变革自然的方式有"两种劳动观"的问题，请参考拙论：《人类对自然的价值态度》，见王玉、岩崎允胤主编：《价值与发展》，陕西人民教育出版社1999 年版。

视点所进行的变革自然的活动。在这种场合，"共同控制"人的力量以及基于这种力量之上的活动是特别重要的。

　　自然，马克思的实践唯物论强调实践，强调变革对象，但是就变革自然来说，它是建立在控制人与自然的关系的视点上的，是立足于实践的观点上的。在这点上，实践唯物论并不与生态理论相矛盾，不如说它重视的是实践——为了保护环境应该怎么做？它与生态思想在根本上是一致的。

（冯雷　译）

概念的革命与革命的概念 *

〔美〕迈克尔·哈特　秦兰珺

2010 年，迈克尔·哈特和安东尼奥·内格里合著的《帝国》三部曲——《帝国》、《大众》和《共同体》——正式出版。哈特试图通过赋予诸如"民主""共产主义"等旧有政治概念以新的含义，通过把"爱""穷人"等概念提高到政治学的高度，来探索一种资本主义和共产主义之外的另类政治形式：在"帝国"时代，建立在"共同体"之上的"大众"的民主政治。本访谈围绕这一政治实验，就成书的经过、作者的合作、概念的更新、左翼知识分子理论的合法性和有效性、马克思主义的当代使命等问题展开了讨论。

一、《帝国》三部曲和概念的更新

秦兰珺：您的《帝国》三部曲包括《帝国》（*Empire*）、《大众》（*Multitude*）和《共同体》（*Commonwealth*），这三本书的侧重点各是什

---

* 本文选自《马克思主义与现实》2012 年第 1 期。

原题注：作者迈克尔·哈特（Michael Hardt）系美国杜克大学文学系主任，当代著名左翼思想家；秦兰珺，北京大学比较文学与比较文化研究所博士生，杜克大学文学系联合培养博士。

么？它们之间有没有什么逻辑关系？在写作过程中，您的思路有没有发生过显著的变化？

哈特：我也不确定我是否知道这一问题的答案，或许其他人才是回答这个问题的更好人选。或许从某种意义上说，德勒兹对我们的第一本书更重要，而福柯对我们的第三本书更重要，例如有关自由的问题等。我们的写作在更大程度上是由我们对自己的质疑和不满激发的。我们一完成《帝国》就开始批判它，当然，这种批判并不意味着说《帝国》是错的，而是说我们并没有真正理解书中所用的一些术语，我们在书中发起了关于某些概念的探讨，但是我们的工作虎头蛇尾。我们对彼此的批评和自我批评，很多都是与这些术语和概念相关的。例如，当我们完成《帝国》时，我们发现我们虽然在使用"大众"（Multitude）这一概念，却不清楚我们用"大众"到底来指什么，"大众"究竟有什么手段和方法来躲过权力世界的搜捕。还有，我们使用了非物质劳动（immaterial labor）这一概念，但是我们不确定到底是否真的有这样一种劳动，它究竟是欧美的特例，还是可以同样适用于那些处于从属地位的国家（subordinate countries）。这些问题给我们的下一本书列出了提纲。听起来书的写作好像是杂乱无章的。是的，如果我们足够聪明，我们会事先绘制出未来的图景。但是，书的写作过程的确是由我们对自己持续不断的不满和发问引发的。

或许，在某些情况下，世界上发生的事情也会对我们产生影响。例如，我们在写《大众》的时候，不仅正巧发生了"9·11"事件，也发生了美国的反恐战争，发生了美国对阿富汗和伊拉克的入侵。因此我们必须在书中探讨战争：战争在今天有什么变化？战争意味着什么？

秦兰珺：我们是否可以认为，您写第二本书是为了回答第一本书给您留下的问题，同时也是为了回应这个世界正在发生的事情？

哈特：我们是这样认为的。同理，我们的第三本书是为了回答第二本书中的问题。这就是我们为什么要停下来的原因，不然，按照这一趋势，我们会一直写下去。

秦兰珺：显而易见，这三部曲的主题是政治，是在政治领域中进行集体创造的计划。但是您在书中再三重申这是一本哲学著作，一本有关概念和概念发明的书。那么，发明概念和政治行动之间有什么关系？或者说，在这里除了马克思主义的老话题：理论和实践，您有什么新的见解？

哈特：我认为，我们的政治概念已经被严重污染了。今天，我们的重要使命之一就是重新思考这些词汇表中的核心概念，例如民主和自由、共产主义。在很多情况下，它们正好走向我认为它们应该表达的意思的反面，或者它们曾经表达的意思的反面。例如，在我的理解中，共产主义的一个重要特征就是它最终要通向国家的消亡和民主秩序的建立。但是今天，当我们使用共产主义这一概念时，我们指的却是国家对社会的极权统治，它恰恰是我认为共产主义应该表达的意思的反面。同样的，我们今天使用民主这一概念，指的不仅仅是定期选举和司法独立，它经常也意味着对美国外交政策的跟风，或者其他诸如此类的屈从。在这种语境下，它也恰恰是我所认为的民主的反面。我们或者放弃这些概念，或者发明新的概念，或者与这些概念作斗争。有时候，我尝试发明新概念，但是人们总是反感这一行为，并且发明新概念的行为有其局限，所以我认为，与已有概念的意义作斗争，或许是更加有力量的选择。

这就是为什么我会说，我们的工作并不直接就是政治性的，也并不直接就是哲学性的。我会说，它是一种斗争，一种争夺政治词汇表中那些核心概念的斗争。我不认为这是理论和实践之间的一种新关系，或者说，我所谈论的这种理论化过程，在大学里和在政治运动中占据着同样重要的位置。我不觉得大学里的学术工作和在大街上的政治运动之间有什么真正的界限。这里的问题不是理论和实践的关系，而是发生在两个不同层面的理论化行为。大学和大街在这里相遇了，它们携手完成这项工作，一种重要的理论化行为就这样发生在政治运动中。

十年前的全球化抵抗运动就是这样一个例证。运动参与者绘制的全球化图景，和我与内格里在《帝国》中提出的非常相似。这并不意味着他们跟从我们或者我们复制他们，而是我们处理着类似的问题。我们认为"美帝国主义"这一概念不能再让我们充分理解今天的全球秩序，而那些抵抗者也这样想，如果美国和白宫真的能胜任万能控制，那么他们只要在白宫门前示威就好了。但事实上，他们这周对世界贸易组织表示抗议，下周对世界银行表示不满，再下周目标又转移到了国际货币基金组织。似乎他们反抗的是一张权力的网络，他们正是在对这张网进行审视，而这恰恰是我和内格里做的事情。这里他们投身的不仅仅是实践运动，也是理论调查，不过理论调查是在实践运动中展开并完成的，它不能与实践分离，它恰恰存在于实践之中。

秦兰珺：您是否认为理论和实践是相互包含的呢？

哈特：是的，我不会说它们是一回事，但是在此类政治运动中，它们是很难分开的。

秦兰珺：您刚才讲到，我们的政治术语已经被污染了。当您判断某个东西被污染了，或者说它应该是什么样子时，您有一套价值系统作为评判标准吗？

哈特：我想最终它是我的政治"欲望"，我会说这不仅仅是我个人的政治"欲望"，也是我从左翼著作中读出的"欲望"。左翼——不管是美国还是其他地方的左翼——如今没有找到一些合适的概念能够让他们去追求和实现自己的政治理想。民主就是这样的例子，我认为民主完全能够充当左翼思想的核心范畴，但现实并非如此，今天它表达完全不同的东西。

所以有时候，我会说我的评判标准是概念曾经表达的意思，例如民主曾经意味着什么，自由曾经意味着什么。但是，这仅仅是一种修辞上的策略，它不过是为了让人们意识到，尽管今天的记者把"共产主义"当作"控制"的代名词，但是对于马克思——甚至对于列宁和毛泽东——而言，共产主义意味着完全不一样的东西。翻出这些"曾经所是"，不只是为了松动人们对概念的常规理解，而且是为了让人们看到，这些概念可以有其他含义。

换言之，政治概念是政治斗争的产物。从某种意义上说，斗争的失败导致概念的衰败。为什么自由和民主对我们不再是有用的概念？那是因为我们失掉了这些概念的战场。我不是说只有政治斗争发生，而是说同样并行的还有在知识领域争夺这些概念的斗争。

秦兰珺：我们刚才谈到概念的发明。德勒兹在《什么是哲学》中有这样一个说法：哲学就是发明概念。但是德勒兹的策略是发明新的词汇，诸如精神分裂分析、无器官的身体等。那么，为何您的策略是更新旧的词汇？您不觉得有时更新旧术语比发明新词汇惹来的麻烦更多，遭遇的误解也更多？

哈特：你的这个问题以某种方式回答了你前一个问题，即为什么我们的书是哲学性的。如果我们能够以发明概念来理解什么是哲学，那么我们做的确实是哲学工作——如果它的确发明了什么概念。发明和再发明概念，是我们重要的政治使命。

我理解你所说的重新界定现有概念的困难。但是如果我们遗弃它们，我们也同样放弃了很多优势。我们谈到的许多概念——例如无产阶级、阶级斗争、工人阶级、劳动等——自身就携带着一部鲜活的历史，一部胜与败的历史，一部分人的斗争史。如今，我们依旧认为这些概念是重要的，我们尽力使它们获得新生。以这种方式，我们在某种意义上挽回了历史。而发明新词汇——例如生命政治、精神分裂分析等——自有其危险和局限：它们缺乏历史——昨日的斗争史。

秦兰珺：是否可以认为，复活这些承担着历史的概念，可以让我们从一个新的视角观察历史？

哈特：是的，同时也让我们自己成为那段历史的一部分，而不是转身视而不见。尤其是对于共产主义这一概念，你是承认与它的联系，还是断绝与它的联系，这对于我是一个重要的判断依据。

秦兰珺：您要发明概念就要赋予概念新的含义。例如，您提出国家暴力机器之外的法的概念，提出不以有机体（Organ）的组织形式为范式的机构（Organization）概念，还有无代表的民主（democracy without representation）、无身份的抵抗（resistance without identity）、无主权的治理（govermentality without sovereignty）或者无超验性的主权（sovereignty without transcendence）等概念。您是否认为，这些概念政治很难被应用到真正的政治实践中来，很难落实？但是，政治归根结底总是要回归实践的。比如，我们今天如何绕过代议制实现民主？

哈特：这里有三种情况。我想首先我们可以从部分现实主义或实用主义出发。无代表的民主——我更愿意称它为参与式民主（participatory democracy），或者平等和自由的民主——是真实的。我们应该承认，人们正在以某种不完全的方式实践着这种民主，有时在某些小团体内，有时在某些社会运动中，有时在特定背景下。如果我们能够看到它在小范围内的可行性，我们就能够想象它在大范围内被落实的情景，并为此努力。

351

其次，我们应该看到，我们提到的以上某些概念已经实现了，虽然是由统治性的力量付诸实践的。而我们要做的是努力构想出它的另一种可能性。例如，我们所说的没有主权的治理已经在全球范围的很多层面发生。需要澄清的是，这并不意味着民族国家或者国家主权就不重要了，而是说，一种不受国家限制的治理模式业已形成，它甚至已经创造出自己的跨国法律体系和贸易体系。换言之，全球资本已经实现了无主权的治理，今天，我们识别出这种治理实践，是为了能够构想出一种反资本主义的治理，一种自由和民主的力量。

还有最后一种情况，它看起来的确是不可能实现的。但是对这种"不可能"的想象却是至关重要的。曾经有很多政治理想在初期都被认为是天方夜谭，但是在并不长的一段历史时期内，它们就证明了自身的可行性。或许，我们那时会把它们当中的某一些称作乌托邦思想吧。同样，总体上左翼思想的一个核心元素，就是对所谓的"不可能"的构想。我虽然和你同样有实用主义要求，渴望将概念落实，但是必须留有这样一个空间，这样一个对"不可能"发出要求的空间，用一个口号来说，就是："知其不可为而为之"（"Demanding the Impossible"）。

秦兰珺：除了这些政治术语，您似乎也更新了其他一些概念，例如幸福（Happiness）、爱（Love）、穷人（the Poor）。您把它们置于政治语境中，在政治话语中使用它们，把它们变成政治概念。但是对于大多数人来说，这些概念过于私人化，过于感性，似乎很难用来讨论严肃的公共政治话题或是参与到政治的权力游戏中来。

哈特：从某种意义上说，这些概念打破了公共和私人的界限。在欧洲政治史的某一时期，爱和幸福都是核心政治概念。在 18 世纪的法国，幸福就是一个政治概念，在政治语境中使用"幸福"是合情合理的，例如"公共幸福"（Public Happiness）。公共幸福不同于私人幸福，它意味着一个好的政府，一个民主的政府；公共幸福也是幸福，但是它离不开体制的支撑，正是这样的体制结构保证了社会全体成员的共同繁荣。我不知道，在中国的传统政治词汇表中是否也有类似的概念，它意味着一种共同的社会结构，在这样的社会中，我们共同发展，力量得到共同提升。

但是，幸福只在很短的一段时期履行了其政治职能，表达着公共幸福。18 世纪以来的英语和法语世界中，幸福被私人化了，它用来指个人幸福，你的或我的幸福。托马斯·杰斐逊起草的《独立宣言》最脍炙人口的开篇四句就是一个最好的例子。他说我们被赋予了"某些不可转让的权利，其中包括生命权、自由权和追求幸福的权利"。杰斐逊说的幸福，不是你和你的宠物狗安逸地躺在家里的沙发上的那种幸福，而是参与建构一个能够协助其社会成员实现共同繁荣的政府的权利。这样的权利对于我来说是意义重大的，它不同于个人幸福。同样的话也适用于"爱"。爱在历史上曾经也是一个政治概念。爱意味着亲密关系和相互关爱，并以这样的方式来营建共同体。

穷人概念略有差异。我们把穷人作为政治概念提出来，"穷人"并没有像"爱"和"幸福"那样被私人化，但它一直以来不过是一个经验性概念。我们感兴趣的是用穷人这一概念来重新组织我们的阶级分析。应该看到，如今工人阶级不再仅仅局限于产业工人，我们必须同时考虑到那些从事生产和不从事生产的人，那些有固定工作和工作不稳定的人，以及那些流动的农民工。这样的阶级分析，对于中国和其他国家都同样紧迫。我们不能再以过去分析阶级成分的老公式来套用今天的工人阶级，我们必须扩展工人阶级的概念，这样才能把穷人的力量也包括进来，这样我们才能理解穷人的力量和他们的社会境况。

秦兰珺：但是，从某种意义上说，这些概念已经被污染了，我们如何清理它们？您也提到过一些不那么抽象的措施，例如在人们的日常互助行为中进行爱的训练。那么，什么是爱的训练，我们如何教会一个人去"爱"？

哈特：你是对的，我们刚刚谈到了争夺概念的斗争。但是这样的斗争不只发生在知识领域，它同样必须在实践层面展开，概念就是在这个层面参与到自身的政治表达和社会表达中去的。我想，这种实践层面的斗争与我们所说的"爱的训练"是吻合的。我们之所以提出"爱的训练"，是因为爱——尤其当我们把"爱"当作一个政治概念时一并不是自发的，甚至不是自然的，它需要在实践中去学习。的确，大众文化和电影告诉我们这就是爱，而我们也通常这样去理解：当你遇上爱，你就会自动陷入爱，迅速做出爱的举动，好像你已经知道什么是爱，如何去爱。我想，即便是在私人领域，爱也并非如此；那么当我们从社会角度来这样思考"爱"时，这样的观点就更加荒谬了。

我们必须在实践中学习如何生产社会关系，这种社会关系深谙爱的真谛。因此，我们需要一种训练，通过这种训练来学习如何去践行爱。爱像肌肉，只有不断使用它，才能使它变得更强壮。你可以将爱的训练想象为一名运动员，他通过反复的锻炼使肌肉变得更强壮。他要做的不仅仅是重复训练，而是正确训练，学习如何与他人合作。我想，我们也需要如此这般地去练习。

二、德勒兹和内格里

秦兰珺：德勒兹提出一种爱的模式"黄蜂—兰花之恋"，而您也把这种模式作为爱的典范。您觉得德勒兹和加塔利的合作是不是"黄蜂—兰花之恋"的实际案例，我们是否也能以这样的"爱"来看待您和内格里的合作？

哈特：这是一个很美好的例子，它来自自然，来自生命。一只雄性黄蜂把兰花误认为雌性黄蜂，于是它们之间发生了伪交配，雄蜂获得了花粉，并把花粉传给了另一只"雌蜂"。真爱并不是爱其所同，而是爱其所异。这样的"黄蜂—兰花之恋"带给我一种非常有价值的理解：爱不意味着同一，不意味着在爱中合二为一。但是，好莱坞电影告诉我们，当我与你陷入爱河，你就是我曾经失去的生命中的另一半，你我就这样在结合中变得完整。在我看来，即使在私人领域，这也是对爱的一种可怕的理解。

如果把它放到社会层面，这样的观念就更加骇人听闻了，它被用来建构社会统一体：要爱你的种族，爱你的国家。

黄蜂—兰花之恋传达给我的是爱的另外一种含义：爱陌生人。通过这样的爱，一种新的生成（becoming）被创造出来。这就是德勒兹和加塔利说的"黄蜂—生成—兰花"，而不是黄蜂变成了兰花。对于黄蜂和兰花，爱是一种过程，一种彼此生成的过程，一种自我变化的过程，在和迥异于自己的他者的相遇中发生自我变化的过程。这种对于爱的理解，在我看来是非常有价值的。

你问我，我们能否用相遇来理解德勒兹和加塔利，或者是我和内格里之间的关系。是的，这一合著过程关乎的不仅仅是两个不同的人，这两个人在这一相遇中都变得不同了。因此，这样的比喻对我很适用，并非是一个人变成了另一个人，并不是德勒兹变成了加塔利，也不是德勒兹站到他们的中间立场上，而是在这一相遇中，一种新的东西从他们彼此的生命里被激发出来。这样一种对爱的理解，即便是在私人领域也非常有趣，我爱你，在我对你的爱中，不是我变得更像你或者你变得更像我，不是我们俩合二为一，而是一种转变在你我的邂逅中发生，你我因此都变得与从前不同。我想这才是我们对爱的更有价值的、更有启发性的和更加丰满的理解。

秦兰珺：但是有爱并不意味着没有冲突，如果你们对某一问题持有异见，而你们又必须合著一本书，那时你们是如何解决你们的分歧的呢？

哈特：现在我说的不仅仅是我和内格里，也包括任何合著组合或合著团队。其实真正的问题很少涉及他们是否就某一问题达成一致，这里，更重要的是他人是怎么想的。其实，我经常不能与自己保持一致。

秦兰珺：您总是在"生成他者"？

哈特：是的，听起来我像一个疯子。但我认为我们俩其实都是如此。在写作中我们做出论证，我们通过论证写作，但是在我们的论证中总是会有矛盾和疑问。同样，我也会怀疑我自己的论证，他也存在着很多问题，在这种情况下我不会在合著中使用这样的论证。当然，我们书中的某些部分是内格里不能理解和无法接受的，另一些部分是我不能理解和无法接受的。但我们的任务是努力写这本书，尽力给出我们的论证。换言之，我们会有分歧，但大部分情况下这种分歧无关痛痒，我们更多的是在以各自的论证写这本书。这就是为什么我和内格里作为个人对于我们的合作都是第二位的，这一说法听起来或许会很奇怪。

还有一点我要说的是从我们的合作中产生的声音，并非内格里在以我的声音写作，也并非我在以内格里的声音写作。

秦兰珺：您说的是一种"复调"？

哈特：部分是这样，但我们也发现了第三种声音，这种声音既不是他的也不是我的。我猜你也会说，其实每一种写作在他自身之内已经包含了另外的声音。

秦兰珺：对于德勒兹，您能再多说些什么吗？为什么您的博士论文选择以德勒兹为研究对象？您在论文的结尾提到，按照德勒兹自身的逻辑，他的哲学一定会通往实践。德勒兹在您的写作和实践中占据了一个什么样的位置？

哈特： 我觉得德勒兹的思想不仅令人激动而且给人以力量，在我生命中的某个阶段，他对我的影响很大。或许，对于每一个人，都会有这样一位能够肯定他的思想家。德勒兹带给我的不仅仅是思想的激动人心，更是一种思维的能力，一种对"我还能够这样去想"的发现。

德勒兹不是苏格拉底意义上的哲学教师，他不教他的读者如何去思考。在更多情况下，他留给我们的是一个思想的案例，和他一起思考，我就能更好地去思考。他带给我的是一种方法，这种方法让我看到了我能够怎样反省自己。

斯宾诺莎有一个概念叫做"快乐"（Joy），这个概念非常吸引我。这种快乐意味着思维力和行动力的提升。其实，斯宾诺莎的"爱"也有着相同的含义。的确，有时当你与某些人在一起的时候，你就能更好地思维，你清楚并不是你变聪明了，但你就是能够在与他们的对话中，在他们的陪伴下，因为他们、由着他们而产生更有力的思想，这对于我是一种莫大的快乐和享受。我爱这些人，我认出了这些人，我觉得这就是斯宾诺莎"智性之爱"（Intellectual Love）的真正含义，似乎这是一种非常具有实用价值的爱的含义，我们总是能感受到它。至于德勒兹，虽然我很少把他看成某个人，但是和他一起工作、阅读他的著作，的确带给我一种思维的力量。是的，这是一种快乐。

秦兰珺： 但是，在阅读福柯或其他思想家时，您也能感受到这样一种力量和快乐，这样的一种笑。那么，为什么不是福柯，不是德里达或其他强有力的思想家？

哈特： 我不知道我是否能给出很好的理由，或许他仅仅是……

秦兰珺：一种偶然。

哈特：或许仅仅是一种偶然。但是德勒兹赞同（agree with）我，这种"赞同"不是人们通常理解的同意。它是斯宾诺莎意义上的适合。当你说某物赞同你的时候，你的意思是它对你很合适，它就是这样适合着你。正是这种合适建构了思想，德勒兹的思想与我的所思所行就这样一致起来，协同起来，连接起来。因此，不能说它是偶然事故，其实在每一个人身上都会发生这样的合适，而德勒兹就是那个适合我的思想家。

三、辩证法和左翼

秦兰珺：本学期，您要求上您的课"马克思主义和社会"的学生阅读马克思的经典原著，邀请他们重新审视马克思。似乎您的《帝国》三部曲已经在做这一工作，您在当代社会现实的背景下，重新思考了马克思价值理论中的那些核心概念，例如劳动力、抽象劳动、剩余价值等等，并赋予它们新的含义。我们是否可以认为，您在写一部信息时代的《资本论》？

哈特：是的，是马克思主义要求我们这样做的。思想要跟踪社会现实，要回应社会现实，这是马克思思想的一个重要组成部分。社会现实变了，关于社会现实的思想也要变，甚至我们的概念也要跟着变。

恰恰是正统马克思主义告诉我们，我们置身其中的社会现实已经改头换面，因此对于19世纪的社会现实适用的那些概念在今天也必须脱胎换骨。这样说似乎很反讽，但是我会说，我们重新反思什么是工人阶级，重新研究今天的阶级构成，重新发问：人们在工作中干什么、他们的工作环境怎样、他们如何能够成为一个阶级？所有的一切都是为了能够更加忠实于马克思。我们不能想当然地认为从事工业生产的工厂、工业劳动或者劳资关系在今天仍然占据着过去一样的核心地位，我们必须不断地质疑它们，我们必须观察今天人们在做些什么。当下如果你在中国分析阶级构成，你当然会发现它和马克思对 19 世纪的欧洲所做的分析大相径庭。你必须更新马克思的概念，使它适应今天的社会现实，抓住现实的特征。你要提出一些新问题：今日的中国，我们要如何看待农民工，如何看待那些不稳定的劳动力，无论他们是在工厂里干活，还是在工厂外谋生？正统马克思主义的方法论就这样走向我们所理解的"正统"的反面，当今的任务就是要重新思考马克思主义的那些核心概念。

　　秦兰珺：您刚才提到，我们要忠实于马克思。那么仅仅在马克思 19 世纪搭建的理论框架之内更新马克思所使用过的概念，您觉得是否足够捕捉两个世纪后今天的社会现实？

　　哈特：我并不觉得我们一定要忠实于马克思，我只是说，如果我们要忠实于马克思，我们就要超越马克思。因为今天的社会现实已经不同于他所认识的社会现实；并且，即便是马克思时代的社会现实，马克思也并非全都理解。

　　秦兰珺：您刚才提到了超越，您在您的博士论文《德勒兹：哲学见习期》中提出，德勒兹的真正敌人不是康德，而是黑格尔。他批判康德，不过是为了绕过辩证法，以避免陷入辩证运动内部的否定逻辑，他最终的目标仍然是辩证法，而您的真正敌人似乎也是辩证法。

　　为了真正战胜辩证法，您强调现代性（Modernity）和反现代性（anti-modernity）之外的另类现代性（alter-modernity）；您提出"共同体（the common）的概念，认为它超出了"公共"（the public）与"私人"（the private）的对立；您指出"大众"（the multitude）这一装置（assemblage），认为它绕过了个人（individuality）和集体（community）

的矛盾；您还发展了"特殊性"（singularity）这一概念，认为它从一开始就超越了"一"（one）和"多"（many）的对立。但是仍有人批评说"你们不过是失败或者未竟事业的辩证法家"，换言之，你试图创造新的东西，但不过是新瓶装旧酒。我在这里举出几个很有说服力的批评，杰姆逊认为德勒兹的"生成"逻辑不过是辩证逻辑的另一个版本，辩证法似乎无所不包；齐泽克宣称那些表面上看起来的另类的可能和反抗行动，最终往往以对这个系统的支持宣告结束；巴迪乌指出，抵抗不过是权力内部的组成部分而已。

您要如何回应他们？您觉得我们是否能够跳出这个看似能够招降一切的资本主义系统的恶性循环，我们能否发明一种新的政治？

哈特：这是一个好问题，我喜欢这个问题，我也喜欢你列出的那些反驳。首先我想说，在日常言论中辩证法可以用来指很多东西，甚至在马克思主义内部也是如此。例如，有时辩证法仅仅指一种"相关性"，很多马克思主义者说："我们要辩证地看待这一问题"，意思是我们要看到这些孤立的社会现象实际上是联系在一起的。我们反对的不是这样一种辩证法，而是辩证法的另一种特定含义，它创造出一种综合中的统一，假装"正"和"反"的矛盾已经在"合"的整体中得到了解决，宣称差异双方在此刻获得了协调和统一。我们反对的就是这样的时刻，辩证运动的第三个时刻。但是，的确有另外一种处理差异的方法，从刚才那种辩证法的角度看来，这是一种矛盾在其中无法获得解决的辩证法，一种拒绝第三个时刻的综合的辩证法。

我们有反感辩证法的哲学动因，也有批判辩证法的政治理由。人们利用以上包含辩证运动三个时刻"正""反""合"三步走的辩证法，来构建一种政治角色。我们反对的就是这种政治角色。有时，它体现为国家的权力，宣称对立双方已经成功得到协调；它有时体现为政党的权力，某党高高在上，在其权力体系内部对各种冲突的力量发号施令。我们反对它，并不意味着我们对所有的机构组织说"不"，我们拒绝的是那种号称要统一冲突和差异的组织，我们渴求的是协调冲突社会力量的民主机制。我想，这至少是诸多政治理由中的一种，来解释我们对辩证法的宣战和不满，来解释我们避免辩证法的努力。

秦兰珺：那么，所谓的左翼是否也只是辩证运动的一个环节而已呢？有人认为左翼是被资本主义生产出来的，它以批判的方式服务于资本主义，你同意这一观点吗？或者换一个更具体的问题，您既是杜克大学文学系主任，又是资本主义的积极批判者，您觉得体制内的知识分子如何有效地批判体制？对权力说"不"，是否有重新被权力捕获的危险？

哈特：不仅仅是左翼，就连马克思主义和共产主义也是在资本主义社会及其社会大生产的背景下产生的。马克思主义归根结底是对政治经济学和资本主义社会的批判。批判者和被批判者是分不开的。因此，只要有资本主义及其生产模式，就有马克思主义及其批判学说，马克思主义在资本主义社会扮演了重要的角色。但是，马克思主义——共产主义亦然，左翼亦然——和资本主义、资本主义社会的这种纠缠并不意味着马克思主义和资本主义的合作。

马克思主义留给我们的一个重要遗产，就是让我们看到资本主义之外的替代性方案，让我们认识到这种可能是自资本主义内部诞生的，而不是自资本主义外部发生的。"资本主义创造了自己的掘墓人"，就如《共产党宣言》中所宣称的那样。资本主义为实现明天的美好社会奠定基础，但这并不意味着我们都是被玷污的、堕落的。事实上，正是因为出生在资本主义社会，我们才有可能创造出迥异于它的社会。我不会说，在我头脑中就没有一点辩证法的综合因素，但我关心的是如何挑战资本主义，如何推翻资本主义社会，这并不意味着我们因此就完完全全是资本主义的他者——共产主义也是从资本主义那里来的——而是说真正的挑战是在资本主义内部推翻资本主义的能力。

秦兰珺：如果左翼真的能充当这样的反对力量，真的能推翻资本主义，他们的武器怎么样？我说的是他们的写作和学术修辞。我个人的经历是，我在读他们的著作时总感到疑惑不解，就好像闯进了一个术语的丛林，到处是抽象的大词和晦涩的术语，有时对于我甚至是一个封闭的行话系统。一些人认为，这些学者不过是在玩他们自己的文字游戏，认为自己的工作事关紧要、意义重大、庄重肃穆，但很少有人真正理解它，在乎它，把它当回事。您是如何看待开放的社会运动和左翼封闭的行话系统之间的关系的？

哈特：毋庸置疑，在很多情况下像你说的那样，这样的行话系统，这样脱离现实的学术著作和知识分子的确在实践上和政治上没有什么价值。但是，有时使用并非所有人都能够理解的术语，以一种并非所有人都能够理解的方式去写作，也是必要的。它的目的是发明某种思想，去捕捉社会现状。

我们一直在谈马克思，这里就举马克思的例子。马克思清楚得很，工厂里的工人读不懂他的书。在出版法文版《资本论》时，出版商认为他们或许应该出一个缩写本，然后一部分一部分地出版《资本论》，马克思就此与出版商进行了谈判。他知道，工人不读书，即便是读了《资本论》，大部分人也不会明白黑格尔哲学究竟是怎么一回事，也不大可能全部看懂他的所有论证。在这个意义上，可以认为马克思使用了并非人人都能理解的特定术语，虽然我不会说它是行话。但是这样的思维，这样的术语使用是必要的，它们能帮助马克思更好地理解资本是如何运作的，资本主义社会是如何运行的，资本社会之外的替代性方案是什么样的。一方面，我赞同你对学术隔离的批判。但是我不会说，只有以每个人都理解的方式写作才是必要的。我认为，针对少数受众的写作并非无用，它的这种用途是一种左翼政治运动中的功用。

秦兰珺：我很好奇您在美国的左翼经验是什么样的？

哈特：80年代的时候，我还在上大学。我的感觉是，那个时候的政治斗争对知识领域怀有敌意。部分原因是我们不知道问题出在哪儿，敌人是谁，如何战斗，我们不懂得如何在实践中抵抗。这样的鸿沟横亘在我的学术兴趣和政治生活之间，我很难过。后来我去了拉丁美洲和欧洲，我发现在这两个地方，知识工作甚至是学术工作和政治斗争之间的关系与美国是不一样的，学术和政治之间有更多的互动。我想这些年来，美国的状况有所好转，政治运动对知识领域的反感越来越少。

四、版权和网络抵抗

秦兰珺：这个问题是关于您的概念"公共财富"的，也是关于您所认为的对公共财富的一种重要的剥削手段：版权或者知识产权。您论证说，知识是人们共同生产出来的非物质产品，知识由共同体生产出来，也生产着共同体。尤其在今天的信息社会，我们是否能够自由地获取知识，对于共同体创造力的提升和生产力的发展是至关重要的。当今，互联网的普及似乎已经奠定了这样的自由通路的基础。例如，网上的免费资源。

但是，这里涉及一个版权问题。当然，您认为知识产权是人们共同生产的知识被私有化的产物，是信息时代新的"圈地"运动，是对生产力的一种邪恶阻挠。但是另一些人认为，出版社和作家就是以此挣钱养家糊口的，因此，他们有足够的理由在生产力和财产权之间选择后者。也有人认为今天的版权问题体现的实际上是旧的纸质媒体和新的网络媒体之间的冲突，是工业时代的生产模式和赛博网络的生产模式之间的矛盾。那么您是如何看待版权问题的呢？我们如何处理不同生产模式在今天的重合，如何在单一的法律框架之下解决这一问题？

哈特：这一问题的最后一部分非常有意思。用生产模式的冲突来解释版权问题是非常有价值的。其实，部分冲突来自于物权法自身的局限，物权法针对的是作为物质的产品，但是人们在很大程度上把它扩展到了非物质领域，而非物质产品的再生产是非常容易的。因此之所以会出现盗版，之所以会有物权法在非物质领域落实的困难，是因为我们缺乏有效的政策和方法。我的意思是说，现有的法律是为物质财产设计的，警察用它来保护我们的财产，阻止小偷盗窃车辆，强盗入室抢劫。但是同样的措施却不适用于对音乐的复制和对思想的盗用——你说这是在盗用思想？我却认为它是在传播思想和生产新思想！我们用物权保护物质财产，的确行之有效。但是如果说，用同样保护物质财产的方式来保护非物质的知识也会切实可行，这种想法毫无道理。非物质的知识从来没有停止过与物权的斗争。这是我们理解版权问题的一种路径。

的确，盗版侵犯了资本主义的意识形态：产品的生产者就是产品的所有者，如果我造了这所房子，它就是我的。如果我做了这个东西，它就是我的。这是一种如此根深蒂固的观念。但是我认为知识的生产，或者其他非物质产品的生产，例如编码的生产，图像的生产，并不是某个天才一人就能胜任的，而是在一个广阔的网络中举众力完成的。如果你承认这一点，那么按照资本主义财产所有制自身的逻辑，知识的主人就应该是生产它的整个网络，而不是作为某人或某公司的个体。这是理解版权问题的第二条路径。

理解版权问题的第三条路径涉及公用事业，甚至触及资本主义社会生产力自身。某个人拥有某台机器，这种私人所有在资本主义体系内部并不妨害机器的正常运行，并不削弱机器的生产力，但是对知识的私人所有却伤及生产力。例如，为了生产出更多更好的药物，其药理机制——作为制药行业的科学基础——就应该向科学团体的其他成员公开。如果知识不传播不发表，如果它在科学团体中不为人所共知，那么它就不再具有生产力——知识越是被私有化，就越不具有生产力！我们说，资本积累的私人属性和资本生产的社会属性相互矛盾，这一矛盾在观念的领域、图像、编码和信息领域无疑更加凸显了。因此，为了发展生产力，为了扩大社会生产，作为原材料的知识不能被私有化，必须要公开。我认为这是理解版权问题的第三个路径。

你反对说，作家、艺术家、音乐家和电影导演谋生的方式是收版税，对此我要谈两点。

首先，在大部分情况下，他们并非以此养家糊口。例如，即便是在当今的资本主义体系内部，拥有音乐的版权并不能提升某位艺术家作品的销量。而我要说的另一点比较哲学，恐怕不会让艺术家朋友满意：人们回报劳动力的方式必须发生变革，也正在经历变革。两三百年前，世界各地的艺术家——无论是在欧洲或在亚洲——都是不受版权保护的。但是，他们背后站着富有的赞助人，他们的生计由赞助人负责。你可以说，天啊，这种庇护制和我们今天的所有制是冲突的，从庇护制的消失中才诞生了如今受版权保护的作家。而我认为，今天一种新的针对非物质生产的补偿机制即将出现，我们生活在一个转型期，以所有制的方式对脑力劳动者的补偿正在逐渐消亡，一种新的回报机制即将诞生，或者说它正在诞生。当然，我也不知道它究竟是什么。

秦兰珺：您书中谈到的很多问题近几年似乎越发凸显，比如说，利用互联网进行的政治抗议。可我总觉得，您对互联网过于乐观。除了科幻小说中描绘的各种网络"乌托邦"，除了理论界对计算机资本主义（computerized capitalism）对人的全面控制的批判，我们应该看到，墨西哥的萨帕塔主义者和美利坚合众国的茶党都是深得网络奥秘的政治反抗集团。换言之，无论是左翼还是右翼、草根还是官方，不同的利益集团都已经把网络纳入他们的战略计划。他们或是致力实现网络的潜力，或是力图阻碍信息的流动，为的都是自身的利益。那么如何利用网络来推动您的工程，您是如何看待所谓的网络民主（cyber-democracy）这一说法的？

哈特：我们可以简称它为互联网，也可以说它是各种社会媒介，例如社交网络、微博、电子邮件等等。网络像其他工具和武器一样，自身不具备政治价值。它能够被不同的集团利用，能够以不同的方法使用，就像枪并不意味着民主，它不过是一种武器，但是人们可以用它实现民主。我会说，没有什么东西必须是民主的，我之所以认为网络能够成为民主的有力武器，是它的一个重要特征：互联网中有着多元的声音，互联网允许多重声音的表达。

五、概念的革命和革命的概念

秦兰珺：我们是否能够把您的三部曲看作一场概念的革命？我们是否也可以认为革命这一概念在您的写作和整个事业中占据着核心地位。当很多人说革命已经过时了，堕落了，甚至说革命臭名昭著时，您为什么还要把您自己献给"革命事业"？

哈特：今天的世界有一个显著特征：人们不再去想象另一个不同的世界，一个更加美好的世界。统治性的力量实在太过强大！美国的军队太强大，武器太智能；法国的警备武装太先进，力量太强大；国家官僚机构的控制无所不在，密不透风；甚至文化也充当起意识形态国家机器的职能，让人们对这样的现实深信不疑。

我就是在这样的背景下才研究革命的，你可以说它是革命，也可以说它是乌托邦思想，或者是这样的一种观念：这个世界是可以改变的。对于我，这样的信念在今天很重要。我的朋友批评我，另一些人质疑我，说我和内格里盲目乐观。我想他们这是在说我们虽然做出世界能够变得更美好的论断，但是提供不了让人信服的论证，这样的乐观不过是空洞的希望，没有依据的希望而已。

我想，说它是一种自信或许更合适。过去，人们总能找到反控制的出路，找到抵抗和推翻政权的方法，今天为什么就不能呢？为什么我们丧失了这样的能力，为什么我们再也发现不了这样一种抵抗的武器和变革的机制？我想，其他人才是不现实的，我们才是现实主义者，我们重拾这样的信心，相信今天人们也能够找到反抗权力和变革世界的方法，哪怕反抗的是那些看似不可战胜的力量，哪怕这种反抗的方式至今仍然不为人所理解。这就好像我们坚信明天太阳会照常升起。如果你不愿意称它为"革命"，那么没有问题，你就叫它"希望"或者"信心"吧，这是一种世界可以变得更美好的希望，一种我们可以变革这个世界的信心。

秦兰珺：如果革命没有过时，那您觉得新时代的革命应该有什么样的特征呢？

哈特：今天的革命应该有什么样的特征？我觉得从某种意义上来说、至少从总体上来说，这样的特征是为各个时代的革命所共有的：革命应该是这样一种社会变革，其结果是我们能力的提升，它不只是被动地允许我们去更有力地思考和行动，去延伸自我投入到人们共同的事业中来，它还积极地培养我们的这种能力，推进这种能力的发展。我觉得，革命应该是这个样子的，其实历史中的很多革命就是这个样子的。

秦兰珺：您说提升人的能力，这是一种什么样的能力呢？

哈特：总体上你可以认为这是一种生产和创造的能力，但我说的不是生产汽车、电视或者计算机。这是一种社会关系的生产，一种生活方式的生产。我觉得今天对于我们的生命最可怕的事情——或许这没有发生在世界的每一个角落，但也至少是大部分地区——就是人和其能力的分离。我知道，这是一种非常抽象的说法，但对于我是一种很不错的说法：用革命去恢复这种人和其能力的关联，这种关联的需求似乎如此真实和必要，我们要问：我能做什么？我怎样才能充分发挥自己的能力？我能怎样生活？我能创造怎样的生活？

秦兰珺：提升人的能力，我想这也是教育的目的。您能谈一谈教育和革命的关系吗？

哈特：现代革命和教育总是紧密相连的，但我现在说的教育不是学校中的那种教育。提升人的能力、实现人的潜能是一项浩大的社会工程。是的，这种教育就是我们谈到的那种"公共幸福"，这就是人们在 18 世纪的法国使用"公共幸福"这一概念的含义。

秦兰珺：《共同体》是三部曲的最后一部，它的前言是这样结尾的："We want not only to define an event but also to grasp the spark that will set the prairie ablaze"。这让我想到毛泽东的一句名言："星星之火，可以燎原。"您是在引用毛泽东的话呢，还是这不过是你们的一种修辞巧合？可以谈一谈您和毛泽东之间的这种有趣的共振吗？

哈特：这是我的一种有意引用。我觉得这个比喻确实表达了毛泽东的意思：某些事件一旦触发，某些行为一旦开始，就能够按照自己的逻辑传播开来，它们充满力量，同时也充满危险。认识到这一点很重要。革命运动需要力量，甚至是一种摧毁性的力量，我想这种力量是必要的，是有价值的。

在某种意义上，毛泽东思想是马克思主义的翻译，不仅仅是西方语言到汉语的翻译，也是这种语言的转变，使马克思主义适应了中国传统并深得其力量。那么，很高兴这里我们能有相反的"翻译"运动，将毛泽东的思想翻译回欧洲。

秦兰珺：不过我的感觉是，有时中国的实际情况和左翼或右翼话语关心的问题不大一样。套用一句很俗的话：中国自有其特殊状况。我总觉得一些西方学者把他们自己的问题和焦虑投射到对中国的观察上，用他们的理论框架来套中国的实际情况。但我想，更适合中国的问题或许会是另外一些？中国历史上有很多革命，毛泽东熟读中国历史，我觉得他的革命是中国传统和西方马克思主义相遇的结果，或许受中国传统的影响更深。但是，当一些学者回过头来看这段历史的时候，他们或许会比较强调西方的影响，西方的革命。这是我的一些想法，我的最后一个问题是，中文版《帝国》已经出版，《大众》和《共同体》正在翻译，您对中国的读者想说些什么？

哈特：我要问中国读者这样一个问题，我自己对这一问题也很感兴趣：中国的社会主义遗产和社会主义财富在今天是如何发挥作用的？中国的社会主义历史留下了巨大的财富，这笔财富在今天有怎样的社会性的生产力？在何种程度上，这种生产力的中国模式也可以被其他国家借用？我说的不是毛泽东崇拜，我认为，虽然那段历史时期几乎所有的发展、实践和创新都与毛泽东有关，虽然他在很多方面都表现出惊人的智慧，但是中国的社会主义历史不只关乎毛泽东，从 1949 年到他去世的这段历史不只是他的时代。

我所说的是一笔被广泛继承下来的遗产，它是中国社会主义实践和思维方式留下的遗产，这笔遗产并没有被完全遗忘。它不是一种面对历史的尴尬情绪和负债情怀，而是社会主义的过去——社会迅猛发展的二三十年——给我们留下的财富。不仅仅是你父母那一代人，就连你，没有亲历过那个社会主义时代的这一代人，身上也背负着这段历史留下的财富。你和你父母那代人不同，你们的时代不同，这种差异是我想理解的；或者说，我很想知道在你们身上这笔财富经历了怎样的变化和发展，在今天能够怎样被表达。

（秦兰珺 译）

列宁、罗莎·卢森堡与不革命的无产阶级的困境*

〔美〕查尔斯·艾略特

一

列宁和罗莎·卢森堡之间就"组织问题"和俄国社会民主工党问题展开的争论相当有趣，因为在 20 世纪初，这涉及一个不断困扰着马克思主义者的基本问题：不革命的无产阶级的困境。1848 年，《共产党宣言》的作者们曾经这样问道："共产党人同全体无产者的关系是怎样的呢？"对这一涉及社会主义运动本质的关键问题，马克思从未在理论上给出充分的答案。这一缺憾部分是由于马克思缺乏一个革命的工作场景。正如罗莎·卢森堡强调指出的："对于科学的马克思主义来说，不得不在革命时期制定策略的唯一一次机遇赋予了 1848 年的卡尔·马克思。"有趣的是，在 19 世纪 60 年代初，马克思赞成俄国民粹派组织"青年俄罗斯"这样的精英政党模式——这大概是在他抛弃了 1847—1850 年这一时期年轻气盛的革命急躁情绪之后。1885 年，恩格斯就俄

---

* 本文选自《马克思主义与现实》2006 年第 4 期。

原题注：文中注释从略。查尔斯·艾略特为乔治·华盛顿大学中国—苏联研究所教授。——译者注

国的情况进一步指出（在给查苏利奇的信中）："如果说布朗基主义幻想通过一个小小的密谋团体的活动来推翻整个社会，曾经有某种存在的理由的话，那这肯定是在彼得堡。"

但是，除了这些以及其他一些针对俄国革命运动的有趣论述外，不论是马克思还是恩格斯都没有从理论上系统阐明共产党和无产阶级之间的关系。因为不论是马克思还是恩格斯都没有认识到，无产阶级或许不能接受"历史"定制的道路。第一国际章程声称："工人阶级的解放应该由工人阶级自己去争取。"但如果无产阶级没能"解放自己"又会怎样？

马克思和恩格斯有时抱怨英国工人阶级的不革命态度；由于英国资本主义相对较为成熟，英国工人阶级本应比大陆的无产阶级更加意识到所受的剥削。例如，恩格斯在1889年写给左尔格的信中说道："这里（英国）最令人讨厌的事情就是资产阶级的'尊严'，它已深入到了工人的骨髓。"但是，如果无产阶级确实背离了"历史的"道路，那么掌握着"科学社会主义"真理的革命的社会主义领袖应该采取何种策略呢？马克思没能解决这个问题，他将它交给了他的继承者。

二

世纪之交，这一悬而未决的问题——马克思主义革命者和无产阶级之间的正确关系——在俄国社会民主工党内部引发了激烈的争论。列宁在《火星报》上的一系列文章和《怎么办？》（1902）、《进一步，退两步》（1904）这两本小册子中都大谈特谈这个"有争议的问题"。

在《怎么办？》这一当今世界共产党的组织"圣经"中，这位未来的布尔什维克领袖要求建立一个纪律严明、高度集中的马克思主义职业革命家组织；这些革命者不是将他们"空闲的夜晚"奉献给革命，而是全身心地投入革命。他们将"从外部"给俄国无产阶级带来"阶级意识"。列宁声称，这一俄国社会民主党组织应严格保密、职责分明。在这样一个组织中，民主是没有市场的。列宁认为民主不合时宜，甚至有害，因而蔑视它，与此相反，他主张一种革命的"同志关系"。

在俄国社会民主工党第二次大会上，列宁坚持其党组织的理论，这最终导致了在党员资格问题上的历史性分裂。被称作"孟什维克"（因为他们在之后的选举中成了少数派）的那些代表支持马尔托夫提出的、灵活的（"温和的"）党员资格的表述，这与列宁严格的（"强硬的"）表述不同。马尔托夫认为，党员应该是这样一种人：他"承认党纲，在物质上帮助党并在党的一个组织领导下经常协助党"。列宁关于党员资格的建议是，党员应该"承认党纲，在物质上帮助党并亲自参加党的一个组织"。第二次代表大会最初采纳了马尔托夫关于党员资格的表述，但列宁——由于五名犹太人联盟代表和另外两名"经济学家"代表的过早离去——控制了党的中央委员会及其理论喉舌《火星报》。（之后，在没有孟什维克参加的情况下，1905 年在伦敦召开的俄国社会民主工党第三次大会将马尔托夫关于党员资格的表述变成了列宁的表述。）

不久，由于普列汉诺夫投向了孟什维克，列宁失去了对中央委员会和《火星报》（随着第 52 期的出版，它成了孟什维克控制下的"新"《火星报》）编委会的控制。尽管遭遇了挫折，但在党和工人阶级正确关系的问题上，俄国社会民主工党中布尔什维克派的缔造者却一如既往地坚持着自己的主张。在《进一步，退两步》（写于 1904 年初，同年 5 月出版）中，列宁研究了俄国社会民主工党第二次大会关于党的组织问题的争论。列宁这一著作的许多内容与当下的研究无关，但其中两部分特别有价值，因为列宁对"雅各宾主义"和"社会民主党"作了评论，并就俄国社会民主工党中工人和知识分子相对可靠的革命性以及相关话题进行了讨论。在《进一步，退两步》中，列宁直截了当地回击了孟什维克的批评者，尤其是马尔托夫。孟什维克谴责他是"雅各宾"，他对此表示欢迎。他这样说道，一个完全参加到无产阶级——意识到自身阶级利益的无产阶级——组织中的激进民主派成员，是革命的社会民主主义者。一个站在教授和中学生身后叹息、害怕无产阶级专政并渴求民主需要的绝对价值的吉伦特党人，是机会主义者。

列宁说，孟什维克害怕"布朗基主义"，这仅仅表明了"资产阶级知识分子的懦弱"和伯恩施坦式的机会主义。列宁认为："作为工人阶级先锋队的社会民主党不应与整个阶级混为一谈。"

列宁谴责了俄国社会民主工党中知识分子的"官僚无政府主义"，并将其"模棱两可、散漫和捉摸不定"与无产阶级在其"工厂训练"中获得的组织纪律性作了对比。（托洛茨基在攻击列宁时曾说道："兵营制不能成为我们党的制度，就像工厂不能成为其模式一样。"）列宁反驳说，马尔托夫党员资格的说法"是为资产阶级知识分子利益服务的，它排斥了无产阶级的纪律和组织"。

在《进一步，退两步》中，列宁赞成"集中制"，不断反击马尔托夫对"自治"的支持。列宁辩论说，机会主义者（马尔托夫和其他孟什维克）"力图从下向上发展，因此只要可能，他们都会尽力支持自治和'民主'"，直到（由那些过分热心的人）发展到无政府主义的地步。"相反，革命社会民主党"力图从上向下发展，主张中央的权利和权力向部分扩散"。

三

　　罗莎·卢森堡——通过瓦尔斯基和约吉赫斯这两位最亲密的政治和私人伙伴（她们都参加过俄国社会民主工党第二次大会）——曾谨慎地倾听了列宁和马尔托夫关于马克思主义政党和俄国无产阶级之间正确关系的争论。在写于1904年的《俄国社会民主党的组织问题》一文中，卢森堡因列宁《进一步，退两步》的"极端集中制"和否定社会主义运动中无产阶级群众的"创造作用"而对其进行了猛烈抨击。她坚定地支持马尔托夫的党的结构理论，责备列宁犯了"主观主义"错误——在她看来，由于俄国知识分子的犯罪情结和落魄地位，这个特点是为俄国社会主义思想（例如在民粹派成员当中）所特有的。她所谓的"主观主义"是指列宁过分依赖"主观"（意志）因素，就像革命精英体现出来的那样。

　　罗莎·卢森堡认为，俄国革命运动的最近十年已然表明，最富有成效的工作"总是不受束缚的运动本身所产生的自发后果"，而不是"任何专门的领袖或'领导组织'先决的、机械的发明"。在她的演讲和著述中（例如在其1906年对"群众罢工"和俄国革命的分析中），革命进程的"自发性"是一个关键议题。她对无产阶级"自发性"的强烈支持与列宁对它的极度怀疑形成了鲜明对比。

　　卢森堡相信，列宁误用了"纪律"一词，他过于依赖中央委员会的"控制功能"。相反，卢森堡坚持认为，社会民主党应当依靠群众的"自律"和"自我激励"。列宁想让意识和组织权威"自上向下"流动；而她则想要它"自下而上"发展。卢森堡是以这样肯定的语气结束文章的："以历史的观点看，与最好的'中央委员会'的一贯正确相比，一场真正的革命劳工运动所犯的错误要富有收益得多，也有价值得多。"

1904 年的这篇文章表明，卢森堡对组织和官僚制抱有成见，不够信任，她认为它们具有内在的保守性。在她的整个政治生涯中，她对这一问题屡有涉及。在 1904 年的文章中，她认为，就像布朗基一样，列宁的组织精英会脱离群众，它只会遵循僵硬的和先决的策略，而不能考虑到革命群众的自发创造性。实际上，罗莎·卢森堡大错特错了，因为列宁在策略上是相当灵活的（例如，布尔什维克在 1917 年夏对苏维埃的态度的突然转变，或者争取"喘息机会"的布列斯特立托夫斯克政策，或者 1921 年新经济政策的"战略退却"）。实际上，他在战略和策略上要比卢森堡灵活得多。就像在其《布尔什维克革命》的手稿中看到的，卢森堡在农民和民族问题上始终是坚定和毫不让步的。

列宁无意使他的布尔什维克派脱离巴枯宁派、涅恰也夫派以及特卡乔夫派的群众。他的《进一步，退两步》首先是对"集团思想"的声讨。像布朗基一样，他想造就一支革命的精英队伍，但他同时也希望在它周围形成一种群众运动。在俄国社会民主工党第二次大会前的一次演说中，他强调指出，党的组织不应只包括职业革命家。相反，他坚持说："我们需要最为多样化的、各种类型的、各个阶层的和形形色色的组织，既有极为严谨、秘密的组织，也有非常公开、自由的组织。"这一精英主义和群众影响的巧妙结合，正是列宁组织智慧的产物。这种结合使得布尔什维克的领袖能够在 1917 年利用历史的瞬间，在权力"出现在彼得格勒的大街上"时夺取权力。

在论述"组织问题"的文章中，罗莎·卢森堡责备列宁为了激进民主派和布朗基派而抛弃了马克思。这中间，她犯了几个严重错误。她不经意间忽视了这样的事实，即马克思在早期曾从雅各宾党人（恐怖和"不断革命"）和布朗基派（"无产阶级专政"）那里借鉴了许多东西。此外，她不能将布朗基主义与列宁主义的革命的组织模式区分开来，这使她难以认识到，布尔什维克领导的精英组织全然不同于俄国传统的、独立的密谋"集团"（例如，"十二月党人起义"中的"北方协会"和"南方协会"，陀斯妥耶夫斯基参加的彼得拉谢夫斯基集团，扎伊奇涅夫斯基的"青年俄罗斯"以及涅恰也夫夸口说由他操纵的假想牢房）。

在 1904 年论述组织问题的文章中，罗莎·卢森堡承认，在西方，议会制度使社会民主党的领袖疏远了无产者群众，但她认为，俄国政治上的落后（例如缺乏议会、自由言论、自由出版、自由政党，等等）会在沙俄杜绝此类机会主义——这样就不需要以列宁式的集中制克服机会主义了。她承认，在俄国社会民主工党的成员中，存在着对马克思主义的"修正主义"。她在《社会改良还是革命?》中已经强调了这一事实。在这部著作中，她（正确地）指出了伯恩施坦的观点和普克波维奇"经济主义"观点的相似性。但卢森堡相信，列宁僵化的集中制在对机会主义的斗争中是徒劳的。只有通过对民主的最广泛运用，才能战胜机会主义——罗莎·卢森堡在研究布尔什维克革命时再次谈到了这个话题。

列宁试图通过压制反对派的观点战胜"修正主义"，他认为反对派无疑犯了机会主义的错误，因为他们不赞成他本人对马克思主义的解释。在俄国社会民主工党第二次大会上，他要求在党内形成一种对机会主义的"围攻态势"。1907 年 2 月，列宁——面对诋毁俄国社会民主工党内孟什维克成员的责难——宣布，他的意图"不是纠正反对派的错误，而是消灭他们，把他们从地球上清除掉"。罗莎·卢森堡——尽管她极力主张将伯恩施坦和其他修正主义者开除出德国社会民主党——与列宁的马克思主义观却极为不同。列宁将俄国社会民主工党想象为一支军队，它纪律严明，随时服从"来自上层"的命令。列宁公开承认，他"非常喜欢军队的比喻"。而卢森堡则认为："社会主义工人运动不仅需要发展，而且总是自然地表现为许许多多的组织和倾向。"

罗莎·卢森堡总是不断地试图将俄国社会民主工党内的不同派别调和起来。她在1911年夏写给路易斯·考茨基的信中表达了这样的希望，即如果迫使俄国社会民主工党内所有互相争斗着的组织参加一个联合会议，就可以实现团结。但是，此后不久，罗莎·卢森堡就对将俄国社会民主工党内素来不和的流亡派别联合起来的可能性感到悲观了。她在写给路易斯·考茨基的信中说道：

> 自然，在这个（建议召开的）大会上，只有一些生活在国外的好斗者会为争得德国受托人（卡尔·考茨基、克拉克·蔡特金和梅林是俄国社会民主工党一笔基金的受托人）的注意和支持争论不休，如果期望从这些人那里得到别的什么东西，那纯粹是幻想。他们已经深深地卷入了争论，并且如此愤怒，一般的谈论只能给他们发泄老的、最老的和最新鲜的侮辱之辞提供机会，这只是火上浇油罢了。维持团结的唯一办法是召开一次包括来自俄国的代表在内的大会，因为俄国人都渴望和平和团结，他们是唯一能使那些生活在国外的好斗者恢复理智的力量。

与罗莎·卢森堡不同，列宁并无将俄国社会民主工党内的布尔什维克和孟什维克两派重新团结起来的强烈愿望。他的全部政策是以维持这种分裂为基础的。在这一点上，他所拥有的优势比孟什维克大得多；像卢森堡一样，孟什维克"将与布尔什维克的团结作为其政策的要旨"。在《怎么办？》的前言中，列宁称道了拉塞尔的断言，即"一个党是通过自我整肃强大起来的"，这绝非偶然。

四

1904 年秋，针对卢森堡对《新时代》的进攻，列宁提交了一份答辩。但是，这一主要马克思主义理论喉舌的编辑卡尔·考茨基却拒绝刊发列宁的答复。这位德国马克思主义者说，这是因为这本杂志没有足够的篇幅印发这种"纯俄国的问题"。考茨基这时（之后，他与卢森堡的政治决裂在 1910 年出现了）是罗莎·卢森堡亲密的私人朋友，毫无疑问，他对布尔什维克领袖所作的解释不够坦白。1930 年列宁对卢森堡的反驳在苏联的《列宁文集》上首次发表，这时，参加争论的两位当事人早已过世。

在这次"保卫战"中，列宁高兴地表示，德国的同志正在对俄国党的文献产生兴趣。但他声言："罗莎·卢森堡发表在《新时代》上的文章不是在向读者介绍我的书（《进一步，退两步》），而是其他东西。"列宁否认他关心特殊类型的马克思主义组织；他声称，他的兴趣只在于对任何政党组织都必要的基本组织。这种说法很难站得住脚，因为他在《进一步，退两步》中为"从上而下"专门组织起来的党组织进行了辩护。列宁进一步否定了罗莎·卢森堡的说法，即按照他的计划，"中央委员会看来是党内唯一活跃的核心"。

列宁认为，"卢森堡同志"说他试图"美化工厂的教育作用"，这是错误的。列宁还声明，不是他，而是阿克雪里罗德首次提到了"雅各宾主义"这个词。这位布尔什维克领袖争论说，在罗莎·卢森堡谴责他的《进一步，退两步》时，她忽略了俄国社会民主工党第二次大会的背景，这样，她"就只是重复着空洞的话语"。他认为，卢森堡违反了马克思主义辩证法的"ABC"："这个 ABC 教导我们，没有抽象的真理，真理总是具体的。"列宁继续说道："少数派（孟什维克）的支持者，包括卢森堡同志，胆怯地避开了（俄国社会民主工党第二次大会的）这一分析。"在对俄国社会民主工党从成立（在明斯克，1898 年）到 1904 年的历史作了一番长长的、繁复的解释之后，列宁作结论说，读者现在很容易明白，"卢森堡同志"对俄国社会民主工党内集中制的反对是对第二次党代会的"嘲弄"；它们只是"对马克思主义的庸俗化，是对真正的马克思主义辩证法的滥用，等等"。

在"保卫战"中，列宁并没有直接针对卢森堡对其党组织模式的责难，他并不想纠缠于其对手的言论。列宁和卢森堡都是革命的马克思主义者。因此，这位布尔什维克领袖不愿意像挑战马尔托夫那样挑战卢森堡。因而，他模糊了"列宁主义"（相信马克思主义精英政党）和卢森堡主义"（坚信社会民主党必须与无产阶级融合）间的核心差别。罗莎·卢森堡的传记作者保罗·弗勒利希令人信服地评述道："很显然，在 1917 年之前，列宁的观点总的说来反映了布朗基主义的影响和夸大了的唯意志论……"但是，也许会有人不同意弗勒利希这样的看法，即斯大林独裁是"列宁组织原则不幸的讽刺画"。因为正是列宁极力坚持毫不动摇地"从上至下"组织俄国社会民主工党，才为斯大林的"极端中央集权制"提供了必要的理论基础。

就像托洛茨基 1904 年著名的"替代论"的断言那样，罗莎·卢森堡对列宁党组织模式的敌视同样具有预见性。但卢森堡和托洛茨基（在1904 年；他在 1917 年改变了主意）都没有认识到，在面对不革命的无产阶级（只能产生工联意识）时，列宁的党的模式是完成马克思主义革命唯一可能的方式。因为到 19 世纪末，革命的马克思主义开始显得过时和落后了。令人难堪的是，无产阶级不会"解放自己"或像马克思预言的那样行动，这一点越来越明显了。针对这一挑战，列宁提出了直截了当的和明确的答案。因为无产阶级没有受到马克思主义革命组织的教育，它难以正确（革命地）理解马克思主义，所以这一真理应当"从外部"强加给工人。

罗莎·卢森堡尝试解决无产阶级意识这一重大问题的方法，得自对马克思"不完全遗产"的有趣推论，这位推论者与恩格斯（和列宁）一样坚信，马克思"首先是一位革命者"。她坚信，无产阶级自己可以获得革命的阶级意识，这不会因为民族主义和改良主义的诉求而变得无足轻重或"有所恶化"。卢森堡探讨无产阶级意识这一关键问题的方式塑造了她的基本政治路线。她拒绝了列宁主义关于利用革命少数派将恰当的政治神话强加给工人阶级的建议（与俄国布朗基主义者特卡乔夫的建议相似）。但她不能为不革命的无产阶级这一困境提供一个有效的答案——就像列宁那样。马克思从未预见到不革命的无产阶级的困境，但这个问题对实现马克思主义体系"理论与实践的结合"是至关重要的。

（这篇文章编译自 *Midwest Journal of Political Science*, Vol. 9, No. 4）

（张永红 编译）

罗莎·卢森堡与汉娜·阿伦特：
反对对政治自由的破坏 *

〔德〕西多妮亚·布莱特勒   〔瑞〕伊雷尼·马蒂

罗莎·卢森堡的著作与汉娜·阿伦特的著作表现出相同的特征：随处可见的内在矛盾、表述的不充分以及对某些见解近乎偏执的坚持。这些通常被拿来指责她们缺乏学术严谨性的公认的弱点变成了将其著作排除出政治与哲学学术界的根据。不过，恰恰是她们对那些以逻辑一贯性为名而将任何矛盾排除在外的理论所持有的怀疑主义态度，却诠释了她们思想和行动的本质特征。由于她们所特有的犹太和犹太—波兰血统、她们的性别（她们几乎从未提及这一点，即使提到了，也是在私下的场合）以及当时处于主导的历史—政治形势，这两位女性都成了她们断然拒绝将其认同强加于人们身上的那个世界的陌路人。然而，这个世界毕竟是她们试图将自身归属于其中的世界——一位是积极的参与者，一位则毋宁说是作为一位观察者。她们并没有以那种为人熟知的冷漠超然的态度来重新解释她们作为局外人的生存状态。相反，对她们来说，具有

---

  * 本文选自《马克思主义与现实》2006 年第 4 期。

原题注：作者西多妮亚·布莱特勒为德国柏林自由大学哲学助教，伊雷尼·马蒂为瑞士苏黎世大学哲学教授。——译者注

重要价值的知识是与具体的经验相连的，这些经验只有在与他人共有的思维与行动的相关背景之内才能得到表达。这样的知识并不产生任何一般性的和功能性的结果，而只是引发一些暂时的和不确定的洞见。由于反对把陈旧的理论和惯常的做法当成绝对不可改变的力量，罗莎·卢森堡和汉娜·阿伦特都表现出承认差异性的卓越能力，并且秉有一种敢于持异见的顽强精神。对差异性的强调成为批判地理解规范和传统的前提条件，成为探究自由判断的前提条件，成为发展个人责任能力的前提条件。

一

在客观上处于社会边缘化地位，而在主观上，出于对这个世界和整个人类的责任感，又不愿放弃自己的积极介入，这两方面的结合使得阿伦特在其被流放的头几年里从理论上展现出反叛的犹太人的形象——她使用伯纳德·莱泽尔（Bernard Lazares）的说法，将之描述为"觉悟的贱民"（conscious pariahs）。在纯洁的正义感以及对自由的诉求下，反叛的下层阶级在两种不同的文化之间徘徊：一方面是主流文化，这种文化的自我确认机制是不能被下层阶级所接受的；另一方面则是他们的备受压迫的本土文化，他们也没有用这种文化来构建一种反抗的身份。对这两种政治认同的疏离迫使他们坚韧地面对社会现实；对现实的这种转向——用阿伦特的话来说，也就是转向一张"人际之网"——驱使他们与那些无家可归的社会弃儿团结起来，迫使他们鼓起勇气联合起来与压迫者作斗争。

阿伦特在《罗莎·卢森堡》一文中对这位卓越的女性、理论家、政治家表示了由衷的敬意。从青年时代以来阿伦特就一直把罗莎·卢森堡当作自己的偶像。实际上，阿伦特对罗莎·卢森堡的描绘表现出明显的自我刻画的特征。这一点在她对卢森堡的个人态度与品格的传记式描述中，以及对她的著作进行选编和解释中都显露无遗。阿伦特认为："就官方的公认而言，卢森堡所有努力的失败，在某种意义上与我们这个世纪的革命的灾难性的失败密不可分。"这一表述中所指称的革命的核心事件将两位女性联系了起来；同时这一观点还指向了由于法西斯主义运动的兴起与胜利而带来的一种历史的断裂，正是这一历史事实反而将两位女性区分开来。尽管在这篇其最初版本的标题为《革命的女英雄》的著名文章中，阿伦特高度评价了1905年的俄国革命，认为那一段时间是卢森堡一生最快乐的时光，但是，她本人却只能作为一个历史学家来探讨这一革命现象。在她研究法国和美国革命的著作《论革命》的最后一章中，阿伦特写道："监护体系的奇怪而悲惨的结局在于，在革命精神中立即诞生的是唯一的统治形式"，但它仍然被保存了下来，"以便为了能够记录这一过程，并激发回溯式的反思"。借助关于历史的写作，阿伦特试图保持对政治自由的鲜活体验——这是只有在政治生活的参与过程中才能被意识到的一些体验，它们面临着被遗忘的危险。在阿伦特看来，卢森堡通过呼吁"最广泛的民主"来捍卫的正是对这种政治自由的体验。

卢森堡，一个自信的、充满精神活力的、妙语连珠的年轻人——也是一个犹太人、一个波兰人、一位女性——在德国社会民主党内屡屡不被信任并遭到嫉妒和排挤，就像人们有时也给予她无限的热情和不得体的亲昵一样。她的政治介入将她变成了一个具有叛逆精神的贱民：当她的介入表现为对领导者的观点的支持时，她就被赞扬，而当她介入其中并给领导者带来一些麻烦时，她就遭到惩罚，这样的一种政治介入旨在谴责满足于现状的政治并激励领导者参与到群众的革命行动中。自从在柏林她开始写作第一篇文章时，她就知道："她是那种不属于任何一个团体的一类人，除了她自己，没有任何人能够保护她……她将不仅被她的敌人所害怕，同时还将发自内心地被她的同盟者所恐惧，她总是给人这样的感觉，最好将她尽可能地排除在外，因为很可能她将很快超越他们。"

她根据她所信奉的卡尔·马克思的理论，参与到日常的政治活动、党内争吵以及累人的宣传鼓动之中，并忙于对过去和现在进行及时的分析。卢森堡在强大的工人运动中生活着、工作着，充满着对未来的希望。不过，尽管她在德国社会民主党中有很大的声望，直到她牺牲之前，她却始终处于这样的境地：只要她能够被借以达到某种目的，她就被提起、被推崇，而一旦目的达到之后，她又旋即被置之脑后、放到一边。她的死刑处决——即使不完全是德国社会民主党所支持的，它也难脱干系，因为执行死刑的政府是社会民主党所领导的政府——在汉娜·阿伦特看来确立了一个"德国左派不可逆转的关键点"，并同时成为了"德国两个历史时期的分水岭"。

尽管在党内卢森堡的反对立场主要表现在政治策略的问题上，尽管她本人更愿意把自己看作是一个革命家而不是一个理论家，但是，她与党之间的分歧却主要应被归结为她对马克思的解读与第二国际的经典解读之间存在的差异。这种分歧在党的领导与群众基础的问题上清晰可见，同时在关于运动的任务与目标的问题上更为凸现出来。隐藏于卢森堡诸多概念之中的问题，如阶级意识、群众、自发性以及行动等都成为了解放概念的主要构成要素，它们确实还没有被清楚地论证过，因此需要加以重构。个人的解放成为了一个显著的特征，当大众加入到自我反思之中，当个人将自己放入到与他人的关系中、从而放入到整个社会之中来思考的时候，个人解放的实现将获得历史的可能性。

这一解释的理论架构是马克思对资产阶级社会的经济功能的分析，

根据马克思的分析，自我意识能够将自身转变为"资产阶级发展的一般的以及特殊的社会和政治动机"的意识和知识。所有的能够导致社会主义未来社会的变化都来自于"无产阶级的意识、意志与斗争"。认识、意志以及行动共同构成了阶级意识。但是，卢森堡从未忘记，一个阶级是由一个个本身具有解放能力的个人构成的。在此，主体性并不是被理解为先验的一致性，而是在交互的行动中发展起来的。在卢森堡看来，正是不同阶级之间的摩擦构成了政治公共领域——这种"公域"使那些体认到他们与社会的被排斥的部分有联系的个人能够发挥作用。阶级斗争能够促进平等社会的自由行动。作为一种交互主体性的场域，阶级斗争更新了在劳动中缺失的感觉与意义的内容。在现存的秩序内，行动势必与反对者形成尖锐对立；不过，这一行动还要超越现存的秩序，指向一个没有宰制的自由社会，在这样的社会中，建立在阶级团结和共同体基础上的行动模式将成为普遍性的——这种行动模式不会使政治公共生活成为多余的摆设。这种公共生活是在争取人类平等与自由的行动中进行自我理解的永无止息的过程的必要前提，同时也是在其中一些另类的以及全新的什么东西赖以产生的过程能够存在的前提。

卢森堡对自发的群众行动的执著坚持乃是建立在对解放或者自由的理解的基础之上，它导源于公共行动的形式，而不是作为马克思主义核心的劳动概念。由此，卢森堡对结果的评价主要不是基于实际的成功，而是依据对一个政党与它自身、与其他人以及与整个世界的关联的体验与认知。她将在阶级斗争中的失误、走弯路以及失败视为启蒙大众所必须经历的阶段，由此被称之为自我启蒙。关于德国社会民主党，卢森堡在《尤尼乌斯的小册子》中指出，当代的无产阶级存在的"问题与它的错误一样的巨大"；在 20 世纪初，她公开反对列宁的政党概念："一个真正的革命的劳动者的运动所犯下的错误总要比最好的'中央委员会'的正确决定要更富有历史价值，更具历史意义。"在卢森堡看来，党的领导者一旦试图控制群众的自我运动，宣称指导他们正确地行动，同时保护他们免于犯错，那么它就已经超越了它的权限。相反，领导者的任务应该是以下这些内容：在理论上总结行动的经验，将这些经验与整个社会联系起来，并将这些反馈给工人，从而变成他们可以理解的自己的体验。

卢森堡对于无产阶级所具有的活力的信念——她因这一信念而受到过多的嘲讽——是基于这样一种理论前提：在这个理论中，个人的自决权没有被放逐到遥远的未来，而是作为当下的一种必需。在利益再分配的社会斗争中，在政治权力的冲突中，建构认同的自我意识能够也必须通过作为单个个体同时也作为整体的一分子的个人行动来实现。通过集体的自发活动，蕴涵于行动中的强大能量被释放出来，并创造了许多新的东西。在阿伦特的术语学中，试图把革命理解为某种可行的东西的努力源自于一种灾难性的替代，源自于工作与行动的混合；卢森堡不同于大多数工人运动的领导者，她没有犯这样的错误。"没有什么能比相信一场革命的爆发是顷刻之间的事情更加不可思议，更加不可能，更加富有幻想的味道，没有什么能比相信一场革命将在第一次战斗中爆发并最终赢得这第一场战斗更为简单化、更加盲目自信的了。"

二

自发的政治行动——卢森堡以此抵制党的官员的主观主义倾向——构成了阿伦特论述革命作品的核心部分。在这些文章中，她再次面对政治概念——这些概念在历史中实现的可能性在《人的条件》中已经被概念化和体系化地讨论过了。社会主义革命理论将革命的行动作为获得经济和社会的平等而进行的一种斗争，并以一个平等主义的社会作为目标来衡量其最终是否成功。与此相反，阿伦特则对真正的政治现象特别感兴趣，她将这些现象理解为一种集体言论和行动的自由演练。经济的以及社会的主张，对于卢森堡来说并没有丧失政治的维度，这是不证自明的，但是，它被阿伦特视为一种与政治无关的甚至是反政治的东西而排除在革命的概念之外。她当然知道自由与社会困苦本身是不相容的，自由预设了不仅要从政治统治中解脱出来，同时还意味要摆脱贫困。不同于流行的观念，阿伦特认为社会和经济的问题应该通过技术的以及行政的手段来解决，而不是通过政治手段。由此她隐蔽地与马克思主义理论暗合了，在后者看来，分配正义预设了相应的生产力的发展状况。然而，同时她却没有将一个关键性的问题考虑在内，即当普遍实行的福利体系没有被利益的再分配所引导，而是被用来保护以及加强特权的时候，该如何是好。毫无疑问，阿伦特的批评者是正确的，他们指责她低估了市民、无产阶级和女权主义运动的意义，还指责她只是描述了一个限制性的政治公域模型，将特殊利益的群体排除在外，而这一切都是出于一种社会的歧视。阿伦特所固执坚守的关于特权的、社会经济学的以及政治学的研究必然表现出一个反现代主义者的态度。她捍卫政治自由概念，通过对私人利益的强调来反抗公共领域对私域的侵占，就这一点而言，她很难被理解。另一方面，如果一个人试图理解阿伦特基于自发性以及有特定目标的政治立场而进行的政治重建，并且如果能够认识到这种重建使得原本由于将政治仅仅视为是社会的以及经济的斗争的延伸部分而被掩盖的现象重新得以显现出来，那么问题也会相应产生：由阿伦特的城邦所构成的理想世界究竟如何能够与当代工业社会中所出现的社会问题相连？在她的著作中，她没有回答这个问题。

阿伦特在她讨论自由与政治关系的文章中写道："自由虽然很少成

为政治行动的目的——只是在危机的时候或者在革命中才有可能——却实际上是人们在政治组织中共同生活的原因所在。"与绝对的统治权不同，这种统治首先预设了一种自主，但是，如果其他人也要求这种自主，此一自主就会暴露它的局限性，而自由只有在"人与人之间共同的行动"中真正地实现出来，自由的积极的政治意义才会必然指向一种相互作用，其中任何一方都将对方视为是不同的以及平等的存在；对于阿伦特来说，人类的多样存在获得了合法性。在日常言行中实现的差异性构筑了一个特殊的领域，这一领域排除了所有的物化，真正把"人作为人"来看待，一方面培育出一种人之为人的共同特质，另一方面建构了一种与世界有意义的联系，由此确认了人的存在的真实性。对于阿伦特来说，整个现代性正遭受着实际消失的危险，每个个体都有一种被抛弃的感觉，由此，发现公共世界成为阿伦特政治理论的核心问题。

在阿伦特称之为人们之间无形的现实领域，即"人际关系之网"中，存在着另外一种意义，它指向了革命行动自然而然的特质。将其称之为"网"的比喻是试图将人们相互作用的复杂关系显现出来。假设这样一张网有时空的延伸，保证了人类世界的延续，那么它将会发现，行动将陷入并迷失在既定的关系网之中，从而变得难以预测。在此具有争议的是，在这个可能性的领域之中，个人"开始了他们自身一系列的偶然性冒险"，由此可以将其比之于康德用自发性的观念来诠释自由概念的积极方面。既然一个行动总是会干扰另一个行动，一种言语常常回应另一种言语，并由此激发其他的言语，这样对原初状态的回应因此巧妙地逃避了最初创始者的控制。这就是为什么传统的政治理论总是将自由的理念置换为一种自始至终控制自己行动的自律的、独立的主体；这也就是为什么集体性的言语与行动要让位于独裁的意志——这里的独裁可以被理解为一种秩序，也可以被理解为一种结构——这种独裁的意志通过人们对有目的、有效率的人类事务的组织的需要而获得了自身存在的合法性。虽然阿伦特这位持续革命的狂热追求者矢志不渝地坚持人类言行的基本开放性，并且承认"民主的非确定性"的问题性（一些东西在现代性的条件下可能因政治的或者知识的自由而被抹去），但她仍认为，在当代公众社会中，自由只有在对权力有所限制的体制下才有可能，也由此才能保证特权以及单个人的政治权利的实现。

阿伦特用她的行动概念来作为对极权主义统治的一种回应。卢森堡的思考方式在某种意义上可以说是阿伦特所持有的方法的一种镜像。卢森堡和阿伦特继承了启蒙运动的遗产，并用阶级斗争的经验作为指导，行动或者说干预成为她们二人共同的核心主题。这种行动不是被观念化了的东西，而是指向了内容本身。被视为一个个事件的自发的工人运动指引了理论的方向，内含在这些行动中的自组织的创造性潜势成为卢森堡批评欧洲工人阶级领导人的理论与政治的基础。1918 年，布尔什维克将列宁于 20 世纪初所描述的政党概念付之于实践。随后党的条例被绝对化了，并在苏维埃共和国时期愈演愈烈，这样的发展证实了卢森堡的理论：一个组织如果窒息了大众的政治生命，那么必然导致人的自我异化。

三

以农业为主导的俄国并未完全变成为一个资本主义社会，列宁将这一点看作是运动在组织上产生的困难，而在卢森堡看来，这主要是一个如何产生政治意识的问题：无产阶级将如何实现自我认同并组成一个不同于资本主义社会的特殊经济结构？在列宁为创造阶级意识而提出的组织建议中，马克思的历史概念改变了，并重新勾画了行动的蓝图。通过这一方式，列宁用党组织的观念置换了马克思遗留下来的政治理论。在由此而导致的实际转变中，党的结构作为一种精英组织逐渐发展成为国家自身的结构，随后又被作为"无产阶级专政"或者"一国社会主义"。由于专制主义的俄国缺乏民主的机构，列宁强调，出于策略的考虑，党内的等级权力关系有某种必要性。然而，这样一种权力关系被最大限度地扩散到离权力中心最远的人民大众那里，因为列宁的组织方式从观念上来源于理论领导的统治原则，并最终在其中获得合法性，从而大大忽视了社会的政治现实。民主的内涵，就其本质来说，包含了大众积极参与的政治行动，这一点与中心主义的、密谋的要素相矛盾，也与铁的纪律以及不可企及的中心权力的控制相矛盾。发出指令的精英们之所以被赞同并具有合法性，是因为他们对于未来历史发展过程了如指掌——通过对历史规律的精准把握，领导者作出正确的决策。为了替换这样一种图谋，并反对列宁，卢森堡描述了在 20 世纪初期俄国所爆发的广大人民群众的革命运动，它们是自发产生的。在批评列宁的文章中，她写道："在所有这些情形下，开始总只是行动"，不是领导者的行动，而是群众自己的行动。在卢森堡看来，党的纪律是一个伦理范畴，而对列宁来说，它是一个起源于资产阶级的组织范畴。根源于工厂劳动纪律的模式应该被组织利用起来，并扩展到劳动运动当中去。按照卢森堡的批判，这种模式带来的只是"大众失去了思想与意志，只是长着腿与脚机械地运动着"。她认为，无产阶级的纪律并不能从外面产生。阶级意识应该被视为"在社会层面的政治行动中自发产生的合作意识"，这种意识应被个人的意志所创造，这些个人不能被任何人所替代，哪怕是暂时的替代。卢森堡最为尖锐的批判可以归结为对如此真理的宣称：一种战略不仅不能被获知，也不能被发现，因为"它是在阶级斗争的过程中一系列进步的、富有创造性的行动的产物"。对于"创造性"

这一术语，卢森堡将其与历史过程中的客观决定论对立起来。毫无疑问，这一历史过程的目的论特征仍然很重要，但只是作为一个无法回避的事实而已。尽管无产阶级依赖于社会发展的某个阶段，但这种发展，在卢森堡看来，在"德国社会民主党的危机"中，"如果没有了无产阶级将不可能实现；……行动……自身共同决定了历史"。

一种关于历史的理论，试图将作为历史的实现力量的主体的大多数人的行动排除在外，这种理论必然导致大众失去能动性，使得他们最终不得不受到意识形态的摆布。与此相反，在卢森堡看来，"富有行动力的、无限制的、精力充沛的、最广大人民群众的政治活动……将能够纠正社会机构内部的所有缺陷"，最广大人民群众的政治活动构成了必要的政治氛围，只有在这一政治氛围中，真正面向未来的人性才能培育出来。

自 1914 以来，德国社会民主党的现状以一种可怕的方式证实了卢森堡的担忧。它显示：如果政治生活注定是不可能的，那么人类将发生怎样的变化？随着领导者对阶级斗争的放弃，工人运动走向它自身的对立面。工人自身通过长时间的艰苦斗争而获得对社会地位的意识，它自身的利益以及它的需求统统被破坏了。工人大众被要求回到为资产阶级服务的过程中去。在"祖国"与"民族"的战争口号中，工人大众认同了与其敌对的阶级。1915 年卢森堡在监狱中写道：对两个阶级来说，"世界大战都是野蛮的"，但对于无产阶级来说又是获得独立的一次机会。突然之间，唯一能够爆发自由运动的地方被取消了。工人们再次陷入了主流意识形态的陷阱之中，失去了他们通过阶级斗争的经历而获得的工人阶级的身份。他们存在的客观性被破坏了，并被资产阶级的制度和价值观所替代，无产阶级已经融入了这个资产阶级的世界。阶级被融合了，敌对阶级最终转变为朋友和兄弟，阶级纪律——对于卢森堡来说，这些纪律是无产阶级所特有的力量——被无可挽回地转变成了一种机械的服从，从而导致了工人们被迫一步步走向死亡与毁灭，对这一切的见证，也让卢森堡陷入到她人生的危机之中。

在她这一时期的信件中，一种并不常见的、好战的态度显现出来，以此来反抗"在我周围存在的那些冷酷的、面目可憎的乌合之众"。正是这种态度，在正统马克思主义的研究中获得了一种表达，以宗教般的感觉来面对历史的信念，将其视为是保有最后一线希望的地方。卢森堡在历史决定论中所找到的避难所与其理论中对行动的推崇形成了鲜明的对比。为了保持她旧有的立场，保持她所认定的只有人自身能够回应历史，卢森堡做了许多努力。尽管最终目标是自我的实现，但它的实现同样是所有被压迫阶级的责任。

四

工人运动的失败，法西斯主义在整个欧洲的胜利，两次世界大战，民族国家—社会主义的出现，以及斯大林体系等，这一切把那种源自于历史哲学的希望吞没掉了。18 世纪晚期和 19 世纪的革命者与改革者发现，以一种预定的目的必然展开的人类自由与理性，以及历史最终必然要走向一个被解放的以及和平的人道主义的幸福结局的承诺，都被撕成了碎片。阿伦特认为，进步的观念对于占据统治地位的资产阶级比对于被压迫、被剥削的无产阶级显得更有利。在阿伦特对左右了帝国主义时代的经济发展的描述中，她追随了卢森堡的积累理论。如同卢森堡一样，她也从军国主义和官僚主义回归的视角，把帝国主义的扩张视为原始积累在欧洲之外未被资本化的国家中的一种重演。阿伦特对卢森堡的超越表现在她将后来的民族—国家社会主义的情况纳入考虑的范围之内，从而拓展了对剥夺的政治维度以及历史维度的分析：资本主义所发动的剥夺并不局限于对劳动力、消费能力以及资源的吸取。作为一种决定性的社会的及政治的力量，这一过程不断地消蚀着生活的多样化。就它损害了迄今为止相对稳定的私人领域和公共领域而言，它完全破坏了主体间共同分享的生活领域——这一领域可以提供给人们以安全感、意义的空间以及自我确认的尺度。阿伦特将这一变化诊断为一个世界的逐渐消失，而这个世界的消失将终结于当代大众社会。阿伦特强调，正是在这一共享的世界的丧失之中，极权主义运动找到了构建它自身规则的社会文化前提。第一次世界大战之前及其发生过程中，技术的毁灭能力出人意料地增强，暴力被合法化及其被鼓吹宣扬的空前程度，这一切都给极权主义的发展提供了物质条件。第一次世界大战用它密集的战斗以及人类生命的耗损给人们上了一课，即物质的、知识的以及人的调动（或动员）是完全可能的。

对阿伦特来说，能够将极权主义从其他形式的暴政中区分出来的特质就在于内在的与外在的暴力相互纠结、"意识形态和恐怖"的纠结。阿伦特认为，这种纠结在极权主义中特别表现为对历史偶然性的消除，以使历史屈从处于绝对的支配。这种对历史的擅权潜用的倾向可以在列宁的政党概念中找到，正是这一点遭到了卢森堡的强烈批评。同时，它也成为国家社会主义者以及斯大林主义者的统治工具（由此带来了可怕的后果）——他们最初试图在现实中确立一个超历史的观点，然后通过把全部知识与行动有机融为一体，从而将历史与自然的规律强横地化为现实。把历史进程虚构成单维逻辑与那种把社会设想为由同质的个体构成的完全同一的社会的观点是具有内在一致性的，只不过，关于同质个体组成同一社会的虚构是与统一的、有机的"人民的机构"神话密切相联的，而这些理论在法国大革命期间，特别在浪漫主义理论之中已经得到了发展。外部的积极划界的政策（即把敌对者划出）以及内部强行的同质化过程（即把异见者消灭）都是用来激发并强化这样一种信念，即任何试图破坏统一性以及整体性的东西——这些都是"人民的福利"所在——都必须坚决地加以摧毁。

这种政治的破坏性本质只有在最终同质化的目标真正实现的时候才能显现出来。只有在那个时候，极权主义的统治机器才最终展现了自己的恐怖：在德国，犹太人民被从经济、社会以及政治生活中驱逐出去；在前苏联，党内的反革命以及反对派被彻底地清除。这些组织化的恐怖的目的并不是要创造"健全的人民机构"，而是用建基于进步与破坏的辩证法之上的虚假的意识形态法则，来确保组织的功能不受到破坏。对意识形态前提的铁定的必然性证明承诺了人类的彻底的可塑性和绝对的顺从，而对于历史规律的自主性的绝对宣称也在不断增强的对人的主体性的蔑视中获得存在的可能。对于阿伦特来说，在极权主义的预设中，人们将被完全地控制，并最终成为可有可无的组成部分。在阿伦特看来，集中营，作为极权主义最后的结果，证明了这一理论的本质。

极权主义运动的兴起有其社会的以及文化的根源。然而，社会的"自毁"，真理形式的确定性的消失，在阿伦特看来，都无可挽回地成为了现代性的条件。在她试图勾勒现代生存状态的替代性概念的时候，由于没有利用与那种绝对顺从一起产生的自信，阿伦特不得不适应这些前提。她所找到的模型是富有反抗精神的贱民。在既有的传统和社会环境的边缘，这些贱民们成功地发挥了他们自己被异化了的生产力，发挥了政治行动的能力；对于阿伦特来说，这种能力在人之间构筑了一个空间——在这样的空间中实现了他们的多样性存在、他们的自发性以及世界的现实性。然而，阿伦特对于贱民意识的存在在极权主义统治工具被毁灭之后还能否被社会普遍化并不抱有任何希望。她仅仅将她的任务定位于一个历史学家：抵抗极权主义的诱惑，记录那些真正属于人的言论与行动的事件——这些事件蕴藏着打破看来似乎是一个自然过程的特有潜能。那些具有自发性形式的革命就是这些事件。卢森堡将其视为一所"公共生活的学校"，在其中工人们可以体验一种自由的、自我决定的生活，独立于那些计划者与制造者的支配性控制。对阿伦特来说，这些事件在对抗极权主义危险的过程中实现了它的独特原则：以自由和多样性为特征的政治。

（原文最初作为"Rosa Luxemburg und Hannah Arendt：Gegen die Zersiorung Politischer Freiheitsräume"收录在 Krieg ╱ War：Eine philosophische Auseinandersetzung aus feministischer Sidt 之中，ed. Wiener Philosophinnenclub, Munich：Wilhelm Fink Verlag, 1997，由 Senem Saner 译成英文并发表在 Hypatia 2005 年春季号上，文中注释从略）

（夏莹 编译 周凡 校订）

评艾伦·布坎南的《马克思与正义——

对自由主义的激进批判》*

〔美〕艾伦·伍德

　　艾伦·伍德（Allen W. Wood），是一位在德国古典哲学方面富有学术建树的著名学者，著有《康德的道德宗教》（1970）、《康德的理性神学》（1978）、《卡尔·马克思》（1981，2004）、《黑格尔的伦理思想》（1990）和《康德的伦理思想》（1999）等深具学术影响的著作。他在1972年春以其精湛的学术见解在美刊《哲学与公关事务》上发表了《马克思对正义的批判》一文，认为马克思不是基于正义批判资本主义，也并没有认为资本主义（包括资本主义剥削）是不正义的，从而与罗伯特·塔克（Robert Tucker）、齐雅德·胡萨米（Ziyad Husami）、G. A. 柯亨（G. A. Cohen）、艾伦·布坎南（Allen E. Buchanan）等人展开了一场长达30多年的"马克思与正义"的争论。在这篇书评中，伍德继续阐述他一贯的理论立场：诠释马克思对正义的批判以彰显马克思的历史唯物主义。透过这篇书评，我们可以看到伍德对布坎南的得意之作的微词：布坎南的《马克思与正义——对自由主义的激进批判》一

―――――――

　　* 本文选自《国外理论动态》2013年第11期。

　　原题注：作者艾伦·伍德（Allen W. Wood）当时为美国康奈尔大学圣者学院的哲学教授，现为美国印地安那大学哲学教授。——译者注

书弱化了马克思的历史唯物主义批判的激进性与彻底性，其"隐匿的"批评直指布坎南一书的副标题。但他也指出，该书称得上是第一本致力于将马克思的社会理论与马克思对待道德的理论以可理解的方式结合起来的著作。书中关于罗尔斯正义理论的论述及对于罗尔斯理论优缺点的敏锐判断是该书的一大亮点。

在过去的十年左右时间里，出现了大量关于卡尔·马克思对待正义的概念与其他基于自由主义社会理论的基本概念的著述。当然，没有人会对马克思原来是自由主义理论的批评者而感到惊奇。但对一些来自自由主义传统的作家来说，要领会马克思对自由主义传统和这一传统对社会和社会理论的基本假设的拒斥的整个深度，就要假以时日。即使是到现在，面对一些（似是而非，而在文本上又无可辩驳的）事实，也还是有一些阻力：（1）马克思没有批判资本主义对工人的不义；（2）马克思并没有把资本主义在分配上的正义作为一个救赎的美德。然而，英美传统的社会哲学的作家已经逐渐地直面这些事实，并努力去理解马克思的社会理论和他那种以"使事实可理解"的方式对道德观念的处理。

艾伦·布坎南的《马克思与正义》是第一本主要致力于这一研究工作的专著。该书的部分篇章对于那些看过布坎南发表在《加拿大哲学杂志》等刊物上的文章的读者来说并不陌生。因为整合进该书的七章中有四章是他以前发表过的。不过，这本书绝不仅仅是一本文集，而是有些新的修订和内容：它通过把马克思的理论与当代最突出的自由主义理论形式（即在罗尔斯的《正义论》及随后的作品中见到的理论形式）作比较，阐发了一个连贯的、一致的论证。

该书第一章通过呈现在黑格尔法哲学中的现代资本主义理论的一个明了而清晰的（但不是详尽或特别原创的）概述讨论了马克思视角的

"黑格尔之根"。第二章重温了在对待马克思的异化和剥削观念方面的一些熟悉的领域。在这里，我们初次感受到布坎南不时引入其马克思阐释中的自由主义假定，这削弱了他介绍马克思"对自由主义的激进批判"的意图。作为建立在基于充分明了和非扭曲欲望之上的偏好结构是布坎南评价视角的特性。① 现在，无可争辩的是，资本主义社会中很多人的欲望被异化的生活方式或占主导地位的意识形态所施加给他们的虚假信息所扭曲。同样无可争辩的是，马克思的观点是基于非扭曲的人的需要和与人的本质相对应的活动的考虑。但是，需要和活动在多大程度上是可以转换或还原为人的有意识的偏好的论断却是有争议的。我想，可能的想法是，它们是自由主义所特有的，但不是专属于黑格尔或马克思主义的。然而，这一理念却似乎被布坎南自己所勾画的马克思的评价视角所遮蔽了。

在第三章"马克思对正义与权利的批判"中，作者认为马克思并没有基于他自己所接受的正义或权利的观念去批判资本主义（这也是近来评论家所论辩的）。不过，布坎南还特地批评了我的观点及其导致的严重后果，声称马克思形成了布坎南所说的针对资本主义的"内在批判"，即为我（和其他人）所忽略的批判。② 布坎南所说的"内在批判"似乎是指马克思通过指出资本主义违背了"自身的正义准则"来批判资本主义。然而，布坎南所引用的这一术语（指内在批判）对我来说却是极度不清晰的。它可能要么意味着（a）与资本主义生产方式

---

① Allen E. Buchanan, *Marx and Justice*：*The Radical Critique of Liberalism*, Totowa, N. J.：Roman and Littlefield, 1982, p. 31.

② Allen E. Buchanan, *Marx and Justice*：*The Radical Critique of Liberalism*, Totowa, N. J.：Roman and Littlefield, 1982, p. 56.

本身相对应的交易和分配关系所代表的标准（在《资本论》第 3 卷中马克思自己指出的标准），要么意味着（b）资产阶级意识形态所共同塑造和传播的正义标准（或诸准则）。

也许布坎南现在认为，（a）和（b）是同样的事情。如果是这样，那他就是非常错误的。据我所知，没有任何迹象表明，资产阶级的意识形态家遵循了马克思所持有的观点——交易的正义在于与占统治地位的生产方式相一致，而分配制度的正义则取决于其与生产制度的关系。假如布坎南所使用的"（资本主义）自身的正义标准"的含义仅仅是在（a）的意义上，那把论断——既定的生产方式总是满足它所产生且可运用于其上的唯一的正义准则[①]——归于我，将是完全正确的。因为，我的确认为，马克思相信，在大体上（即除了通过与生产方式不一致的方式来牟利的小偷和骗子的特殊情形之外），生产方式的交易和分配方式的确是与其生产方式相适应，并因此满足了适用于它的正义准则。我也不认为布坎南已经表述出与我的观点的分歧。他对我的批评源于这样的论断：马克思的工资交易理论揭示出工资交易是高度"不平等"和"不自由"的交易（顺便说一下，我从未否定这一论断）。布坎南认为这种说法意味着对于马克思来说，工资交易也是一个"不正义的"交易，至少根据绝大多数的资产阶级意识形态的正义标准，强调自由与平等正是这种交易的正义条件。[②] 那么，实际上布坎南是通过说明资本主义违背了"自身的正义标准"而得出马克思"内在地批判了"资本主

---

① Allen E. Buchanan, *Marx and Justice*: *The Radical Critique of Liberalism*, Totowa, N. J. : Roman and Littlefield, 1982, p. 53.

② Allen E. Buchanan, *Marx and Justice*: *The Radical Critique of Liberalism*, Totowa, N. J. : Roman and Littlefield, 1982, p. 54.

义的正义标准的论断，这是在该术语的（b）的意义上来说的。

我认为我的观点在整体上与布坎南是一致的。因为马克思肯定意识到他对工资交易的分析，一定使这一交易显得对很多资产阶级意识形态家来说是不正义的。我与布坎南开始出现分歧的地方是：他所有的这些描述是作为马克思对资本主义正义的"内在批判"。首先，把资本主义违背了自身的正义观念（虚假的和受意识形态扭曲的）的论断描述为马克思对资本主义的"批判"会令人误解。因为，说一种制度违背了一些错误的正义标准，这在总体上不是对该制度的批判。假如该批判是：由资本主义意识形态家提出的正义观念确实是意识形态的，或者扭曲的，那对于马克思来说，不论资本主义最终是否违背了正义准则，这些都是真的。换句话说，资本主义意识形态家提出的正义观念纯粹是意识形态的这一事实意味着，在确实侵犯了（假如侵犯的话）这些原则的资本主义社会中，它不是缺陷。当然，马克思确实经常喜欢使用嘲讽的口吻，以他的理论洞见去揭示资本主义交易在事实上的确违背了由资本主义意识形态家提出的虚伪的正义和权利准则（这一点我从不想否认或隐瞒）。但在这当中，不需要说资本主义交易是不正义的，或指出资本主义的正义标准有什么特殊的缺陷（因为它是这一点的预设，而不是从这一点推导出的结论，即资本主义的正义标准是意识形态的幻想），而且，马克思喜欢嘲讽的这一事实并不意味着他要给这一事实以特别的强调，或通过指明资本主义的某一深层缺陷来引起关注。因此，即便是我已经完全忽略了马克思谙熟这种讽刺的事实，我也不认为我在处理马克思论述正义的问题上有什么重大的缺陷。

布坎南认为（我认同他的说法），对于马克思来说，革命动机不诉诸正义、道德或权利原则。[1] 他也正确地指出，马克思的共产主义社会观念无法以任何权利或正义的观念来限定。不过，我认为，布坎南这些观点的视角有点被通常的自由主义权利原则——即作为应用于分配社会合作的责任和利益的原则，且更为一般的是调节稀缺条件下对物品需求的冲突的原则——的观念扭曲了。因这种观念导致布坎南认为马克思持有这样一种夸大的主张：在共产主义社会下，社会将不再需要通过强制执行原则的方式来协调人们之间的任何冲突或保护他们的自由或其他利益。[2] 事实上，马克思的真实观点是，只有在一个没有阶级的社会中，才不需要协调阶级冲突和反对阶级压迫以保护个人自由。马克思的确认为，阶级斗争和阶级压迫是冲突、压迫中最糟糕的和最突出的情形，但我认为没有依据表明马克思认为它们是这些社会弊病的唯一情形。认为马克思就是如此认为，其潜在的荒谬性使得布坎南笔下的马克思成为布坎南在随后的第七章中轻松批判的一个目标。

不过，我所感兴趣的是那个导致布坎南得出马克思存在上述潜在荒谬的不合理论证。该论证有一个真实的前提：马克思从来不以不正义之名批判资本主义或设想作为正义之实现的共产主义。但它也有一个虚假的前提：正义指的是运用原则去协调稀缺条件下的社会冲突或通过强制力保护个体自由。假如布坎南更为关注马克思所明确提出的、与自由主

---

① Allen E. Buchanan, *Marx and Justice: The Radical Critique of Liberalism*, Totowa, N. J. : Roman and Littlefield, 1982, p. 73.

② Allen E. Buchanan, *Marx and Justice: The Radical Critique of Liberalism*, Totowa, N. J. : Roman and Littlefield, 1982, pp. 63–69.

义的正义观非常不同的正义观念，在那里①，马克思实际上讨论了权利与正义的观念，那么他就不会如此去论证。再者，布坎南可能已经发现，马克思很可能看到了为自由主义理论家所看重的"个人权利"在共产主义（所有阶段）的重要地位，虽然马克思本人确实蔑视"个人权利"这个说法。

通过强加给马克思一个在本质上是自由主义的正义观念来解读马克思的正义批判意图是布坎南与罗伯特·塔克（Robert Tucker）②所犯的共同错误。虽然我对塔克没有个人敌意，但我一直对外界把我与他的阐释相提并论而恼火。特别恼火的是，有人（诸如布坎南）做出的阐释比我的阐释在事实上更为接近塔克。顺便说一下，如果有人想寻找我在《马克思对正义的批判》一文中所提出的关于马克思论述正义的解释的先驱，那更应该在琼·罗宾逊（Joan Robinson）的《经济哲学》③中寻找，而非罗伯特·塔克的作品。在《经济哲学》中，有几个富有洞察力的段落先行勾勒了我对于马克思论述正义的解释。

---

① 指的是马克思在《资本论》第 3 卷中回应吉尔伯特的自然正义的提法的那一段话，参见《马克思恩格斯全集》第 1 版第 25 卷第 379 页。——译者注

② 罗伯特·塔克是英译本《马克思恩格斯读本》的主编，也是前苏联问题的研究专家，著有《作为革命者的斯大林（1879—1929）：一项历史与人格的研究》、《马克思中的哲学与神话》（1961）和《马克思式的革命观》（1969）等著作。他在后两本著作中表述过这样的观念，即马克思虽然是一位带有宗教色彩的道德学家，但并没有批判资本主义为不正义的观点。由于他后半句的断言与伍德的观点相似（尽管理据不同），学界将他的观点与伍德的观点合称为"塔克—伍德论题"。——译者注。

③ 该书在 1962 年由哈佛大学出版社出版，2011 年商务印书馆出版了它的中文版。——译者注

布坎南在本书第五章试图说明，由于所谓的"搭便车"问题，马克思关于革命动机的观念——如书中所论述的，避免诉诸道德——面临着很多棘手的难题。它的理念大致上是说，假如革命动机仅仅是基于对阶级利益和阶级忠诚的诉求，那个体就可能只是理性地受实现阶级目标的前景的激励。但是，假如即使作为个体的我不需要为实现阶级的目标而奋斗和作出牺牲，阶级的目标也可能实现的话，那么对于我来说，就没有理由要为之作出奋斗和牺牲。问题是布坎南关于合理性动机的自由主义——个人主义假定（liberal-individualist assumptions）是一个人为设定。黑格尔在《精神现象学》的第五章中就对这些问题做了深刻的探讨，并揭示了从中产生的人类动机的假定是人为之作。

布坎南在本书第六章思考了针对罗尔斯的正义理论的马克思式批评。该章前 20 页都致力于对罗尔斯的理论本身做一个概述。虽然这一领域已变得耳熟能详，但布坎南为其提供了一个很好的指南。他接着列举、概述和批判性地讨论了针对罗尔斯的十个不同的"马克思式的批评"（Marxian criticisms of Rawls）。这些批评大多取自罗伯特·保罗·沃尔夫（Robert Paul Wolff）、C. B. 麦克弗森（C. B. Macpherson）、理查德·米勒（Richard Miller）、艾迪娜·施瓦茨（Adina Schwartz）、迈克尔·泰特曼（Michael Teitelman）和诺曼·丹尼尔斯（Norman Daniels）等人。布坎南对很多批评都提出了异议，且看到了马克思和罗尔斯之间未被人领略到的一些一致性。不过，他坦承，有几个针对罗尔斯的马克思式的批评尚没有获得解答，还无法确定它们对罗尔斯的理论的批评是否是致命的。[①] 布坎南在这一章中关于罗尔斯的论述和他关于罗尔斯理

---

① Allen E. Buchanan, *Marx and Justice: The Radical Critique of Liberalism*, Totowa, N. J.: Roman and Littlefield, 1982, p. 161.

论的优缺点的敏锐判断是本书的一大亮点。

　　布坎南的书印刷精致，有大量有用的索引，但书目过于简单，意义不大。该书为关于马克思的论述增添了一份有价值的学术文献，且该书第六章是关于针对罗尔斯的马克思式批评的一个极为宝贵的论述。

　　　　　　　　　（原文发表于美国刊物《法律与哲学》1984 年第 3 期）

　　　　　　　　　　　　　　　　　　　　　　　　（林进平　译）

凯恩斯、霍布森和马克思[*]

〔英〕罗伯特·斯基德尔斯基

一

林登·约翰逊总统要约翰·肯尼斯·加尔布雷思（John Kenneth Galbraith）给他写份有关经济政策的演讲报告。约翰逊总统扫了一眼这份报告之后说："肯尼斯，你知道吗，经济学的问题在于，它就像尿裤子，自己感到发热，但却让别人感到冰凉。"

今天下午当我听到一些聪明的数学家在兴致勃勃地摆弄他们的方程式时，我与约翰逊总统深有同感。我认为，作为经济学家，他们太过陶醉了。优秀的经济学家不应当过多地沉浸于数学。每当他们想炫耀的时候，他们应该扪心自问："这真的有必要吗？它有助于阐述我的观

[*] 本文选自《国外理论动态》2013 年第 11 期。

原题注：原文系罗伯特·斯基德尔斯基（Robert Skidelsky）勋爵 2012 年 9 月 29 日在第 11 届国际后凯恩斯主义会议上的闭幕晚宴主题演讲稿。作者系英国华威大学政治经济学荣誉教授。本文翻译受到教育部"博士研究生学术新人奖"国家留学基金和中国人民大学科学研究基金（中央高校基本科研业务费专项资金）（12XNH073）资助，在此特向作者和会议组织者密苏里大学堪萨斯分校经济学院表示感谢。——译者注

点吗？"

我也非常赞同杰米·加尔布雷思（Jamie Galbraith），我们阐述的内容需要超越凯恩斯。

今晚我想通过介绍两种有助于阐明当前危机的非凯恩斯传统来为这种理论上的发展尽绵薄之力：一种传统强调收入不平等，另一种传统强调权力。也就是说，一种是霍布森的传统，一种是马克思的传统。

不确定性和就业不足均衡（under-employment equilibrium）的概念对于凯恩斯而言是至关重要的。从霍布森那里我们了解到，财富和收入分配的不均如何使得危机的发生变得更加容易，而复苏变得更加困难。从马克思那里我们领悟到，为什么财富和收入分配的不均是资本主义制度自身所固有的。我们需要把这三者的论述综合起来，以便更加充分地理解我们最近所经历的事件。

凯恩斯在《就业、利息和货币通论》最后一章的开头说道："我们生活于其中的经济社会的显著弊端在于，它不能提供充分就业，以及它以无原则的和不公正的方式来分配财富和收入。"

在凯恩斯的短期模型中，收入分配并不发挥因果作用：他将其视为既定不变的。然而，在考虑经济随着时间的变动时，他却更重视分配问题："经验表明……采用可能提高消费倾向的收入再分配措施肯定会有助于资本的增长。"

这使他更接近于消费不足论者（under-consumptionist）和马克思主义者。我想将他关于资本主义危机的分析同霍布森和马克思的相应分析进行比较，这种分析先在一个"封闭的"经济框架中进行，然后在一个"开放的"经济框架中进行。

二

让我们从封闭的经济情况开始。《就业、利息和货币通论》传达出的强有力的信息是，由于"不可约减的不确定性"（irreducible uncertainty）的存在，投资是去集中化的市场经济中一个难以控制的因素。凯恩斯所称的经济学的"漂亮而高雅的技术"使我们对以下事实视而不见，即我们通常对我们的投资决策在未来的后果一无所知，因而非常容易受到从众行为的支配。因此，正是投资预期的自发崩溃——无论出于何种原因——往往引发危机。

在凯恩斯所理解的经济中同样没有自动复苏的机制，如此一来，在没有外界刺激的情况下，崩溃的经济可能会陷入一种半萧条的状态，他将其称作"就业不足均衡"。像其他均衡一样，这种均衡并不是一种绝对的静止状态，而是一个引力点，经济周期围绕着该引力点继续发展。

我相信，当前的危机显示了构成该分析的这两个部分的正确性：我们在2007—2008年经历了"动物精神"（animal spirits）的崩溃，并自那以后面对的是一个虚弱的经济，至少在发达国家是如此。

让我将这种分析和与凯恩斯将近同时代的霍布森的分析进行对比。霍布森声称，由于财富和收入分配不均，家庭所剩下的购买力太薄弱而无法购买他们参与生产的产品。或者更准确地说，消费和生产之间的过大差距，或者也可以说是"储蓄过度"，导致所生产的产品多于用于消费（这种消费是在使生产者有利可图的价格水平上进行的）的剩余收入。因此，社会会发现自己出现周期性的资本过剩，其结果就是崩溃。

这与马克思的资本主义危机理论有些相似，至少与他的如下理论是相似的。马克思认为，由于工人阶级被剥夺了生产率增长带来的利润份额，他们缺少收入去购买他们的劳动所生产的数量不断增加的产品。因此，与霍布森所理解的经济一样，马克思所理解的经济会遭受周期性的"实现危机"（crises of realization）。1934 年至 1948 年期间，美联储主席马里纳·埃克尔斯（Marriner Eccles）对大萧条做了如下典型的消费不足论的分析：

> 大规模生产的经济必须伴有大规模消费。大规模消费又意味着财富分配，以便使人们获得购买力。与实现这样的分配不同，1929 年，一个巨大的"抽吸泵"将越来越大比例的当时所生产的财富吸入少数人手中。这为他们提供了资本积累，但是，由于剥夺了广大消费者的购买力，储蓄者们（即那些掌握大量财富的人）拒绝了对他们的产品的这种有效需求，而正是这种有效需求才使他们的资本积累有理由再投资于新的工厂。结果，正如在扑克游戏中，当筹码集中到越来越少的人的手中，其他人就只能靠借款才能继续玩下去。当他们的信用用完了，游戏便结束了。

如果这是一个惊奇的发现，那么我认为，这是消费不足理论的另一个优势。

与凯恩斯不同，霍布森和马克思是经济周期理论家。崩溃无论多么严重，都会发生复苏。在霍布森的图景中，随着萧条的加剧，"储蓄阶级"会发现自身的收入下降了，但是他们却不会试图降低自身的生活水平——霍布森将其称为"消费保留"（conservation of consumption），因此这会使储蓄率降至"正常水平"。而马克思理解的经济则通过扩大"失业后备军"而得以复苏。这可能会进一步降低消费能力，但却可以让资本家阶级通过攫取更多的"剩余价值"来恢复利润率。第二种影响更大。不过，这两种补救措施都是暂时性的，下一次的繁荣必将引发下一次的萧条。

霍布森和马克思的确都提出了长久的补救措施。霍布森想重新分配财富和收入以降低储蓄在国民收入中的比重。而我们知道，马克思的更为激进的药方在于消灭资本主义。

凯恩斯从未准确地理解马克思。他觉得马克思的东西难以理解，而且不值一读。但霍布森是与凯恩斯一样的英国自由主义者，因而他得到了凯恩斯的重视。凯恩斯也看到了自己的观点与霍布森之间的一些共性，因为像自己一样，霍布森也挑战了那种认为储蓄总是好事的古典主义的核心信条。"在挑战这一神圣的节俭美德时，"霍布森写道："我已经置身于学术圈之外。"

在《就业、利息和货币通论》第 23 章中，凯恩斯引用了霍布森《工业生理学》（*The Physiology of Industry*，1889）中的如下一段话："储蓄在增加现有资本存量的同时，也会减少被消费掉的效用和便利的数量；因此，过度扩大这种习惯必然会导致资本积累超过它被需要的使用量，而超过的部分会以普遍的生产过剩的形式存在。"

凯恩斯写道，在这段话中可以发现霍布森的"错误根源"，即："他认为，使得实际的资本积累超过所需要的数量的因素是过度的储蓄，然而事实上，它不过是一个次要原因；它的存在是因为预期的错误，主要的原因是充分就业条件下的储蓄倾向而不是所需要的资本数量。因此除了预期的错误以外，这也使充分就业不能实现。"

凯恩斯认为他们的理论并不完善，因为他们没有提出"独立的利率理论"。这使霍布森过分强调消费不足导致了投资过度，而实际问题却是投资相对于储蓄不足，这是由"利润率降至利率所规定的水平之下"所导致的。

凯恩斯对于"投资不足"的解释是，人们选择以货币的形式持有他们的储蓄，而不是将其用于投资，因此，他们需要的储蓄率与他们需要的投资率之间没有任何关系。

凯恩斯在 1937 年问道："为什么疯人院以外的任何人都想用货币来贮藏财富呢？"他给出的答案是："我们持有货币的愿望反映了我们对自己有关未来的规划和常规做法的不信任……实际货币的持有抚慰了我们的不安；而我们放弃货币所需要的溢价衡量了我们的不安程度。"那个溢价就是利率，它是由我们的"不安"决定的，而不是由我们的储蓄决定。因此它不可能是古典经济学家所说的平衡储蓄和投资的机制。

凯恩斯关于货币用作财富贮藏的观点击中了我们短期问题的要害。这意味着，投资盈利能力的崩溃不会自动地被下降的利率所抵消；实际上利率将随着我们的"不安"而趋于上升。

这也意味着，如果流动性偏好的上升快于央行印刷钞票的速度，那么，旨在降低利率的扩张性货币政策很可能会失败。这无疑是最近本·伯南克（Ben Bernanke）和默文·金（Mervyn King）寄予希望的一连串量化宽松政策的宿命。凯恩斯曾对更早些时候发生但被遗忘的 1933 年的量化宽松事件评论道："它就像试图通过购买一个更大号的腰带来使自己变胖。"

虽然凯恩斯反驳了那种认为过度储蓄可能是导致萧条的原因的观点，但他却承认，在一个财富和收入分配高度不均的经济中，维持持续充分就业更加困难。

我们从他的"心理规律"开始，即人们越富裕，就会将越多的收入用于储蓄："如果（社会中）更富裕成员的这种储蓄倾向要想与更贫困成员的就业情况相容的话"，那么需要依靠投资来填补的差距就越大。与此同时，社会变得更富裕，新的投资机会就会更少。因此，失业问题将随着时间的推移而从两个方面开始恶化：消费和生产之间的差距越来越大以及投资的动机越来越弱。

那么政府应该做些什么呢？凯恩斯提出了三个权宜之计：它们或者可以通过借贷来增加自己的支出；或者可以利用货币政策来压低长期利率，从而消除资本的"高利贷"特征（"食利者的安乐死"）；或者可以重新分配财富和收入以有利于那些消费倾向最强的人。在《就业、利息和货币通论》的"简要总结"一章中，他写道，只有经验才能告诉我们"在不放弃我们在一两代人的时间内消除资本的稀缺价值这一目标的情况下，刺激其适当的消费倾向在何种程度上才能是安全的"。

然而到了1943年，他已经整理了有关该问题的想法。他当时设想了战后的三个阶段。在他认为可能会持续五年时间的第一阶段，投资需求将会超过充分就业条件下的储蓄，在没有实施配给机制和其他控制手段的情况下会导致通货膨胀。在这个阶段，消费应得到限制，以便重建受战争摧毁的产业。

在他认为可能会持续五至十年的第二阶段，他预期随着国家实行积极的投资政策，将会形成充分就业条件下的储蓄与私人和公共投资之间的大致均衡。

到第三阶段，即1960年左右，他认为投资需求将趋于饱和，以至于在国家不开展造成浪费的不必要的项目的情况下，投资无法与充分就业条件下的储蓄相匹配。在这个阶段，政策的目标应该是鼓励消费，并通过增加闲暇和更频繁的假期来吸收一些不必要的储蓄盈余。这将标志着资本充裕的"黄金时代"的到来。最后，凯恩斯认为，"折旧基金就几乎足以提供所有需要的总投资"。

1943年的这些言论与凯恩斯于1930年撰写的论文《我们后代的经济前景》相呼应，这正是我和我儿子刚刚完成的《多少才算够?》（How Much is Enough?）一书的出发点。

而到今天，凯恩斯认为，我们应该很容易抵达这样一个阶段，即在我们的事务中，资本积累不再是那么重要。富足的经济体将生产足够的消费品，以满足所有的合理需要。因此，政策应当旨在创造更加平等的财富分配和更多的闲暇。

1945 年，他提醒艾略特（T. S. Eliot）："依靠投资的充分就业政策只是'智识原理'（intellectual theorem）的一个特定应用而已。通过扩大消费或缩短工作时间，我们也可以取得一样好的结果。我个人仅将投资政策作为急救之用，它几乎肯定不会取得成效。缩短工作时间是最终的解决方案（现在在美国，一周工作 35 小时就可以取得成效）。你如何搭配这三种方案是品位和经验的问题，即是与道德和知识有关的事。"

让我在这里停下来做个说明，因为有一点往往被误解。当凯恩斯呼吁政府保障充分就业时，他是指为每个在找工作的人提供就业，而不保证每周一定量的工作。他认为，充分就业承诺会与人们平均每周工作 30 或 20 甚至 15 小时非常相符。他所反对的是我们当代对自动化问题的解决方法，即迫使一些人的工作时间远长于他们所希望的长度，而使其他人的工作时间远短于他们的预期，或者使他们根本没有工作。

正如在我们的书中所描述的，凯恩斯的两个错误在于：一是低估了技术进步，它不断为我们提供了新的商品；二是低估了人们的贪得无厌，它不断为我们提供了新的需求。二者共同将凯恩斯提出的资本充裕的黄金时代推向遥远的将来。

我们已经在朝与我们所希望的相反的方向前行。尽管我们放弃了任何想要控制投资的水平或种类的企图，但却仍然迷恋于经济增长。为了实现增长，我们通过广告鼓励越来越多的消费，而这同时也大大助长了不平等。开展不必要的浪费性投资项目的不是政府，而是金融部门，它们挥霍着投资者的钱财以使极少数人致富，而大多数人却陷入越来越深的债务。

三

现在，我想考虑一下我一直在讨论的这些理论是如何在"开放的经济"条件下发挥作用的。

据霍布森说，在一个封闭的经济中，是储蓄过剩导致了周期性的衰退。而开放的经济则有另一种选择：国内储蓄者可以将钱借给其他国家以开拓新的市场。霍布森将为过剩储蓄在其他国家寻找出口的需要称为"帝国主义的经济根源"。这被列宁拿来解释为什么资本主义没有按预期的时间崩溃。面对利润率的不断下降，资本家可以通过开辟新的剥削领域来恢复他们的利润率。因此，资本输出是解决资本主义不愿意或没有能力提高工人实际工资所造成的周期性危机的方案。

霍布森看到，对外投资的增加需要净出口的增加。因此，资本输出同时解决了两大问题：它减少了过剩的商品供给并耗尽了过剩的储蓄积累。

不幸的是，这种补救措施——霍布森和列宁称之为帝国主义——只是推迟了崩溃的到来。夺取新的市场的竞争欲望会导致主要大国之间为"瓜分和重新瓜分世界"而发生战争。

他们的分析所具有的价值在于，它迫使我们更仔细地审视全球化这一现象。全球化是有益且正常的追求更高回报的行为（这些行为带来了资本和生产更为有效的配置）的结果吗？抑或只是一种寻求解决资本输出国的问题（这些问题会导致这些资本输出国经济崩溃）的尝试？

凯恩斯认同霍布森和列宁在政治经济学方面的见解，但他分析的出发点却不同。霍布森和列宁假定资本输出和对外投资是一回事，而对于凯恩斯而言，问题是对外贷款需要净投资的等量增加，但现实中却没有实现这一点。这在文献中被称为"转移问题"（transfer problem）。凯恩斯在抨击盟军第一次世界大战后要求德国赔偿时首次发现了这个问题，然后将其应用到英国。战后，英国的失业问题严重，正统的政策是鼓励资本输出以刺激衰弱的出口贸易。

凯恩斯指出，出口扩大——需要对外资金的净转移——会在两端受阻：资本输出国可能不愿或无法增加其竞争力以足以让"实际的"商品和服务发生转移；而资本输入国可能不愿意承受竞争力丧失带来的结果。他的论点是基于固定汇率制得出的，但它可以适用于有管理的浮动汇率制。

如果净出口增加受阻，黄金便会从资本输出国流出，迫使其利率上升，但出口到世界其他国家的产品并没有增加。其结果是全球性的需求下降。

资本输入国的阻挠手段也许是关税，但凯恩斯关注的是另一种情况，即其央行为防止国内价格水平的上涨而对资本流入进行干预。在这种情况下，它所做的是将货币用作"财富贮藏"，而不是用作投资基金。他的描述是基于美联储 20 世纪 20 年代的做法，但它也可以适用于今天的中国。

凯恩斯在德国赔偿问题上的参与使其形成了支持债务减免的永久性偏见；而他对英国 20 世纪 20 年代失业问题的分析则使其形成了反对资本出口的永久性偏见。

他所得出的宽泛结论与霍布森和列宁的相一致，但得出结论的方式各不相同。对霍布森和列宁来说，资本输出解决了国内的失业问题，但是却以国际冲突为代价。而在凯恩斯看来，它同样带来了国际冲突，但却未能解决失业问题。

他在 1936 年写道："如果各国都能学会用国内政策来使自身实现充分就业……那么，一个国家就不会有迫切的动机把它的商品强加给另一国家，或者排斥其他国家的商品销售……以便实现有利于自身的贸易平衡。国际贸易将不再像它现在这样，即国际贸易成为一个维持国内充分就业的铤而走险的权宜之计，其方式是强行向外国市场销售其商品并限制从其他国家购买的商品。即便成功，这种方式也不过是仅仅把失业问题转嫁给邻国，而这些邻国则在试图通过出口资本解决失业问题的这种斗争中受到损害。"

我在本部分想要强调的是这些分析对于理解当前各种全球化问题的重要性。我认为，凯恩斯是第一位明确指出不受抑制的储备积累是传统的国际调节机制的美中不足之处的经济学家。

正如他在 1941 年所说："调节过程对于债务国是强制性的，而对于债权国是自愿性的。如果债权国不选择进行调整，就不会遭受任何不便。因为一国的储备不可能低于零，但却没有设置一个封顶的上限。国际贷款要作为调节手段的话也会是如此。债务国不得不借入，而债权国却没有任何贷款的义务。"

因此，他在 1941 年提出的国际清算联盟计划的核心目标便是防止债权国"囤积资本"。否则，资本自由流动带来的作用将出现极大的反常。《布雷顿森林协定》并没有建立这样的机制；而当今国际调节依然受阻。

无论我们从何处审视凯恩斯，他总是围绕着同样的问题：货币作为防范不确定性的屏障所发挥的作用；不确定性给经济活动带来的影响；古典经济学未能理解这种不确定性，因为它们没有意识到不确定性的存在。

四

我想总结一下我们可以从我一直在讨论的这三位思想家那里学到什么。

不用说，从凯恩斯那里我们看到了霍布森和马克思所缺乏的分析上的精确性，他还揭示了各种形式的社会互动（不限于经济学）都面临的一个无法简化的问题：除了我们行为最直接的后果，我们对于行为的其他后果缺乏认知。因此，正如他所说，财富对于古典经济学家的方法而言是个非常不合适的研究对象。

从霍布森那里我们懂得，财富和分配的结构会加重或减轻凯恩斯所说的不稳定投资带来的问题。因不确定性导致的崩溃更加容易发生，并且，财富和收入的分配越不平等，其崩溃的程度就会越严重，复苏也就愈加无力。

从马克思那里，我们看到了关于财富和收入的不平等结构是如何产生的分析。而这是霍布森所缺乏的：他从来没有解释储蓄是如何在一个地方积聚起来的。而且，只要他认可工人获得了他们的边际产品的报酬，那么他就无法解释这一点。当然，霍布森的确谈到了垄断、有管制的价格和其他的扭曲情况，但这些偶然因素可以通过改革来解决，而并没有危及古典市场理论的完整性。

马克思则因为抛弃了那种认为工人获得了他们的边际产品的报酬的假设而做得更好。如果劳动生产率的增长超过了工资的增长，生产和消费之间的差距将会拉大，从而导致储蓄率的自动上升。

在马克思看来，资本家支付给工人低于其价值的报酬和支付给他们自己高于其价值的报酬的能力取决于他们对生产资料的所有权。这在经济中赋予了他们权力，并且政府屈从于这种权力。

最近发生的事件已经让我相信，马克思的分析有些显而易见是正确的，而其关于全球化的分析则尤具启发性。在我看来，将美国的生产向中国和东亚地区的转移解释为美国的资本企图通过寻求劳动力更为廉价且不存在工会的生产场地以恢复盈利能力，这相当合理。这就产生了一个至关重要的问题，即现在推行的全球化在多大程度上符合发达国家公民的利益。

这令我想起了我对凯恩斯的主要批评，即他忽视了那种认为经济结果可能会受到阶级力量的影响的观点。从根本上讲，不受管制的资本主义制度之所以未能实现充分就业，是因为古典经济学传达了错误的信息。它假定不存在不确定性，并因此坚持要求高度的自由放任。金融体系所需要的只是轻触式监管，因为银行能实现最佳的自我监管。

总之，这个缺陷是理论上的，而不是结构性的。我们需要的是一个更为准确的理论，而不是权力的再分配。如凯恩斯在《就业、利息和货币通论》结尾所提出的著名观点："思想"比"既得利益"更加有力。将经济体系中的非观念的因素近乎蔑视地斥为"既得利益"表明他缺乏对它们的正确认识。

凯恩斯将他所处时代的经济问题重新定义为经济学上的技术问题，这在政治上是非常方便的。讲求实用的商人善于接受新思想，只要这些新思想能够使他们维持自己的利润和管理特权。在两次世界大战之间，需求不足导致大规模失业，这对于他们的利润和管理特权均是一个威胁，尤其是因为它引起了社会对资本主义的敌意。对于商人而言，凯恩斯肯定比马克思更可取。所以他们很乐意看到国家关注需求，并保护他们免受工会困扰，甚至默许实行适度的再分配措施以使人民满意。

然而，国家被证明无法确保凯恩斯式的革命本身不受其所保障的持续充分就业的影响。充分就业加强了工会的力量；工会利用它们的地位推动工资快于生产率的上涨；工资开始蚕食利润。因此，企业家阶层要求终结充分就业的承诺，降低税收和自由输出资本。

我认为这种分析解释了后里根时期和后撒切尔时期的经济的许多特征：更高水平的失业、工会力量的削弱、社会保障网络的缩减、实际工资的停滞和随之而来的家庭债务的激增、工作期间的压力的增大、税收上有利于资本的转变、金融的去管制化以及其他更多的特征。

但是，里根和撒切尔解决资本主义问题的方案重新导致了霍布森式的消费不足问题。20世纪80年代以来，西方国家的富人已经成功侵吞了生产率增长的大部分份额。因此，未来的危机是不可避免的。

为了避免危机，我们需要重新调整我们的经济生活：从消费转向休闲，从金融化转向可持续性，从全球化转向社区，从对金钱的热爱转向道德。

如何做到这一点是一个政治问题，后凯恩斯主义者现在应该转向这一问题。凯恩斯依然应当是我们的灵感来源。但是，我们必须既在思想上又在行动上超越他。

（李黎力 译）

马克思、明斯基与大衰退[*]

〔德〕玛丽亚·N.伊万诺娃

引　言

在整合马克思和明斯基的两种理论的基础上，本文揭示大衰退发生的根源并质疑当前主流学说。马克思反对将危机归结于金融投机或个人理性的缺失。他认为投机、恐慌可能只是危机的诱因而不是危机的根源，真正的根源存在于实体经济之中。但危机发生的可能性源自货币的固有属性，作为一般等价物，货币经济使买卖行为在时空上分离。资本主义的核心矛盾源于以货币增值为目的的资本主义生产系统危及社会化大生产，因此，资本主义危机通常表现为货币或流动性短缺的金融危机。

明斯基也反对将金融不稳定性归因于个人决策错误。他认为在一个资产私有化的复杂金融结构中，经历长期的繁荣之后，金融结构有从对冲性融资到投机性融资甚至庞式融资发展的趋势，金融结构具有内在的不稳定性，并最终危害实体经济。

　＊　本文选自《国外理论动态》2013年第11期。

　原题注：玛丽亚·N.伊万诺娃（Maria N. Ivanova）系德国卡塞尔大学讲师。——译者注马克思与明斯基的理论在概念范畴上是有差异的，马克思把货币视为价值的社会表现形式，价值量是由凝结在商品中的社会必要劳动时间决定的。马克思强调，货币将资本主义生产关系的深层矛盾以一种明显的形式表现出来，但是矛盾不是由货币创造的，而且危机是资本主义的不治之症。基于凯恩斯的原创思想，明斯基否认资本与劳动的对立性，将金融不稳定性归因于资本主义系统的内在属性，认为金融会抑制生产，脱离生产和破坏实体经济的运行机制。然而，如果对金融系统进行控制和调整，资本主义制度中的一些根本弊端就会得到有效的克服。他尤其强调，可以通过"大政府"和"大银行"来遏制经济危机。

今天，美国生产资本的外部扩张同内部的金融化相连，改变了美国经济的深层次结构，极大地削弱了美国经济的稳定性。

一、马克思论货币、过度积累和危机

马克思将资本主义危机的根源追溯到商品的内部矛盾：商品具有使用价值和价值。货币的存在使交换价值与使用价值能够在时空上分离。作为一种生产方式，资本主义是由货币生产经济和金融系统构成的不稳定的辩证统一体。货币二重性（价值尺度与流通媒介）奠定了一种基本矛盾，即作为社会劳动价值化身的基础货币与作为债务支付手段的信用货币及金融系统之间的矛盾。金融系统拥有信用货币的再创造能力，并且不断试图从基础货币中分离出来。从经验上讲，这是一种超越社会产品价值的信用生产过剩的形式，其程度有时会非常大。但是，信用与金融又不可能完全分离。基于简单商品生产和交换的原理，复杂的信用与金融系统建立在基础货币之上，所以信用货币如果不能被社会劳动产品所验证，就仍然是一种幻觉，这个事实只有在危机中才能充分展现出来。

银行系统——货币形式的制度性组织——表现出并且放大了商品的内在矛盾以及生产关系的矛盾。毫无疑问，前者经常是危机的中心。在一个基于信用货币的生产系统中，对信用流量的任何重大破坏都注定会诱导一场危机。乍看起来，所有危机呈现出来的仅仅是信用以及货币的危机，但是这可能仅是表面现象，因为货币恐慌经常先于商业危机和产业危机出现。在商业危机中，商品形式的资本丧失了其转化为货币资本的功能。虽然危机是由生产过剩导致的，但其根源位于流通领域之外。商品生产过剩是资本生产过剩（过度积累）的征兆，资本盈余的形成又与使用资本的环境相联系。危机还有可能是由没有实现产品的交换引起的，原因是缺乏"货币"。然而，真正缺乏的是"货币"，而不是流通的媒介物。货币作为人类劳动的具体化，其自身拥有价值。在危机中，"替代物"不会起任何作用，货币必须是一般等价物，是剩余价值，只有这样，现成的商品交换才能完成。

二、明斯基论金融不稳定性

明斯基认为标准的新古典综合理论存在两个重要的缺陷：第一，没有将货币与资产融入到经济分析中；第二，不能对金融不稳定性作出合理的解释。明斯基的理论是对后凯恩斯经济学的演变。在明斯基的理论中，投资需求是由对资本存量与外部融资成本的估值以及投资产出的供给价格共同决定的，资产价值的下跌会导致投资需求的下降。明斯基将资产价格的下跌及投资的波动归因于债务结构和金融系统。在他看来，经济个体的收入——债务关系分为三类：对冲性融资、投机性融资以及庞式融资。对冲性融资在债务人的债务结构中所占比例最大，即债务人从融资中所获得的现金流（利润）能够覆盖利息和本金。投机性融资中债务人只能偿还利息而不能偿还本金。庞式融资所生成的现金流既覆盖不了利息也覆盖不了本金，债务人需要再借新债来履行支付承诺，但如果他们不能借来新债，就只能出售资产来偿还债务。将对冲性、投机性以及庞式融资在不同阶段进行特殊组合，反映出经济的历史性发展并且改变了人们的长期预期。随着投机性融资以及庞式融资在总负债中所占比例的上升，经济也对利率以及资产价格的变动更加敏感，不稳定性随之产生。一旦债务人的融资链断裂而失去偿债能力，经济中就会出现一系列"杠杆效应"，其结果是资产价值的大幅下跌。

凯恩斯认为他的政策建议会使经济中不再出现寻租者以及低能投资者，而明斯基却对此持怀疑态度。明斯基对永久潜伏在这种寻租驱动经济中的危机进行了深入研究，他所提出的核心问题就是另外一场大萧条是否会发生。

金融系统的内在属性导致了不同程度的周期性衰退。在一场深度衰退中，起初的收入下降或特殊资产价值下跌会引发资产价值的整体下跌，这导致了经济个体间的债务拖欠。在一场中等衰退中，价格紧缩会被限制在特定的资产中，这就避免了一系列效应。衰退的类型又由金融结构的特殊性所决定，其中包括经济个体、金融媒介以及特殊政府机构（例如联邦存款保险公司以及联邦住房授权公司）所拥有的资产与债务。后者预先假定政府会通过增加赤字以及货币供给来降低衰退带来的损失。所以，金融的脆弱性不仅包括对冲性、投机性以及庞式融资在债务结构中所占的相对比例，还包括权威机构对经济个体进行短期再融资的意愿和在市场发展缓慢中维持总利润与工资水平的能力。

明斯基将利润水平的维持视为避免金融危机的关键因素。他建议要以"大政府"与"大银行"为中心——两种在危机中稳定利润水平不可或缺的部门——来避免另一场大萧条。具体做法是，首先将反周期性支出作为预算结构的固有特征，并通过自由选择加以补充；其次通过低利率政策以及通过美联储的"最终贷款人"功能进行调控。衰退是经济周期中一种固有的且不可避免的过程，然而，只要"大政府"以及"大银行"发挥其功能，危机的程度就可以得到控制。

三、美国金融危机的国内和国际根源

此次大衰退是由金融危机引发的，而金融危机又源于美国巨大的房地产泡沫。1992—2006 年间，美国居民投资以及住房建设经历了战后长期快速的增长阶段，住房价格以及成交量更是不断突破历史记录。2000 年至 2006 年间，住房平均价格大体翻了一番。美国标普 10 城市房价指数在 2000 年 1 月徘徊在 100. 74 点，而在 2009 年 5 月达到 226. 8 点的峰值。2003 年至 2006 年间，美国每年平均销售 115. 6 万套新增住房。与此形成鲜明对比的是，70、80 和 90 年代，美国每年新增住房平均销售量分别为 655200、609000 以及 698309 套。乍看之下，美国房地产危机的发生过程与明斯基对危机的解释不谋而合，投资需求是由预期投资收益与外部融资成本共同决定的。社会对住房价格持续攀升的预期推动了借贷以及居民投资的发展。经济的证券化以及多种金融工具的使用扩大了次级抵押市场，进一步推动了住房的供给与需求。信贷扩张以及信贷环境的宽松哄抬了房价，并且推动了金融创新的发展以及杠杆工具的使用，这些因素共同推动了经济的膨胀。

然而，明斯基仅仅抓住了危机的表面现象，没有解释危机的深层根源。他的核心观点是，金融不稳定性是内生的，在金融系统的内在运行之中不仅会产生金融危机，还会产生实体危机。明斯基认为美国历次深层次的衰退都伴随着金融危机，然而，在近期历史中，金融危机并没有造成深层的衰退。在描述金融行为的巨大变化以及金融系统在经济周期中的作用方面，明斯基的理论是非常模糊的。他认为，经济周期的最初阶段表现为金融稳定以及相对"平静"阶段。随着利润的提高，公司开始通过借款增加投资以进一步提升利润。最后，借款风险加大与债务的扩大逐渐超过了收入/利润的增长，改变了经济个体的债务结构。明斯基认为银行在此过程中发挥了金融中介的作用。在他看来，银行是追求利润的投机性企业，它不仅表现出投机性融资的特征，同时还作为其他机构进行投机性融资的连接枢纽。一方面，银行资产的到期时间（展期贷款）通常长于银行其他债务，这对银行产生了一个再融资成本，推动了银行的"投机"行为；另一方面，为了扩大市场份额，银行鼓励其他经济个体将短期债务替换成长期债务。然而对银行来说，以一个可以维持利润的成本来获取资金是必需的，金融创新又可以进一步提高利润，例如，金融创新可以增加货币的周转率，这不仅可以确保给定数额货币的流通，还不会改变利率。

明斯基对经济周期的解释受到两方面的质疑。首先，在资本主义经济存在"长久性失衡"的背景下，明斯基并未对平稳阶段出现的原因作出合理解释。除了将其理解为投资者的"乐观主义"以及"盲目自信"外，膨胀以及金融不稳定性的根源尚未明确。其次，金融不稳定性假说是基于经济个体行为的微观分析，即个体企业在经济周期过程中不断增加他们的债务以及提高杠杆比率。然而，杠杆比率在经济扩张过程中一定会提升并不符合经济规律，实证研究也并不支持这种观点。任何有关融资模式以及总体债务水平的研究都应该涉及中央银行的利率政策以及政府的债务与赤字，对于金融系统来说，这两个因素是外生的，但对其运行有着举足轻重的作用。

许多评论家将大衰退的主要根源归结于格林斯潘时期美联储的低利率政策，这种对衰退的解释仍然具有局限性。2001 年 1 月至 2002 年 1 月间，美国联邦基金利率以及贴现率从 6% 降到了 1.25% ，并且在一年内维持这一水平。格林斯潘因其对利率的灵活调控在任期内饱受称赞。然而在房地产危机后，人们普遍指责是格林斯潘时期美联储的低利率政策以及金融创新带动了多重信贷，从而创造了巨大的房地产泡沫。然而，房地产泡沫的根源并不仅在于金融部门与国内政策的失误，还与美国的国际资本积累体系有很大关系。

美国房地产泡沫时期，美联储的低利率政策降低了贷款准入门槛。但是，银根的松动并不能完全归因于格林斯潘的低利率政策，这主要是因为：

首先，自 20 世纪 70 年代以来，美国经济经历了深层的结构性变化，这导致了 80 年代早期"货币管理资本主义"的出现（一种被称为"金融化"的过程）。制造业的衰落和从 60 年代起海外竞争的加剧，连同美元的核心货币地位（因为它拥有兑换黄金的特权），共同推动了美国企业生产外包的浪潮。在美国国内，大批量生产开始减少，经济向以服务业为基础转型，这些共同改变了工作与工资的关系。职业保护的消失在增加了低收益工作的同时还带来了经济风险。企业持续将生产外包给低工资国家以及国内工人工资增长的停滞，使得国内高水平的个人消费只能依赖于信贷的扩张。个人信贷门槛的降低缓解了收入分配不平等的加剧与经济增长之间的矛盾。换句话说，低息贷款已经成为美国的"新型经济"增长中不可或缺的因素。

其次，一些边缘国家出口带来的收入很大一部分用于投资美国国债，新兴市场经济国家外汇储备的膨胀与美国消费者债务的膨胀具有深层次联系。在格林斯潘时期（以及近来的伯兰克时期），美联储的低利率政策很大程度依赖于边缘国家工人的努力工作、外向型政策以及中心国家银行与机构投资者的金融运作。有证据显示，大量国外资本投资美国国债会持续抑制一些关键国债债种的利率，例如美国十年期国库券的利率。进一步讲，政府公债的国外需求、担保债券凭证以及与房地产相关的金融衍生品使美国经济证券化进程空前高涨。

明斯基认为美国经济的证券化是与金融的全球化过程结合在一起的，他还预言全球化金融融合很可能是资本主义扩张在下一阶段的主要特征，这就为金融的不稳定与国际间债务的萎缩埋下了伏笔。然而，明斯基并没有认识到全球金融系统和全球生产系统在资本积累日趋不平衡中存在共生关系。马克思在 150 年前就已经意识到全球市场的形成来源于资本的概念本身。因此，马克思观点的一个显著优点就是他可以用资本主义生产全球化来解释当前危机发生的根源。

马克思生活于"自由竞争的资本主义"时代，那时候资本的国际化还仅仅局限于商品资本的转移（国际贸易）。在 19 世纪末 20 世纪初的帝国主义阶段，经济全球化扩大了货币资本的转移。"二战"后，生产资本的全球化带来了劳动在全球范围内的重新分工，70 年代的深层结构性危机又加速了这一过程。资本可以通过两种途径对危机起到缓解作用：一是国内以及全球劳动过程的重组，二是生产与交换在时间与空间上的重建。在接下来的分析中，本文将强调边缘国家外向型经济中的工业化与中心国家经济金融化之间的联系，尤其是引发争议的美国金融化过程不能同美国生产资本的外部扩张相分离，其有机联系以及相互之间的作用共同加强了两者之间的反馈效应。

在战后的几十年中，边缘国家逐渐参与到国际"商品链""价值链"以及全球生产网络之中，打破了全球经济力量的平衡。中心国家通过资本有效控制劳动的能力严重下降。然而，在边缘国家也出现了过度积累现象，它们对外向型经济的依赖还加剧了全球制造业产能过剩，挤压了全球商品价格与利润。例如，在经历了数十年的过度投资之后，作为边缘国家工业化进程的典范以及全球制造业加工车间的典范，中国已经陷入到巨大的产能过剩压力之中。在这种环境下，公司的盈利能力必须通过加大劳动的强度以及挤压工资来维持。因此，在许多国家，劳动收入占 GDP 的份额大体在 55% 到 65% 之间波动，而在中国，该份额从 1996 年的 54% 下降到 2007 年的 40%。边缘国家在获取超额利润的过程中经常伴随着中心国家跨国公司的直接参与，这一进程推动了跨国公司的金融化，这种特征在美国最为明显。90 年代中期，美国经济增长严重依赖于两类连续产生的资产泡沫（网络泡沫与房地产泡沫），这中间还夹杂着巨大的信贷驱动消费泡沫。美国的经济金融化是一个复杂的过程，它表现在许多不同方面，如全球金融市场的融合、机构投资者地位以及股东价值的日益提高，还有寻租者收入在 GDP 中所占比例的增加。

明斯基对"货币资本主义"的理解侧重于研究寻租者收入在 GDP 中所占比例，在明斯基的分析中，美国经济金融化可以理解为是从企业获取生产利润到寻租阶层获取金融利润的再定位过程。后者凭借与金融部门的特殊联系，通过发放贷款来获取收益。金融化的延伸不仅与金融部门规模的扩大有关，还与非金融企业的金融投资紧密相连。很多研究表明，在美国，所谓的"非金融部门的金融化过程"直接导致了资本投资率降低以及资本积累速度放慢。这种趋势与一种全球化生产相联系，其特征是一些低工资国家专注于劳动密集型生产过程，例如中国。美国对中国的贸易逆差从 1998 年的 569 亿美元上升到 2008 年的 2663 亿美元，2009 年需求的降低使其减少为 2268 亿美元，在美国总贸易逆差（5036 亿美元）中占 45%。在 2010 年，该数字重新回到 2731 亿美元，其增长率在 2011 年第一季度继续攀升。据中国官方统计，美国在中国的跨国公司贡献了中国对美国出口的 60%。

自 20 世纪 80 年代中期起，美国跨国公司推动了全球对外直接投资的增加，并从中获取附加利润。生产成本的下降使美国的重要企业在没有提高产品价格的前提下，保持甚至提高了成本加成和利润率。这一点对国内经济至关重要：首先，在进口商品价格没有提高的前提下，美国实际收入的停滞不能抑制进口商品消费的增加；其次，进口商品在消费中占有很大比例可以稳定国内物价水平；最后，生产的外包促进了公司利润的膨胀，在提高股东价值的同时还提高了国内收入水平以及扩大了就业。

世界经济复苏的模式已经表明，边缘国家对全球资本主义的再生产具有重要意义。在 2009 年的全球经济低迷中，全球总对外直接投资（FDI）流入为 1.114 万亿美元，下降了 37%，流出为 1.101 万亿美元，下降了 43%。然而，值得注意的是，流入发展中国家的 FDI 下降了27%，比流入发达国家的 FDI 44% 的下降幅度要小很多。因此，发展中国家在全球 FDI 流入中所占比例持续上升，而这是有史以来第一次。这些国家现在吸收了全球一半的 FDI 流入，同时中国在美国之后成为了世界第二大 FDI 接受国。还需要着重强调的是，这种生产的全球化并没有影响全球范围内生产与交换条件的平等性，而是加深了其差异化，因为这种资本的国际化使工业并不局限于资本主义发达国家内部，而是扩展到了全球范围。

总之，生产的全球化同美国经济金融化的联系表现在两方面：首先，美国跨国公司在生产外包与金融运作中获取了巨大利润，这种商业模式导致贸易逆差的扩大与金融资产的增值；其次，边缘国家出口所得收入很大一部分投资于美国国债，间接拉动了美国国内的消费，扩大了居民信贷支出并提升了资产价格。这两方面通过金融市场与中间商相联系，共同构成了美国的信贷运行机制以及债务体系。流动性的缺乏使美国经常性项目账户赤字在 2006 年达到了 8035 亿美元的历史高峰。所以，大衰退的根源并不是美国债务泡沫的破灭，而是全球经济发展与资本积累的不平衡。

四、"它"是否会重现：从投资的社会化到资本的社会化

学术界对明斯基理论在当前金融危机中的解释能力提出了质疑。当今美国经济的全球化以及金融化过程已经同明斯基理论中所描述的情形背道而驰，在后者中，投资需求是公司利润的决定因素，而公司利润又用于再投资。银行贷款主要出现在商业中并且服务于同金融相关的活动。金融投机行为通过哄抬资产价格并使其超出公司未来利润的承受能力而影响经济。这些观点可以解释住房泡沫的供给方，却不能解释其需求方。因为如果没有作为"投机者"的普通家庭，那么住房泡沫也达不到如此庞大的规模。明斯基认为工资收入与消费之间的联系在战后被严重削弱，同时他还认为普通家庭的超前消费与住房贷款是典型的对冲性融资。显然，明斯基并没有意识到这些家庭已经逐渐开始用投机性融资以及庞氏融资进行消费以及购房，而所支付的价格却超出了未来收入的承受能力。在美国经济金融化加深的背景下，明斯基将商业投资作为利润主要来源的观点已经很难解释过去十年的现实。美国居民建设的净投资率从 60 年代就开始保持停滞或者下降趋势，而在 20 世纪 90 年代末才得到短暂缓解，在此期间，利润率也同净投资率一同下降，尤其是在过去十年中，公司利润逐渐开始由政府以及居民债务来维持。事实上，在过去 30 年间，银行以及金融服务的巨大变化使人们对私人债务

的上升习以为常。许多大公司对市场金融化的重新定位刺激了商业银行以及其他金融中介开始直接从私人劳动收入中获取金融利润。这种过度金融化使得金融不稳定性的大小、范围以及强度同时增加，并且对经济的威胁现在已经永久性地潜伏在其中，而此时政府的应对策略是加大财政支出。所以令人质疑的是，不断加深的政府"庞式化"可以在多大范围内以及用多长时间抵消掉私人经济的"庞式化"。

这一疑问引发了对明斯基理论的第二个也是最大的质疑，即其放大了政府债务和货币政策在消除经济弊端中的作用。依据明斯基的理论，经济周期中包含了投机性膨胀的根源，而这种投机性膨胀会吸收闲置的流动性以及将金融系统推向萧条之中。私营经济债务结构的转换伴随着"最终流动性"（资产拥有固定价值且没有违约风险，包括国库通货、硬币以及最重要的"政府基金以外的国内政府债务"）的收缩。因此，化解一场危机需要增加最终流动性或者可以"杠杆化"的政府债务（作为借款的担保），以防止资产价格、利润以及投资的崩盘。自从2007年衰退以来，大政府以及大银行通过财政政策发挥了最大限度的作用，如对大量濒临破产企业的紧急救助，两次量化宽松，对于不良抵押债券的回购以及对会计准则的放宽，这些都旨在阻止资产价值下跌以及使公司重获利润。2009年夏季，据一项研究估计，政府支出、借出以及赞助的总数已经达到12.8万亿美元，而据另一项研究认为，该数额已经达到23.7万亿美元。政府支出帮助大企业重获利润，但是并没有遏制公司丧失抵押赎回权的趋势，也没有降低失业。股票市场虽然开始复苏，但是并没有达到先前的高度。除了高失业率外，政府支出对复苏房地产市场的效果也并不明显。政府主导的项目，例如放宽贷款条件以及对买房者实施税收抵免，并没有推动房地产市场的复兴。美国标普20城市房价指数显示，2011年2月经过季节调整的房价比2006年4月的峰值低 31%。公司对抵押赎回权的丧失将会给未来住房价格带来更多挑战。

政府的危机管理政策实际上是不惜一切代价阻止资产价值的下跌以及维持公司利润。然而，与明斯基（还有其他学者）的观点相反，维持公司利润并不必然稳定工资水平与就业水平。公司在危机中的行为更多地验证了马克思的预期，即公司更倾向于通过削减工资以及解雇工人来平静地度过危机。在 2009 年，劳动生产率增加了 3.5%，并且单位劳动成本降低了 1.6%，这是六年以来的最高值。同时，总工资议案在 2008 年与 2009 年间削减了 2500 亿美元。马克思将危机作为资本解决其自身矛盾的途径，而且这种观点基于财政部门以及货币部门的资本管理政策的合力之上。虽然资本管理政策可以通过统一财力的方法"成功地"将美国的金融巨头以及大商业集团凝聚起来，但是并没有证据显示这种"成功"可以维持国家未来的金融以及社会的稳定。

明斯基的理论大多数源于特定的历史背景——"一战"后前 30 年的先进资本主义阶段，即所谓的资本主义标准化生产阶段。这一阶段随后被归纳为制定经济政策的一般基础。因此，明斯基自始至终都在重复中心资本主义国家在 50 年内不会出现类似于 1929 年到 1933 年那样的大萧条，因为有"大政府"的存在，利润流就不会彻底断裂，资产价格就不会崩盘。稳定利润意味着稳定投资产出与就业。但是，这些政策已经不能像早些阶段一样发挥作用，因为美国潜在的结构条件已经改变，且与先前最大的不同是，战后资本积累的深层次结构依赖于更大的生产性基础，而这已经不复存在了。

明斯基认为，非金融企业依赖于"外部融资来促进资本经济的长期发展"构成了金融不稳定性的关键来源。这为政府干预提供了一种重要依据，"大政府"可以通过稳定总利润水平来维护金融稳定性。但是有证据显示，近来大公司的投资决策并没有受限于外部融资的高成本，而且公司本可以合理使用其自有资金进行投资，但是它们并没这样做。1980 年到 2004 年间，美国工业企业的平均资产变现率提高了 129%，这导致了平均净负债的下降，并在 2004 年变成负值。大公司的现金高持有率已经同其资本支出呈现负相关关系，而目前形势并没有好转。一些大企业收入的很大比例来源于海外，并且持有大量的现金。然而这些公司没有将资金用于扩大或者改善国内资本基数，而是选择将其贮藏起来或者分发股利与收购本公司股票。这种"离岸金融化"连锁效应使非金融部门在 2008 年危机后恢复经济发展的能力降低。这就是通过稳定金融资产价格的方法来稳定公司利润并不能促进国内就业以及社会发展的根本原因。

鉴于以上分析，对明斯基理论的最终质疑涉及稳定金融的社会含义。凯恩斯指出，资本主义体系存在两大主要缺陷：一是资本主义不能长期维持充分就业以及"财富与收入分配不均"；二是有效需求不足。明斯基的观点在一定程度上是对凯恩斯观点的继承，他致力于同时维持资本主义体系与金融系统的稳定。明斯基认为资本主义社会可能存在不平等与低效率。但是，这些缺陷如贫困、权利分配不均以及低效率的垄断并不是资本主义经济系统与生俱来的，同时并没有科学规律以及历史经验表明，一种经济秩序必须存在评价效率与平等的标准。然而明斯基的观点有一个问题：稳定金融系统的过程会加剧社会不平等与低效率。明斯基只是在一定程度上意识到了抑制金融的社会缺陷。他承认政府干预可以有效阻止萧条进一步加剧，却不能维持就业、经济增长以及价格的稳定。经济会陷入极端萧条与极端膨胀的恶性循环之中。缓解危机的行为会带来通货膨胀，而愈演愈烈的通货膨胀又会引发危机与萧条。但是如果资本主义体系永久徘徊在萧条与膨胀的过程中会产生不平等与低效率的话，那么人们就应该仔细考虑维持这种体系的收益是否超出了这一努力的社会成本。

五、结论

明斯基的理论为人们提供了有意义的研究视角，如金融系统的运作和惯用做法、资产泡沫的动力、不确定性以及债务水平的提高对整体经济运行的影响。然而本文着重强调的是，引发近来危机的实体根源是全球资本积累系统的整体失衡。在研究全球生产危机的深化以及美国经济危机与社会危机的联系时，马克思的理论更有说服力。金融化仅仅是美国经济危机与社会危机中的一个表面现象。依赖于政府支出与货币供给的传统财政政策与货币政策不能解决美国在经济全球化中存在的结构性问题，更不可能为美国以及全球资本主义的系统危机提供持久的解决方案。

［原文载于美国刊物《激进政治经济学评论》（*Review of Radical Political Economics*）2013 年第 1 期（第 45 卷），译文有删减］

（马国旺、赵欢 译）

危机理论:克拉克与马克思*

〔加〕 马亭·科宁斯

导 言

对于主流的社会科学来说，既然研究的重心在于各种均衡过程和社会整合，危机就只能是一种异常现象。对实证主义方法论和建模（以假设—验证作为数据和理论之间的纽带）的热衷不允许主流社会科学将危机趋势当作社会现实本身固有的趋势来看待。主流方法的显著特征是假定一种能够自动调节的初始均衡状态，而将危机归咎于外来的冲击或暂时性地偏离均衡。这一点以经济学表现得最为明显，其研究总是集中在市场均衡的条件上。社会科学的其他学科也同样表现出这一特征，这些学科填补了经济学的抽象分析未能触及的理论空间，但学科的发展同样建立在一种完全自动调节理论的基础上。

---

* 本文选自《马克思主义与现实》2009 年第 4 期。

　　原题注：作者马亭·科宁斯（Martijin Konings）系加拿大约克大学政治科学系教授。——译者注相反，马克思主义传统的主要力量之一，在于它始终坚持现代社会核心中不稳定力量的作用，强调资本主义社会的动力机制充满危机，使马克思主义能够透视主流学术视野之外的社会现实。

然而，对于一个世纪以来马克思主义危机理论的简短回顾，却几乎无法支撑这样一种正面的评价。危机概念依然模棱两可、含混不清，这几乎尽人皆知；也就是说，在讨论任何实质性问题之前，甚至连危机理论能够解释的是一种什么样的社会现象这样一个问题都还没有解决。除此之外，关于危机的形态、机制和原因的争论，其热烈程度并不亚于一个世纪之前。更糟的是，资本主义的历史发展似乎藐视了马克思主义者大多数关于危机的预言，而危机的每一次爆发总是成为重构危机理论的珍贵时刻。对抽象成因（causal mechanism）的探索指向一个方向，历史的复杂性和作用力量则指向另一个方向，这种理论和历史的断裂构成了太多马克思主义学术理论的特色，在构建资本主义危机理论的努力中则表现得尤为突出。

既要克服马克思主义危机理论长期以来所存在的弱点，又要保持马克思主义独特的解释力量，这方面最有力、最具雄心的尝试，当属西蒙·克拉克提出的理论。[①] 本文主要批评克拉克的危机理论，同时，也在更广泛的意义上反思马克思主义危机理论方法的局限，目的在于说明，克拉克的理论不过以一种十分成熟的形式复制了许多传统马克思主义危机理论所存在的矛盾和问题。

---

① 见 Simon Clarke, *Marx's Theory of Crisis*, New York St Martjn's 1994, 和 'The Marxist Theory of Overaccumulation and Crisis', *Science and Society*, 54(4), 1990.

马克思的危机理论：概述

本文的目的不在于对马克思主义危机理论作一个历史性的回顾。但是，对一些关键问题作简要探讨，有助于确定分析克拉克著作时应采取的思路。资本主义危机理论从其诞生之日起，就一直与马克思主义者的政治方针和抱负紧密联系在一起。其最为粗糙的形式，就是马克思主义者将危机理论从属于政治策略，一而再、再而三地预言资本主义的崩溃，又一而再、再而三地招来"散布危机"的骂名。在更为成熟的表述中，（危机）理论和（革命）实践之间的统一，主要不是寄托在对资本主义经济"铁律"的信念之上，而是以对资本主义历史特殊性的认识以及由此而来的对其过渡性质的觉悟为前提。无论是粗糙的还是更为成熟的表述，核心问题始终都是如何证明危机的客观必然性，即这一事实：危机趋势不仅仅是由不幸事件或决策无能所触发的偶然现象，相反，危机趋势是资本主义发展的规律、机制和形态本身所固有的。

虽然从某种意义上说，马克思的全部著作都致力于理解资本主义关系再生产的条件以及这种再生产遭遇困难甚至彻底中断的条件，但是，他没有留下一个综合的、明确的资本主义危机理论。在马克思看来，在最抽象的层面上，危机以"资本过剩"为特征。[①] 这就引出了三个问题。这三个问题加在一起，可以看作是构成了马克思主义危机理论自身界定的论战领域。如何理解资本：是商品、生产资料，还是货币？是什么引起了资本过度积累，导致过剩的出现？确切地说，资本太多是相对于什么而言的？

---

① Karl Marx, *Capital* Vol. 3, London: Penguin, 1992, p. 359.

围绕马克思主义危机理论所进行的论战，内容复杂，观点各异，本文不能详尽加以讨论，只能从分析的需要出发，区分在这些论战中占据着中心地位的三个主题或流派：消费不足论、比例失调论和以利润率下降为基础的危机理论。其中每一个流派都应被看作是为了说明"资本过剩"的成因所作的一种努力。

消费不足

照第二国际理论家们对马克思著作所作的正统解释，资本主义危机的原因在于消费不足，即资本家不能在市场中实现其产品的价值。这一理论的关键点，是在资本主义条件下工人阶级消费其劳动成果的能力有限。尽管主张这一观点、强调日益严重的贫困化不可避免背后有着明显的政治理由，然而，重要的是必须看到，消费不足论者无需将其理论建立在工资必将趋向仅够维持生存水平（如工资的铁律）这一基础上，资产阶级经济学家的消费不足论也正是建立在这一基础之上的。相反，消费不足论应该将马克思关于生产力和生产关系之间的矛盾（他认为，这一矛盾是资本主义的基本矛盾，规定了资本主义的最终灭亡）的观念具体化，说明日益增长的、代表着越来越多有待实现的剩余价值的商品堆积与有限的消费基础之间的矛盾。事实上，倘若允许工人消费他们全部的劳动产品，资本主义就不能成为资本主义了。

比例失调

在第二国际中占据主导地位的消费不足论，受到杜冈·巴拉诺夫斯基的批评。杜冈从马克思的再生产图式出发，认为无需向非资本主义地区渗透（这种渗透被其他人，如罗莎·卢森堡，视为资本主义避开消费不足危机的唯一途径）资本主义积累（扩大再生产也能够持续进行）。生产力的发展并不一定导致国内市场的相对收缩，而是导致其重构。因为生产力的发展可以通过投资而实现，投资导致生产资料需求的增加。因此，只要不同生产部门之间保持正确的比例，也就是说，只要投资以正确的比例在不同部门之间分配，没有理由认为积累不能持续进行。危机趋势只能来源于不同生产部门之间发展的比例失调。然而，尽管危机是偶然而不是必然的，但资本主义放任自流的特性，即市场的无政府主义，意味着错误地分配需求和不同生产部门之间发展比例失调的可能性始终存在，因此，稳定的资本主义再生产便得不到保证。

利润率下降

70 年代出现的危机不能用正统的马克思主义理论（指第二国际的危机理论——译者注）来解释，因为当时受人诟病的正是凯恩斯主义的需求管理政策。资本的困境既不是现实问题（消费不足）也不是市场经济内部之间协调不足（比例失调）而是生产条件不充分。用主流经济学的话来说，两次世界大战之间所发生的危机是需求不足的结果，70 年代危机的根源则在于供给一方。正是在这种背景下，马克思主义理论开始建立强调利润率下降的危机理论。作为传统马克思主义的智慧结晶，利润率下降理论由来已久，但这一理论却不曾发挥过充当危机理论基础这种重大的作用。利润率下降总被视为危机的结果，但在 70 年代的理论中，它却成为了危机的原因。从广义上说，利润率下降理论可以分为两大类：一类是"新李嘉图主义"，认为充分就业、劳工斗争和制度化的工人阶级力量对利润施加了向下压力；另一类是"基本定理派"，以资本有机构成的提高解释利润率的下降。这些理论的共同特征，是拒绝在流通和交换领域中建立危机趋势的基础。

上述每一种理论历来都饱受批评。消费不足论假定消费是资本主义生产的终极目的，没有认识到资本主义是一种为利润而生产的制度，因此受到广泛的批评。对比例失调理论的批评，则是由于它主张如果资本主义能够协调好生产扩张的比例关系（即通过国家干预）危机是可以避免的，从而放弃了马克思主义坚持确立危机的客观基础的立场。利润率下降理论的软肋，在于理论上显然没有理由可以假定利润率下降会导致资本主义危机，而不仅仅是积累放慢——虽然从直觉上说，资本的收益率（利润率）与资本主义生产过程关系重大，要确定利润率的确切作用却更为困难。

最近关于马克思主义危机理论的评论大部分认为，上述每一种批评在一定程度上都是正确的。换句话说，尽管毋庸置疑，上述每一种理论都强调了资本主义经济发展的某些重要方面，但是，每一种理论所强调的成因，却不足以支撑作为危机理论所需要的解释力。从根本上说，问题在于马克思主义危机理论不能从资本主义生产赖以组织起来的、具有历史特定性的社会关系出发，而应从整体上把握资本主义生产的性质。危机理论倾向于忽视生产领域将其视为市场结构的许多要素或部分之一，而赋予这一要素以本体论的第一性，这必然具有一定的随意性。这就容易导致不同的理论强调市场过程的不同因素，并将充当危机首要原因的重担从市场的一个因素转移到另一个因素，同时仍然能够坚持生产作为"终极因素"这一本体论第一性的地位。这就留下了空间，让马克思主义危机理论与更接近主流形式的经济分析相融合。令人不解的是，资产阶级市场观的引入，并没有相应提高对金融和货币现象的重视——现实世界大多数危机的最终结果突出表现为金融和货币问题，而马克思主义危机理论本来就缺乏这方面的分析。货币和金融的发展基本上被当作生产领域内更深层次矛盾的反映，未被赋予任何新的决定作用。不但如此，马克思主义危机理论没能提出一个令人信服的关于"危机"的理论概念。消费不足、比例失调和利润率下降全都可能具有严重破坏再生产的后果，但在危机中为何都如此表现却不得而知。

克拉克的危机理论

在新近的危机理论作者中间，西蒙·克拉克在根本性地重构危机理论方面走得最远。在克拉克看来，马克思主义危机理论在历史发展过程中逐渐抛弃了其鲜明的马克思主义特色。唯有建立在马克思主义坚实基础上的理论，才能揭示资本主义基本动力机制所固有的危机趋势，也就是说，资本主义的限制不是外来的，而是内在的。换句话说，这一理论将资本主义的矛盾基础视为危机趋势的根源，并由此说明危机的客观必然性。① 过去一个世纪中形成的各派危机理论，之所以未能说明这样一个客观的、矛盾的基础，原因在于这些理论提升了资本主义发展中某些因素在理论中的地位，将其视为成因，而马克思不过将它们视为因素——相互之间不能割裂的因素。由于矛盾恰恰存在于这些因素的相互关系中，危机理论应该做的主要不是探究触发危机的具体原因（因为随便什么原因都可能），而是证明危机最终的不可避免性。这使得克拉克主张区分两种趋势的重要性，即保证危机迟早总要发生的资本主义长期趋势以及危机本身这两种趋势。

---

① Simon Clarke, *Marx's Theory of Crisis*, New York St Martjn's 1994, p. 74.

简单小结一下克拉克对危机理论史的解读，尤其是他对前面介绍的几种理论的批评，对于理解克拉克为马克思主义危机理论带来了什么不无裨益。

纵然存在着诸多缺陷，恩格斯的生产过剩理论起码揭示了一个客观的矛盾，这一矛盾存在于生产力和生产关系的冲突中，表现为剩余价值生产和这一已经生产出来的剩余价值的实现之间的冲突。然而，经过考茨基的改造，资本主义矛盾的客观性被专门留作长期发展趋势的解释，而危机则日益通过市场的无政府主义来解释，也就是用市场经济中所特有的协调不足（原始凯恩斯主义）来解释。从某种意义上说，杜冈·巴拉诺夫斯基的批评不过是将正统理论本身固有的凯恩斯主义逻辑推进一步，超越了正统的革命责任所能容纳的界限而已。在"二战"前的危机论战中占据主流地位的正统消费不足论和比例失调论，其理论焦点是相同的，都是市场关系和实现问题。

此后，马克思主义危机理论似乎无疾而终，要么（通过熊彼特和罗宾逊的著作）被融入主流经济学，要么不敌战后繁荣以及凯恩斯主义政策的（想象的）压倒性优势，理论的鲜明特征和激进锋芒惨遭打击。只有到了60年代末和70年代，危机再度爆发，马克思主义者才再度关注危机问题。这一次，马克思主义者拒绝从需求不足或市场协调不足出发来把握危机；相反，他们认为70年代的危机根植于生产和剥削条件的恶化，表现为利润率的下降。

在克拉克看来，古典马克思主义理论（指消费不足论和比例失调论——译者注）和70年代的利润率下降理论犯了相反的错误。前者过分强调市场交换和实现问题，后者则将此重心转移，同样狭隘地强调资本和劳动之间的生产关系。强调市场交换和实现问题，使古典马克思主义能够对危机作出精确的描述，但使它不能理解这些动力机制背后在资本主义社会生产关系中的基础。相反，主张利润率下降的马克思主义，只是将注意力集中在狭隘的生产关系上，这种狭隘的生产关系能够解释某种长期趋势，但一旦要用来解释危机，则几乎无话可说。两种视角的盲点，就是"作为一个整体的资本再生产过程，而生产、分配和交换都是这个过程必不可少的因素"①，"危机的根源，既不在于'市场的无政府状态'，也不在于直接的生产过程，而在于两者之间的关系，在于本身同时就是再生产过程的流通过程中"②。

这样，克拉克向我们表明，应该在资本作为一个整体（资本一般）这种更一般的水平上理解危机。他指出，虽然利润率下降已经是马克思自己著作中的一个重要主题，但其地位在传统的马克思主义和70年代利润率下降理论之间，相差甚大。在传统的马克思主义看来，利润率下降只是危机的结果，而70年代利润率下降理论则颠倒了因果关系，将利润率下降视为危机的原因。同样，传统理论将利润率下降视为一种长期规律，而不是危机理论的基础。因此，问题的关键在于利润率下降并不必然导致一场危机，这比利润率下降趋势能否成为资本主义生产的必然规律这一问题更为重要。只要利润率仍为正数，就没有充分理由认为，一旦利润率下降，资本家就会抽回资本。

如果再生产危机与利润率下降同时发生，这并不是因为后者导致了前者，而是因为整个体系不能适应生产条件的变化，利润率下降不过是这种变化的表现而已。③ 因此，克拉克指出，当利润率下降危机理论倡

---

① Simon Clarke, *Marx's Theory of Crisis*, New York St Martjn's 1994, p. 76.

② Clarke, 'The Marxist Theory of Overaccumulation and Crisis', *Science and Society*, p. 445.

③ Clarke, 'The Marxist Theory of Overaccumulation and Crisis', *Science and Society*, p. 446.

导者试图将其理论具体化时，他们无一例外地被迫采用比例失调危机理论的见解。换句话说，真正的问题在于解释"比例失调为何没有得到市场的纠正，对信用适当的管制为何不能避免危机趋势。然而，要解释这一点，他们就必须提出自己的竞争和信用理论，而不能满足于从资产阶级经济学家们那里借用理论"[①]。

因此，克拉克批评的要点就是，每一种传统的危机理论，都依赖于一种缺乏批判力的市场观，这种市场观基本上是资产阶级的，认为市场作为一种均衡机制发挥作用，协调生产活动，而对其作用的纷扰，不过是主观非理性的结果。不过，他建议我们不妨清除传统理论中的消费不足倾向，将其重新改造成为一种生产过剩理论。虽然克拉克也承认正统理论的缺陷在于其消费不足的倾向，但他宣称，这一缺陷之所以使正统理论遭受致命的打击，原因完全出自"'消费不足'和'生产过剩'是同一硬币相反的两面"[②] 这一假设之上——这一假设本身则建立在将生产从消费中粗暴地抽象出来的前提上。

在资本再生产整体的框架内，这种对称性消失了。虽然消费不足理论不能作为危机必然性理论的基础，建立在资本主义不顾市场限制发展生产力的趋势基础上的生产过剩理论却可以被一般化作为内在于所有生产部门的一种不平衡趋势，从而成为比例失调而不是消费不足必然趋势的基础。[③]

---

① Clarke, 'The Marxist Theory of Overaccumulation and Crisis', *Science and Society*, p. 446.

② Paul Sweezy, *The Theory of Capitalist Development*, New York Monthly Review press, 1942, p. 183.

③ Clarke, 'The Marxist Theory of Overaccumulation and Crisis', *Science and Society*, 54(4), 1990, p. 449.

这样，生产过剩趋势的结果就不是消费不足，而是比例失调。传统理论将（作为消费不足另一面的）生产过剩趋势归咎于资本家的主观非理性，克拉克与之不同，强调这一趋势必须建立在客观基础之上（排除了生产和消费的揉合）。这样，克拉克对正统理论的批评与杜冈·巴拉诺夫斯基的批评两者之间的差别也就显得十分清楚。杜冈的理论源自相似的市场观，建立在一种相似的生产过剩和消费的揉合之上。因此，克拉克提出的核心问题就是："生产过剩趋势的基础是什么?"[①]

另一种具有鲜明马克思主义特色的市场观，是将市场视为资本再生产整体过程的一个因素。"交换关系应该按照它们所表达的社会生产关系来划分。"[②] 在资本主义制度下，市场交换、竞争和货币在性质上呈现出新的特征。随着资本主义生产关系的发展，人们依赖于市场进行再生产，参加市场交换和竞争势在必行。资产阶级的市场观没有分清从物物交换发展而来的交换与资本主义制度下建立在劳动脱离生产资料基础上的普遍交换之间的区别。换句话说，它掩盖了作为交换手段的货币和作为独立价值形式的货币之间的区别。在资本主义制度下，货币不但作为交换手段发挥作用，而且，由于它是资本主义劳动形式最抽象的表现，货币同时还是价值最一般的形式，即独立的社会力量。因此，资本主义竞争关系并不是源自市场竞争这一简单事实，而是建立在市场背后社会生产关系的基础之上。

---

① Clarke,'The Marxist Theory of Overaccumulation and Crisis',*Science and Society*,54(4),1990,p. 450.

② Clarke,'The Marxist Theory of Overaccumulation and Crisis',*Science and Society*,54(4),1990,p. 452.

但是，坚持市场关系仅仅是社会生产关系的表现，并不否认市场关系在资本主义关系再生产中有着特定的作用。恰恰相反，因为唯有通过普遍交换和市场竞争，资本主义生产关系的规律和压力才得以施加在当事人的身上。个人通过市场压力和市场对其雄心的制约，才体验到资本主义生产的客观限制。这一区别尤为关键，因为"不管这些限制整体上对于资本积累来说如何明确，对于单个资本家来说，它们不过表现为有待克服的限制"①，采取技术创新的资本家能够不顾市场规模的限制，赚得超额利润，结果，他们倾向于不顾市场的限制发展生产力。资本家们所关注的不是满足需求，而是增加利润。

单个资本家通过发展生产力增加利润的努力，导致剩余价值生产的增加，表现为商品数量的膨胀。这种生产过剩趋势将激化资本家之间的竞争，由此增加资本家们所体验到的压力迫使他们增加剩余价值生产，引发新一轮的生产过剩。

因此，增加剩余价值生产的驱动力，尽管由资本主义竞争所施加却并不局限于市场的限制之内，而是遵循其自身的规律，这些规律决定了不顾市场的限制扩大生产力的趋势。这些规律不是由资本家的主观非理性所决定的，而主要是由资本家为获取竞争优势彼此争斗所引起的生产力不平衡发展所决定的。不过，如果资本家们要以货币的形式实现其扩大了的资本，他们就必须为已经生产出来的更多商品找到买主。②

尽管生产过剩的根本趋势意味着"市场的增长总倾向于落后生产的

---

① Clarke, 'The Marxist Theory of Overaccumulation and Crisis', *Science and Society*, 54(4), 1990, p. 453.

② Clarke, 'The Marxist Theory of Overaccumulation and Crisis', *Science and Society*, 54(4), 1990, pp. 454 – 455.

发展"①，这一动力机制并不像消费不足论所想象的那样，一定导致普遍生产过剩——消费不足的局面。相反，生产过剩趋势最初只作用于各个生产部门内部，此后，通过每一个部门的生产过剩对其他部门的生产和市场条件的影响才波及到整个经济。因此，生产过剩理论并不需要从消费不足理论出发来认识危机，而是需要强调比例失调理论——一种将其客观的、必然的基础建立在资本主义生产矛盾的社会形式之上，即建立在生产和实现之间的矛盾之上的比例失调理论。

信用是资本借以搁置社会生产形式所固有的矛盾最重要的手段。一旦面临过度积累危机，国家能够通过扩张性的信用政策，放松市场的限制，从而推迟危机趋势的爆发。但是，尽管国家能够缓解过度积累的趋势，其政策却克服不了生产形式的矛盾，而危机趋势正是来源于这一矛盾。事实上，扩张性政策虽然搁置了积累的障碍，却同时加强了资本过度积累的趋势。最初，特定部门的生产过剩因信用扩张、破产企业为数不多而有所缓解。宽松的信用刺激资本家们进一步发展生产力，为生产过剩趋势火上加油，其影响开始波及其他部门，转变为不平衡发展和比例失调。信用的进一步扩张能够维持利润率水平，但必须以通货膨胀为代价。"最终，随着信用扩张达到极限，繁荣必将中断。"② 在某一点上，让积累回归到市场限制之内的必要性自动表现出来，导致信用的收缩。信用收缩触发了危机，但不是导致或决定了危机（因为危机必然性已经存在于资本主义生产的社会形式之中）。过度积累的资本采

① Clarke,'The Marxist Theory of Overaccumulation and Crisis',*Science and Society*,54(4),1990,p.455.

② Clarke,'The Marxist Theory of Overaccumulation and Crisis',*Science and Society*,54(4),1990,p.461.

取坏账和滞销商品的形式，迟早导致资本的急剧贬值（资本通过生产能力的破坏和资本家之间财产关系的重组），贬值为新的积累周期铺平了道路。

克拉克危机理论存在的问题

尽管克拉克的理论相当老成，很有见地，但这一理论并不是没有问题。本质上，克拉克所采取的理论策略，是先揭露先前论战中占主流的每一种危机理论都建立在"强行的"或"粗暴的"抽象（或多或少随意地将资本主义现实的某个方面从其社会背景中抽象出来，并赋予其决定性的意义基础之上，然后，他自己在更高的抽象水平上重构危机理论（得出一个更为根本性的成因），再围绕这一由抽象推论而来的趋势构建更为具体的理论。他将这一成因确定为过度积累趋势，这一趋势内在于资本主义的生产形式之中，通过市场竞争的货币压力施加在当事人身上，本身表现为生产过剩趋势和不平衡发展。批评克拉克的理论过于抽象，实在轻而易举。然而，理论从其定义上说就是抽象的，将理论运行的抽象水平作为批评目标，从来就不合情理。相反，我的论点是，克拉克理论中的某些因素基本上阻止了他从抽象层面下降到更为具体的分析层面。

在开始追寻这些问题的答案时，我们不妨先看一下，一旦与克拉克对传统马克思主义危机理论主要流派所作的尖锐批评相比较，他自己的结论就显得过于平淡乏味了。

尽管比例失调、消费不足和利润率下降趋势在决定资本主义必然遭受危机方面都发挥了一定的作用，一切危机的根本原因依然是资本主义生产方式赖以存在的根本矛盾，物品生产和价值生产之间的矛盾，以及前者从属于后者。①

克拉克未能合理解释，确认这一根本矛盾在更为具体的层面意味着什么，也就是说，它如何充分改变或驳斥了其他理论。克拉克似乎总是简单地宣称一种特定的经济动力机制是必然的而不是偶然的，然而，这一动力机制本身并没有什么实质上的不同。

首先，让我们看看克拉克的危机理论和他所批评的理论之间有什么本质区别。克拉克将他自己对比例失调的理解与杜冈·巴拉诺夫斯基的理论进行区别，强调不平衡发展并不是由市场经济所特有的协调不足所导致的偶然结果，而是生产过剩趋势的必然形式。如此一来，对这一观点的支撑主要就依赖于克拉克生产过剩理论的力度。克拉克的生产过剩理论是通过对第二国际正统理论的批判形成的。他指出，这些正统理论的致命弱点，在于它们将消费和生产看作仅仅是同一硬币相反的两面。克拉克的生产过剩理论则与此不同，因为他反对市场的扩大能够有效解决生产过剩危机的观点。然而，这本来就是马尔萨斯和西斯蒙第这种资产阶级经济学家的错误观点，正统马克思主义者旗帜鲜明反对的，也正是他们关于工人阶级绝对贫困的假设。同样，正统马克思主义也是在生产领域内探寻导致生产过剩—消费不足局面的动力机制，尽管他们将这一机制建立在粗糙的唯物主义基础上，而不是对生产的社会意义的理解上。因此，第二国际的马克思主义者，实际上对生产和消费之间的非对称性十分清楚，尽管这种非对称性采取了一种教条的唯物主义形式，由资产阶级的市场理论加以补充。虽然克拉克本人在不同地方对上述各点

---

① Simon Clarke, *Marx's Theory of Crisis*, New York St Martin's, 1994, p. 285.

都一一加以承认，但他似乎没有意识到，这已经消解了他自己的生产过剩理论与正统理论相比所具有的鲜明特色。这样一来，纵然消除了生产——消费之间的对称性，以生产领域的动力机制取而代之，消费不足论存在的问题仍然没有得到解决。资本主义生产为什么以一个生产过剩的动力机制为标志？积累为什么必然采取过度积累的形式？这些问题依然存在。至于比例失调问题，看来只要想当然地认定生产过剩的必然趋势，就不难推论，重要的是要研究这种趋势如何以不同的方式影响不同的生产部门，而且生产过剩趋势的结果首先是不平衡发展，而不是普遍消费不足。

同样，克拉克再三指出，重要的问题不是利润率是否真的有一种下降的趋势，而是能否将利润率的这种下降当作危机的原因。克拉克批评利润率下降理论家们的唯物主义，宣称利润率下降至多只能看作一种长期规律，这一规律加强了生产力发展与市场限制之间这一更为根本的矛盾。这似乎暗示着利润率下降仅仅加剧了一个已经存在的矛盾。但是，除非市场限制本身表现为资本家所体验到的利润率下降的压力，否则很难想象市场的限制如何能够获得一种现实的重要性。当然，克拉克也承认这一点，但他似乎没能真正理解其含义。换句话说，一方面他将利润率下降看作仅仅是一种更根本的趋势（生产过剩）的结果；另一方面，一旦开始论述生产过剩趋势的具体表现，他又默认了利润率的积极作用，这两者之间似乎存在着一种冲突。毕竟，在克拉克看来，资本主义生产以超越自身限制的固有趋势为特征，其根本原因还在于，对于资本家们的经营来说，市场的终极限制并不表现为一种有效限制的形式，而是表现为一种货币形式（表现为资本的收益率）即一种有待克服的障碍——因为不管需求处在什么水平，只要采用技术革新，资本家总能赚取剩余价值。这样，尽管克拉克试图降低利润率的重要性，将利润率仅仅看作是资本主义根本矛盾和通过自身行动引起危机的当事人之间的一个中介因素，但是，必须作出这种区分这一事实，似乎就破坏了克拉克将利润率的作用降低为一种传播机制的努力，同时，克拉克也没能提出一个与他所批评的理论不一样的关于利润率下降的理论基础。[①]

上述分析有助于提出这样的问题：克拉克在多大程度上避免了他在传统马克思主义危机理论中发现的教条式唯物主义和资产阶级市场观这对孪生孽种。说明资本主义矛盾的生产形式，如果除了说明生产屈从于源自市场的压力之外就无话可说，那么，主张过度积累趋势是这种生产形式所固有的因而受其本身的、不能用交换关系来解释的规律所支配，也是有问题的。同样，克拉克所确认的生产的限制——市场的容量——与那些依赖于资产阶级市场观的理论所提出的限制，也没什么两样。当然，这并不等于否认克拉克反复强调的这一事实：他所关注的生产和交换不是孤立的，而是作为资本再生产过程整体的因素。在这一整体中，矛盾的生产形式自身同时表现为积累的动力和积累的障碍。但是，这里要指出的恰恰是，（矛盾的）生产形式和整个资本主义再生产过程的动力和障碍）之间的这一联系仍然没有得到说明，实际上还只是一种推测，也就是说，它只代表了一种观念上的跳跃，尚未得到论证。

上述批评的含义是，虽然克拉克对古典马克思主义理论作出了种种批评，并且按照他的批评，在生产力水平上确定的动力迟早要打破有限的生产关系所施加的限制，但他自己的理论也不过是这种理论的一个变种而已。正统马克思主义理论所采取的形式，是对生产力近乎自发的发

[①] 从某种意义上说，克拉克对利润率作用的理解使得为利润率下降趋势寻找基础的任务成为多余的。看来发挥这一中介作用的，似乎是利润率的存在而不是利润率下降的压力。

展及其社会表象之间的区别作出硬性的规定，克拉克则小心翼翼，在一个足够宽广的意义层面上阐述社会形式——生产关系的概念，以容纳生产力本身及其所要面对的限制。换句话说，生产的社会形式本身就是内在矛盾的。这一形式既产生了积累的市场动力，又产生了积累的障碍。然而，提出一个矛盾的原则本身还只是一种理论姿态而已，真正的任务是要以一种与被批评的理论完全不同的语言说明这一原则的运行。这正是克拉克理论的不足之处。首先，他仍然需要证明，积累的压力服从其自身的规律，其次，他的危机理论仍然依赖于表现为市场容量的限制的存在，这两方面的事实意味着他最终的结果就是复制了古典马克思主义的理论。这样，一方面，在生产层面上存在一种客观的压力（尽管这种压力是通过市场施加在个人身上的）；另一方面，这种自我扩张的动力在市场的层面上遭遇到客观的（与消费、协调或分配相关的）限制。上述每一个方面都有问题。首先，在生产的层面上确定积累的压力，这种做法本身不可避免地要成为形而上学的牺牲品，这种形而上学基本上是马克思主义唯物论的特征。其次，一旦试图说明限制的存在，克拉克还得求助于有限的市场容量。

上述问题不是纯粹学术观点的问题，克拉克的危机理论真正应该做的事，就是阐述生产的动力机制如何与金融和国家联系起来，到了这个层面，上述问题的含义就会清楚地显示出来。显然，克拉克理论的长处之一，就是强调（与制度重建相关的，指生产关系再生产。——译者注）金融关系作为危机展开的领域。不过，也正是在这一点上，克拉克和古典马克思主义所关注的焦点没什么两样，都是如何调和生产的终极决定作用与其他因素所施加的独立影响。克拉克仍将危机看作生产的危机，只不过危机本身以货币形式表现出来。克拉克认为，信用和金融关系并没有给积累的动力机制带来任何新的、额外的决定因素。看来信用好像要么推迟了危机，要么加速了危机，抑制或展开了根植于资本主义生产关系中的根本矛盾。要么过度积累由于扩张性政策而得到缓解，要么国家被迫对生产关系进行根本性的重建。然而，这一观点面临两个问题：一方面，他忽略了信用关系在生产关系形成过程中的多重作用；另一方面，克拉克的理论未能真正提出一种办法，借以确定积累不能再借助信用的进一步扩张而持续的临界点。原则上，危机趋势的爆发可以无限推迟，但信用的扩张最终会达到极限。尽管信用扩张只是资本超越市场限制发展生产力趋势的表现，但信用收缩却表现了将积累约束在这一市场限制之内的需要。如何商定剥削和货币—信用这两方面之间的连接点，不同的国家及其体制会有不同的做法，但是，他们能够有所作为的空间，受到资本主义矛盾的生产形式的客观限制。

克拉克的危机理论建立在这样一种隐含的观念之上，与资本主义商品生产直接联系的货币，和通过机构创造出来、由国家操纵、可以搁置资本主义生产必然结果的信用，这两者应该有所区别。在前一种情况下，货币和生产之间存在着客观的联系（即货币的价值客观地建立在劳动基础上），在后一种情况下，产生了虚拟资本（即创造出来的价值是对在未来进行的劳动的预支）。如此制造出来的社会幻境能够维持一段时间，但迟早要服从于资本主义经济现实的根本矛盾。国家通过自由国家的制度整合劳动力借以调节生产关系的能力，取决于它面对资本主义生产的必然结果是否能够获得足够自由回旋的空间。但是，货币的力量终将会重施其威力，强制恢复货币与剥削之间的客观联系。资本主义的矛盾原则上可以无限期地搁置起来，却依然毫发无损。虽然这看上去像是针对一个理论问题所作出的一种形式完美的解决方案，对于理解现实世界中危机的金融动力机制却没有什么帮助。制度很难有较大的回旋空间，来搁置金融投机的惩罚性后果，危机的展开也不能通过任何与资本主义生产矛盾性质不确定的联系来理解。

<h1 style="text-align:center">结　论</h1>

　　本文对于克拉克危机理论的讨论，目的在于说明，他的理论在多大程度上未能超越古典马克思主义的假设，虽然他比任何人都更为清楚地揭示了古典马克思主义的局限。马克思危机理论需要作出比克拉克所愿意的更为根本性的反思。

　　（这篇文章译自"Simon Clarke's Theory of Crisis：A Critique"，原文发表于 *Studies in Marxism*，Volume 11，2005）

（杨健生　译）

当代社会中的技术专家体制和技术创新*

〔前南〕米哈依诺·马尔科维奇

人们常常把技术创新自然是有益的因而是合乎需要的当作公理，这是意识形态如何在社会理论中发挥作用的一个范例。关于一种模式比另一种模式具有更低的创新率的命题，似乎是一个纯描述的、价值无涉的命题，但它却模糊地表达了并倾向于引发一种谴责和拒斥的态度。这正是批判的社会理论必须从这样一个问题开始的原因：什么是技术创新？它在社会价值的优先性模式中的地位是什么？这又导致了下面两个问题：技术专家体制的基本价值是什么？社会主义国家的技术创新的社会条件和结果是什么？

一、技术创新的社会意义

如果我们接受约瑟夫·伯利纳（Joseph Berliner）关于技术创新就是"为了生产一种确定的产品而将一种物理上不同的产品引入企业的生

---

* 本文选自《马克思主义与现实》2011 年第 2 期。

原题注：作者米哈依诺·马尔科维奇系前南斯拉夫著名哲学家，东欧新马克思主义实践派主要代表人物之一。——译者注产线或引入一种不同的技术过程"① 这一定义的话，那么"创新"这个概念就成了完全描述的和价值无涉的。所谓"不同的"，并没有表明这种产品或过程是更好还是更坏。事实上，至少在某些方面，现代工业社会中的许多技术创新都在向更坏的方向转化：汽车不很耐用，建筑和整个城市不够美观，食品不太好吃而且更加有害，武器装备不断增加而且更加危险。

许多创新之所以一直被引入是因为，至少对某些人来说，它们真的有了改进：它们带来了更多的利润、更多的权力进行统治和破坏。但对其他人来说，这些同样的创新却可能意味着恶化而非改善。因此，社会理论家必须在以下三个选项中进行选择：（1）接受占统治地位的社会集团的价值尺度，并至少心照不宣地在它藉以产生的那些形式中恰当地证明技术创新。这意味着成为既有的社会结构的一个辩护士。（2）假定一种怀疑的、价值无涉的态度，并以一种纯描述的、超然的方式来谈论创新。这就是那些孤立的个别的科学家的立场，他们异化于所有现存的社会力量，并倾向于压制所有感情、所有本能的趋动、直觉的恐惧或偏爱，宁愿把他们的判断当作是以"纯理性"为基础的。（3）假定一种批判的立场，并根据人的需要的观点而非利润或权力或统治的愿望的观点来研究技术创新问题。这就是那些或多或少异化于现存的统治精英（无论是资本家还是政治官僚和技术专家），并倾向于作为人类的一员来说话的社会学者的立场。

第三种立场似乎是最有说服力的。它明确地或直觉地预设了一种批判的哲学人类学，即一种关于真正的人的需要和发展的基本能力的理论。根据这种观点，许多技术创新都可以被批判和拒斥，无论它们可能多么有市

---

① ［美］约瑟夫·S.伯利纳：《苏联工业中的创新和经济结构》，美国经济学会和比较经济学学会联合会议论文，纽约，1969 年 12 月 30 日。

场。批判的理由可能包括这样一个事实，即从人的自我发展的观点看，某些技术创新简直没有意义，或者它们创造了不健康的物理环境或社会环境，甚至可能威胁到人类的生存，或者它们的推广和促销需要不断操纵人的情趣、态度和愿望，这本身就包括了一种人的自我解构的危险。

那么，在什么条件下，有差别的创新政策比简单一致的政策更能增加总产量呢？一种尝试性的答案至少应该包括以下要素：（1）当新产品满足了更多样的活生生的需要（吃、穿、住等）时；（2）当新技术允许为活生生的人的需要生产更多产品时；（3）当新技术创造了各种增加了实现更高层次的需要（如知识、自由、创造性活动、协同性、安全、自然美或艺术美）的可能性的手段时。例如，在一般技术落后的条件中，政治民主就不太可能。

在所有形式中，人的解放的基本条件是从劳累中解放出来，并逐步增加自由时间——这就预设了技术进步。在大萧条和大丰收的条件下，持久的技术实验和创新的政策似乎并不重要：在前一种情况下，因为总产量最大的政策可能更好地满足更多人最主要的直接需要；在后一种情况中，因为超出了基本需要之一定层次的满足，人们发展了一些更高层次的、不可能以一种纯技术的方式来满足的需要，如自我实现、文化发展和政治参与。

二、技术专家体制及其基本价值

离开了约翰·肯尼斯·加尔布雷思（John Kenneth Galbraith）所说的"技术专家体制"①，就不能恰当地理解现代技术的全部问题。技术

---

① J. K. Galbraith, *The New Industrial State*, New York: NAL, 1968.

专家体制藉以运作的社会背景、其组织和官方接受的意识形态在西方资本主义社会和东方后资本主义社会中似乎完全不同，但令人惊讶的是，技术专家体制的基本目标和价值在所有现存的社会模式中实际上又很相像。

在私人公司中，技术专家体制有好几个层次。代表股东的董事会具有名义上的权力，但它们在大多数情况下却是经理的被动工具。决定实际上是专家、律师、审计人员、设计人员和公关人员的事。公司的总经理或多或少可以对这些人施加压力，并可能明显地影响他们的决定；因而，经理把持着大多数权力。

联盟政府的机构内也有专家治国论者。他们不同于政府中的另外两种人：一是职业政治家，他们没有任何专业知识但却在不同政治职务中度过了其一生，爬上了国家等级制的阶梯；二是那些缺乏专业知识和长期的政治经验，但又具有人格、抱负、权力欲、一般的组织才能的人，以及在某些情况下韦伯所说的那种超凡魅力的人（Charisma）。

资本主义国家和社会主义国家中的明确倾向，是把像麦克拉马拉（McNamara）、厄哈德（Erkhard）、莫勒（Maurer）、基辛格这样的大量专家引入政府和国家机构，他们既有一般的科学文化和专业知识，又有组织、控制和一般计划方面的特殊知识。属于技术专家体制的那些个人的基本实践态度，在所有国家和所有组织中都很相像。

技术专家工作的条件在不同国家是不同的。在美国，它享有来自股东和国家机构的明显自主性。在英国也是如此。用查尔斯·A.格罗斯兰德（Charles A. Grosland）的话来说，甚至在那些已经国有化了的经济分支中，公用公司中的技术专家"直到现在也不曾在任何真正意义上对议会负责，他们的作用被限制在了间歇的、零碎的和大量无效的事后批评上"①。

在印度、斯里兰卡和某些非洲国家，公共企业处于国家的控制之下。各个相应的部门考察它们的预算和支出，评论各项策略，质询经理，维持比独断专行的技术专家体制可能允许的更低的价格和更高的工资。

在像苏联这样的制度中，有两个外在干预的主要源泉：一是国家计划机构，二是共产党。一个大的私人公司的许多功能，如市场分析、确定价格、采取各种步骤确保原材料的供应、吸引经过训练的和专业化的人才，是由国家来执行的。而一个苏联公司的组织比一个私人公司则要简单得多。不存在可比的部门，如销售、经营、公关、生产计划或采办。主要的精力放在了不同于计划功能的生产和管理上。

在俄国革命后的很长一个时期，苏联公司的大多数经理都是可靠的、忠诚的，而且往往是一些没有受过训练的党的官员。大多数苏联企业中的顶层位置现在是由工程师占据的，而且正如在任何一种技术专家体制中一样，他们尽可能多地在为自主和独立决定的权力而奋斗。

党和国家的官员们十分尖锐地批判了技术治国论的倾向，并指责那些更具有独立精神的经理像高于法律的"封建领主"一样行事。在 20世纪 50 年代，弗拉基米尔·杜丁切夫（Vladimir Dudintsev）的著名小说《不只靠面包》（*Not by Bread Alone*）就曾指责一名大型钢铁企业的官僚对一个青年天才投资者毫无兴趣，后来又公开敌视他。这篇小说能够发表这一事实也许不仅应该通过斯大林去世后苏联文化中的明显解冻来说明，而且应该通过小说中的所有批判矛头都指向了工厂的官僚这一

① David Granick, *The Red Executive*, New York: Doubleday & Company, 1960, p. 1621.

事实来说明。

另一方面，官僚对这种先例有着十分混杂的感情。一旦普通人开始公开抨击"那些统治者"（natchlstvo），那么没有一个人能够说出这种批评会在哪里结束。而且，撇开官僚和专家治国论者之间的所有张力和冲突，在抵挡外来批评的时候，他们又有着一种无可争辩的协同态度。

技术专家体制要使这种协同性不受其自主性的任何一种公开展现的危害。而且，正如西方的执行经理对股东和董事会的权威在口头上说得头头是道一样，一个苏联经理也不会浪费任何机会对人民、国家和党公开承认他的义务。但是，这只是一个公开的仪式而已。在实践中，他和巨大的、日益增长的权威是一致的。① 事实上，这正是东欧国家经济改革和部分非集中化的整个潮流的本质，它意味着与其回到市场，不如进行从国家到公司的某种有计划的转变。

"技术专家体制"的主要优点在于其专业化的知识、训练有素并熟悉现代的精确的管理方法。然而，其致命弱点在于除了增加生产以外没有任何目标。

那些坚持认为金钱利益不是技术专家体制的最强动力的人可能是正确的。确实，经理们对金钱和他们的薪金水平远非漠不关心，但可以保证的是，他们自身收入的最大化并不只是甚至不是其主要的动机。如果他们开始在意他们自己的人格回归而不是股东利润的话，那么整个工业体系就可能坍塌。

那么，人们倾向于认同的公司的目标是什么呢？作为一个公司的顶层官员，经理的基本价值是什么呢？加尔布雷思提到了以下四个目标：

---

① Joseph Berliner, *Factory and Manager in the USSR*, Cambridge：Harvard University Press.

第一个目标是适当的利润水平。和私人资本家相反，目标不是利润最大化，因为这可能是危险的，而且可能导致忽视其他目标。相反，目标是"以一种稳定的方式产生的安全的利润水平，它充分满足了股东和董事会并给经理带来了必要的自主性"。这一目标一点也不新颖，而且对技术专家体制来说，它是工具性的和次要的。第二个重要目标是增长，即产量的扩大。这和所有参与者（所有者和经理）的个人利益和金钱利益是完全一致的。更重要的是，扩大意味着更多的工作、更多的责任、更多的促进和更多的权力。第三个目标是一个更一般的特征，即对公司的利益以及作为一个整体的国家的利益的认同。这里应该注意的是，首先，根本的逻辑是不变的："有益于通用汽车公司的就是有益于美国的"；其次，公司的利益和整个国家被还原成了经济增长。第四个重要目标是技术创新，它乃是增长的前提并带来了一种特殊的威望。科学研究及其富有成果的应用当中的成功，是一种可以评价的社会成就。因而，技术进步是一种公认的社会价值。[①]

加尔布雷思从这一分析中得出的结论是，安全的利润水平和最大的增长率与税收的条款是一致的，因为必要的投资乃是技术专家体制的主要目标。这些目标之十足的空洞性引人注目。人们在它们当中发现了两个主要成分。一是"安全的利润水平"，换言之，维护一种事态，其中对资本的纯粹占有确保了利润。曾经有过这样一个时期，其中至少一小部分资本是通过其所有者的劳动创造的。他的想象、能力、意志力和组织感有助于促进他的资本的增长。但是今天，"安全的利润水平"对那些无须做任何事情，而且在大多数情况下对他们拥有股票的那些企业的发展没有丝毫想法的人来说就意味着利润。提供给他们利润只是因为他

---

① J. K. Galbraith, *The New Industrial State*, New York: NAL, 1968, p. 186.

们恰巧占有了过去的人的一定量的劳动，以货币的形式被对象化了，这很难是一种可以接受的社会目标。

第二个成分是增长、扩大和创新。这完全可以接受为次要的、工具的目标。但是，什么是主要的目标呢？技术增长的目的是什么呢？技术过去是、现在是、将来仍然是一种手段，但要达到什么目的呢？

技术专家体制不能回答这样一个问题：技术的终极目标是什么？技术的目标就是技术本身的增长，听起来并无多少信息抑或多少理智。显然，现代技术不仅生产了大型汽车、超音速喷气机、舒适的公寓、良好的学校、抵抗多种疾病的药物、为了防止未来的饥荒而生产食品的足够"知识"，它还为我们带来了核武器、大量的广告以及威胁个人隐私权利的窃听设备。

技术增长意味着更加有效的武器吗？技术增长允诺在未来更加商业化吗？更多的技术不仅意味着联邦调查局将知道每个人在想些什么，而且意味着每个女孩将知道她的男朋友的一举一动，每个丈夫将能听到他的妻子的每一句话。

这些问题表明了技术专家体制的意识形态的破产，它想要获得所有权力，但又不为人的回归提供任何东西。由于其自身的原因，技术的增长是无意义的和危险的。如果技术专家体制有任何哲学的话，那它就是一种彻底的、虚无主义的哲学和一种完全没有社会责任的哲学。

三、社会主义中的技术创新

在谈到社会主义国家技术创新的条件和意蕴时，我们必须十分清楚两种完全不同的模式之间的区别：苏联模式可以被描述为国家主义，因为计划、指导和控制的整个过程在国家的手中。整个制度之基本的弱点不仅在于它过于集中化了这样一个事实，而且在于根据马克思和恩格斯的经典定义，中央权力机构具有国家的全部特点。它服务于官僚统治精英的利益，并为了维护既有的社会结构而使用暴力。工人的自由结社——在马克思看来，它构成了新的社会组织的基础——是不允许的。计划是严格的、迂腐的，并作为任务强加给了工人的集体。在这样一种计划忽视并压制了首创精神的程度上，它必然是浪费的。在这种情况中，显然要求变革和快速的反应。巨大而愚笨的权威机构，以一种十分缓慢和无效的方式反抗来自底层的任何信息和建议。

苏联比许多资本主义国家进步得更快这一事实，不是因为国家主义的内在优势，而是由于某些非常的条件：（1）巨大的财政手段集中在官僚机构的手中。决定投资新技术或新的科学研究往往占用了大量时间，但是一旦作出决定，官僚就会大规模地行动并坚持不懈，以致它很快赶了上来。苏联投资其资源的意志，使得一个新的领域中的迅速突破成为可能。（2）在人文领域中习惯性地怀疑知识分子的同时，苏联官僚建立了对实证科学和技术的一种崇拜。主要的科学家和经理享有的社会地位是很高的。科学院院士受到公众的由衷钦佩。提供给创新的物质回报确实很有限，但另一方面，所有收入都受到了限制，而顶级科学家的薪水却比其他社会集团都要高。（3）苏联工人的社会地位并没有根本的改变。一切都是以工人的名义来做的，但即使在企业层次上，工人也很少有机会参与决策。然而，他们却把新社会接受为自己的社会并为其成就而骄傲。这样一种态度有好几个理由。第一，工人的生活标准一直在稳步提高。这在哪里都是一样，但他们把这种提高看作社会主义的结果。第二，俄国人的爱国主义仍然是一种强大的整合力量。第三，俄国工人没有意识到任何其他可能性，并认为他们的社会就是这种形式的社会主义。甚至在他们受苦的程度上，他们也把苦难当作了自然的和不可逃避的。因此，他们的异化并不具有资本主义社会中的许多工人所特有的那种冷漠和模糊的、累加的愤怒的主观层面。因而，他们更能发挥首创精神并比他们以外的任何人更能引入一些小的技术创新。（4）俄国工人的一般教育水平自革命以来有了很大提高。苏联的制度在为大众教育和文化扩展提供大量的补助和必要的集中方面是相对成功的。

第二种模式即南斯拉夫模式是国家主义和自治的结合。这种模式的的特征是，企业层次上生产过程的管理在工人和经理手中，而在更广泛的层次上它又在官僚的手中。官僚决定了基本的经济工具，如金融政策、税收、收入、关键的价格、对基础设施和工业的新分支的资本投资，援助不发达地区，等等。它还通过适当的立法决定了工人委员会藉以能够自由运行的一般框架。但是，工人委员会决定了企业的一般政策，决定了净收入的分配以及与其他企业合并或分化的可能性。它们还控制了技术经理并有权替换经理。在工人真正使用他们的各种新权利的程度上，他们的社会地位有时支撑了一种持续的变化。他们不再是一个商品了。他们的收入不是他们的劳动的固定价格了，但却在功能上取决于作为一个整体的企业的生产率，而且没有限制总量，这样他们就可以以小时或剩余收入的形式得到收入。因此，他们直接地、在物质上对作为一个整体的企业的成就感兴趣。

在社会上和政治上，这种模式比国家主义具有明显优势。在维护社会化的经济、教育和卫生并限制社会差别的同时，它解放了社会的所有微观单位中的巨大的首创精神和能量。国家在经济中的作用的减少，自然是由所有其他领域（教育、科学、文化、大众传媒、政治生活）中的干预和控制的减少相伴随的。这正是在南斯拉夫（和大多数其他社会主义国家相比）人们有着更大的动力和自由这一直接印象的原因。

然而，关于技术创新，图画却更为模糊。在这种模式的基本哲学中，存在着某种矛盾心理。一方面，马克思的人道主义的重要性在官方理论中得到了充分的认识，这表明了对满足人的需要、决策的民主化、废除巨大的经济差别的关注。但在实践中，所有经济活动都是市场取向的和激烈竞争的。存在着一种忘却了所有人道主义要素并遵循成功原则、利润原则和适者生存原则的强烈倾向。自 1965 年以来，当经济改革被引入时，两种对立的观点出现了。一种观点赞成自由放任，即消除"政治"企业①，取消援助不发达地区的联盟基金，并减少经典的社会主义的福利项目。另一种观点则坚持工人的团结，坚持必须对市场经济之令人失望的结果进行政治修正，坚持缩小国内发达地区和不发达地区之间的鸿沟。技术进步的重要性显然被认识到了，但只是加上了各种限定，而且是在一种更宽泛的社会关系之中。

更加市场取向的政策把效率和技术进步放在了社会价值的顶层，而这种观点甚至是和技术很不一致的。效率和现代化有时要求整合巨大的系统并废除民族主义的障碍，它们还要求有能力的和有见识的经理。然而，在南斯拉夫，自由主义的拥护者往往是那些狂热的民族主义者，他们抵制作为一个整体的联盟框架内的任何一种形式的经济整合。作为政治官僚，在有了残存的既得利益之后，他们十分敌视所谓的技术治国论倾向，并注意雇用那些首先是忠诚、其次才是能力和见识的经理。

南斯拉夫模式中的技术创新的问题，必须根据各种有利因素和不利因素的复杂整体来考察。属于有利因素的有：（1）南斯拉夫经济的竞争性；为了能够生存并提高企业在市场中的地位，新产品和新的、更好的技术过程是必需的。（2）众多生产者之自由的首创精神。（3）企业

---

① 1945—1965 年间，不仅为了提高生活水平，而且由于政治原因建立了一些工厂。这些工厂被称为"政治工厂"。

之很大的自主性，因而在提出新项目的过程中没有外部的障碍。
（4）对技术创新的物质刺激比国家主义模式中的物质刺激更大，尽管
它们受到了累进税和大多数人温和的平均主义心态的限制。（5）对他
国经济之惊人的全面开放。一方面，南斯拉夫的进口比它的出口更多，
而且在外贸中经常缺乏平衡。另一方面，南斯拉夫的经理们更容易和外
商合作，更愿意旅行并购买各国技术领域提供的最好的特许品。
（6）科学领域中公认的组织和政策有利于应用研究，并指导协会和企
业的合作。大多数南斯拉夫的科学协会都是有其自身的自治组织的自由
的、独立的单位。它们既不属于国家，也不属于大学或科学院。这对技
术创新来说是一个十分有利的条件。（7）某些大学也和大企业密切相
关。在回报来自企业的支持时，大学为它们组织实践训练和专业化研
究，因而存在着一种日益增长的改革大学、使它们和经济企业发生更密
切联系的倾向。（8）最后，尽管在某些方面是可悲的，技术创新的动
机性因素之一是普通南斯拉夫人（他们日益成为消费者）的当前心态。
在克服了物质苦难之后，他们有了相反的选择：他们多次旅游并有机会
在国内外观光和购买外国产品。因而，他们对南斯拉夫经济实现现代化
并引入新生事物施加了经常的压力。

在那些最不利于技术创新的因素中，人们可能提到以下一些因素：
（1）在有益于无数小的创新的同时，财政手段的非集中化使得作为一
个整体的国民经济在一些新的领域中未能造成必要的突破。事实上，几
乎没有一个领域目前能在作为一个整体的南斯拉夫造成一种强大的、集
中的努力。（2）每一个共和国中的自给自足倾向是另一个不利因素。
例如，南斯拉夫在每个共和国都建立了钢铁厂，其中的每一个钢铁厂产
量都少于200万吨，这似乎是可租性（rentability）的最低技术界限。而
且，濒临亚德里亚海的每一个共和国都有自己的港口，但其中的任何一

个港口甚至没有一个接近可租性的最低界限。（3）主要政治干部和经济干部的一般科技文化水平并不令人满意，而且同样适用于大多数工厂经理。因此，尽管他们有着引进创新的强烈动机，但却没有能力做出良好的选择。目前南斯拉夫模式中的一个基本缺陷，就是它没有为选拔最好的干部提供一种良好机制。（4）官僚精英的存在总是以各种方式阻碍一个社会的生产力的充分发展。在苏联模式中，官僚干预得太多，而且是以一种在经济上远非合理的方式进行干预。在南斯拉夫模式中，官僚则无所事事，不能保证令人满意的经济合理性水平。事实上，它没有运用手中的所有权力并正式谴责"行政干预"。这就造成了这样一种幻想，即南斯拉夫社会已经实现了自治，而且如果有任何官僚的话，它至少不是清晰可见的。然而，两种模式之间的区别不在于官僚手中的垄断权力的在场或缺失，而在于运用权力的方法。南斯拉夫的官僚以一种更加理智的、心态开放的和灵活的方式进行统治。它不是运用野蛮的暴力和意识形态灌输的最原始的形式，而是应用一种更为老练的奖惩办法，往往给人以被统治者是自由的印象，并使他们成为负责任者。从技术创新的观点看，这里有两件事情是不利的。一是在国家层面上需要迅速行动的地方经常耽搁。作为一个整体的社会缺乏创造的、能动的、勤奋的、民主的领袖，而且仍给人以它组织得不好这样一种印象。另一方面，官僚之被动的在场，阻挠了经济自组织的某些自然过程。

这种模式对简单的国家主义的优势，在所有那些减少国家干预和党的控制具有一种直接有利的和解放的效果的领域中，在教育、社会科学和人文科学、文化、大众传媒以及各种社会组织的政治生活中，更加明显。

尽管技术专家体制在资本主义和社会主义中具有某些共同特征，但它在其中运作的社会条件和政治条件显然是不同的，而且它在社会主义的两种不同模式中获得的条件也有明显的区别。一种批判的社会哲学（它试图构建一个在历史上理想的社会的轮廓），必须考虑到通过不同类型的社会组织为技术进步提供各种可能性。但它必须时刻铭记，技术考量最终必须服从于人道主义考量。

（本文译自 *From Affluence to Praxis*，Ann Arbor：The University of Michigan Press，1974，pp. 89 – 107）

（曲跃厚 译　衣俊卿 校）

霍布斯鲍姆论当前世界趋势 *

〔英〕霍布斯鲍姆

英国著名历史学家埃里克·霍布斯鲍姆（Hobsbawm）于 2010 年初接受英国刊物《新左翼评论》（2010 年 1—2 月号）的采访，对当前纷乱的世界进行了评论，并对未来社会的发展提出了建言。他认为中国现在仍处于经济发展的初级阶段，仍然有巨大的发展空间。文章主要内容如下。

记者：您的大作《极端的年代》结束于 1991 年，以全球性崩溃为视野。黄金时代的崩溃呼唤整个社会的发展。您认为自 1991 年后世界历史的主要发展趋势是什么？

霍布斯鲍姆：我看主要有五点变化。首先是世界经济中心从北大西洋转移到了东南亚。这是从 20 世纪七八十年代的日本开始的，90 年代中国的崛起引起了更大反响。其次当然是我们一直都在预测的席卷全球的资本主义危机。第三是 2001 年后美国谋求建立世界单极霸权体系梦想的破灭。第四是发展中国家作为新兴政治体崭露头角。在我写《极端的年代》时，金砖四国还未出现。第五是在世界大部分地区也包括单一

---

* 本文选自《国外理论动态》2012 年第 4 期。——编者注

民族国家，国家权力在丧失，威权系统的职权在减弱。这虽然在意料之中，但速度之快却在我预料之外。

记者：此外还有什么让您感到惊讶的？

霍布斯鲍姆：首先，美国极为疯狂的新保守主义思潮也一直让我感到惊异。他们不仅假定美国是世界的未来，甚至还认为美国已制定了实现这一目标的战略战术。据我所知，美国还没有一个系统的战略构想。其次，我们基本已经遗忘的海盗现在又猖獗起来了。这件事虽然微不足道，但意义重大。第三，我没有料到西孟加拉邦印度共产党（马克思主义）在人民选举中会失利。印共（马）总书记普拉卡什·卡拉特最近告诉我，在西孟加拉邦他们觉得自己已陷入了困境，他们在当地执政已有 30 年了。工业化政策，剥夺农民的土地，这些政策具有极坏的影响，显然是错误的。能看得出来，像所有幸存的左翼政府一样，它们都不得不大力发展经济，包括鼓励私人经济，对他们来说，发展强有力的工业基础是很自然的事。但是导致这样一种翻天覆地的变化还是很令人惊讶的。

记者：您认为工人阶级的政治成分会出现什么变化吗？

霍布斯鲍姆：工人阶级不会再以传统的形式出现了。马克思毫无疑问地正确预测了工业化特定阶段主要阶级政党的构成。如果这些政党要成功的话，它们不能只是工人阶级的政党：如果要跨阶级发展，就必须是人民的政党，是以工人阶级为基础的、为工人阶级服务的人民的政党。然而即便如此，阶级意识的局限性依然存在。在英国，工党从未获得超过 50% 的选票；在意大利也是如此，意大利共产党更像是人民党。在法国，左翼政党是以力量相对薄弱的工人阶级为基础的政党，但在法国大革命传统的影响下，工人阶级不断壮大和发展，政治地位不断提高，成为法国大革命传统的主要继承者——这也进一步扩大了工人阶级和左翼政党的影响力。

在工业领域，从事体力劳动的工人阶级人数不会减少。现在有、将来也会有很多人从事体力劳动，因此改善他们的处境仍然是所有左翼政府的主要任务。但是我们对此也不要寄予太多希望：因为他们已不再具备老一代工人阶级的组织能力，所以甚至在理论上他们都不再具备应有的政治潜力。现在社会上存在着三大消极发展态势。一是仇外心理。正如倍倍尔所说，工人阶级的绝大部分都是社会的庸人，他们排斥与自己竞争的人以保全自己的工作，所以工人运动动静越小，说明仇外心理越强。二是很多体力劳动和英国政府以前所称的"次要的技术工种"都是临时性的、不固定的，如在餐饮业工作的学生或移民，因此社会很难把这些人组织起来。只有受雇于公共部门的这类人才容易组织起来，这是因为这类部门在政治上比较无力。第三个发展态势，我认为也是三者中最重要的，就是新的社会等级标准使人与人之间的鸿沟日益扩大。毕业文凭的高低决定工作的好坏，这就是英才管理制度。但这种制度是人为的，它是由教育机构制定、实施的。英才管理制度就是要改变人们的阶级意识，使人们从反对资本家，继而转向反对各种各样的有钱人，比如知识分子、自由派精英等。除了美国，英国也实行英才管理制度，英国报界有这方面的报道。现在社会上逐渐出现了这样一种现象，如果你获得博士学位或至少是硕士学位，你就有机会成为百万富翁，这使得当前的情况变得更加复杂。

是否会出现新的主体呢？即便有，也不会以单一的阶级形式出现，我认为可能永远都不会。现在社会上出现了一个进步政治联盟，即由有教养的、受过高等教育的中产阶级、知识分子与大多数穷苦无知的老百姓结成的相对永久性的联盟。总体上讲，受过高等教育的人比普通人更易左倾。这两个群体是形成新的政权机构必不可少的要素，但是他们可能比以往更加难以团结。从某种意义上说，穷人可能更容易与百万富翁感同身受。例如，在美国，人们会说，"要是幸运的话，我也能成为流行歌星"，但他们不会说，"要是幸运的话，我也能获得诺贝尔奖"。在给政治立场相同但政治观点不同的人做协调工作时，这是确实存在的问题。

记者：您认为 2008 年爆发的全球金融危机与 20 世纪 30 年代的大萧条有可比性吗？

霍布斯鲍姆：1929 年的大萧条不是从银行倒闭开始的，两年后才出现银行大批倒闭。那次大萧条是由美国突然爆发的股灾引发的，致使失业率直线上升、生产大幅度下降，达到了前所未有的程度。而这次金融危机爆发之前有一定的征兆，不像 1929 年时来得那么突然。其实从很早开始，新自由主义的市场原教旨主义就给资本主义发展带来了极大的不稳定，但直到 2008 年，危机只发生在一些次要的地区——20 世纪 90 年代以及 21 世纪初的拉丁美洲、东南亚和俄罗斯，主要表现为股票市场的暴跌暴涨。我认为 1998 年美国长期资本管理公司的倒闭是预示危机的真正信号。它证明了整体发展模式是绝对错误的。讽刺的是，经济危机让一大批商人和新闻工作者重新研究马克思，重新发现他的那些跟传统左翼思想完全不相关的、对现代全球化经济的著述。

1929 年，世界经济还不像现在这样全球化，所以当时的情况比现在好一些，比如，失业者可以很容易再回到农村去种地，而现在的人失业后想要回农村就很难了。1929 年，欧洲和北美以外大部分地区的经济基本没有受到冲击。前苏联的存在虽然没有对大萧条产生实质性的帮助，但其在意识形态方面产生了同样重大的影响。20 世纪 90 年代以来，我们看到了中国的崛起和新兴经济体的出现，而且它们在当前的金融危机中产生了实质性的影响，因为它们使世界经济总体上更为平稳，否则情况可能更糟。事实上，甚至在新自由主义声称经济一片繁荣之际，新兴经济体就已大规模出现，特别是中国。我敢说如果没有中国，2008 年的金融危机会更加严重。因此，基于以上种种原因，我认为我们的经济会很快复苏。虽然一些国家，特别是英国，经济将继续低迷一段时间。

记者：您认为这次金融危机会带来什么样的政治后果？

霍布斯鲍姆：1929 年的大萧条导致了绝对性右倾，但北美除外，其中还包括墨西哥和斯堪的纳维亚国家。在法国，"人民阵线"1936 年获得的选票比 1932 年只多了 0.5%，他们的胜利仅仅标志着政治联盟成分的改变，而没有其他更深刻的意义。在西班牙，尽管有外在的或潜在的革命动向，最直接的影响也是右倾，而且持续了很长时间。在其他绝大多数国家，特别是在中欧和东欧，政治极端右倾。这次金融危机对政治的影响还不明显。虽然有人认为美国或西方可能不会有重大的政治变动或政策变化，但中国一定会有重大变化，这些不过是人们的预测。

记者：您认为中国仍将继续采取措施化解金融危机吗？

霍布斯鲍姆：中国经济不会突然停止增长。金融危机让中国措手不及，因为它导致很多实体性的工业企业关门歇业，但是，中国现在仍处于经济发展的初级阶段，仍然有巨大的发展空间。我不想预测未来，但毫无疑问，二三十年后，中国在政治和经济上会拥有更加重要的国际地位，虽然军事上还很难说。当然中国现在依然存在很多问题。一直有人追问中国能否团结一致，我个人认为，不论是在现实中还是在思想观念上，人们对中国的团结一致抱有强烈的愿望。

记者：您如何评价执政一年后的奥巴马政府？

霍布斯鲍姆：人们一开始对这位总统非常满意，在金融危机的困境中，人们认定他是个伟大的改革家，是第二个罗斯福。但他有负民望，刚上台就表现不佳。如果把罗斯福和奥巴马执政的前 100 天相比较，我们可以看出罗斯福喜欢雇用非官方顾问进行开拓创新，而奥巴马却保持中立。我觉得他断送了自己的大好时机。对他来讲，执政的前 3 个月是至关重要的好机会，因为在此期间失败的共和党士气不振，很难在国会有所作为，但奥巴马却错过了这个机会。有人觉得他还有机会，但我觉得前景不容乐观。

记者：纵观目前世界上最热点的国际冲突，您认为目前设想的以巴两国共存方案在巴勒斯坦有多少可行性？

霍布斯鲍姆：就个人而言，我不知道现在他们是否在磋商此事。美国人如果不下定决心对以色列施加压力，无论采用什么解决方案都没用。事实上，没有迹象表明美国会下这个决心。

记者：您认为世界上哪些国家现在仍然活跃着积极进步的思潮，或者说这样的思潮可能再度兴起？

霍布斯鲍姆：毫无疑问是在拉丁美洲。在那里，政治和公众舆论仍然受到欧洲启蒙运动的影响——倡导自由、信奉社会主义和共产主义。在这些国家，即使军国主义分子也会称自己为社会主义者。在以工人运动为基础的卢拉的巴西和莫拉莱斯的玻利维亚，你会发现这样一个现象，这两个国家现在仍在宣传社会主义的基本理念，仍在沿用旧的政治模式，当然它们的政治走向另当别论。虽然老的革命传统在墨西哥本土又有了重新恢复的迹象，但不会卷土重来，因为墨西哥实际上已经变成了美国政治经济的有机组成部分，所以我对中美洲的情况不敢妄言。我认为，拉美不存在种族—语言民族主义和宗教分歧，这样更容易保持原有的政治理念。直到现在拉美仍没有种族政治的迹象，这让我感到吃惊。这种迹象已经在墨西哥和秘鲁土著民族运动中凸显出来，但没有欧洲、亚洲和非洲那么大的规模。

印度也有这种可能。由于受传统的尼赫鲁世俗体制力量的影响，进步思潮可能再度在印度兴起。不过，除了有群众基础的一些地区，比如孟加拉邦和喀拉拉邦，其他地方很难掀起大规模的群众运动。像尼泊尔纳萨尔派或尼泊尔毛主义这样的组织，也可能会掀起轰轰烈烈的群众运动。除此之外，在欧洲，老工党、社会主义和共产主义运动的遗风仍然有很强的影响力。在欧洲的绝大部分地区，以恩格斯理论成立的政党仍然是有潜力的执政党或主要的反对党（在野党）。我认为，共产主义思潮将来还会再度兴起，比如在巴尔干地区甚至在俄罗斯的部分地区，但是，我们无法预测它会以哪种形式出现。我不知道中国将来会发生什么情况。但毫无疑问，中国人的思想已经发生了变化，不再是修正的毛主义或马克思理论。

记者：您一直对民族主义作为一种政治力量持批评态度，警告左翼不要把它搞得骇人听闻。不过，您也站出来强烈反对以人道干预的名义侵犯他国主权的行为。您认为源于工人运动的各种思潮消失之后，哪些国际主义思潮是人们所期盼的，也是切实可行的？

霍布斯鲍姆：首先，冠以人权名义的帝国主义基本上与国际主义搭不上边。这一方面表明帝国主义又复活了，它冠冕堂皇地以极富诚意的借口侵犯他国主权；另一方面表明地区永久优越性的理念重新抬头，这一理念从 16 世纪到 20 世纪末一直主宰着世界。若是这样，就更危险了。毕竟，西方世界想要推行的价值观是具体的区域价值观，不是普遍价值观。如果是普遍价值观，也必须因地制宜，因时制宜。其实，我们并不是要区分民族主义和国际主义。但是，民族主义确实与国际主义有关，因为以民族国家为基础的国际秩序，即威斯特伐利亚体系，在过去不论好坏，都是国家预防外敌入侵的最佳保障之一。毫无疑问，威斯特伐利亚体系一旦取消，就为侵略和扩张的战争开了绿灯。这正是美国抛开这一体系的原因。

国际主义作为民族主义的替代品，是一个巧妙的用语。实际上，国际主义是国际劳工运动中一句空洞的政治口号，没有任何特别的实际意义。像罗马天主教会或共产国际这样力量强大的中央集权组织，以国际主义的形式来统一人们的思想。国际主义意味着，作为天主教徒，无论你是谁，无论身在何方，你所信奉的教义和参加的礼拜活动都是相同的。从理论上讲，共产主义政党也是如此。这个主义能够发展到何种程度、到哪个阶段终止属于另外一个问题，天主教会也是如此。这绝对不是我们所指的国际主义。

从过去到现在，民族国家依然是国内外一切政治决策的着眼点。直到最近发生的劳工运动实际上都是政治运动，也完全是以国家为考量的。即使在欧盟内部，政治仍然是为国家利益服务的。换句话说，根本不存在所谓的超国家权力，欧盟不过是多个独立国家的联盟。原教旨主义的泛伊斯兰运动可能是个例外，它跨越多个国家，但这还需进一步证实。在泛阿拉伯地区，如埃及和叙利亚，多次类似的尝试均以失败告终，原因正是各国边界——源自殖民时代的边界——的阻碍。

记者：您认为超越民族国家界限的尝试会遇到阻碍吗？

霍布斯鲍姆：在经济和其他许多方面，甚至是在文化方面，信息革命创造了一个真正的国际世界。跨越国界的决策、活动和思想交流开始出现；人们在国与国之间流动也变得更容易；语言文化也因国际交流而得到补充；但在政治方面根本没有发生变化。这就是目前存在的基本矛盾。政治上没有发生变化的一个原因是 20 世纪政治高度民主，大多数民众都积极参与政治。对他们来说，国家是他们日常工作的基石，是他们生活的依托。在过去的三四十年里，一些国家通过分权力图在内部弱化国家观念。有些国家在这方面做得很成功，比如德国。在意大利，权力区域化实际上也带来了很大裨益。但是，建立超民族国家的尝试还未成功。欧盟就是一个明显的例子。从某种程度上讲，阻碍恰恰来自这个理念的创始人，因为他们认为超民族国家类似于民族国家，只不过比民族国家更大，然而超民族国家并非如此。我认为超民族国家是有可能出现的，但现在时机还未成熟。在欧洲，欧盟就是一个具体实例。在中东等地方曾经出现过超民族国家的迹象，但只有欧盟在这个方向上算是走出了一步。至少，我觉得在南美不太可能出现更大的国家联盟。

待解决的问题存在以下矛盾：跨国公司和跨国贸易组织的确存在架空国家的行为，也许有一天它们会使国家解体。但是如果真的发生这种情况，目前由国家承担的社会再分配以及其他职能由谁来承担？当然，这种情况不会马上发生，也不会在发达国家发生。目前，存在着共生与冲突的矛盾，这是现在所有政党面临的基本问题之一。

记者：在整个 19 世纪和 20 世纪的大部分时间里，民族主义显然是最强劲的政治力量之一。请问您对此有何看法？

霍布斯鲍姆：从历史上看，民族主义很大程度上是现代国家形成进程中的一个环节。因为现代国家需要一种不同于传统神权或皇权国家的政治形式。民族主义最初的理念是建立一个更大的国家，在我看来，这种统一和扩大作用很重要。最典型的例子是法国大革命。18 世纪 90 年代人们开始说："我们不再是多菲内人，也不是南方人，我们都是法国人。"但在后一阶段，从 19 世纪 70 年代开始，这些区域中的部分团体为了各自的独立掀起了各种运动。民族自决论的威尔逊时代随之而来，好在到了 1918—1919 年间，保护少数民族的观念在一定程度上扭转了这种趋势，虽然之后这一观念也逐渐消失。人们认识到，如果没有这些民族主义者的努力，这些新兴的民族国家就不会有统一的种族或文化模式。第二次世界大战后，民族独立运动如火如荼，殖民地解放运动强化了民族主义，致使更多的国家独立，而20世纪末苏联的解体，则给民族主义提供了更大的发展空间，同时也造就了更多的袖珍国家，其中包括许多实际上并不想分裂以及大势所趋被迫独立的殖民地国家。

我明显感觉到，自1945年以来纷纷独立的一大批小国所起的作用已经发生了变化，其中之一就是它们已成为公认的主权国家。在第二次世界大战前，像安道尔、卢森堡以及类似的小国，除集邮爱好者外，根本没有人把它们看作国际体系的一部分。梵蒂冈已经是一个主权国家，而且很可能成为联合国成员，这让我感到新奇。就力量而言，这些国家显然不具备传统民族国家的实力，也就是说没有对其他国家开战的能力。它们最多能成为金融产业的天堂和跨国公司的避风港，冰岛就是很好的例子，苏格兰也不例外。

建立一个具有重大历史作用的民族国家不再是民族主义的出发点。这个口号也远没有以前那样有号召力和说服力。它曾一度被认为是有效抵制其他政治或经济体的重要手段。但在今天，民族主义中的仇外心理比重越来越大。政治越民主，潜在的仇外可能性就越大。目前仇外心理的起因也比以往更加关键，虽然它们主要来自文化而非政治层面——比如近几年英国或苏格兰民族主义不断上升——但危险性却绝不比政治层面小。

记者：法西斯主义有没有这种仇外心理？

霍布斯鲍姆：从某种程度上讲，法西斯主义是创建大国的部分驱动力。毫无疑问，意大利法西斯主义促使卡拉布兰人和翁布里人变成了意大利人。在德国，直到1934年，人民才被定义为德国人，之前被叫作斯瓦比亚人、弗兰克人或萨克森人。德国、中欧和东欧的法西斯主义主要反对外来者，尤其针对犹太人。当然，法西斯主义在一定程度上激发了仇外心理。过去工人运动的最大优点就是避免了仇外心理，在南非可以清楚地看到这一点。传统左翼组织对平等和非歧视原则做出了承诺，从而有效地抵制了对南非白人实施报复。

记者：您刚才着重讲了民族主义独立运动和仇外心理。您是否认为这些应该属于当前世界政治的边缘性问题？

霍布斯鲍姆：是的，尽管这些给东南欧等地区带来了巨大灾难，但是民族主义或者说爱国主义的确为许多政府的合法化做出了巨大贡献。中国就是明显的例子，印度正是因为缺少这个才困难重重。美国显然不能以民族团结为基础，但它却有着很强的民族主义情结。事实上在许多发达民主国家，民族主义情绪依然存在。现在大规模移民之所以会产生很多社会矛盾，原因其实就在这里。

记者：每年都有大量外来人口涌入欧洲和美国，您认为当代移民潮会给社会带来什么影响？您认为在欧洲会逐渐出现不同于美国的另一次民族大融合吗？

霍布斯鲍姆：美国的民族大融合在20世纪60年代就停止了。20世纪末的移民潮和以前也大不相同，主要是因为现代移民不再像以前那样和家人故友断绝联系，他们可以同时生活在两个甚至三个国家，并被两个或三个不同的国家所承认，即便你身在美国，仍然可以保留危地马拉国籍。事实上，在欧盟也有移民不能被同化的情况，如波兰人移民到英国，永远都会被英国人当作外来打工者，所以他们不可能被同化成英国人。

这显然是个新生事物，与我们那个年代的政治流亡者的经历完全不同——虽然我并不是政治流亡者。在那个时候，虽然一个奥地利人或德国人与一个英国人组建了家庭，但他永远都脱离不了自己的本国文化。然而他们认为自己已经是英国人了，当他们回国时，感觉不一样了，因为重心已经改变了。不过例外总是有的，犹太诗人艾利希·傅立特在英国威尔斯登居住了 50 年，年迈时，他还是回到德国度过了余生。我认为维持同化的某些基本规则还是很有必要的，一个国家的公民应该有其特定的行为方式和特定的权利，有自己的特点，这些不应该因为多元文化的冲突而削弱。法国与美国吸收了大概同样数量的移民，但相对而言，法国原住民和早期移民相处得更为融洽，这是因为法兰西共和国的价值观在本质上是人人平等的，而且在公共场合没有特权。这和 19 世纪美国的情形一样。真正的难题并不在于同化。在意大利和斯堪的纳维亚等国，以前并没有排外意识，但现在新移民进来后却出现了很严重的问题。

记者：现在人们普遍认为，宗教在各大洲卷土重来。您认为这是返璞归真，还是昙花一现？

霍布斯鲍姆：显然，宗教是对生命的诠释，是对神灵或影响生活的精神实体的信仰，它还是社会的一条共同纽带，贯穿于整个人类历史，所以把宗教看作一种表面现象或认为它注定要消失是不对的。对于依赖宗教获得安慰的穷人、弱者以及需要宗教来解释物质现象的人来说，宗教是不可或缺的，所以它永远不会消失。但是在有些体系中，比如在中国，由于现实原因，就不存在我们称之为宗教的东西。中国人已经证明这是可行的，但我还是认为，传统社会主义和共产主义运动的错误之一就是想用暴力铲除宗教，但是选错了时机。在意大利，当年墨索里尼下台后发生的一个最有趣的变化就是陶里亚蒂允许人们信奉天主教。否则，在 20 世纪 40 年代，就不会有 14% 的家庭主妇投票支持共产党。毋庸置疑，陶里亚蒂的做法使意共从列宁主义先锋党变成了群众阶级的政党或人民党。

另一方面，人们对宗教的热情也在减弱。从这个层面说，世俗化虽然只是在世界某些地区弱化了宗教势力，但它已成为全球性现象。欧洲的情况也是如此。美国为什么会例外，我还不太清楚。但毫无疑问，世俗化在无神论者和知识分子群体中已经打下了根基。对于那些仍然信奉宗教的人来说，既笃信宗教教义又认同实用主义理念的矛盾已经使他们陷于迷惑，这一点在约旦河西岸原教旨主义犹太人中可以看到。

启蒙主义思潮历史使命的完结，在政治上给宗教政党和民族主义的宗教运动提供了更多的机会。但在我看来，并不是所有宗教都得到了大的发展。许多宗教显然在衰退。在拉丁美洲，罗马天主教甚至一直在奋力对抗福音派新教教派的发展。而且，为了在非洲站稳脚跟，它不得不向 19 世纪就已形成的当地习俗让步。福音派新教教派正在发展，但目前还不清楚，他们发展到什么程度，才会像英国不信奉国教的新教教徒那样成为一个较大的进步势力。给以色列带来巨大伤害的犹太教原教旨主义是否会有大规模发展目前也不太明了。伊斯兰教在这方面是个例外。在过去的几个世纪里，伊斯兰教虽然没有进行任何有效的传教活动，但是，信奉伊斯兰教的人数却在不断增加。在伊斯兰教中，我们也不清楚目前打算用军事手段恢复伊斯兰王权的倾向是否代表大多数人的意愿。就我个人的感觉来说，伊斯兰教似乎有继续扩大的潜力，主要是因为伊斯兰教能让穷人感到所有的穆斯林都是平等的。

记者：基督教不也是这样吗？

霍布斯鲍姆：基督教认为人和人不一样。我不敢肯定信奉基督教的黑人是否认为他们和信奉基督教的殖民者一样，但伊斯兰教徒会这样想。伊斯兰教的组织体系更为稳固，激进的元素更多。我记得曾经读到过，在巴西，奴隶贸易主之所以停止购买穆斯林奴隶，就是因为他们不断反抗。从某种程度来说，伊斯兰教让贫穷的穆斯林信徒从心里抵制其他任何有关平等的诉求。穆斯林中的改革派从一开始就知道，没有任何办法能让民众远离伊斯兰教。即便在土耳其，改革派也不得不达成某种临时的妥协。

在其他一些地方，作为政治或民族主义因素的宗教崛起极其危险。比如印度，宗教在印度的中产阶层中盛行，宗教和准法西斯的武装精英及印度教的极端民族主义组织的结合，很容易滋生反穆斯林的运动。幸运的是，印度上层阶级崇尚政治世俗化，这在很大程度上遏制了反穆斯林运动的发展。我不是说印度的精英是反宗教的，但尼赫鲁的基本思想是在宗教无处不在的印度建立一个政教分离的世俗国家。

记者：第二次世界大战前，科学是左翼文化的核心内容。但经过了两代人，作为马克思主义或社会主义思想重要组成部分的科学已被彻底摒弃。您认为，日益突出的环境问题会给科学和政治带来变化吗？

霍布斯鲍姆：我认为激进的社会运动需要科学作后盾。如今环境问题和其他热点问题使人们重新认识到不尊重科学、不用理性的方法解决问题是绝对错误的，这种错误在 20 世纪七八十年代盛行一时。我相信科学家们是不会犯这种错误的。与社会科学家不同的是，没有任何东西能让自然科学家参与政治。从历史上看，在大多数情况下，自然科学家要么对政治漠不关心，要么持有本阶级的鲜明政治立场。当然也有例外，比如 19 世纪早期法国年轻的科学家就是特例。在 20 世纪三四十年代，他们表现得更为明显。但这些都不具有普遍性，而且起因都是科学家们普遍认识到他们的工作对社会变得日益重要，但社会却没有意识到这一点。贝尔纳的著作《科学的社会功能》讲的就是这个问题。这本著作对其他领域的科学家产生了巨大影响。当然，希特勒蓄意攻击科学也起到了推波助澜的作用。

物理科学是 20 世纪的发展重心。21 世纪的重心显然转向了生物科学，因为它更贴近人类生活，所以可能会具有更多的政治色彩。但是，目前的确存在这样一个负面因素：科学家们作为个体或科研机构中的一员已逐渐融入资本主义体系。40 年前，如果有人说他申请了基因专利，简直是匪夷所思。但今天，所有人都想取得基因专利，以期成为富翁，这已使一大批科学家与左翼政治渐行渐远。不过，另一个因素也会导致科学家的政治化，即反对独裁或极权政府干预他们的工作。在苏联曾经出现过一个非常有趣的现象：苏联科学家被迫变得政治化，因为政府给了他们超国民待遇，那些曾经研究和制造氢弹的人后来变成了持不同政见的领导人。这种情况在别的国家出现也不是没有可能，但目前还不太多。当然，环境问题会把很多科学家调动起来。如果围绕气候变化问题掀起一次大规模的运动，毫无疑问，科学家们必将站出来反对那些无知分子和保守分子。因此，我们还不至于满盘皆输。

记者：现在谈谈史学问题吧。在《最初的反叛者》一书中，是什么让您对社会运动的最初形式感兴趣的？您打算继续研究吗？

霍布斯鲍姆：有两件事激发了我的灵感。首先，20 世纪 50 年代我周游意大利时，不断发现一些异常现象：南方党支部选举耶和华见证会的人做党委书记，诸如此类的事还有很多；人们对当代问题的思考方式与我们大相径庭。其次，1956 年以后，人们不再满足于之前对工人阶级群众运动发展的简单描述。在《最初的反叛者》一书中，我丝毫没有批评之前的简单描述。相反，我指出，如果不使用现代的词汇和习语，其他运动都没办法说明白。在现代的政治词汇、法规和制度出现以前，人们有理解政治的其他方式，这关乎对社会关系的基本看法，尤其是对强者和弱者、统治者和被统治者之间关系问题的基本看法。虽然我后来读了巴林顿·摩尔的《不公平》，找到了如何理解这种政治关系的线索，但我的确没有机会对此做更深入的研究。这的确很遗憾，事情已经开了头，却没有继续下去。我仍然希望能在这方面继续研究下去。

记者：在《引人入胜的时代》这本书中，您对最近的历史发展趋势持有相当大的保留意见。您认为史学现状会保持相对不变吗？

霍布斯鲍姆：20 世纪 70 年代以来，史学和社会科学界的思维方式变化之大让我感到吃惊。总体而言，与我同时代的史学家们不但改变了史学的传统理念，也改变了其他学科固有的观念，在历史学和社会科学之间，他们一直在尝试构建一座永久性连接彼此的桥梁，使历史学和社会科学相得益彰，这种努力可以追溯到 19 世纪 90 年代。经济学的发展完全不同。尽管自马克思和知识社会学诞生以来，我们已经认识到人类并不只是简单地记录历史的真实事件，但我们仍武断地认为，我们还是在谈论客观现实。最有趣的还是社会变革。经济大萧条有助于社会变革，因为它能使人们重新讨论、研究历史变革中经济危机所起的作用。例如，14 世纪的经济危机引发了社会向资本主义过渡。其实这个观点原本不是马克思主义者提出来的，而是由德国"经济形势史之父"威廉·阿贝尔率先提出来的。鉴于 20 世纪 30 年代的大萧条，威廉·阿贝尔重新研究了中世纪的社会发展，结果发现，直接引发社会变革的原因是经济大萧条。作为解决社会问题的知识群体，我们关心的是社会重大问题。

20 世纪 70 年代，西方史学界发生了一次巨变。1979 年至 1980 年期间，我和劳伦斯·斯通就"叙事式史学的复兴"进行了一次激烈的辩论。自从《过去与现在》杂志登载了我们的辩论之后，重大的变革问题基本上已被历史学家们所遗忘。与此同时，史学研究的范围急剧扩大。人们可以随意写自己想写的东西。比如，各种事物、各类情感以及各种活动，等等。其中一些写得很有意思，然而内容大多是琐碎的，写作只是为了愉悦自己。对象很琐碎，结果却不总是微不足道。前几天，我看到一本新劳工史杂志，上面登载了一篇有关 18 世纪威尔士黑人的文章。无论这篇文章对威尔士黑人是否重要，文章自身并不是一个中心议题，而这篇文章带来的最危险的后果就是民族神话的兴起。正是这些民族神话使新兴国家创造了自己的民族历史。最显著的一点就是人们常说："我们对过去的事情不感兴趣，只对让我们感到愉悦的事情感兴趣。"经典的例子就是美国印第安人不承认他们的祖先来自亚洲，他们总是说："我们一直就住在这里。"

从某种意义上说，这种变化大部分体现在政治方面。68%的历史学家不再对重大问题感兴趣，他们认为所有重要问题都有了答案。他们更感兴趣的是个人方面的问题。"历史工作坊"就是这种变化的产物。我不觉得这种新的历史观带来了任何重大的变化。例如，在法国，后布罗代尔时代远不如 20 世纪五六十年代。新型历史偶尔会有闪光之处，但并不总是这样。我认为英国也是如此。20 世纪 70 年代的那种甚嚣尘上的反理性主义和相对主义的声音，我认为就是反历史的。

另一方面，现在已经出现了许多积极的发展态势，其中最积极的应属文化史。当然，我们早已把人类的文化历史忽略了。当历史完全展现给人们时，我们并没有细心留意它。我们原以为可以总结历史进程；但当你再次提及"人类创造历史"这一主题时，你是否曾考虑过人类是如何创造历史的？是通过他们的实践和生活创造的吗？埃里克·沃尔夫的著作《欧洲与没有历史的人民》就是这方面重大变化的例证。世界历史也在飞速发展。我们已经看到，史学界以外的人们，对探索人类起源问题表现出了极大的兴趣，DNA 技术的出现以及研究让我们对早期人类的活动有了更多的了解。换言之，我们对世界历史已经有了真实的依据。传统的欧洲中心论或西方中心论的观点已被历史学家们多方突破。另一个积极的发展态势源于美国史学家和部分后殖民史学家。他们再一次提出有关欧洲或大西洋文明的具体问题以及资本主义起源的问题。彭慕兰的《大分流》等著作就是其代表。毫无疑问，尽管现代资本主义不是兴起于印度和中国，而是兴起于欧洲的部分地区，但我认为这些探讨也是非常积极和有建设性的。

记者：如果您给未来的历史学家挑选从未探讨过且极具挑战性的论题，会是什么呢？

霍布斯鲍姆：重要问题总是一般性的问题。若是依照现有的人类古生物学标准分析，人类生存状况的进化非常快。但速度并不均衡，有时非常缓慢，有时却非常快，有时能被控制，有时控制不了。显然，这意味着人类改造大自然的能力越来越强。但我们无法预知，人类的这种能力将会把我们带向何方。马克思主义者把生产方式的变革和社会关系的变革作为历史发展的推动力，这无疑是正确的。但是，如果提到"人类是如何创造历史的"，就会出现这样一个重要问题：从历史的角度来说，社会和社会制度一直注重社会稳定和扩大再生产，想尽办法防止进入未知的领域。抵制外来变化的侵袭仍然是当今世界政治的一个主要特点。采取措施极力维持社会稳定的人类和人类社会如何来应对变幻莫测、不断发展变化的生产方式呢？马克思主义史学家可能会把目光投向引发变革的社会机制和抵制变革的社会机制之间的基本矛盾的运行规律。

（张春颖、张卫红 编译）

关于马克思主义理论发展中一些现象的思考*

〔英〕阿·齐曼斯基

本文的论点是，马克思主义理论从马克思恩格斯早期著作到今天的发展，最好从理论与革命运动相互影响、产生一系列周期方面来理解。这些周期又反映正统与开放和折中提法之间的摇摆。因此，马克思主义的长期发展大致可以描述为螺旋的曲线，而不是静止的体系、直线的趋势或相同两极之间的来回运动。

现在关于马克思主义理论处于危机中的一般说法，必须从这两种长期发展趋势方面来理解。如果对这个理论的起源、各种关联以及未来变化的潜力没有真正历史的理解，那就既不能充分掌握马克思主义的概念和理论的价值，也不能完全了解对其重新进行阐述的现实需要。首先，马克思主义理论的发展必须被理解为自 19 世纪中叶以来一直作为马克思主义的主要"载体"的群众运动的产物。这些群众运动随着资本主义社会各种矛盾的变化而兴起和衰落。因此，马克思主义理论既被加强活力，又被减少活力，不用说还必须面对每个革命时期的具体情况。群众运动是社会的一部分，只要群众运动随着社会的特殊矛盾起伏不定，这种规律性就有可能反复发生。

---

* 本文选自《马列主义研究资料》1987 年第 4 辑。

马克思主义理论不是按照任何固有的逻辑以一种机械的方式发展的。它的发展毋宁说从根本上是对它的追随者的情趣和热情的反应。在深切地感受到社会和政治危机的时期，正统的革命思想就会受到重视；在稳定和繁荣时期，开放的、折中的提法就更有意义。在西方的产业工人运动兴盛时期，作为主流的马克思主义的阐释就反映了这种运动的问题。而在农民运动或不同社会制度的国家之间的斗争方兴未艾之时，马克思主义的新提法就反映了这种现实的特点。简言之，马克思主义既不是不变的教条，也不表现为长期的直线运动。相反，它的发展在本质上（归根结底）表现了它所在的社会的历史脉搏。

马克思主义理论发展的周期性

马克思主义理论的发展或许可以看作由四个阶段构成的基本周期的不断重复：一、加强活力或推动的时期；二、形成的时期——重申革命的和唯物主义的理论；三、革命提法淡化的时期；四、明显的"修正主义"占优势的时期。

这样，马克思主义理论可以划分成五个（或五个半）时期，每一时期都经历了这样一个周期。这些按开始革命高涨的时间大致划分的时期是：1843—1849；1864—1871（半个时期）；1884—1906；1917—1921；1935—1949 以及 1967—1970。① 反映每个阶段主要矛盾的群众运动所面临的各种问题给马克思主义理论的发展打上了它们的印记。

第一阶段。这是由社会危机引起的革命运动迅速发展的时期。这种

---

① 这些时期的时间划分在世界资本主义体系的不同地区多少有些差异是不足为奇的，因为所有的运动不会确切地在同一时间达到高潮。

运动的特点是有"冲天"干劲、高度热情、富于理想主义，相信通过能动的干预能引起质的变化。任何事情都可能发生。在这个阶段，系统的理论通常很少发展，或者不是普遍被接受。伦理主义和质朴观念一般居主导地位。在这个时期产生出精力去创立或制定一种能够说明人民不幸的原因并指导社会变革的关于社会、危机、斗争和改革的理论。在第一次热情高涨未能实现预期目标之后，发展或革新理论的倾向在这个阶段变得最明显，结果是寻求更加唯物主义的解释。

第二阶段。在第一阶段作为小册子、论战文章或宣言书写出来的萌芽状态的理论著作，在这个时期通常由早期的年轻行动主义领袖们详细阐发，发展成为包括早期经验在内的全面的理论和经验著作。这是革命理论同革命实践高度结合的时期。早期阶段开始的群众运动依然保持其大部分力量和热情。但是这时这种力量和热情已受到组织的约束和理论的指导，革命理论有时显得空洞并与群众运动脱节。

不过，理论家们现在有时间来进行详尽的理论分析，这说明基本的社会危机正在缓和，群众的热情正在慢慢地（或者在一些情况下由于受到暴力的镇压，不是慢慢地）消退。这期间谈论的主要问题是：阶级分析、生产方式、革命、无产阶级专政、先锋党、历史唯物主义、科学、政治经济学、辩证法、矛盾、纪律，等等。总之，占主导地位的是正统历史唯物主义的经典范畴。马克思主义经典著作，如《资本论》（1867）、《反杜林论》（1878）、《帝国主义论》（1916）、《国家与革命》（1917）、《历史与阶级意识》（1923）、《狱中札记》（1929—1935）、《资本的积累》（1913）、《布尔什维克革命史》（1932）、《单向度的人》（1964）、《垄断资本》（1966）、《当代资本主义的阶级》（1974），就是在这些时期写出来的。（有些著作推迟很久以后才发表。例如，马尔库塞、巴兰以及斯威齐等人60年代的著作经过了25年的发育期。）

第三阶段。在第二阶段快结束时开始出现的理论（革命）与实践（改良）的脱节，在这期间开始占主导地位。在第一阶段的革命动乱中造就的知识分子、理论家和领袖们还在继续办报纸、写文章，提出知识分子的激进观点，然而群众运动的实践这时已明显趋向改良主义，反映出相对繁荣、宁静和平和没有压迫的普遍无危机气氛。

这期间谈论的仍然是正统马克思主义的词句，但是在词句和理论的真实含义中反映出的内容实质却经受了往唯心主义、折中主义、唯意志论、主观主义、民主主义、改良主义和渐进政治方向的根本改造。甚至在正统的语言和论证方式仍然流行的时候，强调的越来越多的是渐进主义、开放性、缩小工人阶级作用、文化、个人主义、无需纪律等。例如，唯心主义就通过"思想是物质力量"的话表述出来。马克思列宁的语录被用来说明党的纪律和统一水平应该降低；妇女、少数民族或中间阶级也和工人阶级一样是政治运动的核心力量；阶级分析只是真理的一部分；马克思是支持新闻自由的，并且他首先是一个十足的民主派；等等。

在这个时期，马克思主义失去了它早期特有的锋芒（反映出它失去了冲天的干劲和意志力）。但是，理论家们却继续为那正在变得虚伪的东西饶舌。可能这方面最著名的人物要算卡尔·考茨基了。50 年代后期和 60 年代发达资本主义国家的大多数共产党及其周围的知识分子可能也是如此。

第四阶段。从第三阶段到第四阶段的过渡时期是马克思主义理论的真正危机时期。一方面，大多数受过马克思主义正统训练的人已看得很清楚，他们的概念和言论已与当前的政治现实很少关联。历史唯物主义被拒之门外。许多开放的、非教条的以及通常比较年轻的知识分子重新发现了大量在很久以前已被丢弃了的观点。并且把马克思主义思想的保留部分同其他各种理论流派综合起来。民主主义、唯心主义和个人主义普遍流行。马克思主义理论的危机强烈地被感觉到。一切都需要重新审查。创新之风涤荡了一切教条。当前一个时期的越来越是人为编造的东西垮台以后，又重新恢复了理论与实践的统一，不过现在是明确的改良主义和修正理论之间的统一。

少数人死守正统范畴而不管那曾经使它们获得生命力的群众运动已经消逝了，可说是负隅顽抗。为什么没有革命，何以解释群众运动的消退，成了中心问题。各种派别都指责失败的原因是没有足够革命的分析、领导或组织。这里只有宗派的争吵，没有对基本范畴的重新考察。

维持革命唯物主义的代价，是批判理论与实践的分离明朗化。这种分离的必然结果是教条主义（在没有相应实践的情况下维持理论）、宗派主义（不断进行关于理论的争吵而没有解决问题的实践和群众运动）和实践与理论不相干（当群众运动的领导基本上落到持修正主义理论的人手中时）。革命的唯物主义既然被禁锢在一个硬壳里，也就僵化了。但是这种不相干却使得那一度是生动活泼的、有创造性的和强大生命力的东西的种子保持着生命力。

在这个时期当中，主要群众运动成功的长处（即促进改革的很好的实践意识）也就是它的短处（即没有批判的理解力和想象力）。同样地，它的理论上的短处又正是它的长处（理论并不阻碍对短期效益的实际追求）。这时带有宗派性的革命马克思主义情形恰恰相反。它的短处（相对缺乏与大规模群众运动的结合）却使它得以保持其长处（批判的范畴，对资本主义和帝国主义的本性不抱幻想的长远观点）不为竞选或争取短期内大发展的企图所妨碍。同样，它的长处就是它的短处，它的长远的和批判的观点外面包着教条主义的外壳，对工人没有多大吸引力，而关于革命未能实现、各种马克思主义小组未能发展的原因的宗派性争论甚至使这个坚硬核心的许多残余分子都大失所望。

爱德华·伯恩施坦是在马克思主义传统内部第一个提出第四阶段的基本原则的人。[①] 他的著作在 20 世纪 20 年代后期、50 年代后期或 70 年代后期都能写出来（实质上由别人写出来了）。这本著作的论点在繁荣、和平和稳定时期对那些领导群众运动的人和知识分子都有意义。不过，这也同样是事实：在群众革命热情高涨、想象力旺盛的时期，这本书就显得滑稽可笑——在 1919、1945、1969 年，它明显地与群众运动的现实和左翼知识分子的主张不协调。历史的车轮转得多么快！

伯恩施坦以今天听起来完全现代的语言表述了实际所有在马克思主义理论第四阶段中一再流行的基本思想。伯恩施坦断言，资本主义已经成为一种长期稳定的制度，预期它在未来不会发生任何大的危机。这话在 1900、1928、1960 或 1978 年听起来并不错，但在 1918、1933、1945 或 1968 年就不和谐（而且与较不发达资本主义国家在 20 世纪任何时候的经验都不大相符）。

"我们在一切先进国家都看到，资本主义资产阶级的特权正在逐渐地向民主组织让步……一个社会性的反对资本主义剥削的趋势已经出现……只要一个国家到了这样的地步，即少数有产阶级的权利不再是社会进步的严重障碍，政治活动中否定的工作并不比肯定的或建设性的工作更迫切，那么，暴力革命的口号就变得无意义了"。[②] 伯恩施坦是第一个赞美抽象民主和自由的人，他的主张与正统马克思主义者强调马克思主义传统中的无产阶级专政理论是背道而驰的。他的论点在 1925 年、50 年代或 70 年代后期也能同样提出来。可是伯恩施坦的主张在 1933 年

---

① 见《进化的社会主义》1961 年纽约版。
② 《进化的社会主义》1961 年纽约版第 XXIV、XXV 和 218 页。

到 1945 年期间的德国，或者在 30 年代的几乎整个欧洲，以及在今天的大多数资本主义国家中，只会引起人们的嘲笑。

伯恩施坦对于劳动价值理论、历史唯物主义、阶级分析以及工人阶级的领导作用等，也都持强烈的反对态度①。的确，实际上 80 年代的改良主义者和渐进派的所有基本主张都在 1899 年多少得到了充分的阐述，并在 20 年代后期、50 年代和 60 年代早期被一再重申。伯恩施坦的主张在这些时期受到思想解放的知识分子的欢迎，但总是随后被革命浪潮所抛弃。

正如伯恩施坦的书在气候适当的时候被一再重版，或由他人重新加以阐述，每次都有大批新的读者一样，马克思和恩格斯的基本革命著作，不管是他们的原著还是别人的阐述，也在不断地再版。例如，列宁在他的小册子《国家与革命》（1917）中第二次阐述了马克思和恩格斯关于国家的基本观点。而列宁和马克思恩格斯关于这方面的基本观点，40 年代又在各国共产党出的许多小册子里第三次被重申。在 60 年代后期和 70 年代早期，它们又一次得到阐述。②

伯恩施坦的理论流行的时候，恩格斯与列宁、40 年代各国共产党或波朗查斯关于国家的理论就会被斥为教条主义。③ 有时候，同一本书先是无人问津，让耗子去啃，后来又（并且是一再）被重新发现，广为流传。

---

① 《进化的社会主义》1961 年纽约版第 6—40、54—73、221 页。

② 例如，尼科斯·波朗查斯所著的《政治权力与社会阶级》（1973 年伦敦版）一书，把正统马克思主义的观点解释成符合当代知识分子口味的观点。

③ 见鲍勃·约瑟夫：《资本主义国家》1982 年纽约版。

新左派在 60 年代的发展是这种周期过程的最好例子。这种大学生运动的主流思想大体上出自社会民主党的传统（在美国出自与社会党有关的工业民主同盟），很少或者根本没有受到马克思主义传统的影响。在 60 年代前期倡导民主主义，而到了 60 年代末则变为倡导革命的马克思主义。帝国主义、资本主义、革命、工人阶级等名词，在 60 年代早期由于它们的教条主义、宗派主义和不协调的气氛曾经备受嘲笑。但是在 1966 年以后，它们很快成了极为重要的概念。革命的青年运动使革命的语言获得了新的生命力，这种语言现在显得非常合适。60 年代早期的自由主义言论事实上现在受到新左派主流的嘲笑和怀疑，这正如美国学生争取民主社会组织 1970 年的言论在 80 年代受到西方知识分子的嘲笑和怀疑一样。的确，到了 1980 年，事情从十年前的地方又转了整整一圈。伯恩施坦的思想现在又一次引起共鸣。

各种周期：简单的历史描述

四个半周期现在可以大略地加以描述。最近的第五个周期将在下一节详细说明。

1843—1849 年。马克思主义发源于马克思恩格斯 20 世纪 40 年代的早期著作。这些著作大部分经受了作为 1848—1849 年革命先导的德国革命运动的考验。由于马克思、恩格斯青年时期参加了革命的实践活动，他们的早期著作如《184 年经济学—哲学手稿》《德意志意识形态》(1845)、《英国工人阶级状况》（1845）以及完成这个阶段的著作《共产党宣言》（1849）充满了革命的活力。

由于 1849 年的革命运动被镇压，马克思与恩格斯开始了长期的流亡生活。在这革命运动的潜伏时期，改良主义的思想很快在理论上占了主导地位。例如，拉萨尔的思想成为德国工人运动中占主要地位的思想；英国的工联主义取代了宪章主义。在新兴的群众运动中占主导地位的是改良主义而不是革命思想，这是一点也不奇怪的。马克思恩格斯在比较孤立的情况下坚持他们的革命唯物主义也是不足为奇的。

在19世纪60年代后半期，工人阶级的激进主义得到复兴。以1871年巴黎事件告终的1864年成立了国际工人联合会，以援助各国的工人运动。马克思与恩格斯成为其中的中坚分子。但是，1871年对巴黎公社的暴力镇压以及周围其他各国的相应镇压使这个激进的工人运动夭折了。

1884—1906年。这是一个工业迅速发展、阶级斗争空前激烈的时期，1905年革命的时期（这一革命在俄罗斯帝国促成了布尔什维克的革命主张，在德国则促使人们重新坚持卢森堡的革命理论）。这个时期还发生了美国历史上大概是最激烈的阶级冲突，开展了许多次轰轰烈烈的罢工运动，并创立了"世界产业工人工会"（1905）。那时还产生了美国社会党（1901），该党党员人数迅速增加，1912年达到顶峰，英国工党成为一个大党。德国社会民主党增加了他们的选票，成为帝国最大的政党。在法国，这是一个战斗性罢工和各种倾向不同的激进左派迅速增长的年代。

在这个时期，和在以前的工人阶级斗争浪潮中一样，马克思主义理论是在大学"外面"发展的。整个19世纪和20世纪初期（实际上大部分是直到第二次世界大战以后），马克思主义理论是由那些有机地加入群众运动的人发展的（用葛兰西的话说，是由有机的知识分子发展的）。

由于德国的运动规模最大，它首先感觉到改良的压力。这样，马克思主义理论的第一次历史性"危机"就是在德国发生的。伯恩施坦的

《进化的社会主义》发表于 1899 年，此后修正主义得到了强有力的发展。由于罗莎·卢森堡关于暴力阶级斗争的主张看来比以往任何时候都更加远离德国现实，所以，尽管 1905 年的东方事件曾经为她的革命策略提供了根据，但是在德国它还是失去了根基。

1917—1921 年。随着发达资本主义国家之间 1914 年到 1918 年的战争和俄国布尔什维克革命引起的危机，发生了第三次大规模的革命运动。战争给整个欧洲的工人阶级和农民造成的难以置信的生命损失与极大的灾难，使繁荣和民主以及对资本主义的各种乐观幻想顿时荡然无存。随着对战争失望情绪的扩展和资本的经济矛盾再次突出，富于战斗性的左派迅速发展起来。

1917 年到 1921 年间的革命高涨，产生了卢卡奇的著作（尤其是他的《历史和阶级意识》）、葛兰西和早期卡·科尔施的著作、批判理论学派的早期著作以及把马克思与弗洛伊德综合在一起的威廉·赖希的著作。实际上，卢卡奇与葛兰西是有意想把列宁主义和布尔什维克革命的经验用适合西欧的语言表述出来。例如，纪律、政党、革命意志、军事和意识形态的领导、非法斗争夺取政权等等问题在他们的著作中占有中心地位。可以说，他们两人打算把列宁解释得使知识分子能够接受。

当 1917—1921 年的革命危机浪潮于 20 年代后期在知识分子当中最终爆发时，马克思主义理论经历了它的第二个历史性危机。当早期的许多理论家这时变得很苦恼，新的共产主义运动越来越成为宗派性的东西时，有些理论家放弃了革命的分析。有些理论家先是转向了实验的、实际上是改良主义的观点，最终转向非批判的观点（例如，德国的传统批判理论）。有些理论家则变疯了（如威廉·赖希）。另有许多理论家接受了受到越来越严格纪律约束的共产党的新正统，抑制他们的创新趋势，以便成为依然很大的群众政治运动的一部分。

1935—1939 年。随着经济萧条和战争动乱而来的马克思主义理论的复兴，采取了重申 20 年代后期和 30 年代前期共产国际内部发展的范畴和理论的形式（这些范畴和理论大体上都是该组织分别于 1928 年和 1935 年召开的第六和第七次国际代表大会的文件中提出的）。

这个时期的精神产品，与马克思主义理论的任何其他复兴时期相比，更多的是（用葛兰西的话说）集体知识分子的产物。战前革命马克思主义内部的争论可以很清楚地与某些个人如卢森堡、普列汉诺夫、考茨基、托洛茨基、布哈林等人联系起来，以后的情况就不再是这样了。这是因为，这个时期的各种不同思想在组织上与群众运动的联系比以前或后来的任何其他时期都更加紧密。现在一般说来很难把个别马克思主义者看作某一种思想或理论的主要来源，即便是某篇论战文章、宣言书或小册子可能署上某个党的领导人的名字（如斯大林、毛泽东、铁托、胡志明）。① 应该指出的是，公开发表的被说成是属于这些个人的思想，随着党内情绪的变化而变化。这就表明了他们的产品的集体性质。

在整个 50 年代，随着繁荣、和平与社会稳定的恢复，革命热情消退了，结果使创造性的革命理论和想象力也消退了，因而促成了马克思主义理论中的危机。革命运动的衰落又一次造成了群众运动与正统理论的分离；工人运动和进步的知识分子拒绝正统的马克思主义，因为它现在对于他们的经验根本讲不通。各种存在主义思潮、大大淡化了的"批

---

① 阿尔·齐曼斯基：《红旗在飘扬吗：今天苏联的政治经济学》1979 年伦敦版第 10 章和《人权在苏联》1984 年伦敦版第 7 章介绍了斯大林、个人崇拜以及斯大林在共产主义运动中的作用。这些分析太复杂，这里无法重复，并且这个问题太富于感情色彩，不便简略概述。

判理论""垮掉的一代"以及其他浪漫的和主观主义的意识现在引起了知识分子的兴趣。一切都要受到重新考查。现在"没有一个人"再是马克思主义者。

当代的周期

1967—1970 年群众运动的高涨，反映了中国的发展、古巴的革命、越南的战争以及美国的人权斗争。在所有先进资本主义国家中，这种高涨都反映在革命马克思主义高度受到重视上面。"每一个人"（至少青年知识分子中的每一个人）再一次成为"马克思主义者"。主要的讨论又以马克思主义的语言进行。革命、阶级、阶级分析、帝国主义、人民战争、矛盾、辩证法等名词又（迅速地）流行起来，年轻人开始嘲笑 50 年代曾经非常时髦、而现在已变得陈旧了的自由主义语言（"意识形态的终结"）。民主、选举、议会、改良、自由主义等成了可笑的名词。先进资本主义国家的新左派反对议会道路，反对自由主义（模仿他们所欣赏的中国、越南和古巴的运动）。

一个组织和出版的新热潮开始了。在这个热潮中，复兴的左派发展了它的思想。在美国，实际上每一个大的学科在 1968—1971 年期间都建立了激进的组织——可能最持久、最有影响的是激进政治经济学协会。创办了许多新的左派刊物，继续出版的有：《社会主义革命》（70 年代中叶改名为《社会主义评论》）《造反的社会学家》《政治与社会》《激进的美国》《目的》（70 年代中叶抛弃了原来的马克思主义宗旨）《科学为人民》，这只不过是其中少数几种比较著名的刊物。引人注目的是，浏览一下左派书店里摆出的 1983 年的杂志，就会发现大部分左派期刊都办到第 14 或 15 卷。因此，1968 年这一代人留下了一笔仍继续存在的精神遗产，正如30年代后期和40年代的上一代人一样，他们办的刊物以相当健康的形式存在到60年代的有《每月评论》（1949）《前卫》（1948）以及《科学和社会》（1936）。像革命马克思主义的其他新主张一样，60年代后期的浪潮也有它的创新。这些创新一方面反映了它在第三世界掀起的强大的风波，另一方面也反映了它在欧洲和南美青年中的中产阶级基础。"第三世界"的概念（包含着既与西方资本主义又与苏联马克思主义有质的不同的意思）实际上已经成为通用的概念。"解放运动"的概念，受到越南民族解放运动的影响，实际上已被应用于一切进步的运动——如"妇女解放运动""性解放运动"，甚至还有"社会学解放运动"。反独裁主义以及各类新生活方式的实验受到了中国青年人反独裁主义思想和拉丁美洲与东南亚游击战士反对美帝国主义斗争的鼓舞（虽然这种两性的和生活方式的实验与"第三世界"运动的精神相距甚远）。"第三世界""有色人种"的斗争活动以及60年代美国黑人斗争骚乱的事实使得"种族"和民族问题成为重要的政治问题和理论问题。70年代期间，由于60年代复兴的革命热情消失了，像妇女运动这样的新概念倒是被促成了。

如第一次世界大战刚结束时的情形一样，早期阶段的着重点又被放在意志和想象力上面；实际上，卢卡奇和葛兰西的著作被恢复了名誉，并且比以前更多地被赋予了唯意志论和个人主义的解释。在复兴的后期阶段，也重新出现了对纪律和党的强调——只是在这时人们读的是列宁和毛泽东的著作，而不是卢卡奇和葛兰西的著作。批判理论重新流行，弗洛伊德特别受到重视。马尔库塞的《性爱与文明》和《单向度的人》成为极有影响的书（就像当年赖希的著作一样，不过赖希的著作还略有逊色）。

60年代的革命热情在法国路易·阿尔都塞（其次是尼科斯·波朗查斯）的正统马克思主义中得到了最深奥微妙的反映。阿尔都塞在整个

60年代和70年代早期是法国共产党内一位富有战斗精神的人。他最早的著作在1962年开始发表，对50年代后半期西方知识分子中流行的马克思主义自由化如黑格尔主义、人道主义、历史主义、存在主义、折中主义等进行了批判。他起初是前一次浪潮的产物，但他的名望和影响随着60年代新左派的发展而不断扩大，最后在70年代早期由于第三世界革命和群众性的新左派运动而达到了顶点，这样，阿尔都塞成了革命理论新潮中的一部分。

就个人而言，唯有阿尔都塞证明了传统马克思主义正统观念的复兴，并通过青年知识分子能够接受的语言对其进行了创造性的重新阐释。他也能把列宁的语言解释得使知识分子能够接受。当然，他的列宁跟卢卡奇的列宁是不同的，卢卡奇同样是在革命的意义上解释列宁的，但他的解释更具有唯意志论和罗曼蒂克的色彩。

不过，阿尔都塞（以及波朗查斯）给予正统马克思主义关于唯物主义、阶级分析、工人阶级、统治阶级、意识形态、国家、国家垄断资本主义等进一步概念化了的理论以极大的可靠性。阿尔都塞的"归根到底的决定作用"、意识形态国家机器、相对自主性等理论，赋予了正统马克思主义基本范畴以深度。最老练的欧洲知识分子再一次能够用一种能抵挡住（如果不是压住）他们的唯意志论、个人主义和唯心主义对手的理论来维护正统马克思主义。

到了70年代，美国的黑人反抗早已偃旗息鼓；越南战争逐步降级；学生运动平静下来，大学校内再一次罩上淡漠的气氛。随着革命热情的消退，马克思主义又一次进入危机阶段，旧的问题和答案不再令人满意。新的解释流行起来，这种新的解释起初大体上是在马克思主义的理论内部，但是越来越超出这个范围。像50年代一样，西方知识分子又一次离开革命的马克思主义。像任何时候一样，内容比措词变得更快。

在 70 年代的大部分时间里，实质上所有的人都依然自称是"马克思主义者"。但是这个名称和有关的论述几乎失去了全部内容。70 年代后期在法国，不久以后在其他西方国家，各种各样的个人主义、人道主义、经验主义以及改良主义的意识形态占据了主导地位。甚至解释学和符号学的神学范畴也流行起来。

当了短暂几年知识分子左派宠儿的阿尔都塞和波朗查斯，很快就名声变坏，成为"教条主义者"以至"斯大林主义者"。这给他们施加了极大的压力，迫使他们去重新获得声誉。作为一般的凡人，他们的最初的反映是对他们早期具有洞察力的正统思想进行基本上是改良主义的改造。波朗查斯在他的最后一部著作（1978）中转向了基本上是改良主义的政治分析，而阿尔都塞则因为"斯大林主义"而公开批评法国共产党。他们丢掉了那曾使他们变得伟大的东西。由于既不能在千人指责的情况下保持住他们的方向，又不能在这个不再时兴马克思主义的世界上重新调整他们自己，结果前者精神失常，害死了自己的妻子，后者则跳楼自杀了。他们作为知识分子形象的消失，使巴黎人高度崇尚像拉冈和福柯这样明显的非马克思主义者（这两人现在是红极一时的人物）。正像在 1968 年事件后对法国人的尊敬使阿尔都塞和波朗查斯在知识界备受尊崇一样，受尊敬的法国正统马克思主义的消失也很快就传遍知识界。现在"没有一个人"再是马克思主义者了。

对这个周期第二阶段很重要的名词和概念——阶级、唯物主义、经济危机、帝国主义、生产方式、无产阶级领导、统治阶级、阶级分析，等等——现在听起来越来越不协调。而民主化、自治、议会斗争、文化、多种因素决定、知识分子或妇女的领导作用、符号学等概念则成了时代的回声。

起初，这种新内容被勉强塞到旧的马克思主义名词里，"社会主义的自治"或对所有人的充分民主；知识分子是"新的工人阶级"；妇女（包括有专门职业者）是"真正的无产阶级"；阶级斗争在国家范围内发生；文化是一种物质力量；集中注意生产方式的决定论是否定政治作用的经济主义；剩余劳动比剩余价值更精确地表述了剥削的实质；等等。但是马克思主义范畴的延伸超过断裂点的情况很快就变得很明显，于是越来越多地抛弃旧的名词而采用新的名词。关于阶级、物质力量、党、无产阶级、社会主义、价值以及剥削理论等的讨论现在完全被当作多余的教条主义包袱（显然的确是包袱）而丢弃了。人道主义、经验主义、唯意志论、折中主义和唯心主义等现在已不再加什么掩饰，而且被拿来自豪地炫耀。

1968 年前后的主要的大规模示威运动以后，革命的马克思主义理论从群众斗争中日益孤立出来（这种斗争现在是由坚定的社会民主人士领导）。革命的马克思主义理论与西方的群众运动又一次完全分离了。

结　论

总之，马克思主义的发展留下了革命的正统思想同改良主义之间来来回回周期性运动的足迹，跳跃之后是停滞，与每个阶段强大革命运动的具体问题相对应。应该注意，马克思主义理论中较大的创新是在正统期间出现的，是同重申诸如阶级、革命、国家和唯物主义等这样的基本概念一起出现的，新的概念和理论的引进，是为了解决历史发展和革命实践中出现的新问题。因此，尽管宣称开放和与其他思想体系综合，实际上改良主义时期是最少创造性的，大多是重复以前的思想，如重复伯恩施坦的那些思想，比新的正统思想重复马克思或列宁的思想有过之而无不及。

实际上，富于想象力的和真正批判的理论盛行之时，恰是正统马克思主义占优势之际。正是在那时，马克思主义的思想与流行的各种意识形态极不相同（结果是更富批判精神），而且更可能产生出新颖的、富有想象力的远见卓识。相反，在改良主义的概念和综合占优势的时期，开放的盛行使得马克思主义的批判锋芒变钝（由于它的思想更相似于那些意识形态的主流），而且极少想象力和洞察力。

这些事实只是看上去令人啼笑皆非。现实为意识形态所遮蔽。无论正统的意识形态还是修正主义的意识形态都是如此，前者根据其经典思想而宣称自己是合法的，后者则以开放为基础，也宣称自己是合法的。但是，对马克思主义理论发展的严格研究表明，理论的发展不是出自于知识分子的头脑，而是出自于革命运动的需要和经验。

不论是在大学里还是在群众运动中，马克思主义理论的状况基本上是由社会运动的条件决定的，其危机也是如此，在危机期间，革命热情复苏，接着就出现了阶级斗争的尖锐时期。劳动人民的热情和想象力倾泻给知识分子。正统的、批判的和富有想象力的马克思主义复兴起来并接近领导地位。马克思主义再次变得与革命运动紧密联系时，它就重新获得了威力。

西方许多今天仍然坚持正统马克思主义的人跟巴基斯坦、拉丁美洲、南部非洲、中东或菲律宾等不发达国家的生气勃勃的群众运动有着紧密的联系，这并非偶然。

在先进国家中，革命的马克思主义统治时期，是与伴随严重的和持久的经济危机（甚至连续的战争更是如此）而发生的强大运动相对应的。因此，可以预言，开放的和改良主义的马克思主义当前的优势，将由于持久的经济萧条或战争而被推翻。旧时代的那种阶级斗争很有可能随着巨大的社会动乱及其引起的失望情绪而重新出现《实际上，先进国家革命运动的复兴很可能在那些伴随布尔什维克革命而来的马克思主义理论中引起富有想象力的创新。

（原文载于美国刊物《科学和社会》杂志 1985 年第 49 卷第 3 期）

（李惠斌 译　劳徒 校）

马克思对社会科学的贡献及其错误[*]

〔南斯拉夫〕勃朗科·霍尔瓦特

任何真正的科学都对我们生活所在的世界有所发现。这些发现可能是全面的，带普遍性的，于是它们就成为我们科学宝库的一个永恒的部分（如哥白尼关于地球绕日运行的发现）。它们也可能是局部的，不全面的，那时科学的进一步发展就会把它们纳入更一般的体系，它们在其中代表特殊情况（如牛顿物理学对爱因斯坦物理学而言）。然而，后来的研究也可能证明某些所谓真理只是错误。有可能进行明确的反驳，是科学的一个根本特征。在宗教、政治或艺术中，也就是在凡是与价值观念打交道的领域中，都不存在这种可能性。所以，发现错误是科学及其发展的标志。我想在本文中分析一下马克思对社会科学的贡献。由于篇幅有限，将只能考察马克思著作的一些较重要的部分。我不打算大量引用原文来进行解释，而将运用通常的证明和反证的科学方法。

---

* 本文选自《马列主义研究资料》1985 第 5 辑。

原题注：作者系南斯拉夫贝尔格莱德大学经济学教授，著有《社会主义政治经济学》等书。本文是他在巴黎 1983 年 12 月举行的马克思学术讨论会上的发言，发表在南斯拉夫实践派主要代表人物米海洛·马科维奇主编的《实践》杂志国际版 1984 年 10 月号上。它在一定程度上反映了实践派对马克思主义所持的态度。——译者注

科学贡献

马克思受到的赞誉和辩驳，比任何其他的学者都要多。然而，如果我们想要找到对他的科学贡献和错误的简明扼要的分析，那么我们就会发现，至今尚未写出这样的东西。在这方面，约瑟夫·熊彼特在他的巨著《经济分析史》中曾有一段颇能说明问题的自白：马克思的"著作不是通常意义上的分析性著作，本书作者才疏学浅，无力对它作出应有的剖析，不应该用他的凡俗的手去亵渎它"①。原因可能是，马克思主义不是通常那种分得很细的学科，像生物学中的达尔文主义那样；它不只是经济学，而且还是许多其他的东西，几乎是一种包罗万象的社会科学。所以，要进行正确的评价，必须把这种复杂的广泛性都加以考虑。我们可以顺便提一下，也正是由于这个缘故，马克思主义成了神圣化和庸俗化的理想对象。

这种学说的作者必须是一个学识极其渊博的人。首先，马克思是一个受过良好教育的资产阶级知识分子，拥有当时丰富的文学和古今文化的知识。在大学里，马克思受了律师和哲学家的训练。他挑选的研究领域是经济学。作为经济学家，他阅读了那时所写的一切东西，同时代的经济学家没有一个能够在学问上和他相比。他密切地注视着自然科学的发展，因为这种发展有助于扩大生产力，而生产力最后会促进生产（即社会）关系的形成。他给自己提出的改造世界的宗旨，要求进行广泛深入的历史方面的研究：经济的、社会的和政治的。也要求进行社会学方面的研究。当他没有得到恩格斯帮助时，他要撰写新闻报道来谋生。作为新闻工作者的活动，与他在德国革命中、各种不同的社会主义团体中

---

① J.熊彼特：《经济分析史》1955 年纽约版第 385 页。

和第一国际中的政治活动有密切的联系。

尽管如此，要把马克思评价为一个出现得较晚的文艺复兴时代的人物，则是错误的。他不只是有渊博的学识和创造性地参与了他那个时代的文化。他的全部学术和政治活动都服从于一个唯一的目标：推翻资本主义制度。因此，要成为一个能理解和继续导师事业的马克思主义者，就需要掌握那些同样的学科和实际活动。

尽管马克思学识渊博，但是对他提出的目标来说，还是在两个方面有严重欠缺。一个方面是心理学，另一个方面是数学。马克思不能够利用任何严肃的心理学书刊，因为这个学科当时几乎不存在，至于经验的心理学研究则更不能够利用，因为根本没有这种东西。因此，虽然他的洞察力惊人，特别是在社会心理方面（这方面的情况只是在本世纪中叶才由艾里希·弗洛姆发掘出来），然而马克思基本上依旧是他那个时代的理性主义的产物。这种理性主义应用于所分析的社会时，就堵塞了他的心理学洞察力。社会化的影响、群众运动的不合理现象、民族主义——这一切都逃过了他的分析。由于这个缘故，在他的卷帙浩繁的著作中没有对经济及其他方面代理人的动机进行充分的分析。在他看来，工人阶级不是一群具体的人，而是一个按照他那个时代的典型理性主义方式构想的历史决定的范畴：如果历史决定的利益如此这般的话，那么代理人只能如此这般行动，就是说，他们的行动是完全被预先决定了的。这里没有认识到，利益在行动阶段达到之前必须以心理（如社会化）作为中介。在马克思那里，心理被逻辑所取代。由于这个缘故，要用他的分析手段来说明德国工人阶级在法西斯主义统治下的行为、南非工人的种族隔离制度和美国工人阶级的保守主义，是得不出结果的。"自在阶级"和"自为阶级"的说法没有多少用处，而在困难情况下发明出来的工人贵族的概念几乎用不上。

第二个方面的欠缺，是缺乏数学修养。的确，那时只出现过一个懂数学的经济学家，即库尔诺（能说明问题的是，他是没有被马克思注意到的唯一的重要经济学家），但是这丝毫不能改变马克思缺乏数学修养的后果。好些有独创性的分析上的创新都被数字例子和计算错误扼杀了。有趣的是，直至本世纪 30 年代的弗洛姆、朗格和卡列基为止，所有马克思主义者都表现了对心理学和数学知识的同样缺乏，而且甚至今天的"马克思主义者"也有同样的毛病。

让我们先来看看作为经济学家的马克思。

一般都认为，马克思对经济学的主要贡献是劳动价值论。然而，这种看法必须作很大的修正。在这一领域，马克思几乎是完全从斯密和李嘉图那里继承了他的分析概念，所以他可以被认为是最后一个古典经济学家。劳动被称作价值的源泉，可以回溯到康替龙（18 世纪前半叶），对他来说，这是指农业劳动，然后通过书刊一直继续到古典经济学家，对他们来说，这是指任何（生产）劳动。李嘉图社会主义者从这个原理中得出了社会主义含义：如果说价值由劳动决定，利润是价值的一部分，那么利润就是未付酬的劳动的产物。李嘉图社会主义者有过下述说法：威廉·汤普逊使用了"剩余价值"这个术语[1]，约翰·格雷把利润、利息和地租描写成所有者向非所有者的劳动征收的税[2]；托马斯·霍吉斯金在他的《捍卫劳动》（1825）一书中把作为劳动体现的资本和

---

[1]　巴勒蒂奇教授提醒我，P. 莱文斯顿早在 1821 年，即比汤普逊早三年使用剩余价值概念。

[2]　"我们已力图证明，国家的真正收入，即由人民的劳动每年创造的财富，是主要通过地租、房租、货币利息以及那些用一个价格购买劳动、用另一个价格出卖劳动的人所获得的利润来从这些财富的生产者那里取来的；只要个人竞争的制度存在，这样以地租、利息和利润形式向劳动大量征税就必定永远继续下去……"（约翰·格雷：《论人类幸福的讲演》1825 年版）

作为社会关系的资本区别开来，这本书曾被马克思称作"优秀的著作"；约翰·布雷计算剩余价值率为 200%，虽然他没有使用这个名词①。还可以补充一点，早在 18 世纪中叶，魁奈就已经非常确切地区分使用价值和交换价值②，后者包含有市场交换的意思。因此，在马克思诞生时，或者在这之后不久，一种激进理论所必需的一切成分都已经有了。马克思就用这些成分制成了他的价值理论。

他首先通过把作为商品的劳动力同作为价值创造者的劳动区分开来，消除了那个不必要的不等价交换的假定。劳动力按其价值出售，然而这个价值小于劳动创造的价值。差额——剩余价值——由所有者占有，这个差额和工资之间的比率——剩余价值率——是剥削的标准。其次，马克思利用商品的二重性——使用价值和交换价值——得出劳动的二重性——具体劳动和抽象劳动。商品的价值由社会必要劳动时间决定，市场价值（价格）在这样决定的价值周围摆动。

这一理论非常富有独创性，可以看作是一项重要的科学成就。但是就其本身而言，肯定不是一个划时代的发现。然而在这里，马克思作为哲学家和社会学家登上了舞台。商品开始被看作物神，劳动及其产品则被看作与劳动者相异化，剩余价值的占有成了阶级统治的基础，而经济

---

① "一切利润必定来自劳动……游惰阶级之所得必然是勤劳阶级之所失。""资本家和土地所有者所做的只是：他们对工人一星期劳动的偿付，是他们上星期从工人那里取得的财富的一部分。"不平等交换的制度"剥夺了每个工人正当收入的三分之二，来保持那些不劳动者的优越和富裕。"（约·弗·布雷：《对待劳动的不公正现象及其消除办法》1839 年里昂版）

② "在一个国家中，应该把有使用价值但没有销售价值的财富同有使用价值并且有销售价值的财富加以区分……"（《魁奈的经济表》1972 年伦敦版第 9 页）马克思在亚里士多德的《政治学》中找到关于区分使用价值（物的"正当"用途）和交换价值（物的"非正当的或从属的"用途）的最初提示。

结构产生出特定的社会关系体系，这个体系在路易·勃朗以后开始被称作资本主义。从商品的性质中引出一个社会形态的特征，的确是一个很富有成果的科学假说，一个划时代的发现。在这一切当中，人类劳动表现为一个根本的分析范畴，它使得有可能把像经济学、社会学和哲学这样各不相同的学科综合起来。由此开拓出的新天地与李嘉图经济学的专门观点很少联系，这一点连诺贝尔奖金获得者保罗·萨缪尔森也未能理解。①

在分析的创新当中，最重要的肯定是包含在《资本论》第二卷中的那一个。我指的是那个关于商品和货币在经济过程中循环流动的根本思想。马克思在这里也并不是完全独创的。他的先驱者是魁奈及其《经济表》，在魁奈之前又有康替龙（1730 年左右），他们考虑了社会产品在农民、土地所有者和工匠之间的分配循环。然而，马克思用资本和消费品之间的现代分析区别取代了生产阶级和非生产阶级之间的历史特殊区别。这样他就创造了一种两部类的模式，这种模式只是经过 80 年的间隔之后，在第二次世界大战期间才得到发展，今天成了制造经济过程模式时最有用的分析工具。

马克思需要用他的模式来证明无计划的市场经济中的结构不平衡造成周期性危机的高度可能性。这样，他在凯恩斯之前 65 年驳斥了著名的萨伊法则，根据这一法则，每一次销售都为自己创造需求。然而，为确切起见，我必须指出，对萨伊法则的明确批判，马克思是以另一种方式提出的：他强调商品不是简单交换的，而是用货币买卖的，而货币不是像萨伊以为的那样仅仅是交换手段，而是还有别的职能。换句话说，购买力和需求是两码事：赚得的钱不必被花掉，需求和供给不必保持平

---

① 萨缪尔森把马克思描写成一个"小李嘉图主义者"。

衡。因此，萨伊法则是错误的，因为供给和需求无论在结构上还是在数量上都不必相适应。

再生产公式也为现代的投入产出分析和经济增长模式化预先做了准备。最后，静止经济和增长经济——按马克思的说法是简单再生产和扩大再生产——之间的区别，是一种根本的分析区别。因此，马克思可以被看作现代增长理论的先驱者。

然而，由于没有受过充分的数学教育，马克思未能利用他的分析创新的潜力。他用大串冗长的数字例子来阐述公式，这些数字例子占去了第二卷的数十页篇幅，后来恩格斯不得不花几个月功夫来为它们改正算术错误，可是它们既无助于详尽的分析，也无助于概括。这些公式曾成为许多不太有分量的马克思主义者的指针，其中最杰出的是罗莎·卢森堡。她在《资本积累》中的基本结论——不获得新的（殖民地）市场，资本主义再生产就不可能进行——是彻底错误的，因为她利用一个任意的数字例子得出一个毫无根据的概括。同样，20 年以后，亨利克. 格罗斯曼（《资本主义制度的积累和崩溃规律》1929 年版）构想了一个不变资本比剩余价值增长得更快的例子，然后得出了这样一个惊动世界的结论，即在不久之后，剩余价值将枯竭，从而造成资本主义制度的崩溃。利用现代的分析技术，我们能够从用少数几页数学经济分析作的说明中得到详尽的信息，而决不会得出上述荒唐结论。[①]

马克思的工作还使得有可能作出其他没有被他利用的分析创新。让我只提其中的两处吧。马克思作为一位增长理论家，比他同时代人更多得多地了解技术进步在经济上的重要性。他按照资本技术构成（今天通

---

① 参看 B. 霍尔瓦特：《经济模式》1962 年萨格勒布版第 6 章。

常叫作"资本强度"，是抽象技术的四个组成部分之一①）和资本有机构成来论述技术进步。利用资本有机构成和剩余价值率的概念可以对技术进步进行这样的分类，以致有可能得出劳动的价格理论。此外，这一分类很容易转变成为罗伊·哈罗德的分类，它是在上次世界大战之前才制定出来的。② 为了对这个问题有个正确的看法，必须补充说，只是在最近30年中才有了对技术进步的令人满意的分析。

第二个没有被利用的创新涉及一种我称作折旧增值的奇怪现象③。马克思在研究了经济增长以后发现，折旧费和设备更新费并不相等。差额是没有任何实际花费时所产生的积累。马克思写信给作为从事实际业务的工厂主的恩格斯，问工厂主在实践中是怎样处理这些多余的钱的。恩格斯没有理解这个问题，援引财务情况作了回答。在这次交换信件之后，马克思停止了对这个问题的研究。这个问题需要数学处理，只是在本世纪50年代才得到令人满意的解决。

较重要的经济学贡献的最后一个，是关于商业循环周期性的思想。在这方面，马克思为克列门特·茹格拉尔的工作预先做了准备。马克思企图对商业循环作统计学的和数学的描写，但是由于在这两个领域都缺乏足够的知识，不得不非常失望地放弃这种打算。虽然马克思主张人类只提出自己能够解决的问题，但是他本人却不断提出他不能解决的问题（而且是他那一代任何其他人也不能解决的问题）。商业循环的作用过程在马克思看来大致是这样的。兴旺时，劳动就业增加，后来劳动资源

---

① 参看 B. 霍尔瓦特：《经济分析》1971 年贝尔格莱德版第 3 章第 1 节。

② 参看 B. 霍尔瓦特：《经济分析》1971 年贝尔格莱德版第 3 章第 3 节。

③ 我在《计划经济理论》（1964 年纽约版）的附录二中叙述了这一发现的前后情况。

甚至完全枯竭。结果工资提高，利润下降。过了一定点之后，较低的赢利性导致停滞，商业趋势反转过来。投资收缩，产量下降，工人被解雇，工资下降，总需求甚至进一步减少，价格下跌，个别公司破产。资本家们为了在市场上求得生存，通过采用发明革新来进行竞争。节省劳动的革新增加失业，降低工资。同时，旧设备被废弃，而代之以效益较高的新设备，投资需求增长，赢利性增加，这样又开始了一个新的兴旺期。马克思在强调革新浪潮是循环性兴旺期的机器方面，是熊彼特的先驱。

马克思的第二个划时代的发现，是作为一个研究历史的社会学家作出的。这一发现的产生经过也许可以这样描述。马克思从黑格尔那里学会把世界不是看作一块事先确立了和谐的地方，而是看作一种充满矛盾的东西。黑格尔的历史哲学认为历史发展是绝对精神的自我发展，这种历史哲学一定对马克思在思想上产生了很深刻的印象，但是它的思辨性质是他所不满意的。于是他就决心要弄出点更好的东西。在历史学书刊中，马克思偶然发现法国历史学家把历史解释成为一连串的阶级斗争。那是非常符合黑格尔的矛盾斗争观和他自己在莱茵地区从事新闻记者工作的经验的。其次，马克思从法国18世纪的唯物主义者获悉人类是环境的产物。进一步的历史研究使他确信，生产力和社会结构的发展之间有一种平行关系。在生产力的一定水平上，产生出一定的社会阶级和社会关系。因为生产力在客观上是一定的，人们显然必须使他们的社会组织来适应生产力。因此，就不是意识决定社会存在，而是相反，社会存在决定社会意识。这样，就提出了（到那时为止）最有成效的社会学假说。这个假说后来成了众所周知的历史唯物主义或对历史的经济解释。黑格尔的历史哲学在他的学生手中，变成了社会经济发展的社会学。

生产力的发展和社会关系的发展都有一定的独立性，只是后者由于统治阶级固有的保守性而有落在后边的倾向。当矛盾大到构成对生产力进一步发展的障碍时，阶级斗争的辩证法就产生革命，使社会关系与生产力一致起来。

这一理论被应用于马克思所认为的终生目标是很明显的。资本主义通过自身的发展，为自己从世界上消逝准备条件。发展得越快，最后审判的日子越近。还需要决定的，只是哪个社会阶级将是社会变革的载体。在所有现存的阶级中，只有被剥削阶级可能对消灭剥削感兴趣，只有非所有者阶级可能对消除充当剥削基础的所有制感兴趣。符合社会变革历史主体的这些情况的唯一阶级是工人阶级。因此必须使这个阶级在政治上组织起来，以便夺取政权，加速社会主义变革。

马克思和恩格斯在世时，就建立了头一批工人的社会民主政党。几乎所有这些政党当时都是马克思主义的，其中有许多甚至今天还与马克思主义保持直接或间接的关系。如果可以用这点作为评价的标准的话，那么在以前还是以后都没有任何其他一个政治理论家像马克思那样对政治运动的形成产生了如此深远的影响。这多少说明了他的理论的科学基础。上面描述的各种科学贡献已成了经济学家和社会学家的共同遗产，不管他们的意识形态的或政治的信念如何。真正的科学总是放之四海而皆准的，虽然科学真理有时经过一些时候才能被接受。

马克思关于社会主义社会和经济说得很少，即使这很少的一点东西也不是独创的。国家消亡的想法是在他那时的社会主义圈子里普遍接受的观念。在共产主义制度下对人的管理将被对物的管理所取代这一设想取自圣西门，并没有作进一步的阐述。无产阶级专政是过渡时期的必要前提条件这一论断取自布朗基（虽然它在马克思手中有了本质的改变：它本来只表示无产阶级取代旧统治阶级，而没有对旧统治阶级实行政治专政的意思）。用两个分配公式对共产主义社会两个阶段进行区分的思想属于马克思，但是这两个公式本身却不属于他。"按劳分配"取自圣西门主义者，而"按需分配"则取自路易·勃朗。

直到马克思为止的整个社会主义传统——从16、17世纪的莫尔和康帕内拉直到19世纪的空想主义者——都是集中制的。在马克思作为人和科学家形成以前，只出现过一个无政府主义者——很少为人所知的葛德文。马克思认为欧文和傅立叶的协作主义实验是（实际上也是）空想主义的，但是他从未想到整个经济可以按类似方式组织起来。像路易·勃朗和拉萨尔试图搞的那种由政府出钱办的自治工厂，在马克思看来不仅是不现实的，而且是反动的。不可能依靠资产阶级国家的恩赐来建设社会主义。他不怎么相信合作社。因此，在发生革命以前，马克思不指望会有任何明显的社会主义发展，至于革命以后的新社会经济秩序，他想象那将是集中制的，因为这种秩序要满足共同的社会利益，而共同的社会利益是不能分割的。这种集中制的立场在巴黎公社的影响下作了修正。马克思似乎变成了一个笃信的协作主义者，恩格斯曾坚决主张：请看公社吧，这就是无产阶级专政！然而，无论是马克思还是恩格斯都没有超出一般声明，没有超出对公社战士的个别实际措施的颂扬。为了使历史形象完整起见，必须补充一点，即在公社中，政治方面的决定是由布朗基主义者作出的，经济方面的决定是由蒲鲁东主义者作出的，国际成员是少数派，没有直接影响。可见，马克思对一些社会主义集团的思想本来不同意，一旦这些思想在实践中证明有价值，他也能加以吸收。这也是现在的"马克思主义者"所没有的一个特征。

错　误

可以区分三类错误：分析上的、方法论方面的和预见方面的。最重要的分析错误，是企图在理论上证明资本有机构成的增长。这不是理论问题，而是经验事实问题。马克思看到，在经济增长过程中资本的技术构成（每个工人所摊的资本）不断增长，于是就得出结论，有机构成（每单位可变资本所摊的资本）也将增长——尽管出于技术进步，对资本的两种组成部分都需要继续进行重新估价。现有的统计资料表明，在马克思那时，有机构成的确是不断增长的，而且这种增长一直持续到本世纪初，到第一次世界大战以后这种趋势才反转过来。①

有机构成的增长为马克思得出利润率下降规律提供了根据。既然根据是错误的，那就不可能有任何这样的规律。然而存在着利润率下降的趋势，不过是由其他原因造成的。假定没有任何技术进步（或技术进步不够），资本的形成就导致投资的边际效益降低，如无其他情况，就会迫使利润率下降。

在一定的意义上，马克思的错误产生了没有意料到的戏剧性后果。年轻的列宁不知道推理上的错误，把这条"规律"应用于再生产公式，得出了一个虽然不确切然而合乎逻辑的结论，即为了使继续再生产成为可能，第一部类（生产资料）的增长必须快于第二部类（消费资料）。这后来成了苏联的一个教条，而且这种官方的"科学"观点一直持续到今天。

其次一个错误可在马克思计算价格的方法中看到。随着资本主义的

---

① 参看我的《经济分析》第 221—235 页。

发展，固定资本的重要性不断增长，个别资本在有机构成上的差别也不断增长。简单的斯密－李嘉图式的劳动价值理论显然再也不能说明价格的形成，连大约的数值也不可能求得。需要改变这个理论。马克思把问题确定为价值向价格的转形。转形问题至今还在受到人们的讨论，马克思对这个问题的解决是错误的。他假定剩余价值率在不同的工业部门中相等。由于有机构成不同，这造成不同的利润率。竞争使利润率拉平，从而建立新的价格。为了达到新的价格，马克思用总剩余价值与总资本相比来计算平均利润率，然后把所得到的平均利润率应用于每一个别的资本。错误在于没有认识到，以"生产价格"取代"价值"价格，须对固定资本进行重新估价。既然没有进行这种重新估价，就不知道固定资本的新价格，也就没有可以对之应用利润率的任何东西。

转形问题至少可以用两种方式解决。不管有机构成的差别如何，马克思的方法可以被看作一种近似法。因为可以通过重复同样的计算多次来表明一连串近似值趋于一致，我们可以达到正确的答案。另一个可能的解决办法是波特凯维奇在这个问题提出半个世纪以后提供的。波特凯维奇应用了一个联立一次方程式的体系。这个体系可以用不同方式确定（后来的经济学家使用别的假定），没有任何独特的答案。

这时我们遇到一个纯粹理论问题。解决转形问题显然是可能的。但是我们为什么必须首先提出这个问题呢？换句话说，如果个别商品的价格不取决于劳动价值，能够直接得出，那么劳动价值有什么用呢？马克思需要劳动价值，显然是由于"劳动"范畴在他的社会理论中所起的作用。然而，为了那个目的不必考虑个别的资本家和个别的资本。只需考察总资本和总劳动，从而把资本家阶级和工人阶级并列起来就够了。在那种情况下，总剩余价值按现有价格等于总利润，不需要重新估价，剩余价值率（即剥削率）和利润率可以直接计算（假定总资本的有机构成不变）。很清楚，个别的剩余价值率在不同工业部门将是不同的，但是这与任何东西都不冲突。

虽然有可能使马克思的方法摆脱矛盾，但是最好还是要我们的理论去完成一个抱负更大的任务：把价值理论和价格理论合成为两个单一的劳动价格理论。在马克思逝世 100 年以后，这个任务仍然没有完成，这对马克思主义者的理论能力不是特别有利的见证。不过，这个问题的解决现在似乎已有希望。

最严重的方法论方面的错误可以在马克思著作的社会学部分看到。这就是那个关于直线式社会经济发展的未经证明的、甚至未经考虑的不言而喻的假定，以及与它密切有关的关于硬性历史决定论的假定。马克思本人曾在历史研究中意识到，与欧洲的古代社会同时，在亚洲存在着一个很不相同的社会（埃及也应该包括在内）。马克思把它称作"亚细亚生产方式"或"东方专制主义"。我们也可以把它叫作"原始国家主义"。这种社会经济形态在 1000 年以后又再次出现在拉丁美洲的庞大印加帝国中（有些历史学家和人类学家，最近还有些游击战士，意味深长地将它称之为"社会主义的印加帝国"）。因此，欧洲的社会经济形态更替方式并不带普遍性。如果说过去没有直线式的更替，那么为什么在将来就应该有呢？换句话说，没有任何正当理由设想在资本主义之后一定是社会主义，并且已为盲目的历史决定论所注定。其他的可能性也是会有的。把斯大林主义的专政称作革命的无产阶级专政，把一个有古拉格群岛的社会称作社会主义社会，显然是对马克思和马克思主义的嘲弄。

其次一个方法论方面的缺陷，是由于对经济和政治活动者、个人、集团和阶级的动机和行为缺乏社会心理分析造成的。社会主义社会被看作一个在经济上和政治上集中的社会，在那里，商品、货币和市场已经被消灭，被国家所有制和无所不包的行政计划所取代。当列宁和他的同事开始在苏联建造这样一个社会组织时，他们只是继续两个国际的优秀传统。同时，这个集中制和等级制的社会又被假定是一个由自由平等的个人组成的社会，国家正在消亡，而在巴黎公社以后，则被设想为一个由各种在经济上和政治上自治的集团组成的社会。这种（行为上的，而不是逻辑上的）矛盾完全包含在列宁的《国家与革命》中，作者（假定他是诚实的）丝毫没有觉察到。当革命胜利后，这种唯意志论的概念不能付诸实现时（因为实践不同于"革命"理论，不能容忍矛盾），正是那些最富于社会主义的因素（自治、自由、平等）被牺牲了，而那些维护国家的思想（等级制、行政计划和加强国家）则被保存下来了。

缺乏动机分析至少部分地是作出错误预言的原因。如果说工人阶级是资本主义发展的产物，同时又是革命变革的历史代理人，那么社会主义革命就应该在最先进的资本主义国家中爆发。工人阶级是否要实现革命的问题没有被提出。它按照历史的命令必须实现革命。然而，在实际的历史中，革命发生在较不发达的国家中（如中国），那里甚至连工人阶级也没有，因此革命由知识分子领导，由农民实现。

这儿不是详细讨论社会主义革命这个伟大主题的地方。① 只需要指出这样一点就够了，即在一些工人阶级微不足道的不发达国家中爆发了暴力革命，而在有成熟的和人数众多的工人阶级的先进国家中，这种革命既不大可能，也没有必要。② 但是在一个方面，马克思的历史唯物主

---

① 参看我的《社会主义政治经济学》1982 年纽约版第 14 章第 1 节。

② 马克思本人在 1872 年的一次演说中竟也承认，美国、英国和荷兰有可能通过和平途径实现社会主义变革。

义提供了正确的指示，即不管是否经过革命，社会主义在发达国家中比在不发达国家中更有可能。今天最发达的国家，或至少是最发达的国家之一，是瑞典。这个国家即将把资本（工资赚取者的资金）社会化，并且把自治作为经济组织的普遍制度建立起来。政治民主和社会服务有悠久的牢固传统。今天是瑞典还是苏联更接近社会主义，这个问题的答案是非常明显的。

对革命作出错误预测的第二个原因，可以在对阶级结构变化的推断犯的错误中找到。马克思曾预期资本主义发展将毁灭小资产阶级，使社会两极分化为资本家和工人，后者将成为人口的绝大多数。实际发生的情况是中间阶层迅速增长；体力劳动者在从业人口中的比例从来没有较多地超出百分之五十。而从大约 1950 年以来，由于工人的绝对数字减少，这个比例还在下降。

除了两极分化以外，马克思还预期工人阶级会贫困化——如果不是绝对的，至少也是相对的。那应该是资本主义积累一般规律的结果。①这个有点马尔萨斯味道的规律本来应该借助劳动后备军使工资保持在维持生存的水平上，然而在产业革命之后不久就不再起作用了。从那时以来，体力劳动者的生活水平提高了好几倍，他们的政治权利和社会地位，由于马克思本人的帮助以及工会和工人政党的斗争，与 20 世纪中叶相比已变得难以认识了，那时在所有欧洲国家中工会是遭到禁止的，工人阶级的政党则根本不存在。关于这些变化，我们可以这样概括地说：工人已经使制度人道化，而制度已经使工人与社会一体化。在这种

---

① 一方面，这条规律应该通过资本有机构成的增长，引起资本过剩，降低利润率（迫使人们去征服殖民地市场）；另一方面，它造成劳动过剩（由此引起的工人阶级贫困化应该产生出革命的潜力）。

形势下，暴力革命是不大可能的，但是朝社会主义方向的激进改变则是很可能的，而且实际上在进行着。

马克思主义的定义

人们不靠重复马克思的错误来成为马克思主义者——这至少不像是明智的行为。另一方面，严肃的学者一般都承认马克思的科学贡献。因此，靠接受马克思的这部分教导，并不能确定一个人的立场，因为缺乏特殊性。那么，什么是马克思主义的意义呢？

虽然现代物理学是建立在普朗克和爱因斯坦的思想的基础上，然而物理学家们并不称自己为普朗克主义者和爱因斯坦主义者。如果需要作补充的说明，人们会提到量子物理学和相对论。另一方面，为什么我们除了譬如说历史唯物主义之外，还要特别把马克思主义叫作一个学派呢？一个可能的答案，是提醒注意生物学中的类似情况。在 20 世纪，生物学家们分成达尔文主义者和拉马克主义者。在一般都承认拉马克的观点没有科学根据以后，剩下有科学根据的一切都是达尔文主义。这使得这个名词成为多余，因为它已失去它的区分职能：一切或几乎一切生物学家都是达尔文主义者。

在社会科学中，严格论证的可能性较少，各种不同学派可以长时期共存。因此提出了这样的问题：马克思主义作为社会科学中的一个方向有何特点？看来，为了下定义的目的，马克思的科学发现不是决定性的，虽然譬如说历史唯物主义能够使马克思主义确立为一种独立的理论。决定性的东西看来是研究社会现象的方法论。马克思在方法论上的创新可以概括如下：

——逻辑方法和历史方法相结合。由于不可能做类似自然科学中的实验那样的宏观社会实验，用这种办法可予以弥补。

——坚持社会现象的复杂性。借助于像经济学、社会学、心理学等部门学科不可能对社会现象进行令人满意的研究，采用几种学科也不够。我们又需要综合，需要整体的观点。

——把发展过程看作一连串动态的不平衡（在经济中），或者一连串冲突的解决（一般在社会中）。

——最后，有一些历史唯物主义的原理，可以归结为社会存在决定社会意识这样一个前提。

对上述方法论原理还应该补充一条力求在现代文明提供的条件范围内使世界人道化的明确伦理准则。这种可能的和绝对必要的人道主义就是所说的社会主义。这一伦理准则又产生出一条方法论原理：

——批判现存的一切。当然不是要虚无主义地否定一切，而是要对未实现的可能性进行批判的重新考察。如果世界需要改造，那么凡是偏离、落后或者反对时代要求的一切都应该受到批判。与现实的、现象的东西妥协，意味着保守主义。马克思主义的革命行动主义意味着批判无所不在，批判是一种方法，批判"既不害怕自己的结果，也不害怕和现存权力发生冲突"。

因此，可以借助五条方法论原理和一条伦理准则来给马克思主义下定义。然而，为了成为马克思主义者，单是公开赞扬上述六条是不够的，还必须应用它们。所以，马克思主义不是马克思在 100 年前所写下的东西，那些东西可以阅读，可以用一些语录来证明，但是那应该叫作马克思学。马克思并没有建立一个体系（像他的老师黑格尔所做的那样）。用他自己的话说，他"抛弃了一切体系，而代之以批判地了解实际社会运动的条件、进程和一般结果。这样一种了解，是不能跟在别人后面死板地重复的"①。

（庚生 译）

① 参看《马克思恩格斯全集》第 1 版第 14 卷第 477 页。

马克思主义：是科学还是革命？[*]

〔意〕L. 科莱蒂

列宁的《国家与革命》

马克思主义是科学还是革命？做出这一抉择，不论过去还是现在一直都是人们面临的一个难题。问题的解决并不如人们时常所想象的那样简单。让我们先从第一个命题谈起——马克思主义是一门科学。这一论点或许可概述如下：马克思主义是关于人类社会发展**规律**的一种学说。在《资本论》中，马克思研究和分析了支配资本主义生产发展的规律，他把这个"机构"分解成碎片，并加以描述。作为一种科学理论，马克思主义的基本内容是发现客观因果关系。它发现和分析使资本主义体系发挥作用的规律，描述从内部损害这一体系并预示其命运的许多矛盾。但《资本论》就其是一部科学著作而不是意识形态著作而言，将不允许这种分析受到"价值判断"或主观选择的玷污：它只是进行"根据事实作出的判断"、客观的判断，归根结底亦即普遍有效的证实。科学的命题是以陈述的语气阐述的。它们并不提出"选择"或结局。不可能从客观的、公正的科学陈述中推演出规则命令一类的东西来。这

---

* 本文选自《马列主义研究资料》1989 年第 3 辑。

就是希法亨在他的《金融资本》序言中发挥的著名论断（第二国际所有正统马克思主义或多或少地都持这种论断），"马克思主义只是一种关于社会发展规律的学说"，"这些规律，在马克思主义的历史观中获得了它们的一般公式，被马克思主义的经济学运用于商品生产的时代"，"马克思主义，是一种科学的逻辑和客观的理论，并不为价值判断所束缚。"马克思主义作为一门科学，它的任务是"描述因果关系"。"社会主义"与"马克思主义"并不是一回事，虽然它们经常被混为一谈。社会主义是一种结局，一种目标，一种政治意志和行动的对象。而马克思主义作为一门科学，是客观的、无偏见的认识。人们不带有结局期望，便能够接受科学。希法亭说，"确认马克思主义的正确性，绝不意味着今天任何人都要对'和平的议会道路'表示怀疑。"

我不会愚蠢到设想列宁是**反对**暴力的。他赞同武装起义，就像他在1917年7月支持过革命的和平发展那样。他按照不同的环境赞同这种或那种主张的人。但在一点上他的思想是不可改变的：在**任何**情况下，都必须**打碎**国家机器。

革命得以成功的道路，在某种程度上是偶然的：依赖于某些预先无从讨论的必然事变。流血的数量本身也不能说明革命过程是否彻底。革命的主要之点在于，它所不能放弃的**打碎**（暴力自身并不能为之提供充分的保证），是打碎作为**脱离**群众并与群众相对立的政权——**资产**阶级国家，并为一种新型的政权所取代。其主要之点就在于此。

按照列宁的观点，必须打碎旧的国家，因为资产阶级国家依赖于与群众相分离和异化的政权。在资本主义社会，民主至多也"始终受到资本主义剥削制度狭窄圈子的限制"。"大多数居民……被排斥在社会政治生活之外资产阶级国家的全部机构都是限制贫苦人民，"把他们排斥、挤压在政治生活、积极参加民主活动之外。"社会主义革命如果继续保持这种国家类型，就必定使群众与政权之间的**分离**，它们的**依赖性**与从属性之间的**分离**也继续存在下去。

如果生产资料的社会化意味社会从资本的统治下解放出来，成为它自己的主人，使生产力处于它的自觉而有计划的控制之下，那么，这种经济上的解放得以实现的政治形式，只能以生产者的主动精神与自治为基础。

这里我们就涉及《国家与革命》的实际的基本命题。打碎资产阶级的国家机器，不是要火烧内政部，不是要进行街垒战。这些都是可能发生的，但它不是主要之点。就这场革命而言，本质的东西，是打碎使工人阶级与政权相分离的隔膜，使工人阶级得到解放和自决权，使政权转移到人民手里。马克思说过，巴黎公社已经证明"工人阶级不能简单地掌握现成的国家机器，并运用它来达到自己的目的"。不能这样，因为社会主义革命的目的不是使"官僚军事机器从一些人的手里转到另一些人的手里"，而是使政权直接转到人民手里，如果不首先打碎这种机器，就不可能做到这一点。

下面几句话要求最严肃的反思：社会主义革命不在于军事官僚机器"从一些人手里到另一些人手里"的转移；按照马克思的说法，军事官僚国家机器的摧毁，是"任何一次真正的人民革命的先决条件"，而列宁评论道，一次"人民的革命"是"人民群众，大多数人民，遭受压迫和剥削的社会最'底层'都自己站起来了，给整个革命的进程打上了自己的烙印：提出了**自己**的要求，**自己**尝试着按照自己的方式建设新社会来代替正在破坏的旧社会"。①

---

① 《列宁选集》第 1 版第 3 卷第 204 页。

这段话的意思是清楚的。摧毁旧的机器，就是摧毁资产阶级国家强加于民主之上的**限制**。这是从一种"狭隘的、受限制的"民主向着充分民主的转变。而且，列宁又补充说，"充分的民主，本质上是不同于不完全民主的东西"。表面看来形式上有某种差别，背后的实际要害却是变成了"一种已经不是原来的国家的东西"。①

从这里也可以看到与考茨基论战的意义。与考茨基的冲突是重要的，因为它所揭示的一种困境，正是列宁以后整个工人运动经验的症结所在。考茨基想夺取政权，但不想摧毁国家。他说，重要的是纯粹而简单地占有已经存在的国家机器，并且运用它来达到自己的目的。只要思索一下这两个公式的差别，就会发现在单纯词语差别的背后，有着更为本质而深刻的分歧。对列宁来说，革命不仅是**政权从一个阶级到另一个阶级的转移**，而且也是**政权从一种类型到另一种类型的转变**：对他来说，两件事是在一起进行的，因为工人阶级掌握政权，就是工人阶级实行自我管理。而对考茨基来说，掌握政权并不意味着建设一个**新政权**，只是简单地促进由**代表**工人阶级的行政人员运用旧政权，但本人并不是工人阶级。对于前者，社会主义就是群众的自治：列宁说，在社会主义下，"人民**群众**在文明社会史上破天荒第一次站起来了，不仅**自己**来参加投票和选举，而且自己来参加**日常管理**。在社会主义下，所有的人将轮流来管理，因此很快就会习惯于不要任何人来管理"。②

对于后者，社会主义是在群众**名义**下的政权的管理。对列宁来说，社会主义必须摧毁旧的国家，因为它必须摧毁**统治者与被统治者之间的差别本身**。对考茨基来说，国家和它的官僚机构不需要摧毁，因为官僚

---

① 《列宁选集》第 1 版第 3 卷第 206 页。
② 《列宁选集》第 1 版第 3 卷第 272 页。

政治，也就是统治者与被统治者之间的差别，是消除不了的；而且将会存在下去。对列宁来说，革命是一切主人的末日；对考茨基来说，革命只是一种新主人的到来。

这里应重复一句，列宁这时与之争辩的考茨基，仍然是一个马克思主义者，坚决主张国家的阶级概念。的确，他的政治见解，具有强硬的工人印记。事实上，与所有第二国际的马克思主义者一样，他的阶级立场之坚定乃至于经常成为一种带有默契的阶级合作主义。关于马克思的"人民革命"的概念，列宁所写的与普列汉诺夫等人相对立的东西，也容易扩展到考茨基身上。

然而，考茨基关于**政权**的思想，尽管有其强硬的阶级观点，都已经包含着他后来全部思想的萌芽。他的所谓不必摧毁而可以拿过来转向自己目的的国家，不需要拆除而可以"从一些人手里转向另一些人手里"的军事官僚机器，已经在孕育着"不注重"阶级性质的国家：它是一种技术的或"中性的"工具，它是一种既可以用于行善也可以用于作恶的手段，就要看由谁来控制它和利用它了。

因此，简单地掌握政权，不是同时对政权加以摧毁和改造的理论，就包含着关于国家的**中间阶级**理论的萌芽。或者说它就是在两个极端之间的长期摇摆：一个是轻率的主观主义，把革命和社会主义的本质看作特殊的全体政治官员的权力增进，这种行政人员，如我们所知，就是政党的官僚；另一个是关于国家的中间阶级概念。第一个极端产生所谓拉科西式的政权：以法令行事，而后能在适当时候逐渐发展为"全民国家"……概念的"无产阶级专政"。第二个极端是为社会民主党官僚如谢德曼、利昂·布鲁姆斯、莫勒茨、威尔逊加官晋爵，他们——服务于资产阶级国家——认为他们这样做乃是服务于全社会的利益，也就是"一般的"和"共同的"利益。

考茨基写道，我们的政治斗争的目的，是"以取得议会中多数的办法来夺取国家政权，并且使议会变成凌驾于政府之上的主宰。"显然，迄今一直存在，今后将会继续存在的议会，确实必定会始终存在。它不仅独立于阶级，甚至还独立于历史时代。这是中间阶级论的极端。考茨基的公式（以及如今他的仿效者的公式）甚至不设想这样的前提，即议会政权在某种程度上与资产阶级社会的阶级结构相联系。这种公式使马克思对现代代议制国家的整个批判成为白纸一张。而且，即使它准备承认议会政权具有任何阶级性，它也不在政权自身中，而是从政权的弊端中认识这一点：选举的欺骗性，反对党力量或其领袖被吸收进统治集团，"政治分肥"，执政党通过直接控制的官僚组织绕过国家政府的某些部门，等等。它更加愿意强调这些"反常现象"，于是便可以转而乞灵于"真正的议会""民族的真正代表"，乞灵于陶里亚蒂也曾预言过的：那些"老狐狸"能够设想出的那种最适当的乌托邦主义。

取得议会的多数，并且使议会成为政府的主宰。对考茨基来说，重要的问题在于谁控制议会；仅仅是政府行政人员组成的改变，哪怕是一种根本性的改变。可能而且必须再前进一步，指出重要之点恰恰在于消除统治者与被统治者之间的差别——这样的事考茨基甚至无法想象。他的公式是议会成为"政府的主宰"，列宁的公式则是人民成为"议会的主宰"，二者都是抑制议会本身。

我们必须确信我们完全理解了这种对议会制度的列宁主义的批评。它不是一种原始的宗派的批评，不是对薄第加的软弱无力的批评，把议会谴责为一种"欺骗"，把政治民主谴责为一种"欺骗"，等等。后者在共产主义历史中，这一直是普遍盛行的说法。这是一种初级的批评，未能对自由民主进行阶级的分析，或者未能抓住自由民主的成长与资本主义社会经济制度的成长相联系的有机方式，而主观主义地谴责议会和现代代议制国家，似乎它是统治阶级为了愚弄人民而有意"发明"的机构。（或者像伏尔泰所说，宗教是牧师的一种发明）。只要我们想到，纵观当代斯大林主义与后期斯大林主义政治集团的全部经验，在社会主义国家中普遍存在的对**民主**与**政权结构**问题的虚无主义的藐视，正是由此而相延至今，这种批评的肤浅和软弱便昭然若揭了。相反地，在《国家与革命》中，列宁对议会的批评第一次——而且请注意，是在列宁自己的思想内第一次（因而这部著作的决定性意义，在于这无疑是他在政治理论方面最伟大的贡献）——成功地恢复了马克思对现代代议制国家的批评的基本观点。正如《国家与革命》在政治实践上与列宁第一次真正洞察与发现苏维埃的意义（苏维埃第一次出现得更早，那是在1905 年革命时，但列宁长期未能理解它）相一致，这部著作在政治理论上也与他关于"无产阶级专政"不是党的专政而是巴黎公社的发现相符合。其至迟至 1917 年初，列宁还在认为巴黎公社只是"资产阶级民主主义"的一种形式，虽然是一种极端的形式。

两种观点之间的差别是这样重大，以致在第一种情况下，对议会的批评成了对民主的批评，而在列宁这里，则相反，对议会的批评，亦即对**自由主义者**或**资产阶级**民主的批评，却是对议会的**反民主**性质的批评，是在无限"充分"因而实质上不同的民主，即苏维埃人的民主，在唯一称得上社会主义的民主的名义下所作的批评。

自马克思以来所有的马克思主义文献，都远未能像《国家与革命》那样对议会进行严肃的批评；同时，也没有什么能像列宁的原文那样自始至终受一种深刻的民主精神的激励。（选民对代表的）"绝对授权"，永久地和经常地撤销他们所选的那些人的代表资格，要求立法权成为"一个工作的，而不是一个议会式的机构，应当是同时兼管立法与行政的机构"，因此其中的代表"必须亲自工作，亲自执行自己通过的法律，亲自检查在实际生活中执行的结果，亲自对选民负责"①。所有这些不是对议会的"改良"（如某些极小的派别极端主义的民间传说中所想象的那样，是党的官僚的掠获物，而在他们对列宁的议会主义的谴责中却是"难以宽容的"！）；毋宁说这是对议会的压制，是以"委员会"或"苏维埃"一类的代表机构来取代议会：再用列宁自己的话来说就是，"由另一种根本不同制度的机构对某些机构施行重大的替换"。

因此，就是要摧毁国家，并用"无产阶级民主"的机构，即生产者群众的自治来取而代之。列宁的思想路线是极为严密的，他毫不含糊地从这里引出最极端的结论：社会主义的国家本身，——如果说社会主义（即共产主义社会的第一阶段）仍然需要国家——是资产阶级国家的一种残余。

"国家正在消亡，因为资本家已经没有了，阶级已经没有了，因而也就没有**阶级**可以**镇压**了。但是，国家还没有完全消亡，因为还要保卫容许在事实上存在不平等的'资产阶级法权'（就是'按照他的劳动'而不是按照他的需要分配的原则）。"

因此，"在第一阶段……共产主义在经济上还不可能是完全成熟的，还不能完全摆脱资本主义的传统或痕迹。由此就产生了一个有趣的现象，这就是共产主义第一阶段还保留着'**资产阶级法权**的狭隘眼界'。"而且由于"在消费品的分配方面存在着资产阶级的法权，那当然一定要有**资产阶级**的国家，因为如果没有一个能够**迫使**人们遵守法权规范的机构，法权也就等于零。可见"，列宁得出结论说，"在共产主义下，在一定的时期内，不仅会保留资产阶级法权，甚至还会保留没有资产阶级的资产阶级国家！"

---

① 《列宁选集》第 1 版第 3 卷第 211 页。

我们看到，在这里社会主义发展的水平是由民主的发展水平来衡量的。国家越是向着消亡前进，群众的自治越是得到扩展，那么社会主义向共产主义的转变就越快。共产主义不是伏尔加—顿河运河加国家，不是"森林防风林带"加警察，集中营以及官僚的无限权力。列宁有一种不同的思想。但是正因为它直到今天还只是一种思想，我们就应当去掉一切禁忌，坦率地发表意见。

《国家与革命》写于 1917 年 8 月和 9 月的革命高涨阶段。列宁的著作中没有一篇具有"思辨"的特点，《国家与革命》与以往的著作相比更是这样。列宁开始写作它，是为了决定在不断发展的革命中要做的事情。他是一个现实主义者，他不依靠"灵感"去进行政治即兴创作，而是渴望采取行动，对于自己正在做的事情具有充分的自觉。《国家与革命》就是在这样的时刻由这样的人写成的。但是今天我们只需察看一下周围就可以发现，这个社会主义的思想与实际存在的社会主义之间的关系，和登山说教与梵蒂冈之间的关系没有多大差别。

我们必须接受的回答——但又是应当沉着、冷静、讲求现实而接受的回答——是我们全都十分熟悉的那种回答：被我们称作社会主义的国家只在隐喻意义上是社会主义的。它们不再是资本主义的国家，它们是把基本的生产资料收归国有的国家——是国家所有，但不是社会所有，这是完全不同的。它们是世界帝国主义链条上那些被突破的"环节"（这个链条在最薄弱的环节上被突破了）。在"人民民主"的中国就是这样，更不必说苏联了。这些国家中没有一个是真正社会主义的，它们也不可能是社会主义的。社会主义不是一个民族的过程，而是一个世界的过程。这个巨大的过程——今天首先是世界资本主义体系的瓦解——正是我们生活的过程，而且仅就其完全没有先例的宏大规模而言，显然是不可能在一天内到达终点的过程。这个过程是人人都可以看见的。只有社会民主党人半瞎的"凝固性",才确信它会永远执政,能够对这一过程置之不顾。谁要是以为《国家与革命》的思想已经过时,就必然会产生这种社会民主党人的错觉。几乎再没有别的著作比它更适时、更中肯的了。列宁没有过时。国家社会主义,"在一个国家内建设社会主义",这些是过时了。马克思说,共产主义不能作为一种"地方事件"存在:"所以无产阶级只有在世界历史意义上才能存在,就象它的事业——共产主义一般只有作为'世界历史性的'存在才有可能实现一样。"①

马克思主义:是科学还是革命?

《国家与革命》的基本命题——人们的记忆对它有着持久的印象,一想到这部著作就会立刻想起它——是把革命看作一种毁坏性的暴力行动。革命不能局限于夺取政权,它还必须打碎旧的国家机器。列宁说:"问题的本质在于:是保存旧的国家机器呢,还是把它破坏……"② 炸毁(sprengen),打碎(zerbrechen),破坏(destroy),粉碎(smash);这些词抓住了正文的基调。列宁的辩驳不是直接反对那些不愿夺取政权的人。他攻击的对象不是改良主义。相反地,是直接反对那些想夺取政权而又不愿打碎旧国家的人。他反对的作者是考茨基。但是,应说清楚,不是1917年后(比如,写《恐怖与共产主义》时)的考茨基,而是致力于写反对机会主义的著作的考茨基:想革命,但还不想打碎旧国家机器的考茨基。正文给人的初步印象,是一种不宽容而带有宗派性的

① 见《马克思恩格斯选集》第 1 版第 1 卷第 41 页。
② 《列宁选集》第 1 版第 3 卷第 271 页。

文章，是粗糙的，沉浸在"亚洲人的狂怒"之中——一种"为暴力而暴力"的赞歌。使人觉得这里是在归纳革命的最基本、最外部的特征：占领冬宫，火烧内政部，逮捕和处决旧政府的全体行政官员。正是这种解释，保证了《国家与革命》在整个斯大林时代，即从 1928 到 1953 年超过四分之一世纪的时间内，在俄国以及在整个共产党世界的成功。革命就是暴力。考茨基是一个社会民主党人，因为他不希望使用暴力。如果你的目的不是暴力夺取政权，就不可能是一个共产主义者。直到 1953 年，共产党（包括意大利的党）内的任何战士，假若敢于怀疑这种暴力的必然性，就会发现自己是在做非分之事，更不必说提出一条实践行动的路线了。认识一种必然性是一回事，使一个人听任那种必然性的驱遣则是另一回事。

这种观点显然不允许在科学与阶级意识、科学与意识形态之间建立任何联系，更不用说科学的"党性"了。社会经济的发展，在人们看来就像是观测家与科学家所看到的恒量运动那样一种逐渐显露的过程。"经济规律"是客观规律，正像自然规律那样外在于阶级、独立于我们的意志之外（见斯大林：《苏联社会主义经济问题》），"价值规律"就像重体下落的规律。根据这一概念，总会或多或少地提出一种资本主义必将"崩溃的理论"。资本主义生产方式的规律不可避免地要导致资本主义制度的终结，资本主义的灭亡是必然的。它自身的规律说明这是注定的，并且几乎是自动发生的。除去某些细微的差别和变体，这也是在第三国际内占统治地位的观点。当这种差别存在时，首先是对于斯大林而言，所增添的一切都是"党性"的准则（不管怎么说这是一种已经潜在于列宁身上的因素）。但如果不考虑它借以发展的盲目的和宗派的方式，这种准则只是与自然主义的客观主义准则相并列。是相并列，决不是与它相中介：就是说，只是用浆糊粘贴或绳子穿扎，与它相统一。

这种"物理主义"的立场，以经过精心培养和加工的形式，在下一代马克思主义的经济学家中仍然占统治地位。奥·兰格是一个典型的例子，而莫·多布则更是如此（总的说来是一个很严肃的学者）。多布把价值规律看作一个使我们能够重建、统一、整理和说明体系中所有主要的结构和运动的规律。

只是由于亚当·斯密的著作，和李嘉图的更为严格的系统化，政治经济学创立了统一的量的原则，因而能够在经济体系的总的平衡方面造成先决条件——对体系的主要成分间的一般关系作出决定性的陈述。在政治经济学中，这种统一的原则，或者说总的陈述体系，采取了包含着一种价值理论的量的形式。

这段话首先强调了价值规律的最终社会中立性。这一规律使它可能把体系中最重要的量的因素联系在一起，在它们之间建立一定的以量表示的关系——正如万有引力在它自身领域中那样（这正是多布举出的例子）。但这里未能揭示的，是由这一规律联系在一起的诸项量的因素特殊的、"拜物教的"或"异化"的性质。在马克思看来，商品与资本不是从来就存在的，而且，它们的存在必定走向消失。撇开体系内部的关系，马克思分析和批评了资本主义体系本身。他讨论了为什么劳动的产品采取"商品"的形式：为什么人的劳动要由"物"的"价值"来代表；他讨论了为什么（就是说，在什么条件下）资本会存在和再生自己。而多布则有点像斯密和李嘉图，把商品看作劳动产品的"自然的"和必然的形式，把市场看作必定始终存在的一种制度，把价值规律表述为一种永久的量或因素的规律（事实上，他经常把这一规律与价值的"衡量"问题混淆起来）。

对此这里不必详述。简单地指出下面一点就足够了，即马克思也把价值规律看作一个客观的规律，作用于人的意识之外，甚至在人的"背后"的一个规律；只是对他来说，这里还涉及一种特殊的客观性。可以这么说，这是一种虚假的客观性，是必须被消灭的。市场规律——马克思写道——对人是一种"自然的必然性"。市场的运动像地震那样是不可预测的。但并不是因为市场是一种"自然的"现象。这里被看作事物的客观形式和事物相互作用的东西，实际不过是人们相互之间的社会关系。马克思写道，"这些公式，在他们身上印上明白无误的字样，表明他们属于一种社会状态，其中生产过程统治着他，而不是被他控制"。在这前不久，他曾指出："社会的生活过程，是以物质生产的过程为基础的，只有在它被自由地联合起来的人视为生产，并由他们按照一种安排好的计划来进行有意识的管理之后，才会剥去其神秘的面纱。"而这显然只能通过革命来实现。

在李嘉图的解释中，价值规律往往被自然化，似乎是一种就社会而言的中性的规律。自然规律没有阶级性。同样地，商品的生产和市场的存在也没有阶级性。这是人们历来所熟悉的说法。在作为**典型的过渡性社会**的社会主义社会的第一阶段，"市场"和"利润"不被看作资产阶级制度的必然残存物，而是看作"经济活动的合理尺度或测量标准"，看作必然始终存在的某种积极的东西。有一种"社会主义的"市场和"社会主义的"利润。革命并不是要消灭利润，即消灭剥削。革命只是为了进军的愉快，良好的操练、欢呼和越过演说家的讲台。

另一个主要的歪曲，与上述第一点密切相关，是错误地解释马克思著作的性质和意义。对马克思来说，政治经济学是商品生产的扩展和普遍化的产物，它随着资本主义而产生，也将随着资本主义（也就是随着资本主义在过渡社会中的残存因素的逐渐消亡）而消亡；因此可以了解为什么马克思的所有主要著作都有这样的标题或副标题：《政治经济学**批判**》。然而，对于今天的许多马克思主义者来说，情况恰恰相反：总是言必称政治经济学（见苏联科学院出版的《政治经济学手册》），正像总会有规律、国家，以及那些告诉群众，他们应该思考什么和相信什么的人一样。

我们必须打断这个业已展开的论证，以图用另一种方式和从另一个不同的角度来考察问题。让我们打开马克思最初的真正重要的著作，《黑格尔〈法哲学〉批判》。这本书的结构很值得注意。它不但一开始就批判黑格尔的国家**哲学**，尔后又不知不觉地转向对**国家**的批判；而且在两种情况下——即在黑格尔看待国家的方式问题上，和在国家自身的问题上，批判的展开所采用的是一种单一的模式。不但黑格尔对国家现实性的**表述**，是混乱的和"用头倒立着的"，而且，马克思说，国家所产生的实际的**现实性**也是如此。他写道："这种非批判的精神，这种神秘主义，就是现代制度之谜……也是黑格尔哲学的秘密所在。……这种观点无疑是抽象的，但它是黑格尔自己发挥的关于政治国家的抽象。它也是原子论的，但它是社会自身的原子论。如果观点的对象是抽象的，观点就不能是具体的。"一般地说，一个作者批评另一个人，总是通过指出事物并不是像他所描述的那样。他是在以现实的名义在现实的基础上来批评对方。但这里程序像是不同：宣判旧哲学的死刑也同时适合于旧哲学的**对象**。马克思并不仅仅想看到黑格尔的国家**哲学**的终结：他想看到国家的实际上的"消亡"。这又是因为他认为，不仅这种关于现实的哲学阐述是荒谬的、形而上学的和"用头倒立着"的，——而且现实本身，即采取现代代议制国家或议会政府形式的特定社会政权，也是这样的。

《资本论》中有类似的情况。这里马克思也没有使自己限于批评经济学家们的"逻辑的神秘主义"，他们的"三位一体公式"：土地，资本，劳动。他们的"拜物教"，是由现实自身的也就是资本主义生产的模型自身的拜物教来说明的。这在整个一系列的表达方式中十分明显。《资本论》中有这样的短语："商品的神秘性质"，"商品世界的一切神秘，在商品生产基础上包围着劳动生产物的一切魔法妖术"；或者最后"神秘的面纱"，并不是资产阶级解释者关于"以物质生产为基础的社会生活过程"的一种发明，而是实际上从属于这个过程，因而这一过程在政治经济学看来**似乎**实际上**就是**那样。

事实上，现实本身是颠倒的。所以它不只是一个批判经济学家和哲学家们描述现实的方式的问题。需要把**现实**本身倒转过来，把它纠正过来，"再使它用脚直立在地上"。"哲学家只是用不同的**方式**解释世界，而问题在于改变世界。"在以上各节里，我们是在把马克思主义看作一门科学；现在让我们来把马克思主义看作革命。

我强烈要求读者不要太激动，而是把眼睛睁大，动动脑筋。在论证中我已经概括指出有一个极为可疑甚至是危险的观点。一个作者**批评**另一个作者时诉诸**现实**，向他指出，事物不是像他所已经描述和叙述的那样。这是唯一正确的程序。但马克思——在论述黑格尔时就如同论述经济学家们时一样，**似乎**不能这样做：之所以不能，就因为那个参照标准——即现实——自身已经是一个虚假的标准。如果真是这样，那么马克思就只是一个预言家（这就没有多大意义了），而我们**就**成了修正主义者。我们根据什么说资本主义的现实是颠倒的？按照伯恩施坦的观点，是根据**伦理思想**。"正义"的思想，康德的伦理思想告诉我们，世界应当纠正和改革，价值和剩余价值只是一些词句。社会主义是善良愿望的产物。改变人们的思想！放弃科学社会主义而信奉乌托邦的社会主义。现实是不重要的，"事实"不必考虑。不需要让现实给思想的实现留出地盘。理性就是革命。当代的伯恩施坦看来是在向左派——马尔库塞和所有那些严肃对待他的小资产阶级无政府主义中的左派——说谎。

这里我要停顿一下，对论辩加以整理。现实肯定是颠倒的——否则革命就不必要了。另一方面，马克思主义也需要成为一门科学：否则就没有**科学**的社会主义，只会有救世主的意愿或宗教的希望。总之，如果马克思是一个科学家，他必须根据事实来衡量他和别人的思想，根据现实凭实验来检验各种假设。用比较简单而人们比较熟悉的术语来说，就是当马克思批评黑格尔、批评经济学家们以及资本主义的全部现实时，他仍然必须以现实的名义，并以**现实为基础**。简言之，他的批评的标准，不能是思想（它仍然是 X 或 Y 的思想）。它必须是一种得自现实并植根于现实的标准。如果我可以简要地加以概括的话，我会说资本主义中有**两个现实**：马克思所表述的现实，和被他批评的作者所表述的现实。现在我试图通过考察资本与雇佣劳动之间的关系尽可能简单扼要地阐明这个观点。

首先看看资本家如何看待这种关系。资本家把他的钱投资于购买纺锤、棉花和劳动，他在市场上找到这些东西，是作为商品找到的。他买到这些东西，正像任何人可以买到一条鞭子、一匹马和一辆四轮马车一样。资本家在买到这些东西（假设他只不过是按它们的实际价值买的）之后，就使工人用纺锤工作，把棉花变成纱。在这一点上，马克思说："劳动过程是资本家所购诸物间的过程，从而，是他所有诸物间的过程"，"所以，这种过程的生产物，和他酒窖里发酵过程的生产物全然一样，是属于他所有的。"

资本家的眼睛，习惯于综合和笼统的观点，而不屑对他所买到的各种东西加以区别。在他看来，雇佣劳动，如同机器和原料是资本的**一部分**，它是资本的"可变的"部分，即"工资基金"，与投资购买生产资料的那部分截然不同。除了再生产他自身的价值即工资以外，雇佣劳动者还生产剩余价值，这一事实对于资本家来说，是一个不发生理论问题的愉快的环境。对于他，这种劳动的生产性，直接地表现为他**自己的资本的生产率**：劳动作为购买物之一本身是这种资本的一部分。我们知道，这是一切非马克思主义的经济学家的论点，马克思称为政治经济学的拜物教。不仅劳动产生价值，资本也产生价值。工资支付前者的生产能力，利润支付后者的生产能力。土地产生收成；资本或机器产生利润；劳动产生工资。各得其所。那么，就让和谐永远地建立起来，生产的各个要素互相协作吧。

你会说这是"老板们"的观点。但重要的是要了解这里所涉及的不只是一种主观的观点：这是一种在一定意义上符合事物的实际进程的观点。工人阶级再生产它维持自身生活的手段，同时也生产剩余价值（即利润、地租和利息）；它以自己的劳动向社会所有基本的阶级提供收益。而——**只要它被压制**——工人阶级事实上只是资本主义机器上的一颗嵌齿。资本是劳动产生的：劳动是原因，资本是结果；一个是本源，一个是后果。不仅在企业的账目清算中，而且在实际的机器中，工人阶级仅仅表现为"可变资本"和工资基金。"整体"成了"部分"，部分成了整体。这就是已经提到的"用头倒立"的现实：是马克思不仅拒绝作为标准和尺度的现实，而且是他想要推翻和转变的现实。

考虑一下美国的工人阶级。它只是资本的一颗嵌齿，资本主义机器的一个部分。更严格地说，它甚至不是一个"阶级"它不具有作为一个阶级的意识。它是"一些类别"的聚积：汽车工人，化学工人，纺织工人，等等。当它起而反抗，进行罢工时，它与整个社会"机器"的关系，就像一个肝气不和而发作起来的器官对于人体的关系：只不过要求一粒药丸以便觉得好受些。这个阶级（虽然每个工人阶级都经历过这个阶段，并在取得政权之前一直在某种意义上处于这个阶段）确实是资本的一部分：虽然（撇开帝国主义对其他国家工人的剥削不谈）也确实可以说它作为一部分（资本）接下去又是这个工人阶级生产的价值的一部分。

马克思采取的观点，事实上正是这另一个现实的表述。作为雇佣劳动只是其可变部分的资本，在现实中是它的这个部分（因而是"整体"）的部分：它是"活劳动"的产物。没有重复伯恩施坦的伦理主义或马尔库塞的"乌托邦"，马克思——利用**现实**的一个方面——推翻了经济学家们的论断，并且指向推翻资本主义本身。所以马克思主义是科学。它分析重建了资本主义生产机器借以运转的方式。

另一方面，马克思主义正像它是一门科学，它也是革命的思想。它是从工人阶级观点出发对现实作出的分析。因而这就意味着，如果不占有对**资本**的科学分析，工人阶级就不能使自身形成为**一个阶级**。没有这一点，它就会溃散为极多的"类别"。工人阶级（空想家们醒醒！）不是一个**既成**的因素，不是一个自然的产品。它是一个注定目标：**历史活动**的产品，就是说，不仅是物质条件的产品，而且是政治意识的产品。总之，只有超越了经济自发论，发展了领导一场不仅仅解放工人而且解放整个社会的革命的意识，这个阶级才成其为一个阶级。这种意识——工人阶级通过它在政治组织中构成自身，并取得自己的同盟者中领导者的地位——只能从**资本**中而不能从任何别处产生出来。我认为，正是在这个意义上，列宁说建设党也要求某种"来自外部"的东西。

（原文载于《从卢梭到列宁》纽约－伦敦1972年版第4部分）

（张翼星 译 郑志宁 校）

马克思和人道主义*

〔苏〕费·瓦·康斯坦丁诺夫

　　围绕着"马克思和人道主义"问题或马克思主义和人道主义之间的关系问题，今天正在进行着尖锐的意识形态斗争，展开着热烈的争论。在最近一二十年来的理论斗争和学术讨论中，在这个问题上暴露出了一些不同的甚至完全对立的观点。这指的不仅是马克思主义的反对者，而且还有马克思主义的追随者、拥护者，或者至少是以马克思主义名义或者在马克思主义的幌子下发言的人们。

　　决不能忘记和忽略这样一点：即无论在马克思生前还是在今天，都存在着各种不同的甚至对立的人道主义流派：马克思的社会主义的、革命的人道主义是在同资产阶级和小资产阶级的直观人道主义的斗争中产生出来的。

　　对于人道主义在马克思主义中的地位和作用，还有其他一些在我们看来是不正确的观点在西方得到流传，即认为马克思在自己的早期著作

　　* 本文选自《马列主义研究资料》1983 年第 6 辑。

　　原题注：作者是苏联科学院院士、哲学协会主席。本文第一次发表于 1968 年（《马克思主义和我们的时代》），后收入作者 1982 年出版的论文集《马克思列宁主义哲学和当代》（莫斯科科学出版社）。作者在本文中的许多地方不点名地和阿尔都塞的观点进行了论战。——译者注

中，首先是在《1844 年经济学哲学手稿》中似乎继承了西方的崇高的人道主义传统，而后来却与这种传统决裂了，成了阶级斗争、无产阶级革命和无产阶级专政的理论家、经济学家和《资本论》的作者。持这种观点的人很愿意求助于青年马克思和他的早期著作，但是拒绝成熟马克思的观点，仿佛这些观点与人道主义不能相容。

如果这种立场并不以独特的形式同在社会主义国家和资本主义国家一部分马克思主义者中间流行的观点相呼应的话，那么这种观点也许就不值得一提。这些马克思主义者的观点就是，马克思的《经济学哲学手稿》似乎是理解马克思主义的全部隐秘的人道主义本质的钥匙。既然罗莎·卢森堡、普列汉诺夫、列宁及其追随者和门徒不知道这部手稿，他们也就不能够理解、而且也没有理解马克思主义的真正人道主义本质。

这些作者显然也把这种指责，也就是关于对"马克思主义真正本质"理解的观点，悄悄地加在恩格斯头上，因为据他们说，恩格斯并没有给《经济学哲学手稿》以应有的重视，并没有发表这部手稿，而是去整理出版马克思的其他著作，首先是《资本论》第二、三卷。

说我们所有的人在不同的时候按不同的方式理解伟大的著作，今天能够在其中看到以前由于某种原因而没有看到的东西，这当然是对的，但是只有一部分对。说马克思的学说在不同的时期由于争取社会主义和共产主义的斗争的新需要而突出不同的方面，这也是对的。但是，这并不是指马克思整个学说的人道主义本质和人道主义倾向。为什么呢？因为马克思主义的人道主义不仅仅是马克思学说的许多问题当中的一个：马克思主义学说的意义和本质就是使工人阶级、全体劳动者从一切形式的剥削和压迫下解放出来，保证他们自由而全面的发展。

不管我们如何高度评价青年马克思的早期手稿，但是，马克思主义革命人道主义的基本人道主义思想、原则和成熟的本质不仅在于这部手稿，甚至主要地不是在于这部手稿。我们时代的马克思主义复兴，决不是像某些哲学家所断言的那样是由于发表青年马克思的《经济学哲学手稿》造成的。造成这种复兴，首先是同马克思整个学说的胜利，是同他的思想在生活中、在革命过程中的胜利，是同马克思主义人道主义在已经获得胜利和正在建设社会主义和共产主义的各国中的胜利相联系的。

现实人道主义在社会主义各国的胜利，首先表现为消灭了人剥削人的现象，消灭了少数人对多数人的政治统治，消灭了对劳动阶级进行精神压迫的各种手段。马克思主义人道主义的胜利表现为历史上第一次为劳动者创造了发展他们的天赋和才干并在实践中加以运用的现实可能性。这是靠运用和实现马克思主义学说而达到的。

有一个时期，对社会主义人道主义问题、发展个性问题的进一步理论探讨没有予以应有的重视，这不能怪马克思，不能怪马克思主义，而是怪我们马克思主义者自己。

马克思教导说，发达的形式给了解较不发达的形式提供钥匙，而不是相反。只是以萌芽形态包含在较不发达形式中的东西，就像胚胎、一点儿迹象那样，只有在发达形式中才能得到自己充分而完备的表现。

显然，马克思的《经济学哲学手稿》及其他早期著作同他成熟的、真正马克思主义的著作，首先是《共产党宣言》和《资本论》之间的实际的相互联系，也是这种情况。

这部手稿同马克思关于费尔巴哈的提纲一起，是旨在达到真正的现实人道主义的新的共产主义世界观的天才纲要。这部手稿是马克思的学说与其先驱者之间的历史联系的证明之一，它清楚地表明：马克思如何批判地克服了他们的观点，如何着手去制定他自己的原则上崭新的共产主义世界观，去制定他自己对自然界和社会以及社会发展的规律和动力的辩证唯物主义观点，对人生存的条件、保证个性充分、自由而全面发展的条件的辩证唯物主义观点，对整个真正的、有效的和革命的人道主义的辩证唯物主义观点。

这就是《经济学哲学手稿》的某些天才思想。

有些马克思主义者说，马克思在发现了社会发展规律、创立了历史唯物主义、走上了科学发展道路之后，就同人道主义，包括同《经济学哲学手稿》中所阐述的思想决裂了。人道主义是意识形态，而马克思主义理论则是科学。

他们断言，作为科学的马克思主义具有认识意义，科学的目的是发现真理。而意识形态则是错误的、歪曲的意识，它不具有认识职能，而是起帮助阶级和党进行活动的实用主义的辅助作用。从 1845 年起，从发现历史唯物主义起，马克思似乎就和意识形态、其中也包括同意识形态的变种之一的人道主义决裂了。

在我们看来，这种观点是错误的，不对的。

这种错误的根源在于把科学的意识形态同马克思主义对立起来。资产阶级意识形态提供关于世界、关于社会、关于人及其本质的错误观念，的确是科学的对立面。可是科学社会主义（马克思主义的意识形态）同科学是分不开的。

我觉得，在对"马克思和人道主义"问题的理解中的错误之一，在好些情况下首先是由于对"人道主义"和"意识形态"这两个概念本身采取了非历史的、非具体的态度造成的。其次，马克思主义人道主义是在同各种资产阶级人道主义作斗争中形成发展起来的，而有些同志却根据这些资产阶级人道主义来判断"马克思主义人道主义"概念的内涵、外延和本质。

难道马克思主义人道主义的本质能够局限于对人的本质、人的行为问题、人生意义问题的考察吗？也就是说，能够局限于通常属于所谓哲学人本学范围的那些问题吗？我们以为，这是不对的。这会限制和歪曲马克思所创造的原则上崭新的人道主义概念的真正外延和丰富内涵，使之减色。马克思是把这种人道主义同工人阶级的革命斗争、同社会革命、同共产主义联系在一起，并把它们视为同一的东西的。

马克思主义人道主义同所有以前的和现代的人道主义理论至少有以下几点主要的区别。首先是马克思主义人道主义的**严格科学性**；其次是它的**革命性**、有效性；第三是**阶级的**即无产阶级的性质；最后是，按其本性、社会本质、目的和任务说来，它是**社会主义的、共产主义的**人道主义。

马克思创立了他的辩证唯物主义和历史唯物主义哲学、马克思主义政治经济学和科学社会主义这一完整的世界观，同时就异乎寻常地扩大了人类认识的范围和限度。他提高了工人阶级的地位，科学地论证了工人阶级作为新世界（新的人类关系的世界）的创造者、共产主义社会的创造者的世界历史使命。马克思的社会主义人道主义首先就在于此。

发现工人阶级和所有劳动者从经济、社会、政治和精神压迫下解放出来的规律、途径和手段，发现从资本主义向那种每个人的自由发展是一切人的自由发展的条件的全人类共产主义联合体进行革命过渡的途径和手段——马克思主义的新的、现实的共产主义人道主义就在于此。

由于有了马克思的学说，人类，首先是工人阶级高出了整整一头。

在 20 世纪 90 年代初，有一位意大利出版家请弗·恩格斯推荐一段马克思的话作为准备出版的一部伟人名言录的卷首题词，这段话必须充分表达马克思主义的精神。恩格斯正是给他推荐了《共产党宣言》中那段说共产主义是"每个人的自由发展是一切人的自由发展的条件"的社会的话。恩格斯认为这段话是了解马克思的共产主义世界观的钥匙。

我想提醒那些以为只有在本世纪 60 年代读了《经济学哲学手稿》之后才新发现了社会主义人道主义的真正本质的外国哲学家和社会学家们注意这一点。

本世纪初，当列宁和普列汉诺夫制定俄国社会民主党的第一个纲领时，列宁就认为必须把《宣言》中的这个极其重要的原理写入党的纲领。列宁同马克思和恩格斯一样，认为人及其天赋、才能的自由而全面的发展是未来社会的基本目的和主要财富。

必须指出，上面说的《共产党宣言》中的这段话有时被人们作片面的、在我们看来是错误的理解。不仅每个人的自由发展是一切人的自由发展的条件，而且个人的自由发展只有在社会本身摆脱了一切形式的剥削、压迫、奴役和异化之后才有可能。这里存在着相互的联系。在私有制统治着社会、生产者与劳动条件和劳动资料分离的地方，便不可能有个人的自由。

虽然马克思、恩格斯和列宁并没有到处使用"人道主义"的概念，他们时时刻刻都考虑到劳动的人和人类、人类的命运以及为争取人类幸福的斗争。

有人说，马克思的《资本论》是一部伟大的、天才的著作，但是它似乎与人道主义没有任何关系。实际上在马克思的《资本论》中包含的真正的、现实的人道主义，比资产阶级人道主义者的所有著作还要多一百倍。

与资产阶级经济学家不同，马克思第一次看出了商品交换不是物与物之间的相互关系，而是人与人之间的相互关系。他揭去了在商品资本主义社会中掩盖着人们之间关系的拜物教帷幕。

整部《资本论》从第一页到最后一页都是反对资本主义经济关系的反人道性质的。这种经济关系奴役生产者、工人，使他们注定从事不由自主的异化劳动，遭受剥削。

在《资本论》中，马克思发展了《经济学哲学手稿》关于劳动异化、人的本质异化以及关于私有制是这种异化的根源的原理，对这些劳动异化和资本家奴役工人的现象作出了十分清楚而全面深刻的科学说明。

马克思认为一切奴役、剥削、异化的根源是生产者与生产资料的分离（异化），是资本主义生产方式的性质、本性，这种性质和本性决定了由人们创造的社会关系、人们活动的一切产物统治人们，过去的死劳动统治活劳动，脑力劳动统治体力劳动，货币、黄金统治人的劳动，统治人。

我还想谈到一部分国外马克思主义者和国内一些同志所犯的一种错误，即力图把异化变成为一个通用的、普遍的、非历史的范畴，仿佛它能为理解当代一切社会现象提供钥匙。的确，在马克思的《经济学哲学手稿》中，这个范畴居于重要的地位，但是在《资本论》中，它退到第二、第三位，并为其他范畴所取代了。异化范畴今天在资产阶级哲学家、社会学家和经济学家那里常常服务于使资本主义和社会主义的社会关系异化的目的。这在他们的观念中是对趋同论的独特的意识形态补充：异化过程既是资本主义又是社会主义所固有的特征。他们把异化范畴变成为通用的范畴，就把它也搬到社会主义社会里来。但是，这违背马克思和马克思主义的整个精神、本质和方法。在马克思看来，并没有超历史的、永恒的范畴。这对异化范畴也是适用的。

我想，那些不是历史地对待异化范畴的马克思主义者，在赋予这个范畴以广义解释的时候，是在给马克思帮倒忙。

说到这里，我想提醒人们注意马克思在一家宪章派报纸创刊纪念会上发表的著名演说，他在那里没有运用异化理论来说明资本主义关系，却阐明了资本主义异化过程的本质和性质。列宁揭示资本主义在最后发展阶段的本性时，利用了马克思《资本论》和整个马克思主义的极其丰富的范畴。据我所知，他没有运用或者几乎没有运用异化范畴。

有人说，马克思关于资本主义所说的一切已成为过去，今天资本主义已变得更有秩序、更有组织了；彻底动摇资本主义大厦、破坏人们创造的生产力的经济危机几乎已成为过去；贫困不再是令人发指的了，资本家、经理、社会学家都关心企业中人与人之间的关系；马克思所写过的资本主义现在不再是无人性的、反人道的了。

的确，资本主义在马克思逝世后发生了变化：它成为国家垄断资本主义了。但是，垄断资本对人们的压迫变得更加令人难以忍受了。而正在发生的金融危机、交易所中的黄金热，则像地震仪一样说明存在着地下的震动和无法解决的深刻矛盾，说明资本主义患有不治之症。在许多资本主义国家发生的工人、大学生罢工和示威的浪潮，说明现代资本主义存在深刻矛盾，它的破坏性的、反人民的本质决没有减少，而是增长了许多倍。

资本主义在一两代人期间给人类强加了两次世界大战，造成了八千万人死亡，数亿人身心受残。两次世界大战造成的破坏和伤亡比所有经济危机造成的破坏和伤亡要大许多倍。

马克思和恩格斯曾写到过军国主义的可怕。在今天，军国主义已成为压在各国人民头上的一种险恶的破坏力量。军国主义者手中的核武器是悬在人类头上的一柄达摩克利斯剑（要是没有社会主义国家对抗资本主义世界的侵略势力，谁能保证美帝国主义者及其盟友不会把一次新的——这次是核的——战争强加在各国人民头上，把人类推入灾难的深渊？）马克思在自己的著作中揭发了资本主义的反人道性质。资本主义继续发展的整个进程证实了马克思的这一预言，即资本主义随着发展的进程将越来越严重地表现出它的破坏的、反人民的、反人道的本质。

马克思无论在《经济学哲学手稿》中还是在《资本论》中都写到资本主义对人的本质的歪曲，写到劳动的异化。似乎，资本主义生产中愈来愈多的运用科学、由于科技革命的结果而创造的新先进技术，应该使工人的劳动变得更高尚。但是实际上发生的情况是什么呢？

三年以前，在印度新德里举行了和平和裁军问题会议。在会议的一个小组里，一位来自拉丁美洲国家的教授抱怨在美国争取裁军很困难，因为在军事工业和为军事工业服务的部门中就业的工人害怕裁军之后会陷于失业。

我一边听报告一边想：劳动创造了人，把人从野兽王国中分离出来，人由于劳动、创造性活动而高踞于动物、野兽世界之上。在劳动和创造中表现出而且也应该表现出人的积极的、创造的本质。马克思和马克思主义是这样教导的，但是资本主义却是怎样对待人、怎样对待人的创造和心灵呢？它是怎样摧残人的心灵，迫使人们成天去制造破坏和大规模杀伤的手段呢？而最可怕的事情在于，制造破坏和大规模杀伤手段的人们把这看成是自己生存的源泉。正是在这里表现出了资本主义的反人道的、反人民的本质。

现代资本主义创造了非常强大的生产力。但是同时它创造了、并且还在疯狂地扩大对各国人民的生存构成威胁的破坏力量。有人说，今天所积累起来的核武器已足够把全世界每一个人杀死八次。

马克思揭露和分析了资本主义固有的一切矛盾和对立，这些矛盾和对立还在不断增长和日趋尖锐化。今天对人类来说，除了按马克思和马克思主义指示的那样为争取实现社会主义和共产主义而斗争以外，没有别的出路。这是时代最威严的要求。

古希腊人创造了关于历史女神的神话，说这是所有女神中最残酷的一个，她拉着凯旋车穿过血海和尸山。资本主义已经为证明这一神话的真实性提供了许多事实，并且现在还在继续提供。只有社会主义能够终止历史的这种反人道的进程。只有社会主义今天是和平和人的支柱，是各国人民的希望。

社会主义在苏联的胜利，社会主义在各人民民主国家的建设——这是马克思主义人道主义的胜利。

社会主义各国最大的成就之一，是造就出了社会主义的新人，这是新世界的建设者，集体主义者和国际主义者，种族主义和民族主义的敌人，各国人民和平幸福的捍卫者。即使这种新人还不是在一切方面摆脱了旧世界的胎斑。改变人在许多世代中形成的本性、培养出新人，这是比建造宇航船还要更复杂、更困难的任务。尽管如此，社会主义的新人已经是历史现实。

伟大的马克思在这一点上也是完全正确的，人的本性不是永恒的。它在世界上随着社会关系的根本改变而改变；它在为争取实现社会主义新世界的斗争过程中不断发生变化。在建设新世界的过程中显现出个人的积极本质，他的一切精神力量、一切才能和天赋将在其中得到充分发挥。只有社会主义和共产主义为个人的真正自由而全面的发展开辟了广阔的天地。

马克思主义的反对者今天还对马克思主义、马克思主义人道主义提出这样的反对意见：既然作为马克思主义人道主义的社会学理论基础的历史唯物主义，把社会发展看作是自然历史的、必然的、合乎规律的过程，那么历史的规律、社会发展的规律就是扩展运用于社会的自然界的规律。在这种忽略社会、历史生活特点的自然主义理解中，为人的积极性、人的自觉活动、主观因素、个性的自我表现没有留下任何地位。在这种理解中，人变成了傀儡，变成了历史的客体，而不是历史的主体。

551

马克思、马克思主义、历史唯物主义是不能对这种对社会规律的自然主义的、客观主义的理解、对历史规律的拉普拉斯式的理解负责的。

社会的人、群众、阶级，是历史的创造者，是自己的社会关系的创造者。无论什么理论都没有像马克思主义、历史唯物主义这样为人的积极性和历史的创造提供如此广阔的天地。世界各国的共产党人在事实上证明了，他们在历史首创性的发展中，在建立新世界的创造性活动中，在争取和平、社会主义、真正民主和现实自由的斗争中，能够做出什么样的事情来。

关于自由和必然、客观规律和人们的自觉活动之间的相互关系的老问题，对历史唯物主义、马克思主义人道主义的批评者们说来，过去是、现在仍然是一块绊脚石。马克思主义人道主义过去是、现在仍然同样是敌视宿命论的客观主义和主观主义、唯意志论的。

然而，对社会规律、因果关系、历史规律性作生硬的自然科学的理解，在一部分马克思主义者中得到了某种传播。他们忘记了历史规律性的特殊性，忘记了社会存在的规律是人们活动的规律，这些规律往往表现为一种倾向、一种可能性，在每一个特定场合可能实现，也可能不实现，还有另一种趋势、另一种可能性会为自己开辟道路。这要取决于力量的对比，取决于人们、阶级、历史活动者在其中活动的形势成熟的程度。

只有在一定的条件下，在存在革命的、创造性的主动精神的情况下，历史必然性才会获得胜利。

历史经验和当前的现实都表明，宿命论、客观主义使先进势力必然趋于消极，必然束缚创造的积极性，因此它们同马克思主义人道主义是格格不入的。

另一方面，我们看到，不论主观主义，还是唯意志论，忽视客观规律都是同反人道主义相安无事的。

马克思主义人道主义的有效性、革命的创造性地改造的积极性同对这种积极性的严格的科学论证有着内在的联系。

人们常说，真正伟大的人物在自己一生中只有一个日期，即诞生的日子。马克思和列宁就属于这种人。多少世纪以后，他们的名字仍将是整个人类进步的指路明灯。马克思和列宁不仅以自己的学说，而且以自己的全部生平事业表明了，他们是为工人阶级事业服务为争取全体劳动者的幸福而斗争的不朽榜样。

（莫立知 译）

马克思主义是科学的人类学和科学的人道主义 *

〔法〕L. 塞夫

从《1844 年手稿》到《德意志意识形态》，再到《资本论》，马克思**从来没有**停止**明确地**提到人、人的异化和人的整个发展，这是一个明显的事实。因此，正像马克思主义的思辨解释所认为的那样，马克思主义是一种人道主义。但是，这种思辨解释仅仅满足于表面现象，它没有认识到马克思的科学认识论的复杂性，未能提出在这些词后面起作用的那些概念的真正地位问题。在《资本论》和《1844 年手稿》里都使用了人这个词或异化这个词，但这并不足以证明它们在这两部著作里是意义相同、地位相同的概念。确定一个概念的地位的，是这个概念所表示的本质的性质。在《1844 年手稿》中，人的概念是指一种抽象的人的本质，历史的主体，像经济范畴这样的社会关系是它的现象，即外部表现。当人们说"个人是社会存在物"的时候，它的意思是，即使"我们应当避免重新把'社会'当作抽象的东西同个人对立起来"，但是社

---

* 本文选自《马列主义研究资料》1989 年第 2 辑。

原题注：L. 塞夫是法国著名马克思主义理论家，长时期负责法共意识形态工作。他的《马克思主义和人的理论》一书在国际上广泛闻名。英译本改名为《马克思主义理论中的人和个性心理学》，本文是根据该书 1978 年萨塞克斯英文版第三章节译的。——译者注

会存在物与个人并**没有什么不同**，因此个人就是"总体"。①

在这个关键问题上，《关于费尔巴哈的提纲》的第六条与《手稿》决裂了，甚至与所有以前的概念决裂了。这个**社会存在物**被理解为与个人**完全不同**的东西。它是"每个个人和每一代当作现成的东西承受下来的生产力、资金和社会交往形式的总和"②。这就是哲学家们想象为"实体"或人的"本质"的东西的"**现实基础**"；旧的人的概念因此必须彻底颠倒过来。它的意思决不是说，所有人的概念现在必须作为幻想的东西被抛弃，但是它表明，**关于人的抽象概念不应该同关于抽象的人的概念混同起来**：每一个科学概念作为概念都是抽象的，但是按照马克思主义的要求，只有当这个概念抓住了自己对象的具体本质时，它才是科学的。因此，当我们在《德意志意识形态》中读到"人们的存在是他们的实际生活过程"这个说法时，决不能把它与1844年的"个人是**社会存在物**"的说法等同起来。在某种程度上，它具有相反的意义：人并不是当我们以虚假具体的直接方式把他当作孤立个人考察时乍看起来的那种样子；相反，他是必须在对产生这种个性的客观社会条件进行的调查中费力气去探索的东西。因此，这里不是放弃了人的概念，而是对它进行了科学的改变的问题。人的本质的概念对成熟的马克思主义**应该具有**意义，一种完全崭新的意义，即唯物主义的和辩证的意义。这个本质不是抽象的而是具体的，不是理想的而是物质的，不是自然的而是历史的，不是孤立的个人所固有的，而是社会关系的总和所固有的。

对马克思主义的反人道主义解释则把这个结论孤立起来并加以歪曲。在它看来，马克思主义作为理论根本不是人道主义，而是与人道主

---

① 《马克思恩格斯全集》第 1 版第 42 卷第 122—123 页。

② 《马克思恩格斯全集》第 1 版第 3 卷第 43 页。

义正好相反的东西，因为马克思主义认为：存在着的人（不用说，不是生物学上的，而是历史和社会中的人）不是一种现实的、独立的实体，也没有真正独立的历史（异化、复归），即人不是历史的主体；理论在每一个时代关于人能够知道的只是那个时代的具体生产方式的结果；社会关系的支撑物、经济范畴的人格化及其涉及的不同方面，没有理由与一个具体人的统一体混为一谈。因此，不管现象如何，"人"和"灵魂"一样不是**现实**的概念，例如，他在历史上的发展和灵魂的显现一样不是现实的过程，人的充分发展和灵魂被拯救一样没有现实的前途。在这种意义上，相信有"人的科学"也和相信有"灵魂的科学"一样不合理。因此，历史唯物主义不应该被看作是关于人的一般科学理论，马克思主义哲学的组成部分，而只应该被看作是历史科学的基础。

这一切源于一个正确的思想，而且这些分析也肯定没有完全忽略真实的情况。但是反人道主义解释所没有看到的，它从歪曲《关于费尔巴哈的提纲》的第六条的时刻起就忽略了的东西是，虽然人的本质同社会关系的总和吻合，在任何程度上都不再是孤立的个人所固有的一种抽象物，然而它依然是一种**先于每一个特定个人的存在的本质**，个人的存在实际上是这种本质以另一种形式的**再现**，这种再现在阶级社会中必然是矛盾的、支离破碎的和不完全的，但是现代生产的规律本身终将使这种再现像个性形式所要求的那样成为**完整的**。正因为如此，马克思主义的社会关系科学从同思辨的人的概念决裂（不应该贬低它的意义）开始，决不禁止在这种决裂结果的基础上**重新回到**对人类个体及其具体生活形式的科学认识上来。事实上，说它并不禁止太不够了：它要求这样做。它之所以要求这样做，是因为正如我们在上面已经看到的，社会关系基本上无异于人与人之间的关系。这是主要之点。自然，这并不是说，社会关系是通常意识形态意义上的那种"人的关系"，即那种被认为按其本质先于这种关系的人们之间的关系：从 1845—1846 年以后这是不成问题的。总之，人是由社会关系产生出来的，这丝毫没有使自由"消失"，而且相反，这使得自由实际上包含的内容和它所依赖的基础即历史必然性变得很明显。但是，如果说人们能被这些关系产生出来，那是因为这些关系决不是与人们没有联系，而是构成他们的现实生活过程，而且只有在这些关系是人们之间的关系的限度内，它们才能够构成他们的现实生活过程。这一点在最著名的，也是被研究得最多的马克思关于历史唯物主义的一般说明中，即在《政治经济学批判》序言中说得最清楚，我们应该记得那段话是这样开始的，人们在自己生活的社会生产中发生一定的、必然的、不以他们的意志为转移的关系，即同他们的物质生产力的一定发展阶段相适合的生产关系。① 还有一段毫不含糊的话：生产关系，即离开人们的意志而客观地独立地存在着的一切社会关系的基础，不是思辨哲学所称呼的"人的关系"，"主体间的关系"，他们的"意识"和"自由"的反映，然而这些客观的和必然的社会关系无非是在**人们存在**的社会生产中把**人们**联系在一起的关系。②

当然，商品拜物教、社会关系的物化、社会关系"对生产当事人的独立"和资本主义社会特有的一切客观幻想，使得这种人与人之间的关系采取了"物与物的关系的虚幻形式"。③ 但是马克思主义的分析确切地表明了这是一种幻想，并且把这种幻想的秘密揭露无遗。它证明了，如果我们考虑其他生产形式，那么商品生产占主导地位的社会所特有的这一切"神秘"现象就会消失，因为其他生产形式都很清楚地表明，

---

① 《马克思恩格斯选集》第 1 版第 2 卷第 82 页。
② 参看《马克思恩格斯全集》第 1 版第 23 卷第 89 页。
③ 参看《马克思恩格斯全集》第 1 版第 23 卷第 89 页。

不管现象如何，社会关系始终是"个人之间的社会关系"。① 换句话说，马克思主义决没有用对社会关系的研究**取代**对人的研究；相反，它表明了这两种研究在**根本上是一致的**。但是，它也表明了，对以客观物质形式存在的社会关系的研究必然是第一位的，因为它们是全部社会的人的生活的现实基础。《1844 年手稿》的错误，不在于断言人的本质和社会关系之间的一致性、圆圈性（如果人们把 1845—1846 年的理论上的革命变成为一种彻底断裂，那就会忽略这一真理在成熟马克思主义中仍然继续存在）。毕竟，1844 年关于"个人是社会存在物"的提法在 14 年以后又一字不差地出现在《政治经济学批判》的第一个草稿中。在这一段时间中所**发生**的变化（这个变化是非常之大的），是由同样措词表达的、在 1844 年仍处于科学以前的矛盾状态的现实关系，在唯物主义意义上被完全颠倒过来了；如果说在 1844 年人的本质被看作是基础，社会关系被看作是它的表现，因而它仍然取决于一个至少部分地是形而上学的本质概念，那么在 1858 年则已变得很清楚，一切都取决于客观条件，这些客观条件"既不是从个人的意志，也不是从他的直接本性中产生出来的，而是从已经使得个人成为由社会决定的**社会存在物**的历史条件和关系中产生出来的"。②

在这里，人的概念（"人的本质"）已成为一种科学的、辩证的概念。人和社会关系之间的圆圈性继续存在着，但是已被颠倒过来了——因此在它的一切环节和方面都被改变了，但**不是被消灭了**。如果看不到这一主要事实，人们就会忽略整个成熟马克思主义的意义。

---

① 参看《马克思恩格斯全集》第 1 版第 23 卷第 94 页。

② 马克思：《政治经济学批判》1968 年巴黎社会出版社法文版第 214 页（黑体是作者标的）。

因为通过对社会关系的研究**重新**回到现实历史和具体个人，正是马克思主义意义上的整个科学工作的目的，也就是为了革命改造而对具体形势进行的具体分析的目的。正因为如此，我们首先不应该在《资本论》中把对抽象规定性的研究同对它们的不变结果，即具体的人类现实的研究任意地分割开来。马克思在写作《资本论》的时期一直没有放松过对具体的人类现实的研究。例如，在第一卷论剩余价值生产的第三编中，分析涉及一个 20 岁的女时装工玛·安·沃克利的悲惨故事，这个女工在 1863 年 6 月死于"劳动时间过长"。① 又例如在这同一卷论资本积累的第七编中，如果我们忘记了资本积累的一般规律是"资本的增长对工人阶级的命运产生影响"② 的规律，那我们就不能理解这种规律，马克思论述这种规律的运动情况时，甚至列出了在兰格托弗特 74 名工人睡在 12 间房中的拥挤情况的统计表。③ 也正因为如此，不应该忘记，如果《资本论》像马克思原来构思的那样彻底完成了的话，那么它就会以阶级斗争作为它的理论的终点。这是恩格斯在他给第三卷写的序言中所明确提醒的事情，"他们的存在所必然产生的阶级斗争，应当作为资本主义时期的实际产物"④。马克思在 1868 年 4 月 30 日致恩格斯的一封非常重要的信中，给恩格斯概括介绍了他的著作在利润率问题方面的大致计划时，是这样结束他的叙述的："结论就是**阶级斗争**，在这一斗争中，这种运动和全部脏东西的分解会获得解决。"⑤ 此外，更一般地说，正因为如此，无论整个《资本论》还是其他经济理论著作，

---

① 《马克思恩格斯全集》第 1 版第 23 卷第 283—284 页。

② 《马克思恩格斯全集》第 1 版第 23 卷第 672 页。

③ 《马克思恩格斯全集》第 1 版第 23 卷第 756 页。

④ 《马克思恩格斯全集》第 1 版第 25 卷第 11 页。

⑤ 《马克思恩格斯全集》第 1 版第 32 卷第 75 页。

都不应该同马克思的**历史著作**和政治著作任意地分割开来，因为理论在活的历史上的这些具体应用决不是历史唯物主义的外在的和次要的图解，而是它的真理本身在行动中。总之，正因为如此，马克思和恩格斯的全部著作不应该同他们的政治实践分割开来，否则就无异于把包含了马克思主义全部精神的《关于费尔巴哈的提纲》的最后一条（"哲学家们只是用不同的方式**解释**世界，而问题在于**改变世界**"①）变成为一种陈词滥调。《1844 年手稿》已经说得非常明确："要消灭私有财产的思想，有共产主义思想就完全够了。而要消灭现实的私有财产，则必须有**现实**的共产主义行动。"②

而现实的共产主义行动就要求对具体现实的科学理解。因此，理论重新回到人类个体的问题上来，是马克思主义最重要内容的一部分。只有在耐心地等到对抽象社会规定性的总和进行了必要分析之后，才能在理论上和实践上做到重新回到具体个人——若没有这种分析，对具体、对人和对实践的赞扬并不能使我们避免意识形态的幻想，而且肯定要使我们陷入这种幻想。

因此我们可以看到，在何种意义上，正是因为历史唯物主义是关于社会关系、人的具体本质的科学的基础，实际上在这同时远远不止是这种基础：它是**所有一切关于人的科学**的基础——从政治经济学开始，当然也不能忘掉个性心理学（个性心理学是关于人的科学概念的一般理论，补充了作为关于自然的科学概念的一般理论的唯物主义，从而是马克思主义哲学的组成部分）。用恩格斯的高度精确的说法来表达，历史

① 《马克思恩格斯选集》第 1 版第 1 卷第 19 页。
② 《马克思恩格斯全集》第 1 版第 42 卷第 140 页。

唯物主义是一门"关于现实的人及其历史发展的科学"①，我们可以把它称作社会的人类发生发展学，它的对象就是"处于社会关系中的人本身"的发展②。因此，它也是**科学的人类学**，更确切地说，是科学的人类学中同生物学部分密切相连的社会历史部分。说历史唯物主义无需人的概念的理论帮助，是极其错误的；完全相反，它需要建立一种表示新的本质即社会关系的新的、非思辨的人的概念。正因为如此，科学地使用人的概念在正常情况下要求用复数：与处在社会关系中的现实的人们相反，单数的人一向是一种认为人的本质可以直接在抽象的、孤立的个体中找到的唯心主义的神秘概念。然而，在两种确切的意义上可以逆用单数的人的概念：一方面是在说对一切历史时代一切人都大致共同的社会（以及自然）特征的总和时——这在马克思的著作中是一种常见的用法。这种用法是许可的，然而是危险的，因为只要把这种抽象概念同具体本质稍一混淆，就可能滑入思辨之中。另一方面是在说真正的个人时，这时为了避免同思辨的单数相混淆，最好是直接使用个人这个词。这种新的、科学的人的概念对马克思主义有最明显的帮助。首先，这是历史唯物主义本身的一个基本概念，因为如果没有它，无论生产力（人是主要的生产力）还是社会关系（归根结底总是人与人之间的关系）都是不能想象的。它对思考阶级斗争和社会革命也同样必要，因为社会矛盾对其中产生出的人们的影响是整个历史运动中的基本环节；正因为如此，对马克思主义的反人道主义解释不能清楚地说明阶级斗争和革命的内在必然性。但是，这种新的人的概念还能给马克思主义以其他宝贵的理论帮助，特别是这样一点：它使得最终有可能建立一种关于个性和

---

① 《马克思恩格斯选集》第 1 版第 4 卷第 237 页。

② 《马克思恩格斯全集》第 1 版第 46 卷下册第 226 页。

个人的科学理论。人们不停地试图建立一种与马克思主义相联系的关于个人的理论（这个任务的必要性是任何人，甚至理论反人道主义的信徒也不能否认的），但是又从与马克思主义完全不同的基地出发，这显然使得它们之间的相互联系成为不可能，之所以有这种做法，其根本原因在于没有认识到上面这一点。因此，明确认识到历史唯物主义构成科学的人类学，是正确解决这个问题的关键。

我们也能够看到，在何种意义上马克思主义可以被描述为**科学的人道主义**：即关于个人在历史上繁荣发展的矛盾和条件以及马克思所说的**全面发展的个人**在共产主义社会中必然到来的理论。当然，人道主义和科学这两个名词往往被认为是不相容的。值得注意的是，这种不相容是思辨人道主义解释和理论反人道主义解释的共同**假定**，尽管这两种解释截然相反，它们却是理解人道主义内容和科学严谨性之间的排斥的两种方式，它们都把这种排斥看作是不言而喻的。在前者看来，马克思主义的人道主义不能囿于纯科学的约束，因为这不能达到人的带根本性的东西；在后者看来，马克思主义的科学性不能容许陷入人道主义，人道主义只能出自意识形态。但是两者都没有注意到的基本事实是，马克思通过建立历史唯物主义以及辩证法，使得科学能够达到人的本质，因为在这种本质的意识形态形式之外，他发现了它的**现实存在**；因此，经验主义的科学概念和唯心主义的本质概念之间旧有的不相容性就不成立了。而且，由于向现实本质的概念转变意味着向这种本质的历史概念转变，**个人**就是处在**社会关系**再生产的过程中，马克思主义的人类学就是关于人的发展的科学。在这种意义上，虽然不能说被设想为独立实体的人的本质自主实现，全部历史还是完全可以被看成是**人类个体逐步繁荣发展的历史**。这就是马克思1846年在给安年柯夫的长信中所说的："人们的社会历史始终只是他们的个体发展的历史，而不管他们是否意识到这一点。"① 马克思在这一点上从未变更过；他后来的所有著作都是它的发展，特别是《资本论》，在这里顺便勾画出了社会个体演变的全部轨迹——从"个人尚未成熟"② 的原始社会直到"全面发展的个人"③ 的共产主义。

的确，尽管这在理论上完全合理，人们可能还是不愿把马克思主义取名为科学的人道主义，因为在实践中与人道主义这个名词有关联的意识形态歧义特别多，加之那些对马克思主义的人道主义的解释又往往带有思辨的甚至修正主义的色彩。的确，各种各样的货色都贴上了人道主义的标签，从古典人文科学到费尔巴哈的思辨人本学，从轻信人对人的直接认识的价值到把资产阶级关系抽象地理想化，从宣称人是对人的最高存在到以基督教"人格主义"的名义攻击"极权主义的"社会主义。泰拉神父关于"凡是发展的事物都要汇合"的名言，最近又为"人道主义"开辟了另一个应用的领域：将各种"善意哲学"加以折中，将不同社会制度国家的和平共处和对立意识形态的共处（这是一种拐弯抹角的思想斗争形式）加以混淆的领域。很清楚，马克思主义为了在一切方面**开放**，不能抹去自己的**界限**。马克思主义不是全基督教会的人道主义的思辨多声部乐曲中的一个声部，甚至连低声部也不是。这是很明显的。然而，只保留马克思主义理论对**思辨**人道主义的批判，拒绝把它描述为科学的**人道主义**，也是助长意识形态的歧义，这一点也同样很明显。这种对马克思主义的解释也同样是思辨的和修正主义的，尽管方向

---

① 《马克思恩格斯全集》第 1 版第 27 卷第 478 页。
② 《马克思恩格斯全集》第 1 版第 23 卷第 96 页。
③ 《马克思恩格斯全集》第 1 版第 23 卷第 535 页。

完全不同。马克思主义不是把人抽象掉的任何结构主义的组成部分，甚至连赋形剂也不是。那种认为社会主义的"人的面孔"的某些畸变可能根源于这个学说的基本特征的错误看法，更是不应该赞同的。马克思和恩格斯在其全部著作中未曾回到人们无意地制造着自己的历史这种观念上来：**这同社会关系与个人相比占首位的唯物主义**原则根本不对立。历史是人们的历史。正因为如此，整个说来，虽然毫无疑问，从意识形态的方便考虑，有理由反对把马克思主义描述为科学的人道主义，但是也有同样重要的理由要求做出正相反的结论。因此，没有任何严肃的理由不去坚持纯理论考虑促使我们提出的主张：既然历史的科学和人的科学是一致的，马克思主义就是科学的人道主义。

从根本上说，人道主义这个名词是同马克思主义借以说明自己的大多数名词一样的。例如，我们知道，有一个时期马克思和恩格斯不喜欢**唯物主义**这个名词，拒绝承认他们自己的哲学立场是唯物主义。这是可以理解的：不管唯物主义有什么优点，既然它是法国 18 世纪思想家费尔巴哈的思辨人本学、福格特之流的"巡回传教士"① 的平庸科学主义的方法，在某些方面是形而上学的方法，它就总是一种哲学的意识形态。马克思和恩格斯的任务当时不是实践这种意识形态，而是与它决裂。然而，当决裂已经完成，对它已经采取了适当立场之后，马克思和恩格斯立刻就明白了，新理论是旧唯物主义的科学变形，唯物主义发展中的更高阶段，考虑到它的基本特征，还是应该用唯物主义这个名词来称呼它。**辩证法**这个名词也是一样，它在起初可能由于打上了黑格尔主义的烙印，显得不可救药，可是马克思还是保留了它，因为，虽然他的唯物主义辩证法同黑格尔的辩证法决裂了，在完全新的基础上对它的内

---

① 《马克思恩格斯全集》第 1 版第 20 卷第 384 页。

容进行了改造，然而从更一般的立场看，它是黑格尔的辩证法的合理内核的发展。让我们再举一个例子，即**哲学**这个名词本身。在某种意义上，马克思主义的哲学决不再是例如在《德意志意识形态》中所见到的那种轻蔑意义上的"哲学"，即对世界、人和认识的意识形态观点。相反，它标志着"哲学"的终结和最广泛意义的真正科学立场的开始，这种科学立场就是对一切思辨的彻底（唯物主义的）批判，对具体（辩证的）本质的阐释。因此，把马克思主义理论的基础称作**哲学**，有可能造成不幸的、思辨性的歧义。情况确实是如此。但是不把构成马克思主义基础的关于世界、人和认识的理论的原则描述为哲学，则有可能造成另外的甚至更不幸的歧义，特别是实证主义性质的歧义，可能使人以为，马克思主义意味着"哲学"已被吸收进各门科学，这样就以马克思主义的名义为最坏的哲学的最庸俗化的残余卷土重来开辟了道路。事实上，马克思主义是立足于**对旧哲学进行科学的改造**，在这种确切的意义上，把一切幼稚主观的价值判断撇在一边，我们能够而且必须谈到马克思主义的**科学的哲学**。的确，正因为如此，一切想要摈弃哲学这个名词或为它找代用语的企图，从马克思和恩格斯开始，都失败了，这不是由于术语不好找，而是有基本理论的原因。

在这一方面，断裂的认识论不管有什么优点，看起来都像是对认识的唯物主义辩证法的不能接受的歪曲。认为理论方面的革命不只是包含着从问题到答案的连续性中的变化，而是包含着问题和答案的旧领域的深层结构的断裂，这是很对的。但是，正如马克思在 1857 年《导言》中提醒的那样，"实在主体仍然是在头脑之外保持着它的独立性"①，这也同样是对的。由于两者的目标清楚地是同一个**实在**主体，从一个理论

①　《马克思恩格斯全集》第 1 版第 46 卷第 39 页。

世界到另一个理论世界的改变，必然以"既定的、具体的、生动的整体"① 的**一致性**为基础，于是，后一个理论世界看起来就像是在"具体通过思维再现"② 的同一个过程中的更高状态。在这个问题上，看不出在从一个到另一个的变化中什么改变了，什么没有变，是再错误不过的了。马克思在强调指出他与之决裂的李嘉图的错误之后，甚至这样写道："另一方面……**理论的历史**确实证明，对价值关系的理解**始终是一样的**，只是有的比较清楚，有的比较模糊，有的掺杂着较多的错觉，有的包含着较多的科学的明确性。因为思维过程本身是在一定的条件中生长起来的，它本身是一个**自然过程**，所以真正能理解的思维只能是一样的，而且，只是随着发展的成熟程度（其中也包括思维器官发展的成熟度）逐渐地表现出区别。其余的一切都是废话。"③

总而言之，断裂的认识论是对质的飞跃的辩证法的片面歪曲，对思想史的不够**唯物主义**的分析的结果，它忽略了在意识的结构变化后面隐藏着的存在的统一。

战后还有一个例子，值得任何一个可能不愿把马克思主义描述为科学的人道主义的人熟思，这就是**社会主义**这个名词的例子，与它的比较在这里更能说明问题，因为这两个概念是直接有关的：在马克思主义理论中，**人道主义之与科学社会主义就同人类学之与历史唯物主义一样**。正如恩格斯在1890年为《共产党宣言》再版写的序言中解释的那样，在1847年马克思和他本人都不可能把这个宣言叫作**社会主义宣言**，因为那时所谓社会主义者，一方面是指"那些信奉各种空想学说的分

① 《马克思恩格斯全集》第1版第46卷第38页。
② 《马克思恩格斯全集》第1版第46卷第38页。
③ 《马克思恩格斯全集》第1版第32卷第541页。

子"，另一方面是指"各种各样的社会庸医"。① 不必说，即使在今天，社会主义这个名词所引起的各种寓意含糊的共鸣也不比以往任何时候少。因此，我们为反对与人道主义这个名词有关的歧义所能说的**一切**，更有理由用来反对与社会主义这个名词有关的歧义。可以说，马克思主义一直是对这些"社会主义"歧义的最彻底的批判。它是从与这些歧义的**决裂**中诞生出来的。然而，任何人也不可能想到拒绝把马克思主义的政治理论描述为社会主义，同样也不可能想到把马克思主义称作"理论反社会主义"。马克思主义是**空想社会主义的科学变形**，即社会主义变成了科学。所以，"科学社会主义"的说法决不是俏皮话，用词上的矛盾；相反，它是对一场既标志着社会主义的**史前史的终结**，又标志着**它的真正历史的开端**的革命的正确表述。在同样的程度上和同样的意义上，社会主义是科学的人道主义。

（杜章智 译）

---

① 《马克思恩格斯选集》第 1 版第 1 卷第 244 页。

马克思主义是人道主义

——驳阿尔都塞的"理论反人道主义"*

〔墨西哥〕阿·桑·瓦兹克斯

既然马克思主义从创立之日起就把人类解放的计划（与其他空想计划不同）建立在对现存现实的彻底批判和对它渴望改造的世界的认识之上，人道主义内容就是它的本质。然而，自从马克思和恩格斯逝世以来，实证主义和科学主义的解释千方百计地要削弱甚至完全排除这种人道主义本质。在 40 年代和 50 年代，对《1844 年经济学哲学手稿》的解释是社会民主党人、存在主义者和新托马斯主义者垄断的领域，他们曾企图把马克思主义的人道主义绝对化，完全无视它的阶级的、科学的和革命的本质。在很长一段时期中，由于斯大林主义无论在理论领域还是在实践领域都把社会主义和人道主义对立起来，马克思主义哲学家没有参加关于《1844 年手稿》中所明显表现的人道主义本质的讨论。在那些马克思主义思想停滞和僵化的年代里，马克思主义的人道主义不能够在整个国际共产主义运动所绝对遵循的那种教条的和制度化的马克思

---

* 本文选自《马列主义研究资料》1983 年第 6 辑。

　原题注：作者是墨西哥大学教授。本文是他在南斯拉夫"世界社会主义"国际论坛 1982 年 10 月举行的主题为"今日马克思主义思想：形势、分歧、前景"的圆桌会议上的发言，发表在贝尔格莱德《世界社会主义》杂志 1983 年第 35 期上。原文中的引文都没有注明详细出处，有个别引文没有查到。——译者注

主义学说中找到相应的地位。很明显，官方的斯大林版的马克思主义不能够为日常被实践所否定的东西提供理论基础和支持。由于苏共二十大所唤起的革新希望（这种希望不一定都是正确的），马克思主义者开始积极活动起来，首先是在马克思早期著作的激励下，企图从不同的角度拯救和恢复马克思主义的人道主义方面。从 60 年代中期以来，南斯拉夫哲学家特别是那些聚集在《实践》杂志周围的学者，在这一事业中占有特殊的地位。

斯大林主义曾用生产因素、经济因素埋葬了马克思主义的人道主义因素。这就要求重新确立社会主义的真正目的是建立一种能保证人的自我实现的社会（在资本主义社会中，人是不可能自我实现的）。这样就需要不仅在理论上，而且在实际政治上阐明社会主义的根本目的，这种需要说明必须建立和丰富作为人道主义的马克思主义。马克思主义者自己开始关心人道主义的问题，是不足为奇的。不用说，这种对人道主义的关心不可能与社会民主党人、新托马斯主义者和存在主义者对人道主义的关心具有同样的意识形态的和资产阶级的动机，尽管在某些场合，这种对人道主义的关心并不是把社会主义人道主义和资产阶级人道主义分得很清的。

在从 50 年代末 60 年代初开始的这种令人高兴的形势下，作为人道主义的马克思主义却受到了历史上从未有过的最残酷最带破坏性的攻击。这就是阿尔都塞带着他的《保卫马克思》冲上理论舞台时所发生的事情。

虽然阿尔都塞为了避免他自己承认的某种"理论主义倾向"，曾设法纠正他在头两本书（《保卫马克思》和《读〈资本论〉》）中发表的对某些重要问题的看法，并且企图在哲学和政治之间建立联系，但是他对我们现在关心的这个问题并没有改变观点，他对马克思主义人道主义的批评从他头两本书起直到他最后一本书（1975 年的《亚眠之答辩》）上都毫无变化。

阿尔都塞的著作是苏共二十大在世界共产主义运动中激起的对斯大林教条主义的反动的一部分。然而它在事实上是想要就某些对这种教条主义的反动即人道主义的反动作出反应。阿尔都塞想要拯救马克思主义的科学性质，并且像他说的那样，摈弃那种在"人道主义"幌子下渗透入马克思主义的资产阶级意识形态。阿尔都塞注意到《1844 年手稿》从发表以来已有各种不同的解释，并且指出这部著作已经滋养了"对马克思的整个伦理的或者说人本学的（同一个含义），也许甚至宗教的解释，使得《资本论》连同《资本论》的显而易见的'客观'意义，被看作只是一种年轻人的直觉的发展，这种直觉在《手稿》及在《手稿》的**异化、人道主义、人的社会本质**等概念中得到了重要的哲学上的表述"①。

他在这里显然是指唯灵论的、存在主义的及诸如此类的解释。然而，阿尔都塞的批评首先是针对那些在马克思主义内部企图保存《手稿》的人道主义方面并且把马克思主义宥作人道主义的人们。至于《手稿》的特殊性质，那么阿尔都塞的意见跟这部早期著作的绝大多数评论者相同："《手稿》是马克思同政治经济学遭遇的产物。"② 但是青年马克思在政治经济学中到底发现了什么呢？与经济学遭遇的是什么哲学呢？按照阿尔都塞的观点，在这次"遭遇"中，也就是说在《手稿》中，马克思只是把"异化理论"或"费尔巴哈的人性"应用于政治经济学领域，就像他曾把它应用于"政治和人的具体活动"一样。所以，

①　阿尔都塞：《保卫马克思》1965 年巴黎版第 156 页。
②　阿尔都塞：《保卫马克思》1965 年巴黎版第 156—157 页。

与经济学遭遇、但是没有对它进行批判并且在异化劳动中找到了自己的最初基础的哲学，是"依旧带有费尔巴哈理论框架的深刻烙印的哲学"。①

所以，阿尔都塞的反人道主义的理论处理，首先在于把马克思同费尔巴哈等同起来。然而其理论框架为马克思所接受的这个费尔巴哈是个什么样的人呢？对阿尔都塞说来，费尔巴哈首先是个**理论人道主义者**。阿尔都塞认为这个称呼比抽象或思辨人道主义者好。然而，为什么必须谈到理论人道主义呢？阿尔都塞在他的最后的一部著作（《亚眠之答辩》）中说道："作为人类世界中心的人，在其哲学含义上，是人类世界的原始本质：这才能称为名副其实的理论人道主义。"

费尔巴哈之所以是一个典型的理论人道主义者，是因为关于人或人的本质的概念在他那里不仅起理论的作用，而且起主要的作用。然而，严格地说，按照阿尔都塞的观点，它根本够不上理论人道主义，因为作为其基础的关于人或人的本质的概念并没有理论价值。如果采用更恰当的说法，那么费尔巴哈的人道主义是一种有理论要求的人道主义，或者更确切地说，是典型的阿尔都塞意义上的意识形态人道主义。

因此，费尔巴哈的人道主义尽管包含有理论要求，即尽管它想表明关于人或人的本质的概念起极其重要的**理论**作用，仍然是一种意识形态的人道主义。自然，费尔巴哈所论述的关于人或人的本质的概念，正是马克思在他关于费尔巴哈的提纲的第六条中所驳斥的。所以，阿尔都塞在强调指出了这个提纲的第一、二两条之后，忘记强调指出其中反驳的是一种特定的人的本质，即费尔巴哈所设想的那种作为"单个人所固有的抽象物"的人的本质，而马克思给人的本质下的定义，或者说，他所

---

① 阿尔都塞：《保卫马克思》1965 年巴黎版第 158 页。

接受的关于人的本质的概念则是，"在其现实性上，它是一切社会关系的总和"。

然而，阿尔都塞并不限于认为费尔巴哈关于人或人的本质的概念是意识形态的，而且断言任何这类概念都是意识形态的，换句话说，"是不能从科学观点使用的"。所以，只是"在摆脱关于人的概念的一切**理论帮助**的条件下"才有可能认识具体的人（真实的人）。① 这样，我们就看到，阿尔都塞如何通过谴责费尔巴哈的人道主义谴责了一切形式的人道主义，认为它们都是"在意识形态的王国内徘徊"，因为人道主义总是建立在关于人的概念之上的，而关于人的概念在阿尔都塞那里没有理论价值。

青年马克思的人道主义问题，也像整个马克思主义人道主义的问题一样，它的基础被说成是费尔巴哈的思辨的人的概念。也同费尔巴哈的情况一样，这种人道主义被说成是一种有理论要求，但是没有理论价值的意识形态人道主义。在阿尔都塞看来，真正的马克思主义，即在马克思的成熟著作中反映出来的马克思主义，是同他的早期著作的带有理论要求的意识形态人道主义截然相反的。因此必须放弃充当人道主义基础的关于人的概念的"理论帮助"，采用社会形态、生产力、生产关系等新的概念。

> 就理论的严格意义而言，我们能够而且必须公开地说到**马克思的理论反人道主义**并且在这种理论**反人道主义**中看到（积极地）认识人类世界及其实际变革的绝对前提。必须把人的哲学（理论）神话打得粉碎；在此绝对条件下，才能对人类世界有所**认识**。②

---

① 阿尔都塞：《保卫马克思》1965 年巴黎版第 255 页。
② 阿尔都塞：《保卫马克思》1965 年巴黎版第 236 页。

这种"理论反人道主义"的基本论点可以归纳如下：（1）关于"人"或"人们"的任何概念都是意识形态的，因此是没有理论价值的；（2）在理论上，人们只是作为社会关系的"承担者"而存在着；（3）为了有可能认识"真实的人"（"具体的人"，"具体的个人"或"在自己具体生活中的人"——这一切都是阿尔都塞的说法），必须考虑到决定他们的社会关系体系，然后把他们作为具体的个人加以抽象，在理论上把他们只当作"关系的承担者"对待。

为了证明这种关于马克思主义与人道主义论点决裂的说法，阿尔都塞设法在马克思的成熟著作中，特别是在《资本论》中寻找支持。如果存在着这种决裂，那就应该意味着在这些成熟时期的著作中马克思放弃了关于人的概念。为了使阿尔都塞不致受到毫无根据的攻击，应该指出，他并未否认真实的人作为"具体的个人"存在着。他所否认的是他们在理论上存在，即这个概念具有理论作用；他只承认社会关系。如果要进一步证实在对马克思主义的纯粹"人道主义"解释中被忽略的社会关系的决定作用，或者抵制那些建立在"抽象本质"或"孤独个人"之上的概念，这种办法将是对的。但是这是不是说必须放弃关于"人"（指真实的人）的概念的帮助呢？是不是必须有这种含义呢？

当马克思反对费尔巴哈人本学的"抽象的"人的概念，开始随着他的《1844年手稿》特别是《德意志意识形态》进入社会关系的领域时，他并不是只注意这些社会关系、只注意结构，而完全放弃关于真实的人、具体的个人、并非以思辨方式理解的人的概念。

早在《德意志意识形态》中，他就在拒绝把历史说成只不过是抽象的人的自我发展过程的概念的同时，还谈到"个人作为生产者以特殊的方式行动，并且在彼此之间建立这种特殊的社会和政治关系。"正像我们已经指出过的，关于费尔巴哈的提纲的第六条证实了关于人的本质的积极概念，这种概念并不是像阿尔都塞声称的那样意味着具体的个人在理论上并不存在。他们不仅作为社会关系的"承担者"存在，而且作为个人存在，他们虽然被这些关系所决定，但是由于他们的存在和行动，他们并不仅仅归结为这些关系。这种关于个人的概念继续在理论中起作用。正是因为如此，马克思在 1846 年 12 月 28 日致安年柯夫的信中说道："人们的社会历史始终只是他们的个体发展的历史。"

在谈到真实的人时，马克思总是看到个人和社会之间的这种联系，从《1844 年手稿》时起就是如此。在像 1857 年的《政治经济学批判》导言这样的成熟著作中，我们可以很清楚地看到这种联系，它使得马克思能够把人定义为社会存在物，人只有作为社会存在物才能被了解。这证明马克思关于个人的概念起着理论作用："人是最名副其实的政治动物，不仅是一种合群的动物，而且是只有在社会中才能有个性的动物。"

因此，我们在这里看到的关于人的概念，是起理论作用的，因为它表明社会和个人之间的联系，而这种联系对了解社会关系和具体个人之间的联系又是决定性的因素。在这里可以很清楚地看到，个人不再是一个具体的类即人类的标本，因为即使作为个人，他们也只有在社会中和历史发展过程中存在。被拒绝的是关于"抽象"的人的概念，不是因为在概念中有抽象的东西，而是因为在这个"人"中有抽象的东西。所以，有关于真实的人的概念，这种人是与社会关系和在其中发生的个性形式分不开的。最初在《1844 年手稿》中阐述的这种概念，在成熟著作中也能找到。因此，如果像《德意志意识形态》中说的那样真实的人只有在社会环境中存在和行动，或者像上面援引的《导言》中说的那样，他们只有在社会内才能有个性，那么，如果我们想要理解他们怎样存在和行动，我们就必须从认识社会关系，更确切地说，从认识历史唯物主义提供的概念和范畴开始。

成熟著作中有许多地方非常清楚地表明，马克思并没有放弃关于人的概念的"理论帮助"。例如，在《政治经济学批判大纲》中他说道："如果我们把资产阶级社会作为一个整体考虑，那么社会生产过程的结果总是社会本身，即社会关系中的人本身……只有个人表现为过程的主体，但是这些个人都是相互有关联的……"

社会关系中的人本身：任何关于人的思辨概念，提纲第六条中提到的那类概念，都同把在这种关系之外的个人作为出发点的社会的概念一起被抛弃了，因为这样的社会和这样的个人在现实生活中都不存在。因此，马克思在这同一部著作中说："社会并不知道个人，而只是表达存在于那些个人中的关系的总和。"关于人（真实的人或具体的个人）的概念在这里并没有被取消，而只是同它的真正基础——社会关系——连接在一起。关于人的思辨概念把具体的个人同社会关系分开，科学的概念则把它们合在一起，因为人被看作是由历史决定的社会存在物。

阿尔都塞使用历史唯物主义的基本概念即社会生产关系的概念作为他的"理论反人道主义"的柱石。他告诉我们，生产关系不是人们之间的关系。"与任何人道主义的唯心主义相反，马克思向我们表明，上述关系不是人们之间的、个人之间的关系、心理学的或人本学的关系，但是它们意味着一种双重关系：人群之间在关于这些人群同物（生产资料）之间的关系方面的关系。"

这个提法有两点令我们吃惊：第一，人们之间的关系只应该以个人之间的、心理学的或人本学的意义去解释，而不应该像马克思在《政治经济学批判》（1889）序言中那样客观地去解释："……人们在自己生活的社会生产中发生一定的、必然的、不以他们的意志为转移的关系，即同他们的物质生产力的一定发展阶段相适合的生产关系。"①

因此，这是由拥有共同利益的具体个人所建立的客观关系，共同利益是使他们形成阶级的基础。这就是对人们不以自己的意识为转移，甚至违反自己的意志而不得不建立的彼此之间的关系的解释：而且，这些关系是在人们现实生活的过程中，即在也是由这些关系决定的社会过程中建立的。至于这些关系是阶级（按阿尔都塞的说法是"人群"）之间的或这些人群和物（生产资料）之间的关系，这不仅不排除，而且意味着以这种方式（作为具体的个人）集结在一起的人们建立这种关系，而在必然建立这种关系之后，看到他们的现实生活过程（即他们作为具体的个人的生活）的一个方面或一个因素被决定。

在对马克思主义的反人道主义解释中，生产关系是结构。在这些结构中，我们看不到"具体的个人"或"真实的人"，而是看到为那种结构执行特别职能的生产当事人。阿尔都塞说，"要把这些生产关系归结为人们之间的关系，即归结为'人的关系'，将意味着对马克思思想学派不公正"（《读〈资本论〉》）。所以，具体的个人在理论上并不作为具体的个人存在；从理论观点看，只有作为结构的生产关系。

为了增强这种**理论反人道主义**的地位，阿尔都塞求助于《资本论》中的某些论述，特别是马克思给德文第一版写的前言中的一段话，马克思在那里写道：

"我决不用玫瑰色描绘资本家和地主的面貌。不过这里（在研究资本主义生产的机制时'这里'这个词决不能省略——引者）涉及的人，只是**经济范畴的人格化，是一定的阶级关系和利益的承担者**。我的观点是：**社会经济形态的发展是一种自然历史过程**。不管个人在主观上怎样

---

① 《马克思恩格斯全集》第 1 版第 13 卷第 8 页。

超脱各种关系，他在社会意义上总是这些关系的产物。"①

　　因此，马克思并没有把资本家当作具体的个人来谈论，而是说他是一种经济范畴的化身；同样，他并没有把工人当作个人来谈论，而是说他是执行生产剩余价值的经济职能的人。因此，他不是把人们当作具体的个人，而是当作"经济范畴的化身"来对待，并且特别提到这些个人是由这些关系决定的。

　　毫无疑问，这是在《资本论》中，也就是在经济理论中所表达的观点：必须把资本家和工人看作是生产关系所决定的经济职能的执行者。我们现在可以肯定，这也是古典经济学的观点，马克思在《1844年手稿》中对古典经济学进行批判，是因为它忽略了马克思认为根本的东西：具体的人。马克思是对的，因为他看到了，这样把工人截然分为商品和具体个人（在身体方面和精神方面都贫困化了的工人）是为工人的具体的、个体的存在辩护，并且使之永久化。的确，如果这个抽象的范畴或抽象的存在物（作为商品的工人）必然地和历史地存在着，那么工人作为具体个人（像青年马克思通常说的，作为人）的存在也不可能是别的样子。不过，虽然马克思的这种批评有道理，他在《1844年手稿》中的说法并不正确，因为他没有完全理解，说明工人（作为具体的人）的个体存在需要制定这个范畴（即"抽象存在物"），这个范畴不仅不排除，甚至是以具体的人作为前提的。

　　但是，让我们回过头来看著名的《政治经济学批判》序言，它是历史唯物主义的柱石。那里说，人们发生一定的、必然的、不以他们的意志为转移的关系，他们是在他们现实生活的社会生产中，也就是作为真实的人或具体的个人发生这种关系的。因此，我们发现人们具有双重

---

　　① 《马克思恩格斯全集》第 1 版第 23 卷第 12 页。

的职能：（a）既然他们发生的一定社会关系是客观的和必然的，他们就是"社会存在物"或这些关系的"化身"；（b）至于个人生活的过程，他们的存在就不能归结为他们作为"社会存在物"或社会关系的"化身"时的那种存在。

这两个方面是不可分地联系在一起的整体，因为它们两者都涉及同样的人。他们既表现为社会的"抽象存在物"，又表现为"具体存在物"。因为生产关系不仅是一个经济范畴，而且是现实的人们之间的现实的关系，这种关系总是通过具体的个人表现出来的；而个人不仅进行他们的个人生活的过程，而且也存在于这些关系内部（作为"承担者"），这种关系决定他们的经济职能，从而也决定他们的个人生活。

这两个方面在《资本论》中分得很清楚，但是在《1844年手稿》中则没有分清楚，因为后者虽然对那种把工人只看作经济范畴并且忽略真实的人的政治经济学进行了批判，却忽视了工人作为经济范畴的理论作用。在这一点上，阿尔都塞是错误的，因为他坚持古典经济学的观点，从而离开了《资本论》的立场。实际上，《资本论》不止一次地表明了，这种在被买卖的劳动领域之外的"抽象存在物"或"承担者"，或者作为生产剩余价值的机器影响工人，或者决定工人的现实生活的生产过程。

是不是对马克思说来，人只作为社会关系的"承担者"或者执行经济职能的生产当事人存在于理论中呢？在某种意义上是如此："人"作为"承担者"的概念以"具体的个人"的概念为前提，以致它们两者构成同一个铜板的两面，虽然经济理论最关心的是抽象的、一般的那一面。然而，《资本论》并不总是同理论设想打交道；它明确地认定在真实的人身上不可分的这两个方面是统一的。例如，让我们看看下面这一段话：

首先，不言而喻，工人终生不外就是**劳动力**，因此**他的全部可供支配的时间**，按照自然和法律，都是**劳动时间**，也就是说，应当用于**资本**的**自行增殖**。①

这里说的符合以劳动力身份起"抽象存在物"作用的工人。但是，这里作为简单范畴考虑的劳动力并不是马克思在别的地方说的拿到市场上去出卖的东西。这个范畴用在单个的人身上，它有这样的特点，即如果它在这个个人或具体的人身上具体化，那么这个"抽象"方面就决定他的个人生活的整个过程。属于他这个"抽象存在物"的"抽象时间"决定他的个人生活的一切时间形式，"至于个人受教育的时间，发展智力的时间，履行社会职能的时间，进行社交活动的时间，自由运用体力和智力的时间……资本……侵占人体成长、发育和维持健康所需要的时间。它掠夺工人呼吸新鲜空气和接触阳光所需要的时间"②。

换句话说，《资本论》并不把工人仅仅当作经济范畴（劳动力）对待，而且当作被夺去了其个人生活的具体时间的具体个人对待。《资本论》不是，而且它也不打算成为这些具体个人的科学；这些个人所体现或"承担"的是资本主义的社会关系。正因为如此，从理论角度，它论述的是使我们能够理解个人现实生活过程的这些方面的范畴或"抽象存在物"。然而，在论述这些"抽象形式"的"资本家"和"工人"，而不是作为具体个人的资本家和工人时，马克思必须在《资本论》中使用这样一种关于人的概念，这种人是真实的人，这两个方面在他身上构成一个不可分的统一体：人作为社会关系的承担者的一般的和抽象的定义和人作为个人的具体的定义，后者不能归结为前者。这种关于人的

① 参看《马克思恩格斯全集》第 1 版第 23 卷第 294 页。

② 参看《马克思恩格斯全集》第 1 版第 23 卷第 294—295 页。

概念，马克思在理论上是没有放弃过它的帮助的。

按照这种关于人的概念，工人不只是劳动的化身，而且是这样一种工人，他作为具体的个人，受他自己的产品的统治，他的现实生活受到他自己的产品的消极影响。然而，从工人作为普通"承担者"的这种地位（这是资本主义生产关系的特点）决不能得出这种结论：人们在这种关系中只能是承担者，必须永远被这种关系所统治和控制。具体的人并不是注定成为"承担者"，像上面引的《资本论》那段话中所说的那样由这些关系限制着自己的个性的。我们可以看到，真实的人对马克思说来的确在理论上存在着，不仅因为不可能把社会关系同具体的个人分开，——由于这些关系是真实的人们之间的关系，——而且因为我们不能设想社会关系中的任何变化而不设想在被社会关系决定的个性中发生变化。

具体的个人，无论是以有限的方式发展的还是按照他所建立的、决定他的发展的自由和全面程度的那种社会关系自由发展的，在马克思的著作中总是存在着。因此，最初阶段是作为人的依附关系的个人之间的关系，第二阶段是以物的依赖性为基础的人的独立性，正像马克思在《政治经济学批判大纲》中说的，第三阶段是"建立在个人全面发展和他们共同的社会生产能力成为他们的社会财富这一基础上的自由个性"①。

具体的个人从来不是孤立的，而总是相互联系着的，他们经受着变化；这些关系的形式（马克思在《政治经济学批判大纲》中所指出的三个基本阶段，它们又被它们与之发生关系的社会关系所决定）也经受着变化。正如我们可以看到的，这种变化不仅影响在这些关系的范围内

---

① 《马克思恩格斯全集》第 1 版第 46 卷上册第 104 页。

存在的方式：从受这些关系支配的个人开始，到使这些关系从属于自己统治的个人结束。"这种联系是各个人的产物。它是历史的产物。它属于个性发展的一定阶段。"①

因此，不仅必须抛弃阿尔都塞关于社会关系不是人们之间的关系（即马克思说的个人之间的关系）的观点，而且很清楚，社会关系是个人的历史产物，个人从个性发展的阶段过渡到"个人不能支配他们自己的社会关系"的阶段，也就是马克思在上面引的那段话中接着说的一个更高阶段："全面发展的个人——他们的社会关系作为他们自己的共同的关系，也是服从于他们自己的共同的控制的——不是自然的产物，而是历史的产物。要使**这种个性**成为可能，能力的发展就要达到一定的程度和全面性，这正是以建立在交换价值基础上的生产为前提的，这种生产才在产生出个人同自己和同别人的普遍异化的同时，也产生出个人关系和个人能力的普遍性和全面性。"②

上面提到的几段话同《政治经济学批判大纲》和《资本论》的其他许多论述以及《资本论》的（未发表的）第六章，都能够驳倒关于马克思同他早期著作的人道主义决裂，放弃了关于人的概念的"理论帮助"的论点。毫无疑问，在马克思的成熟著作中能够看到关于人的概念，这种人不是抽象的人而是真实的人，他既生产出社会关系又被社会关系生产出来，他同时既表现为"抽象存在物"又是具体的个人。当然，这种关于人的概念决不是思辨的概念。

如果情况如此，我们就必须摧毁那幢以没有真实的人的概念作为根据费力地建造起来的"理论反人道主义"的大厦。此外，阿尔都塞把

---

① 参看《马克思恩格斯全集》第 1 版第 46 卷上册第 108 页。

② 《马克思恩格斯全集》第 1 版第 46 卷上册第 108—109 页。

人贬低为"承担者"，把真实的人归结为"抽象存在物"，这丝毫没有消除关于人的概念，而只是提供了一种关于抽象的人、被去掉了具体规定性的人的概念。这样，"理论反人道主义"就变成了一种"抽象的人道主义"，一种思辨的人道主义，因为它是建立在关于抽象的人的概念之上的。

总起来说，"理论反人道主义"是建立在没有根据的前提之上的，因为，正像我们已经看到的，作为人道主义的马克思主义：（1）并不放弃关于人的概念；（2）并不排除人道主义问题的基本概念；（3）把生产关系看作是具体人们之间的关系，在这种关系的一种具体历史形式（资本主义关系）中，他们是作为"承担者"和从属于这种关系的个人参加这种关系的。

这样就再一次确认了在马克思著作中存在着关于人的概念，因此，以没有这种关于人的概念为根据的"理论反人道主义"就必须被抛弃，这种"理论反人道主义"是近年来在马克思主义运动内部对马克思主义人道主义进行的最系统最严厉的攻击。我们在对"理论反人道主义"的论战中试图维护的这种人道主义，认为它的存在理由不仅在于它的理论价值，即被阿尔都塞所否定的价值，而且首先在于它的实践价值，它是一种解放人类的计划，从而也是在为争取彻底改造社会的斗争中的一个动员性质的目标。

（龙溪 译）

判断马克思主义思想观点的标准*

〔英〕艾里克·霍布斯鲍姆

我想谈谈"判断一种思想或观点是否是马克思主义的，应该用什么理论标准和实践标准"的问题。

一、有一个问题是首先要问的。到底为什么我们想要把一种思想或观点划分为马克思主义的或非马克思主义的？普遍这样做并不足以证明这种两分法有道理。已经有一些马克思主义著作家怀疑它的用处（如吕贝尔）。我本人并不怀疑这种做法在某些方面是正确的，虽然在另一些方面未必如此。不管我们得出什么结论，我们不能不看到，在人类实践中，在某些情况下需要给理论或方法论立场贴标签。不过，在另一些情况下，我们不用标签，或者认为标签毫不相干。例如，如果我们想把人造卫星送上天，作为必要技术基础的物理理论不管是叫作牛顿的还是叫作爱因斯坦的，都无所谓，最重要的是它能帮助我们设计出有效的技

---

* 本文选自《马列主义研究资料》1985 第 5 辑。

原题注：作者是英共老党员，哲学博士，《今日马克思主义》杂志编委，伦敦大学伯克贝克学院经济与社会史教授。他的主要著作有：《工业和帝国》（1968）《强盗们》（1969）《革命者》（1969）《最初的造反者》（1972）《资本的时代》（1975），《马克思主义史》1—4 卷（编辑，1978—1982）。本文是他在南斯拉夫《世界社会主义》国际论坛 1982 年圆桌会议上的发言。——译者注

术。正像一位著名的中国共产党人说的那样，"不管黑猫白猫，只要能抓住耗子就是好猫"。当然，为了别的目的，对理论的立场或结论进行区分可能是很重要的。

二、认为需要确定一种思想或观点是否是马克思主义的，主要是由于政治和意识形态的原因，而与有关理论是否具有科学正确性或实际可行性没有多大关系。这点可用达尔文的例子来说明。很少有生物学家否认查理·达尔文的伟大，或他对生物进化理论的贡献的重要性。所有的人都多少受益于这一理论。在这种意义上，所有的人都是"达尔文主义者"，那些从他的著作中吸取过灵感或者把他们自己的著作建立在他的基础之上的人们以自称"达尔文主义者"来表示对他的尊敬，但是很明显，今天流行的用达尔文的名字命名的各种进化理论（大多数生物学家都自称达尔文主义者），离《物种起源》已有很大的距离，已经根据达尔文所不知道的，甚至有时是被用来反对过达尔文主义的后来的科学发展（如现代遗传学）做了补充、修改和发展。"达尔文主义"已被同主张生物进化的任何理论等同起来。这种进化得到科学家们的普遍承认，简直没有什么争论余地，不过它也常常被一些人（特别是宗教信仰者）根据政治和意识形态理由加以否认。科学家们打起达尔文的旗帜，主要是为了更好地捍卫进化理论，反对反进化的理论，同达尔文自己的理论的独特内容没有多少直接关系。

在捍卫马克思主义时，政治和意识形态成分要更明显得多，因为马克思主义与政治行动结合得更紧密。

三、要为一种思想或观点是否是马克思主义而确定标准，有两个主要的理由。

第一个涉及思想史。对历史学家说来，确定什么是马克思和恩格斯自己的思想、他们的思想是怎样发展和变化的以及对这种思想的解释是否符合马克思和恩格斯自己表述的观点，显然是重要的。然而，由于有半个多世纪的大量"经典"著作、马克思未能完成对他的体系的系统表述、原著本身上面又加上了后来几代马克思主义者的往往是相互争论的解释和发展，要做到这一点是非常困难的。确定后来的解释同马克思和恩格斯自己的观点有何关系，也同样重要。这就提出了它们在多大程度上是或不是马克思主义的问题，因为后来一些自称马克思主义的思想或实践学派与原著的关系很不相同。例如，可以认为，拒绝劳动价值论的马克思主义者（今天有这种马克思主义者）是与马克思本人认为对他的思想极其重要的观点不一致的。这种研究本身并没有告诉我们马克思的思想或他的评论者和后继者的思想的正确性如何。然而，如果我们根据别的理由已确信马克思是正确的，那么发现某些后来的马克思主义立场与他的立场不同，或者甚至与他的立场不能相容，就多少能说明这后来的立场不正确了。

历史学家们还可能认为，需要把马克思主义"传统"的发展作为一个思想学派来研究，需要研究从 19 世纪末在"马克思主义"名义下第一次系统化的理论派生出的各种思想与原来的理论有多大不同，其中有些是否已如此远离，以至不再自认为是马克思主义，或者不再能被认为是马克思主义。还需要研究，为什么有些离原来马克思主义理论极远的学派仍然认为需要强调它们是发端于马克思，或者借助一个他们认为有权威的后来的马克思主义思想家或学派发端于马克思。当然，这种研究也有政治含义，这里就不谈了。

四、第二个主要理由更密切地涉及马克思主义的科学价值。研究马克思自己的体系的理论连贯性，把他的著作中那些对他的体系来说重要的成分和那些不重要的成分、那些只在马克思的时代有效和那些至今仍然有效的成分加以区分，显然是很重要的。这和确定马克思的任何具体说法或意见是对还是错并不完全一样。人们只要不把马克思的著作当作圣书看待，就不会否认马克思有些看法在当时就是错误的，或者在后来被证明是错误的。例如，甚至在1859年就可以认为，马克思和恩格斯对1859年意大利战争的观点并不比拉萨尔的观点更正确；而后来的历史研究已经证明，马克思把亚细亚社会看作基本上不变或者循环的观点是错误的。但是这些观察都不能贬损他的历史观，或破坏它的连贯性。另一方面，如果马克思理论（如政治经济学）中有任何基本原理被证明是错误的，或者如果发现他的理论中有重大不一致的地方，那么很清楚，整个体系的科学价值就可能受到影响。马克思的天才和理论成就可能仍然被承认：它们很难被否认。他的著作可能仍然对思想家和研究者有重大鼓舞作用：它们过去如此，现在仍然如此，这是明显的。然而，"马克思主义"作为一个连贯整体的马克思体系的地位就会跟以前不一样。

在那种情况下，我们可能还必须判断那些以消除这种不一致的地方或去掉被证明是错误的原理的方式来重新表述马克思主义体系的尝试。例如，马克思的政治经济学被表述为没有劳动价值论。这肯定不再符合马克思自己表述的理论，在这种意义上不再能声称是马克思主义的。然而，它能不能在符合马克思的基本方法立场和他对资本主义运动的分析的意义上或在别的意义上被说成是马克思主义的呢？

这种问题今天特别有可能发生，因为大多数一度被认为对马克思主义极为重要的原理和那些被马克思认为对他的理论极为重要的原理，已受到某些自称马克思主义者的思想家的怀疑或拒绝。在50年代以前，凡是拒绝《政治经济学批判》序言的人，几乎肯定也是拒绝马克思主义的。今天的情况不再是这样。

五、为马克思主义确定标准还有两个理由可以提一提。

第一个是现在必然需要运用许多马克思主义理论去分析马克思和恩格斯几乎没有接触的领域，特别是资本主义以后的（社会主义的）社会。关于这种社会，在经典著作中的确很少谈到，马克思自己不愿对它们进行推测，也使得后来的马克思主义者在这种社会的重大问题在实践中出现以前不愿加以考虑。反空想主义在马克思主义理论中留下了大量空白，需要在理论和实践中加以填补。这些各种各样的理论和实践的发展在多大程度上能够被认为是马克思主义的？认为它们是马克思主义的标准是什么？由于有些政策先作为马克思主义的加以推荐，后来又作为不是马克思主义的加以谴责，提出什么是或能够是马克思主义的实际应用的问题，是合理的。

第二个是，由于历史的原因，无论马克思主义者还是非马克思主义者都把马克思主义和非马克思主义看作对立面或互相排斥的东西，马克思主义的科学和学术基本上是在与非马克思主义科学隔离的情况下发展的。在有些场合（如经济学），甚至双方使用的词汇都不相同。从官方的观点看，一个是科学，而另一个则不是，马克思主义者参加官方科学的权利有时遭到否认，如在帝国主义德国禁止社会民主党人在大学教书。从马克思主义的观点看，"无产阶级科学"是与"资产阶级科学"对立的，苏联在斯大林时期把好些在别处遭到拒绝的科学理论（如李森科的理论）以所谓马克思主义需要它们为理由纳入无产阶级科学，而大量的非马克思主义科学则遭到拒绝或禁止。

这种相互排斥的倾向从一开始就存在，在斯大林时期达到荒谬的地步，当时大多数马克思主义者都追随苏联的正统。然而很清楚，在马克思的范围之外所达到的科学进步不能被忽视，或只是被看作资产阶级意识形态。既然它们存在，就必须被吸收进来，正像"资产阶级的"历史也必须考虑马克思主义的贡献一样。在某些马克思主义研究曾特别孤立发展的领域，如经济学，有大量至今被忽视的东西必须被吸收，或者甚至翻译成马克思主义政治经济学的专门术语，或把这种术语翻译成外边科学界现在通用的语言。

六、这一切问题的意思，是要把马克思主义的基本原理表述为一个既说明世界又改变世界的体系，因为任何原理、理论或观点是否为马克思主义的，只有根据这种表述才能判断。因为马克思本人没有留下对他的最后观点的系统表述，这是难以做到的。由于我们知道，对马克思著作的任何解释必然反映解释者所带的问题、社会和政治偏见、思想水平和一般历史环境，这就更难做到了。当我们进行表述时，我们怎么能够肯定，我们所写的不是我们希望在马克思那里找到的东西、而是他要我们在他那里找到的东西呢？我们充其量能够保证我们的表述和他的著作相符，可是各种各样的解释都能在他的著作中找到证明。

这个任务对好几代人（大约从 20 世纪 80 年代到本世纪 50 年代）说来显得容易得多，因为在恩格斯生前，在他的帮助下，基本上通过考茨基和《新时代》杂志周围的一批理论家的工作，对马克思主义进行了系统化。这种系统化把马克思主义规定为"作为致力于阶级斗争的无产阶级组织的我们党的学说"①，还把它一般地规定为科学，特别是规定为科学社会主义，还具体地把它说成是"从应用唯物史观于政治中产生出的方法"。这种系统化特别强调"决定性的是方法，而不是结论。结论可以改变，而且在某些方面已经改变，在许多方面还将继续改变，发展过程将不仅产生出新的事实，而且还将产生出新的研究手段"②。概括地说，这个在反对对马克思思想的第一次大挑战（伯恩施坦修正主

① 考茨基：《伯恩施坦和社会民主党纲领》1899 年德文版第 17 页。
② 考茨基：《伯恩施坦和社会民主党纲领》1899 年德文版第 17 页。

义）的论战过程中完成的系统化，从此以后就被认为是对马克思主义的"正统"解释，虽然这一正统性既没有被看作带有强制性，也并不排除在马克思主义者当中有相当程度的争论和保留，而且像考茨基说的，也并不排除它内部发生变化和演进。概括地说，这种对马克思主义基本原理的一般观点在进入共产国际时期以后很久继续构成马克思主义的中心传统，因为尽管后来与考茨基有分歧，它是列宁自己的马克思主义的基本躯干，布尔什维克传统的基本躯干。这样，它虽然形式上有所改变，但在曾给它带来国际威望的德国社会民主党的精神领导权结束以后，仍然保存下来了。但是在苏联共产党的国际领导权结束以后，它未能保存下来，至今没有任何一个其他的党，也不大可能有这样一个党，取代苏共成为被公认的世界马克思主义的领导党。

七、现在已没有那样建立在权威或舆论之上的对马克思主义基本原理的系统表述。这种情况已使得有可能较易于评价那些并非扎根于主要传统的马克思主义者的贡献，识别那个传统本身的历史的或其他的限制性。然而另一方面，要把马克思自己的思想连同那些能够说是从它那里合法发展出的理论这一棵树与茂密灌木丛中的其他许多也称作"马克思主义"的树区别开来，就变得更困难了。困难不在于决定某个理论是否忠实于马克思的原著。很少有不带偏见的研究者会怀疑马克思会不赞同路易·阿尔都塞的马克思主义中的许多东西。困难在于，简单地回到马克思自己理论体系的文字上去，即使有可能做到，也是很不够了。20 世纪下半叶的马克思主义必须在某种意义上跟上时代，修正马克思主义过去的一些说法，其中包括创始人自己的某些观点。它必须抛弃已证明是不正确的过去的理论立场，吸收马克思所不可能知道的新的科学进步，把那些使本世纪 80 年代的世界（包括资本主义）变得与 20 世纪 80 年代的世界如此大不相同的历史变化考虑进去。在这种意义上，今天值得认真对待的任何马克思主义都可以叫作"新马克思主义"，不管它是否接受这个名称。但是我们应该怎样去区分那些都声称是要跟上时代的、相互竞争的、有时是相互交错的各种牌号的"马克思主义"呢？

八、尽管可以做各种保留，但是我认为，我们必须以一个在 20 世纪 80 年代和 90 年代的马克思主义系统化的基础上修改而成的体系作为考虑的依据。在修改时必须考虑到对那时的马克思主义表述起过制约作用的历史因素。因此我们将要考虑在马克思以后的第一代中那么突出地把马克思主义同更粗糙得多的科学的渐进主义和对必然发生直线式进步的信念结合起来的倾向，将要考虑当时德国的哲学传统的浅薄，这种浅薄并没有因为在俄国和意大利这样一些国家的马克思主义者中有生动的黑格尔传统而得到充分的弥补。我们还将考虑恩格斯自己的思维方式的特殊性，这种思维方式对马克思以后的第一代表述马克思主义的基本原理无疑起了指导作用。

把这些考虑的情况除去之后，我们就得到在恩格斯本人生前，在某种程度上也是在马克思生前所制定的马克思主义的基本轮廓。马克思和恩格斯的差别不能夸大，虽然马克思无疑是一位更敏锐和更深刻得多的思想家。马克思主义的这一基本轮廓有四个重要特征。它直接扎根于马克思自己的思想。它致力于改变世界而不只是解释世界，而且像马克思那样是根据对社会及其变化的科学分析去进行改变。它是或者打算成为关于世界的前后一贯和全面的观点。最后，它是灵活的和开放的。从一开始起，马克思主义就是一种方法，而不是一堆教义和结论，它不仅准备超出马克思和恩格斯的原著文字，而且在必要时对他们作出批评。

马克思以后的第一代所做的头几件事，就是集中力量分析创始人所未能分析的资本主义发展的当前阶段（"帝国主义"），以及从理论上解决他们没有详细地或满意地论述的问题（如"土地问题"和"民族问题"）。因此，在第二国际时期，在考茨基、列宁、卢森堡、拉布里奥拉、普列汉诺夫、鲍威尔和希法亭等人的时期，马克思主义在理论上特别多产。同时，在由伯恩施坦"修正主义"引起的马克思主义内部的大辩论过程中，第一次提出了关于什么是马克思主义和什么不是马克思主义的标准问题。因为当时虽然大都承认在马克思主义范围内对理论问题有多种解决办法，但是也越来越明白，有些解释意味着对马克思主义方法的拒绝，或明显地导致这种拒绝。

持续时间很长的这第一个时期的传统的实质，就是认为马克思主义是"从唯物史观的运用中产生出的方法"。马克思本人为公开发表而写的一篇表明他的一般观点的绝无仅有的成熟著作中，把唯物史观说成是他所得到的、并且一经得到"就用于指导我的研究工作的总的结果"。（《政治经济学批判》序言；《资本论》本身在第一卷第一版的序言中被说成是早先那部著作的继续。）因此，不管对马克思全部著作的解释是多么复杂和困难，首先，我们知道马克思本人认为唯物史观是根本的，其次，我们能够相当有把握地确定他所说的唯物史观是什么意思，他是怎样把它应用于理论和实践的。在这种意义上，是可以有关于什么能够或不能够被认为是马克思主义观点的标准的。这并不是说要逐字逐句地紧跟马克思的原著文字——这在任何情况下都是不可能的，因为《序言》的极端简练和概括以及它所用术语的性质都要求进行相当仔细的研究。但是马克思著作中有些原理，若是加以抛弃，就要否认马克思主义中的本质内容，例如这段话："不是人们的意识决定人们的存在，相反，是人们的社会存在决定人们的意识。"奇怪的是，今天有人实际上拒绝唯物史观，却仍然坚持认为自己是马克思主义者。

九、可以比较简略地讨论一下导致个人或组织严格区分马克思主义观点（通常指他们自己的观点）和非马克思主义观点（指他们不同意的观点）的政治原因和意识形态原因。因为马克思主义在对社会进行革命改造的社会主义运动中是居统治地位的理论，是鼓舞这些运动的成员的意识形态，它在工人阶级和革命左派中的威望一直是很高的。把马克思的名字同或者不同某个能够称为马克思合法继承人的名字（如列宁、斯大林、托洛茨基、毛泽东）一起写在自己的旗帜上，可以表明自己正确并且是货真价实的社会主义者，很少有组织和运动（除非它们从一开头起就有反马克思的传统，如无政府主义者）是愿意放弃这种好处的。马克思主义被认为科学地证明了资本主义不可克服的矛盾、进行革命改造的必然性以及社会主义和由党代表的工人阶级运动最终获胜的必然性，很少有组织和运动是愿意放弃信仰这样一种理论的好处的。这样做的好处无法胜数，决不只是政治上的和道义上的。既能够鼓舞参加运动的成员努力工作，又能够为领导人执行的政策辩护，把对手和批评者谴责为打了折扣的马克思主义者或根本不是马克思主义者。在马克思主义似乎导致不同的和对立的策略和政策的时候，这些不同的和对立的策略和政策之间就以马克思主义的名义进行斗争，例如，在1914年以前，社会民主党的左翼谴责右翼为事实上的"修正主义"，列宁的反对者指责他为"布朗基主义者"而不是马克思主义者。

马克思主义的历史影响如此巨大，自称信仰马克思主义的政党实行的革命的直接间接影响如此巨大和具有世界规模，以致自称马克思主义的政党和政府多得数不胜数，它们往往相互冲突，有时甚至发生战争。犹太复国主义的社会主义和波尔布特的柬埔寨，巴斯克的游击队和"欧洲共产主义者"，希法亭和毛泽东，斯大林和葛兰西，罗莎·卢森堡和金日成主席，他们都自称信仰马克思主义，然而却又那么各不相同。既然他们声称他们的行动以马克思主义分析作指导，那就产生一个问题：指导他们的马克思主义到底是怎样导致那么完全不同的结论和结果的呢？换句话说，马克思提供的政治指导是什么性质？或者说，马克思主义分析和政治实践之间是什么关系？

十、唯物史观毫无疑问是行动的指南，但是决不是马克思主义者的所有政治行动都是受它指导或者能够受它指导的。换句话说，虽然有些马克思主义者喜欢说他们的一切政治行动都来源于具体马克思主义的分析，然而只有一部分政治行动是如此。马克思主义分析有两种，必须加以区分，一种像任何其他形式的科学那样，基本上是提供有助于达到目标的信息，另一种则是制定政治行动本身的目标。例如，在反法西斯战争中，打败法西斯武装力量的直接目标可以说是不言而喻的，但是对社会、政治及其他有关条件和力量的马克思主义分析显然对达到这个目标非常重要。另一方面，如果目标不仅仅是在军事上打败敌人，而是要夺取能导致社会主义变革的胜利，如果马克思主义者相信目标本身能够从历史唯物主义的分析中得出来，那么他们从马克思主义中得到的那种指导就不同了。

前一种情况的马克思主义指导的性质和范围，的确可以最容易用战争来说明，因为直接目标——军事胜利——是完全没有争论的。任何军事指挥官都要求有各种各样的信息作为指导。这些信息中有些与马克思主义毫无关系，虽然它很明显也必定是马克思主义分析的一部分，例如关于地形、敌我兵力、敌方意图等的情报。一个马克思主义的将军利用这种情报，与一个非马克思主义的将军丝毫没有什么不同。因此，恩格斯写的许多军事文章并不是专门建立在马克思主义的基础上，而是建立在他的军事专门知识的基础上。马克思主义的分析可能为这种战略估价提供较大的深度，或者使人们注意到容易被非马克思主义者所忽视而在某些战争（如游击战）中又可能有决定意义的力量和条件，但是即使如此，它能决定的不是行动，而只是行动的可能性。马克思强调北方各州在长期的美国内战中在经济等方面的优势，比恩格斯正确，然而恩格斯指出在个别的战役和战局中，在较短期的战争中，作为作战力量的南方将领和南方部队的优势完全可能具有决定意义，也是有道理的。在战争中，行动有一定的独立意义，至少在短期内。

总之，（1）有些场合，行动在任何意义上都不受马克思主义的指导；（2）有些场合，马克思主义虽然不是不相干，但它对直接的形势和任务的说明不如其他某些不需要专门马克思主义分析的理性估价形式；（3）有些场合，马克思主义分析是不可缺少的。只有在这种场合，我们才能合理地区分马克思主义的和非马克思主义的思想方式。明显的例子是在对形势的估价必须超出纯粹军事的或其他技术的因素，需要考虑战争的长远前景时，如在游击战争中要做出向全国解放战争转变的决策时，这时马克思主义的指导具有特别重要的作用。

十一、同样的考虑适合于大量政治行动，但是在这个问题上（至少在马克思主义政党内部），人们往往容易援引马克思主义的权威来支持一些决策，反对那些赞同另一些决策的人，或者为那些除了是由马克思主义者所采取的这一点外，与马克思主义分析没有任何内在联系的行动提供马克思主义的理由。马克思主义者所采取的许多日常的策略或组织决策都是属于这一类，这种事实并不是常常被承认的。因为在马克思逝世以来的一个世纪当中，许多政治的和组织的观点已同这个或那个马克思主义团体保有历史的联系，获得传统的光泽，并且通过某些被认为权威的马克思主义人物（如列宁或斯大林）的著作，似乎已成为马克思主义的教义。于是形成了这样一种习惯：认为凡是由马克思主义政党采取的决策必然总是直接建立在专门马克思主义分析之上的，因此总是正确的。实际情况并不总是如此。

十二、最后，当马克思主义行动的目的和长期政策本身被认为可以直接从马克思主义分析中得出的时候，就出现一个更严重的问题。这是不应该与被认为在实现这些长期目标的过程中必要的战略和策略决定混为一谈的。例如，第二国际的马克思主义者都不怀疑，他们的目的——社会革命、推翻资本主义、然后建设社会主义——是马克思主义告诉他们必须追求的和马克思主义的预言告诉他们必定发生的东西。因此，他们拒绝伯恩施坦关于"运动就是一切，最终目的是没有的"这一观点。另一方面，按照马克思主义关于具体形势的分析，到底应该怎样在政治上去追求这个目的，譬如说，到底是通过选举政策还是通过群众罢工，则可能有争论。

之所以出现困难，是因为一般的马克思主义分析只就这种长期政策和目的提供颇为一般的和并不确切的指示。在有些场合，马克思几乎没有提供任何具体指导。例如，在关于组织、计划和管理社会化经济的方法方面。在另一些场合，他提供了某些指导，但是它们只有在后来的马克思主义者的加工解释之后才显得较为确切。例如，毫无疑问，按照他对资本主义发展的分析，无产阶级将形成阶级意识，并且组织成为政党。因此，像无政府主义者所推荐的那种回避政治组织和政治行动的工人运动，不能认为是受马克思主义指导的。但是，这种政党的确切性质和组织方式在马克思的著作中是找不到的，因为在他生前，这种政党才开始发展。后来为建立这种政党而提出的建议和办法，虽然毫无疑问通常是建立在对具体历史形势的马克思主义分析之上的，但是只有在现在的历史形势与最初导致这种建议和办法的历史形势极为相似的情况下，它们才可能被承认为马克思主义的。它们不可能按照唯物史观的结论而被认为一定正确。

十三、从上述一切，可以得出几条结论：

（1）确定某一具体的思想或观点是否能被看作是马克思主义的，这种做法有时是正当的，有时是不相干的或不必要的。

（2）给这种确定的标准作依据的，是在19世纪末大致定型的马克思主义基本原理。

（3）这些原理的核心是"从唯物史观的运用中产生出的方法"，而不是大堆教义、结论和著作。

（4）这必然为各种有时相互冲突的解释留下广阔的余地，它们都能够声称是"马克思主义的"，就是说，都不能作为"非马克思主义的"而加以拒绝。因此，马克思主义不是只有一种解释或应用，而是有多种解释或应用。

（5）然而，有些思想或观点，不管是否由自称马克思主义者的人所提出，可以相当有把握地划入非马克思主义的范围。这既适用于那些难以同唯物史观协调的分析（如毛泽东晚年的某些思想），也适用于那些不是用严肃的历史分析而只是用机械地从过去接过来的教义和原则（不管是否有引证作为根据）指导自己行动的自封的马克思主义者。

（原文载于南斯拉夫《世界社会主义》杂志1983年第35期）

（庚生 译）

马克思理论中的"活着的"和"死去的"东西（摘译）[*]

〔意大利〕 富·切露蒂

马克思或马克思主义

本文的标题借自本涅狄托·克罗齐对黑格尔的批判。我把它应用于逝世 100 年以后的马克思，是想要建议，甚至那些像我这样接受过某种马克思主义传统的人也应该和必须对马克思采取分析的态度。这比像许多前左派"忏悔者"那样不加任何科学分析地把马克思一股脑儿地抛掉要好一些。

为了能够以独立自主和建设性的方式来科学地分析马克思，必须把马克思同马克思主义、最好是同各种不同的马克思主义分开来看。这样做有四个理由：（1）对一个科学理论，如果首先离开它的假定的后果（这里有各种革命，还有古拉格群岛）来进行考虑，能够较好地进行评价；（2）因为一个学说的历史不能离开作为其表现的社会过程而存在，马克思主义历史的存在是一种纯粹意识形态的概念；（3）从一种思想

---

* 本文选自《马列主义研究资料》1985 第 6 辑。

原题注：作者是意大利佛罗伦萨大学的政治哲学副教授。——译者注

传统**内部**观察世界和历史能激起一种停滞感，或者使人感到没有喘息余地——甚至就批判马克思主义来说也是如此；（4）这一切不是要促使"返回到马克思"那里去。

我们当然不要从他的唯物主义后退。我所说的唯物主义，是指这样一种内在论概念，它不仅无需上帝，而且无需黑格尔的本质以及当代社会学的一般形式主义模式（如系统—环境）和结构主义者所假设的"结构"。作为科学家，马克思并没有阐述一种关于人的哲学人本学，而只是对人们的行动进行了观察和思考：与其他的自然存在物不同，人们在生产和再生产他们的生活的同时，对自然界和他们本身进行改造。这一活动是以社会的方式，通过人们在一起劳动来进行的，在这个过程中产生了规律和结构，个人成为这些规律和结构的代理者（Träger）而不是主体。在马克思看来，并没有任何一般的历史规律，只有对一切历史时期共同的问题：（1）对联合起来的个人的再生产所必要的总社会劳动如何按他们的不同需要进行分配。在原始公社解体以后，这个问题只能通过计划或者通过市场结构来解决。（2）在个人之间划分的社会劳动（个人的活动和产品）如何结合成为社会的综合体；就是说，如何对分工组织协作。

这两个持久的问题有不同的解决办法，即社会生活过程所采取的不同历史形式。**形式**构成马克思著作中的历史方面。他用这个概念把社会和历史这两个在社会科学中本来是分开的方面连结在一起。在马克思的唯物主义中，社会过程不能够理解为形式的或超历史的过程；它必须按它的历史形式，即相继更替的社会经济形态来分析。这样，马克思就限制了那些离开人们的利益、斗争和疾苦的概念和理论的影响范围。这种立场使马克思的理论既是科学的又是批判的（这种统一在社会理论中是不平常的）；**作为理论**，它是谋求解放的——不管它的政治发展如何。今天对马克思的主要兴趣、他在现代思想的经典作家中的特殊地位，就在这里。

在马克思的理论中什么东西仍然活着

坚持马克思的唯物主义核心，并不意味着我们必须捍卫马克思或马克思主义对其他理论的任何假想的优越性。相反，我们必须承认，有些对象，别的理论从别的观点可以处理得更好（例如，日常生活的形式、复杂组织的工作、世界权力关系的消灭等），马克思主义已把它们排除在外。进行唯物主义的探讨时，应该避免对社会演变的过程性（Prozesshaftigkeit）作历史循环论的过高评价以及从基本形式（如商品形式）中推导出一切的癖好；应该利用不属于马克思主义传统的新工具，但是要借助审慎的认识论方法避免搞折中的"大杂烩"。无论如何，像马克思那样以唯物主义的方式思考问题比不惜任何代价争取作个"马克思主义者"更为重要。

我再一次提到克罗齐的有点生物学意义的隐喻，是想要用下述四点总结一下在马克思的理论中哪些东西仍然活着，哪些东西已经死去。

1. 马克思并没有制定出一种历史**哲学**，而只是提供了一种符合他那个时代的历史研究的历史**理论**。他本人就告诫人们不要把他对历史过程的观念变成超历史的历史哲学。马克思并不认为《资本论》的形态模式说明放之四海而皆准，而是强调现实"历史环境"的重要性。其次，他不是后来工人阶级运动所采取的关于进步的意识形态的受害者：

他的"进步"社会形态的概念不属于这种意识形态。如果今天的生态主义者对马克思不感兴趣，这是由于他们把马克思和马克思主义混淆起来了。

在马克思的著作中，我们既看不到普遍的灭绝主义，也看不到世俗化的救世学说。在他的著作中出现的问题都是处在现代科学的水平上。第一个困难是他赋予从资本主义向一种新社会形态的过渡以必然的性质。这不仅没有得到历史的证明，而且必然性的概念本身就同马克思本人所承认的历史过程的相对开放和偶然的性质相冲突。他从他的资本主义生产方式的模式的**经济**规律出发，把这些规律的作用投射到**一般**的未来历史上，而且他把历史理解为**一种**"自然过程"。在这里，马克思把他的唯物主义的中心概念即"社会生活过程"理解得太狭窄了。与他的许多具体分析不一样，在他的过渡的模式中，这个概念被归结或被局限在经济主义方面。

马克思对社会生活过程缺乏清楚的概念。心理因素、象征性生产和惯例行为在他的理论中都是看不到的，由于科学史上的原因也不可能不如此：如果和这些对象相应的各门科学在马克思生前已经发展了，他也许会把它们吸收到他的科学方法中去。

这正是马克思终生所做的事情——不是把马克思主义经典化，而是一旦有新的因素能够帮助他发现社会过程中的各种内部关系时，就把它们吸收进来：对自然科学的新发展以及对像进化论这样的新理论，或是对像在他晚年才建立的文化人类学这样的新学科，他都是这样做的。我们必须给自己提出以下的问题：马克思的概念体系是否会容许与他的基于生产方式的研究方法不同的旨在建立关于社会化个人的理论的研究方法？马克思是否把个人只看作社会经济关系的人格化，从而使他的关于个人的中心概念变得非常贫乏？或者这一切只适用于《资本论》的结构范围，而不适用于马克思提到的全面发展的人的概念和"历史环境"的概念？

2. 还有一个问题：马克思的社会概念是整体论的还是机体论的？是不是他的"反现代的乌托邦"认为在共产主义制度下将恢复人际关系的透明性，因此他赞成 Gemeinschaft（共同体）而反对 Gesellschaft（社会）呢？

马克思并不把社会看作一种规范的、自我调节的实体。相反，他假定，甚至在一个自由人的联合体中，人们的关系也必须建立在对劳动时间和价值的计算上。不过，在这种场合，由于社会的综合将通过计划实现，价值不会成为交换价值。这一切的前提是减轻在再生产活动中的任务，这不应该通过像货币或权力这种交往手段来达到，而应该通过使用科学技术作为主要生产力来取代人的物质再生产负担。马克思这里谈到的社会关系的形成决不会成为形式主义的，而是将依然取决于自由联合的各个主体的决定。

最后这个说法里包括有三个关键词：自由、主体和联合——这就是指共同体。这样，在一个把社会和历史结合在一起的新理论当中，我们遇到了我们从道德或政治哲学的本体论或规范化传统中所了解到的范畴。这是否构成不可解决的矛盾？如果是的话，那么这是一个富有成效的矛盾，因为它向我们表明，今天被认为重要的、常常被用来指出马克思的所谓历史循环论的局限性的问题却是他的理论发展的结果。

3. 这些问题包括使一个"自由联合体"运转的制度上的规则，换句话说，即如何使国家和政治在民主政体中运转的问题。正如诺贝托·

博比奥恰如其分地提醒我们的那样，普遍缺少这个方面的研究和分析是马克思主义和社会主义历史上最大的理论和政治灾难之一。

4. 最后是伦理问题，每当我们谈到自由和主体，就理所当然地产生这个问题。今天，在马克思主义的历史哲学连同其进步的乐观主义和决定论失败以后，更是这样。困难在于对这些问题进行唯物主义的阐述，为此必须牢牢记住历史的发展以及价值和规律的受社会制约的性质，不重新滑回到以规律为基础的历史理论上去。

（原文载于联邦德国《论证》杂志1983年第138期）

（庚生 译）

马克思：一种开放的理论*

〔匈〕米·阿尔马西

下述意见不是那种令人愉快的东西，因为圣徒传式的赞颂与马克思的形象并不怎么相称。在纪念马克思逝世 100 周年之际，我想谈谈马克思主义理论相对落后综合症的几个方面；这里所谓落后，是指与马克思主义本身的潜力、与 20 世纪后半期的需要、因而也与匈牙利改革运动的理论需要相比而言的落后。卢卡奇关于"马克思主义复兴"的希望已被证明是幻想，那么我们到 2000 年时有什么振兴马克思理论的机会？这方面的潜力又在哪里？忽视这种潜力今天也许已带来很大的麻烦，明天也许还会带来更大的麻烦。

我知道这里提出的诊断和疗法是严峻的，也是过重的。但是我感到我们面临的意识形态竞争形势比这更严峻。我现在感到是异端邪说的东西也许过几年就会变成天真的东西。在有些问题上它甚至今天就是天真的东西：当问题和解决问题的意图都已成为理所当然的事情时，我们却不能给它们一个名称，那就太难堪了。这不是应有的治学态度。它是一种妨碍进步的自相矛盾的行为。

---

* 本文选自《马列主义研究资料》1986 年第 1—2 辑合刊。

原题注：作者是匈牙利著名的哲学家和评论家，卢卡奇的学生。——译者注

　　还有一个限制：我必须首先研究忠于卢卡奇的观点的哲学方法；卢卡奇认为，复兴马克思主义就是捍卫这个伟大理论，或者确切地说，就是捍卫这个伟大理论的未来。

　　现在无论在国际上还是在国内，马克思主义都处于困难的时期。围绕《经济学哲学手稿》进行热烈的讨论，对《政治经济学批判大纲》的重新发现甚至能轰动西方社会学的时候已一去不复返。受马克思影响的一些重要思想家，如马尔库塞、萨特、吕西安、戈尔德曼已先后去世，法兰克福学派已缩小成为一个无足轻重的研究所。70 年代西欧和北美发生了向保守主义的转变。把这些变化完全归咎于外部原因，那是过分简单化。正如我们的经济麻烦不能只归咎于油价暴涨一样，这里的情况也是比较复杂的。在说明这种情况之前，让我说点令人鼓舞的话：捍卫马克思主义——如果我们好好考虑了并且认识到这一点的话——是一种严重的局势，它使得我们能够在以前被视为禁区的问题上寻找新的科学方向，并对以前那些被视为无可争议的理论基础进行重新思考。这一点成为可能，是因为没有任何其他的可能。因为衰落而出现的这种不由自主的形势可能成为促使我们思想更新的强大动力。

　　让我们从最困难的情况谈起。马克思主义理论既是科学，又是意识形态，但是这两种地位之间的关系仍然是模糊不清的。在卢卡奇批评斯大林主义时才发现，在教条主义时代理论和哲学的答案是从政治和策略的需要，从已经采取的步骤推论出来的。因此复兴马克思主义的口号也有这样的含义：尽管两者的主次地位不变，但是两者的关系将被颠倒，也就是说与以前意识形态（它表达政治和策略的需要）占统治地位的时代相比，科学这方面将起领导作用，或者至少获得独立。

　　卢卡奇思想新鲜的地方在于他发现了意识形态的不同层次，这样就打破了迄今为止认为理论领域是铁板一块的状态。不过以后，确切地说，在他的《本体论》的意识形态这一章问世以后，已表明这种层次理论也并不那样简单。第一，不只是两个层次并存，或者彼此从属，而是至少有三个层次。第二，意识形态同独立理论之间的关系更复杂。哲学上的革新可能遭到来自内部的意识形态攻击，而先前认为是异端的东西也许几年后成熟为正式的意识形态。这些被认为是微妙的思想值得继续发扬，因为今天有许多人借口马克思主义是意识形态的而鄙弃它。所谓"意识形态的"究竟指的是什么，也就是说，马克思主义理论是由哪些层次构成的呢？我现在谈三个层次。

第一是意识形态起合法化作用的层次。这个层次描绘政治实践，事先规定这种实践，保证和肯定它的连续性。但是，马克思主义作为起合法化作用的意识形态并不简单地是政治原则或术语，甚至不是哲学的背景理论。它不是事后对偶尔存在的或正在进行的实践进行解释。它大多是事先把社会政治决策过程的原则（它们是将来和过去决策的纲领）同社会组织程序的基本原则联系起来。在这个领域内，政治实践的意识形态层次同马克思主义的理论基础以这样一种方式联在一起，以致这三方面以它的名义结合在一起，成为一个具有动员力量的纲领。

合法性是指实践通过一个哲学和观念的体系使自己合法化。出发点是政治实践活动的短期和中期需要，它的决策范围和斗争条件，这些又决定什么在理论体系中起合法化的作用。另外它们还决定什么将（作为起破坏作用的理论）阻挠这种政治势力，在各社会利益集团的斗争中支持倒退的势力。换言之，在那些危及意志甚至危及体系发挥作用的危险地区，合法性需要理论和意识形态，不仅仅是为了肯定，也是为了否定。

作为意识形态的马克思主义在这里以国家哲学的身份出现。不过实际上我们发现它让肯定和否定之间的这块地方空着。这块地方是意识形态的下一个层次即理论的自我阐明的层次活动的天地。在政治权力对肯定和否定的需要这两个极端之间的这块可以回旋的余地，在过去的30年里不断地扩大。不过这并未扰乱权力领域或政治活动的方向以及它的意识形态的合法性。

第二个层次是意识形态的自我阐明。俏皮地说，这是牧师和主教们对理论的创造，不过范围很广阔：从对经典著作作出解释（包括应当阐明和能够阐明的）直到决定从资产阶级哲学中能够吸收什么和必须拒绝什么。

意识形态的这个领域不再是国家的一个部门。过去这个中介与早先起合法化作用的政治领域联系在一起，而今这个自我阐明的层次却在两种意义上获得了独立。第一，意识形态的生产者们大多参加相互间的斗争，因为公开的或隐蔽的思潮、学派以至学科都已组织起来，并有一些利益集团支持它们。第二，带有合法化性质的意识形态需求不再需要国家哲学在这个领域直接活动。这给它们的辩论提供了广阔的天地，但是却不许它们向权力领域反馈。举例来说，30多年前意识形态的自我阐明领域还能宣布象征性的逻辑禁区，资产阶级的伪科学还能借助权力领域来禁止它。而今天这个学科已被当然认可。这个变化发生在60年代中期的某个时候。在关于异化的辩论中意识形态的自我阐明领域要求国家决定谁是正确的，但是管文化政策的当局拒绝了这种令人怀疑的邀请。此后，它就让搞这一行的人去判断，在更困难的情况下，就让时间去判断了。

这个领域并不产生出许多对学术说来新颖的东西，虽然它也弄出不少花样。这个领域里发生的事情，实质上不过是使理论适应情况，把较大的理论成果分成细微的元素，使它们适应情况，更糟糕的是反复炒冷饭，直至理论成果变得淡而无味为止。当然，在这里也为普及、翻译和发展进步的理论成果作出努力。最后，我还想指出，这里也有相得益彰的地方，在这些地方可以看到不同学科相互补充的作用，以及向伟大理论前进所采取的最初步骤。正如我已说过的，范围很广阔，带贬义的意识形态属性在这里也不能说明整个领域。这是很久以前进行过激烈斗争的舞台；今天它已是一个分为许多无名的小集团的领域。当这些小集团成长到足够大的规模时，它们中有少数就会向下一个领域发展。

第三个层次是进一步发展马克思主义理论的层次。复兴马克思主义的思想大多指的是这个层次以及它与带合法化性质的第一个意识形态层次的联盟。这个层次和它的产品的标志是思想的首创性，也就是它对第二个层次的保守部分的猛烈批判。卢卡奇著作中的新东西，从"游击战诗人"的理论到《本体论》都得到了这样的反应。从这种反应中也能作出这些思想具有划时代意义的结论（费伦茨·推凯伊的结构理论，经济学家亚诺什·柯尔奈著作中的科学首创性都有类似的命运）。不过不是所有的新东西，不是所有的批判运动都产生了真正的价值。

综上所述，显然可以得出这一正式结论：应当使作为哲学理论的马克思主义成为独立的，就是说，应当把它从前两个层次中解放出来。这样，发展的道路就会畅通，一切就会走上正轨。然而马克思主义的生命力存在于它作为运动的性质中。它是解放性的社会行动理论；这又意味着它的发展是不能与这三个层次的相互影响和相互依存分离的。即使它们彼此常常相互妨碍，即使它们的共生现象有时引起爆炸，即使理论有时被迫伤害自己，它们也是不可分离的。这种在冲突中的相互依存是马克思主义理论的重要事实，它的解决只能到它们更健康的相互依存中去寻找。这也意味着理论上的创新要冒风险，马克思主义思想家必须耐心地等待社会合法地接受他的发现。这是不容易的，尤其是在 60 年代开始的各种意识形态相互竞争的情况下更是如此。我们有一种奇怪的传统，往往把容忍的限度在马克思主义内部比在它外部划得更小，并在事后一再为此感到遗憾。但是，我们是否已从自己的错误中吸取了教训呢？我们在理论问题上的容忍限度会不会更大一些呢？这是这三个层次的自感应体系的关键问题。

我们由于没有校准与被逐渐标准化的新成就的关系而不得不忍受各种责难。这些责难来自两个方面。与我们争论的资产者说我们老是重复一种 150 年前的陈旧理论的主张，而不管世界的变化和理论的进步；我们甚至比前天所持的立场还落后了几步。另一方面，教条主义者则责备我们过分折中调和，说我们认为几乎所有的东西都能接受，因而不仅丧失了我们的辩论立场，而且丧失了我们的全部立场。

卢卡奇的科学立场是在这种批判的交叉火力中采取一种健康的第三条道路。他喜欢莫里哀说的："我觉得怎么好就怎么做。"这也是科学态度的特点。第一，它暗中确认一条必不可少的基本原则，即可以忽视或者甚至拒绝某种东西，但是要把科学中的某种东西革出教门却是荒谬的。而这种情况在我们这里却屡见不鲜；诚然，今天多半发生在那些把定语看得比名词更重要的领域里。第二，这一点或许更重要，即从 60 年代末以来，不仅某些科学专业加速发展，分化的过程加速进行，而且一些搞模式的学科也进入了进化的行列（例如，作为处理社会科学现象的模式的符号学）。加速的进化看来要变得越来越深不可测，但是我们能默许没有伟大理论的状态吗？马克思主义能逃避寻找一种综合的使命吗？

虽然这个问题富有诗意，但是没有综合的可能已使我们无可奈何。伟大理论的时代已成过去，这可以举出许多（否定的）证据来说明。可是在我们开始承认社会科学中一些变得越来越混乱的分支学科的后果和影响，伟大理论实际上已变得不可能之后，哈贝马斯却突然给读者提供了两卷大部头的著作。

这部著作的思想可以回溯到 1967 年前后，也许可以回溯到他在 1968 年出的小书《作为"意识形态"的技术和科学》以及在 1976 年出的文集《论历史唯物主义的重建》。评价这一试图不是我的任务，我也不想用它来作为模式。我只想指出：哈贝马斯着手总结一个理论的多方面的科学研究，而且是从一个原来的起点开始这样做。他概括并建立了许多科学部门之间的联系，从背景知识到语言行为的理论，从对日常生活的现象的和逻辑的描述（如许茨，勒克曼）到帕森的行动理论的不同阶段，从哲学人本学到卢卡奇；这一切在表面上看来似乎互不相干，但是他通过把许多迄今看来无联系的学科加以综合，发展了他自己的行动合理性理论。在原则上我们还没有放弃我们的想法，即现代社会科学存在分化的过程和综合的要求两方面。然而不知怎么，我们对它的判断越来越悲观。这从我们只以实用主义态度来对待综合的任务就可得到证明。如果以介于各学科之间的方式，也就是用几门学科的方法来研究一种现象，我就认为这种方法是实用主义的。我不是怀疑这种方法的好处，而是怀疑它的排他性。这种介于各学科之间的方法显然是从 60 年代以来要求建立科学标准的重要成就，不过我感到它之所以如此，只是因为缺乏更好的东西，就是说它是缺少综合的代替物，也是科学的首创精神的代替物。我不希望一再回到卢卡奇的《本体论》，但是毕竟是他向着这种全面的综合迈出了第一步。我相信在本体论的基础上许多研究领域、假说和理论能够磨砺它们今天被认为是格格不入的粗糙锋刃。卢卡奇的例子就是我们自己的潜力。

我们自己的潜力。我只能抱着怨恨的心情提到这样一种荒唐的情况：在匈牙利，我们瞧不起《本体论》，甚至干脆忘掉它所包含的问题，可是对以另一形式出现的同一基本思想却极为热心。我指的就是卡尔·波培尔的三个世界（波培尔－埃克勒斯：《自我及其头脑》1977 年版）。它也是一种想进行综合的尝试，从某方面说接近卢卡奇《本体论》结构的概念。三个世界，即物质世界（第一世界）、主观世界（第二世界）和观念世界（第三世界）从它们的相互关系来看也是一种本体论的实验，尤其是第三世界，它相当于卢卡奇的第二客观性。这个理论，在它的出发点、目的和术语上，显然是不同的，但是匈牙利的哲学思想不愿从卢卡奇那里接受的东西，即精神的客观性也有其特有的存在形式，却比较乐于从波培尔那里接受。但是即使这种抱怨也跟我无关，它只不过是本章的基本问题——我们要做的综合工作——的一个附带产品。

最后，只有我们真的把马克思的遗产继续向前发展，而不只是口头上这样说，我们才配得上继承这一遗产。但是在这里我们必须找到越过艰难险阻的道路，这不仅因为在理论问题上独立思考在开头是一种大胆行为，而且因为这种做法不会尊重边界。例如，卢卡奇在他的《社会存在的本体论》中把哈特曼理论的许多成分拿了过来，剥去哈特曼的客观唯心主义的外壳，加以改造，使之适合他自己的体系。这种做法如果不是卢卡奇自己在"历史篇"一节中提到，甚至不会被人看出来。卢卡奇全然不考虑这种边界，因为他知道，要决定一种理论能否被吸收进马克思主义是不可能的，这一方面是因为他自己（或别人）用它制作出的东西也是马克思主义，另一方面是因为他移入自己体系中的理论成果已如此成为他自己的东西，以致它已面目全非，与新东西融为一体。

某种东西能不能被吸收进马克思主义的问题，如果从主管文化政策的当局目前的做法看，今天已不再属于需要审查的问题。如果硬要提出这样的问题，那就是在意识形态上变相的思想懒惰，或者说哲学懒惰。

610

因此，如果一开始就宣布胡塞尔是一个不合用的哲学家，那就不仅省得我们去研究他的深奥难懂的理论，而且省得我们去考虑现象学方法中有什么合理内核今天能被使用这个更难处理的问题。

学者关心的不是与一个名称相连的一个完整哲学体系代表什么学派，而是什么东西能从它那里被接收过来——经过批判改造——加到在综合过程中能够形成的东西中去。今天我们已经感到，完全从意识形态上排斥一些哲学派别和研究领域同折中调和地支持一切时髦思潮之间有着密切的联系。无论是前者还是后者都不需要动脑子，这样，教条主义的懒于思考和自由主义的随便抹杀价值可说是殊途同归。不过它们两者不仅相同，而且有因果联系。

开放的理论还有一个在方法论上继承的问题。《资本论》的第一个序言是引用但丁的"走你的路，让人们去说罢！"作为结束的。可见独立思考是治学的基本态度。以为有了马克思主义就必须抛弃科学的独立精神和个人思考的品质，这是一种误解，它不是马克思的主张。马克思引用的意大利人的那句话值得记取。这才是他的遗产。

哲学中的思维和自然科学中的思维以不同方式发展。在 20 世纪这些思维都发现了许多新事物，但是在发展过程中却显出了两种奇怪的情况：一、随着时间的过去，主题还是一样，尽管解决的方法不同。每次社会变革后提出的基本问题，如幸福、进化、赎买的要求、主体和客体的关系，又再次出现，并要求回答。这是我们发现与亚里士多德或柏拉图，直到笛卡儿或黑格尔有合法联系的原因。这也说明在目前崭新的问题上马克思仍应是我们的良师之一。二、哲学一旦照抄自然科学的合理性（例如，通过定量化），就开始失去基础，几乎同时也失去独立构造模式的能力。这种情况的征兆之一就是社会科学为自己寻找更新的构造模式的科学。它们企图仿照信息论、语言学或结构主义来使自己的基本

611

问题系统化。例如，它们以符号学的模式作为比喻。符号学的不同观点能使它们把问题按不同的方式串连起来。我不是说哲学本身没有因此受益，而是说它失去了它的出发点。最后一个伟大的、也是独立的方法是黑格尔和马克思的方法。但是它遭到仅仅为了合法而利用这种理论的庸俗化做法的歪曲，从而把一个原来开放的体系封闭起来了。这是不仅在自然科学方面，而且在社会科学的最后问题方面出现一种特殊的落后综合症的原因。从许多情况看，在现代哲学里、甚至在马克思主义理论里都还没有提出这些最后问题。但是卢卡奇的"回到马克思去"的口号以及它的具体例子《本体论》告诉我们，哲学包含着这些问题。因此，他要求恢复哲学独立的可能性和马克思的方法的开放性，从而创造一种适合新时代的哲学。在对问题的敏感性上，在开放性上以及在对危机的处理上，"回到马克思去"至少同样意味着向着 2000 年前进。

（原文载于《新匈牙利季刊》1984 年冬季号）

（周裕昶、杜章智 译）

图书在版编目（CIP）数据

国外马克思主义研究 I ／ 林进平
主编. —北京：中央编译出版社，2015.11
（马克思主义研究资料 ／ 杨金海主编；35）

ISBN 978 - 7 - 5117 - 2857 - 9

Ⅰ. ①国… Ⅱ. ①林… Ⅲ. ①马克思主义 - 研究 -
国外 - 文集 Ⅳ. ①A81 - 53

中国版本图书馆 CIP 数据核字(2015)第 280101 号

国外马克思主义研究 Ⅰ

出 版 人：刘明清
责任编辑：杜永明
责任印制：尹 珺
装帧设计：田晗工作室
排版制作：北京吉浪世纪制版科技有限公司
出版发行：中央编译出版社
地　　址：北京西城区车公庄大街乙 5 号鸿儒大厦 B 座（100044）
电　　话：(010) 52612345（总编室）　　　(010) 52612342（编辑室）
　　　　　(010) 52612316（发行部）　　　(010) 52612317（网络销售）
　　　　　(010) 52612346（馆配部）　　　(010) 55626985（读者服务部）
传　　真：(010) 66515838
经　　销：全国新华书店
印　　刷：山东鸿君杰文化发展有限公司
开　　本：787 毫米 × 1092 毫米　1/16
字　　数：486 千字
印　　张：39.25
版　　次：2015 年 11 月第 1 版第 1 次印刷
定　　价：240.00 元

网　　址：www.cctphome.com　　邮　　箱：cctp@cctphome.com
新浪微博：@中央编译出版社　　微　　信：中央编译出版社（ID：cctphome）
淘宝店铺：中央编译出版社直销店(http://shop108367160.taobao.com)　(010)52612349